エッセンス簿記会計

第20版

新田忠誓　吉田智也
石原裕也　塚原　慎
市川紀子　徳山英邦
大野智弘　中村亮介
金子善行　西山一弘
坂内　慧　船越洋之
佐久間義浩　宮川　宏
神納樹史　山田ひとみ
千葉啓司　山元堅史
著

東京　森山書店　発行

はしがき
—第20版によせて—

本書は初版（2004年）以来20年の月日が経つ。人でいえば立派に「成人」を迎えている。その間，森山書店　菅田直文社長のご支援により毎年改訂を重ね，今回を迎えた。菅田社長には深く感謝する。20年という一区切りに気持ちを新たに内容の充実を図っていきたい。また，改訂するということはそれだけ読者が増えているということであり，それらの読者に支えられているという想いを，改訂の都度，実感するとともに感謝している。

経済社会，ビジネス環境は絶えず進化し，日々，新しい会計事象が出てきている。実践テキストとして，本書は，これらの事象に（本書のレベルで2024年２月までの会計基準の新設・改訂に）対応している。これは，卒業後，実務に入る学生諸姉諸兄のみならず，簿記検定試験の受験者，さらに，現に実務に関わっている人達にも有用である。

ここで，他書と較べた本書の特長を４つ掲げておく。

第１に，「アプローチ」である。大抵の簿記書では，貸借対照表を意識し，この項目つまり勘定配列により，現金から始め商品・固定資産・負債・資本等々と説明を進めているのが一般的である。これに対し，本書は，章立てから分かるように，企業活動（序章２節　**図表１**参照）を意識したアプローチ（‘企業活動アプローチ’）を採っている。具体的には，企業の設立（第３章）から始め，企業活動を反映する損益計算書の表示を意識し，本業の商品の売買活動（第５・６・７・８・９章），支払資金の管理活動（第10章），本業の売買活動を支える活動（第11・12章），資金の調達活動（第13章），本業と直接関わらない余裕資金の運用活動（第14章），そして，これらのまとめの決算（第15章）という形で説明を進行させている。

第２に，各章のはじめに，導入の節（１節）を設け，その章で学ぶことを鳥瞰するとともに「ワークブック」を設け，簿記の基本的処理を定着できるようにしている。ワークブックの学習により，基本となる‘簿記力’の確認ができるはずである。ここでは敢えて解答を付していない。⇦ で示した例題を確認すれば，自ずと答が導かれる。各自の学習の定着および興味の惹起を意図している。また，章立てに，**〈基本〉**，**〈発展〉**の表記をし，簿記検定学習への目安を示した。**〈基本〉**が簿記検定いわゆる３級程度，**〈発展〉**がそれ以上の級のレベルである。本書も検定簿記を意識はしている。しかし，簿記本来の学習書としてこれに埋没しないようにしている。さらに，章末に，「練習問題」を加えるとともに，巻末にも，学習定着のための「錬成問題」も設けた。これらは，筆者有志の大学での中間試験，期末試験のみならず，補助講座として設けられている簿記検定試験指導の体験を基にしている。

「検定簿記はできるが，経理はどうも……」という評価をよく耳にする。本書は，説明の中で設例等により実務を意識している。だが，実務の経理力は，やはり税務と決算書の分析であろう。そこで，第３の特長として，納税申告書作成の章（第21章）を設け，‘実践的経理力’を修得できるようにし，第４の特長として，‘発展的経理力’を体得してもらうために，いわゆる財務諸表分析の章（第20章）を設け，経理応用力の学習法を示した。

本書を購入し本書の改訂・発展に参加していただいた読者に感謝する。

本書の読者にも本書の学習により，有能な経理人・会計人になられんことを期待している。最後に，森山書店取締役　菅田直也氏には，本書の改訂作業に多大な労を費やしていただいたことにも感謝しなければならない。

2024年２月

著者を代表して　新田　忠誓

吉田　智也

付記：収益認識基準が出荷基準（発送基準）から検収基準に変わった[注]。これは，簿記の処理（第５～８章）を変化させる。検定簿記もこれに対応しようとしている。本書は，変化の可能性のある部分に，注意喚起の印（㊟）をつけている（第５章 問題提起 を見て欲しい)）。

［注］なお，検収基準の簿記に興味のある人は，新田，「資産負債アプローチと簿記―収益認識基準（発送基準から検収基準へ）の変更に寄せて―」，原俊雄編著『簿記と帳簿組織の機能』，中央経済社，2019年，第10章　も見て欲しい。簿記処理の方向性を提示している。

は し が き

大学または短期大学の学生のみならず，一般の人にとって，簿記を学ぶ目的は，何であろうか？

経済，経営系の大学，短期大学では，簿記は一般に1年次に配当されている。これは，将来，財務諸表論や原価計算論など会計学を勉強するための入門と位置づけられるからである。これら会計学の目的は，企業活動を計数面から把握することにあるといえる。本教科書はまず，これを意識している。

また一方で，日商など簿記検定の資格取得も簿記教育においては実践上，重視される。もちろん本教科書は，これも意識している。もし，日商簿記のレベルで本書の目指している水準をいうことを求められれば，3級から始め，2級程度といえる。

しかし，日商簿記などいわゆる検定簿記では，極言すると，簿記が自己目的化していて，高い級を取得していても財務諸表は作れない，または解釈できないという弊害が指摘されることがある。本教科書は，この問題の解決に立ち向かっている。具体的には，第3章で会社の説明，第20章で財務諸表分析を取り入れたのはもちろん，目次から推理されるように章立てにおいて，実際の企業活動を意識し，また，説明においても，これを強く意識している。

それでは，簿記検定が目指しているものは何であろうか。私見では，1級など高度な段階はさておくと，個人企業を始めとする中小企業の合理的な経営に役立つための財産の管理であると考える。もちろん本教科書もこの要請を取り入れているが，これら要請の先には，納税申告もあると思われる。そこで，第21章で，これについて，現役の税理士に体験を踏まえてやさしく解説してもらった。とくに，一般読者に参考になると思われる。これはまた，学生諸君諸姉が簿記の必要性を実践の側面から学ぶことにはもちろん，就職したときに会計担当者として役立つはずである。

さらに，教室での学習上の便宜を考えて，第２章を設け，敢えて最初に，簿記・会計上の専門語をまとめ，説明している。筆者の経験からいうと，教師は無意識のうちに，専門語を当然のものとして話してしまうし，また，叙述の中でも使用してしまう。これが理解の妨げになっていると思うことがしばしばである。理解できない言葉が出てきたときには，ここを利用して欲しい。

本教科書の上梓にあたっては，編者の音頭の下，日頃，簿記教育に携わり実践的で分りやすい教科書を求めている点で同じ志を持つ者が集まり，企画に始まり目次の確定，筆者の割振りなど数回の編集会議をもった。そして，当然の事ながら，統一性をもたせることを話し合った。この話し合いに基づき，各自に原稿を依頼した。しかし，原稿をみたとき，それぞれの筆者の教育方針や環境および体験，さらには教育哲学までにじみ出ており，それぞれに面白く，編者として，大幅な朱を入れ厳格な統一性をとることは，それぞれのよいものを壊してしまうのでないかという印象をもった。そこで，各自の個性をそのままにしておき，どのような説明が学生諸君諸姉を始めとして読者にとって理解しやすいかを相互に検証することも教育上有意義ではないかと考えた。したがって，各章の叙述には，それぞれの担当者の簿記教育に培われた個性が出ている。本教科書が，読者の反応と，これに基づく筆者相互の検証，場合によっては，新たな筆者の参加により，より分りやすい教科書に育っていくことを祈るとともに，編集会議の始めから今日まで暖かく見守っていただいた森山書店菅田直文社長に，この場を借りて感謝したい。

平成16年４月

筆者を代表して

新　田　忠　誓

エッセンス簿記会計　目次

【著者略歴】

石 原 裕 也（いしはら・ひろや）：第16章担当
2001年　一橋大学大学院商学研究科博士後期課程修了，一橋大学・博士（商学）
2014年　専修大学商学部教授，現在に至る
〔主要著書・論文〕
安藤英義編著『会計における責任概念の歴史―受託責任ないし会計責任―』中央経済社，2018年

市 川 紀 子（いちかわ・のりこ）：第12章担当
2004年　千葉大学大学院社会文化科学研究科博士後期課程修了，千葉大学・博士（経済学）
2014年　駿河台大学経済経営学部教授，現在に至る
〔主要著書・論文〕
『財務会計の現代的基盤―FASB「討議資料」・概念的フレームワークの中心観を基軸に―』（単著）森山書店，2010年

大 野 智 弘（おおの・ともひろ）：第１章担当
1996年　明治大学大学院経営学研究科博士後期課程単位修得
2010年　創価女子短期大学国際ビジネス学科教授，現在に至る
〔主要著書・論文〕
『IFRSを紐解く』（共編著）森山書店，2021年。

金 子 善 行（かねこ・よしゆき）：第13章１～５節担当
2015年　一橋大学大学院商学研究科博士後期課程修了，一橋大学・博士（商学）
2020年　帝京大学経済学部准教授　現在に至る
〔主要著書・論文〕
「課税所得計算と使用権モデル―フローの年度帰属の観点―」『會計』第202巻第３号，2022年

坂 内 　 慧（さかうち・けい）：第19章，ワークブック第１章～11章担当
2018年　一橋大学大学院商学研究科博士後期課程単位取得，2023年 帝京大学・博士（経営学）
2020年　帝京大学経済学部助教，現在に至る
〔主要著書・論文〕
「収支計算を基礎とする貸借対照表の役割―新田学説，特に『会計学・簿記入門』に学ぶ―」佐々木隆志・石原裕也・溝上達也編著『財務会計論究』森山書店，2015年

佐久間義浩（さくま・よしひろ）：第11章担当
2008年　京都大学大学院経済学研究科博士後期課程修了，京都大学・博士（経済学）
2018年　東北学院大学経営学部教授，現在に至る
〔主要著書・論文〕
「日本市場における財務諸表監査の経済的機能に関する検証」『会計プログレス』第９号，2008年

神 納 樹 史（じんのう・みきひと）：第15章担当
2003年　一橋大学大学院商学研究科博士後期課程単位取得満期退学，2006年　一橋大学・博士（商学）
2018年　東京経済大学経営学部教授，現在に至る
〔主要著書・論文〕
「企業結合会計と連結会計の史的検討」『會計』第191巻第４号，2017年

千 葉 啓 司（ちば・けいじ）：第５章，第７章，第８章担当
1991年　明治大学大学院経営学研究科博士後期課程単位修得
2009年　千葉商科大学商経学部教授，現在に至る
〔主要著書・論文〕
「大学における簿記教育の問題点の整理と対策案の提示」日本簿記学会平成24・25年度簿記教育研究部会最終報告

塚 原 　 慎（つかはら・まこと）：第12章～19章ワークブック担当
2017年　一橋大学大学院商学研究科博士後期課程修了，一橋大学・博士（商学）
2023年　駒澤大学経営学部准教授，現在に至る
〔主要著書・論文〕
「新収益認識基準適用による金額的影響の実態分析」（共著）『會計』第202巻第６号，2022年

徳 山 英 邦（とくやま・ひでくに）：第２章担当
2001年　明治大学大学院商学研究科博士後期課程単位修得
2015年　帝京大学経済学部教授，現在に至る
〔主要著書・論文〕
『財務分析からの会計学（第３版）』（分担執筆）森山書店，2014年

中 村 亮 介（なかむら・りょうすけ）：第20章担当
2009年　一橋大学大学院商学研究科博士後期課程修了，一橋大学・博士（商学）
2013年　筑波大学大学院ビジネス科学研究科准教授，現在に至る
〔主要著書・論文〕
『財務制限条項の実態・影響・役割―債務契約における会計情報の活用―』（共著）中央経済社，2018年

西 山 一 弘（にしやま・かずひろ）：第９章４節，第10章６節，第13章６節担当
2005年　一橋大学大学院商学研究科博士後期課程単位修得，2008年一橋大学・博士（商学）
2018年　帝京大学経済学部准教授，現在に至る
〔主要著書・論文〕
「出口の時価による損益計算書」『會計』第177巻第５号，2010年

船 越 洋 之（ふなこし・ひろゆき）：第10章１～５，７～９節担当
1993年　慶應義塾大学大学院商学研究科博士課程単位修得
2017年　武蔵野大学経営学部教授，現在に至る
〔主要著書・論文〕
「産後ケア事業のコスト管理についての一考察」「非営利法人研究学会　医療・福祉系法人研究部会　中間報告書』（2018年）

宮 川　宏（みやがわ・ひろし）：第14章担当
2014年　専修大学大学院経営学研究科博士後期課程単位修得，2017年　専修大学・博士（経営学）
2020年　専修大学経営学部准教授　現在に至る
〔主要著書・論文〕
「企業実態を開示するセグメント情報の方向性」『會計』第200巻第５号，2021年

山田　ひとみ（やまだ・ひとみ）：第17章担当
2007年　大東文化大学経営学研究科博士後期課程単位修得，2021年　愛知工業大学・博士（経営情報科学）
2021年　聖学院大学政治経済学部准教授，現在に至る
〔主要著書・論文〕
「GHQ/SCAP『財務諸表作成に関する指示書』の再評価」『産業經理』第80巻第２号，2020年

山 元 堅 史（やまもと・けんじ）：第21章担当
1979年　神奈川大学経済学部卒業，1988年　税理士試験合格
1989年　山元堅史税理士事務所開業
2000年　神奈川県伊勢原市に事務所移転，現在に至る

序章　本書の使い方と資格試験の案内

学習の順路

本書は企業活動に沿って章立てを考えているので，株式会社の設立（第３章）から始めて，簿記の概観説明（第４章）を経て，商業利益獲得活動の実際（第５・６・７章）を取り上げ，これを支える活動として，資金の管理活動（第８・９・10章）さらに経営全般の活動の管理（第11・12・13・14章）へと至っている。つまり，会社の設立以外，企業活動の見方とりわけ損益計算書の表示・見方に視点を置いている。

一方，一般の簿記書では，貸借対照表を念頭におき，その表示・配列法により，現金・預金の説明から始めているものが多い。このようなアプローチを取った方が分かりやすいときには，株式会社の設立（第３章），商業活動の実際（第５・６・７章）の前に，現金・当座預金の管理（第10章）を最初に取り上げ，こののち，商業活動の実際（第５・６・７章―売掛金・買掛金の管理―）へと進むことを提案する。この場合，株式会社の設立（第３章）は資金調達（第13章）の中で取り上げることになる。

1　本書の使い方

本書の各章は，最初に，［　　　］で囲み学習の展望と「ワークブック」を掲げるとともに，内容を，目次および節の見出しに付したように，**〈基本〉**と**〈発展〉**に分けている。

簿記手続きの概要（初歩）を学びたいと思う人は，**〈基本〉**のみを通読されることをお奨めする。これは，大学教育でいうと，入門簿記に相当する。したがって，大学や短期大学の教育では，１年次ないし２年次の授業に最適である。資格試験でいうと，簿記検定試験・日商３級程度の合格を目指す人を意識している。添付された問題を繰り返し解くことにより，必ず合格するはずである。

ただし，大学教育の目標を考えたとき，検定試験の合格だけでは寂しすぎる。簿記の仕組みの学習をつうじて，経済社会とくに企業の活動を理解する眼を養うことが肝要である。本書は，これも視野に入れ，企業の見方において基本になる事情も入れている。したがって，会計学とりわけ財務会計の入門書つまり大学での会計学のテキストとしても利用できることを意識している。

〈基本〉の学習から〈発展〉に進めば，知識・技能が更に展開する。ここでは，簿記検定試験では日商２級程度の合格を目指した内容を取り上げている。大学教育でいうと，例えば，１年次で，商業高校出身者用に特別に組まれたコースや，２・３年次以降の上級簿記の授業に利用されることを予定している。

それでは，なぜ，〈基本〉の章を経て，〈発展〉の章へ至る構成を取らなかったのだろうか。第一の理由は，学習の展望を与えたいからである。市販の検定簿記用のテキストは各級ごとに書かれている。これでは，その級の内容が，どのように発展・展開していくのかの展望が得られないし，他方，上の級の人にとっても，学習の位置が分からない。しかし，それだけではない。

一般の読者の期待は，株式や社債の購入つまり投資のための会計の知識の習得や納税申告書の作成であろう。そうであれば，検定試験の級に合わせた章立ては取れない。企業活動の各側面の把握のための技能を各段階で学んでおくことは必要である。検定試験合格上の難易度のみで章立てを編成しなかった最大の理由がここにある。読者には，商業の実際の損益計算書と貸借対照表とくに損益計算書を傍らにおいて，本書を学習されることを勧める。これにより，企業活動のありさまが理解できるはずである。

「ワークブック」（正解は【例題】をみれば分かる）は，学習者の能力判定のために利用するか（つまり，〈基本〉の節をとばして〈発展〉の節へ進むか），学習後の理解度の確認のために使用して欲しい。

〈基本〉　2　本書の対象とする企業のイメージ図

本書が対象とするのは，商業とくに卸売商や総合商社などであるが，この企業活動を例示すると，**図表１**のようになる。なお，具体的な勘定を把握するには，第20章３節の**図表４**と第20章４節の**図表６**もみて欲しい。

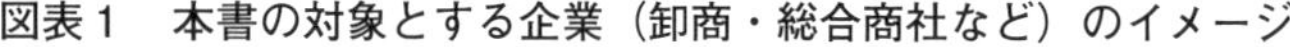

図表１　本書の対象とする企業（卸商・総合商社など）のイメージ

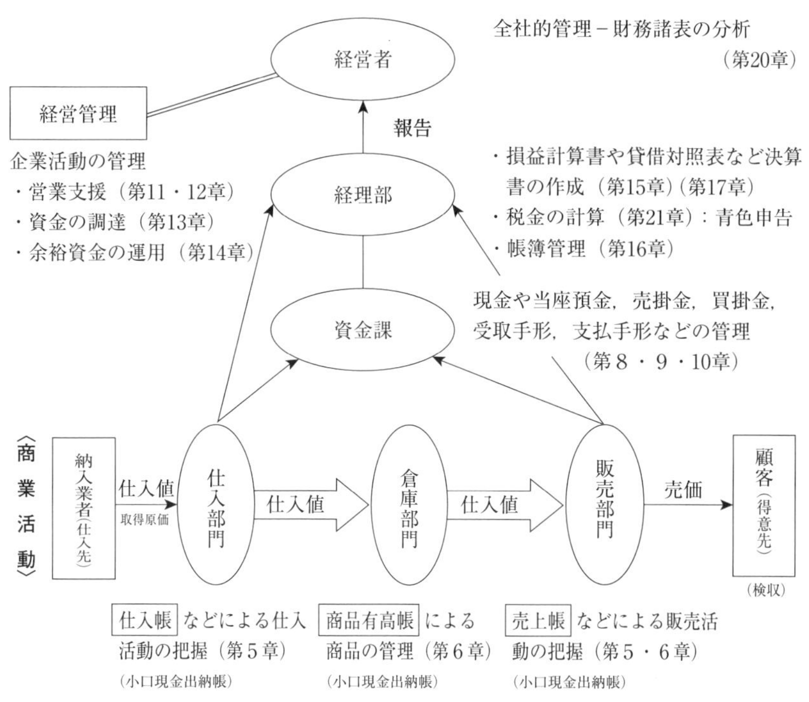

3　国家試験の案内

簿記の学習は，様々な公的資格取得に結びつく。そこで，これを紹介しておく。ただし，試験のやり方は変更されることがあるので，「問い合わせ先」に確認するか各ホームページを見ることが必要である。

1）税　理　士

受験資格：「簿記論」・「財務諸表論」については，令和５年に受験資格の制限が撤廃され，誰でも受験可能。それ以外については問合せ先に確認

受験科目：「簿記論」（必須）「財務諸表論」（必須）／「所得税法」「法人税法」（本書第21章参照）「相続税法」「消費税法（本書第21章参照）または酒税法」「国税徴収法」「住民税または事業税」「固定資産税」のうち３科目（所得税

法か法人税法いずれか１科目は必須）

問合せ先：国税審議会　〒100-8978　千代田区霞が関3-1-1国税庁内
TEL 03（3581）4161（内3634）

2）公認会計士

受験資格：年齢・学歴・国籍等に制限なく，誰でも受験できる。

受験科目：短答式：「財務会計論」（簿記，財務諸表論）「管理会計論」「監査論」「企業法」，論文式：「会計学」（財務会計論，管理会計論）「監査論」「企業法」「租税法」は必須，「経営学」「経済学」「民法」「統計学」のうちから１科目選択

問合せ先：公認会計士・監査審査会事務局 総務試験課試験担当係
TEL 03（5251）7295

3）国税専門官

受験資格：受験年４月１日において，年齢が21歳以上29歳未満の人，
その他は ⇨ 問合せ先に確認

受験科目：「基礎能力試験（多肢選択式）」「専門試験（多肢選択式）」（この中に必須科目として，会計学（簿記を含む）がある）「専門試験（記述式）」（この中に選択科目として，会計学（簿記を含む）がある）「人物試験」「身体検査」

問合せ先：東京国税局　〒104-8449　中央区築地５丁目３番１号
TEL 03（3542）2111　または，各国税局

4）不動産鑑定士

受験資格：年齢，学歴，国籍，実務経験等に制限なく，誰でも受験できる。

受験科目：短答式：「不動産に関する行政法規」「不動産の鑑定評価に関する理論」，論文式：「民法」「経済学」「会計学」「不動産の鑑定評価に関する理論」（いずれも必須）

問合せ先：土地鑑定委員会事務局，国土交通省不動産・建設経済局地価調査課（鑑定評価指導室）　〒100-8918　千代田区霞が関2-1-2　中央合同庁舎２号館　TEL 03（5253）8111

5）その他

中小企業診断士や**ファイナンシャルプランナー（FP）**の資格取得にも簿記会計の知識（とくに本書第20章参照）が必要である。

第1章　企業の活動と簿記の役割

1　本章で勉強すること

簿記は，企業活動を記録し，計算し，管理し，報告するための技術である。

① 複式簿記と商業簿記
- 取引を二重（複式）に記録し，それらを計算し，報告のために整理する簿記を**複式簿記**という。
- 商業を営む企業が用いる簿記を商業簿記という。（本書の対象）

② 簿記の役割
- 企業の日々活動を把握する。つまり，企業の日記帳の役割を果す。**→仕訳帳**
- 企業の経営成績と財政状態を報告するための資料を提供する。**→元帳**
  経営成績を明らかにする報告書（計算書）を会計学で，**損益計算書**という。
  財政状態を明らかにする報告書（計算書）を会計学で，**貸借対照表**という。
- 企業の各部署の経営活動を管理する情報を提供する。→各種管理単位ごとの帳簿の作成

〈基本〉

2　簿記の意義

簿記という言葉は，帳簿記録から生まれたともいわれる。したがって，家庭で家計簿に記録するのも，ひとつの簿記である。ただし，家計簿には，現金の収入と支出を中心にして重要な事柄だけが形にこだわらず記録される。このような簿記を「単式簿記」という。

一方，企業の簿記では，すべての経済的な活動が記録の対象にされる。しかも，一定のルールに従って二重（つまり複式）に記録し計算し整理される。そうした簿記を「複式簿記」という。

簿記は適用される業種によって，商業簿記（商業における簿記），工業簿記（製造業における簿記），銀行簿記（銀行業における簿記）などに分けられる。

〈基本〉

3　簿記の役割

一般に求められている簿記の役割とされるのは，次の二つである（とくに簿記検定では）。

① 現金，預金，商品，建物，他企業への貸付けあるいは銀行からの借入れ，個人企業主や株主など出資者からの拠出額および留保された利益など，企業が所有する財貨，債権（将来一定の金額を受取る権利），あるいは債務（将来一定の金額を支払う義務）および出資者の持分の現在高など（これらを**財政状態**という）を明らかにすること。

② 商品の仕入れや売上げ，給料や交通費の支払い，手数料や利息の受取りなどで，企業が一定期間にどれほどの利益をあげたか（これらを**経営成績**という）を明らかにすること。

簿記により，企業の財政状態や経営成績が明らかにされると，経営者はこれまでの経営方針を評価確認したり，将来の経営計画などがたてやすくなる。また，社会には，企業と直接的なかかわりをもつ人々（外部利害関係者）や，関心をもつ人々が数多くいる。そうした人々に企業の財政状態や経営成績に関する情報が提供されると，企業のよしあしを判断したり，企業との関係を見直したりする資料として役立てられる。

図表1　主な利用者と利用目的

主な利用者	利　用　目　的
経　営　者	経営方針の評価確認や将来の経営計画立案など
投　資　家	株式や社債の購入・売却など
金融機関	資金の貸付け・回収など
一般企業	取引先の状況把握など
行政官庁	税金の徴収や行政指導など

〈基本〉　4　企業外部への情報提供（貸借対照表と損益計算書）

(1) 財政状態と経営成績の報告

一定時点の財政状態や一定期間の経営成績に関する資料は，帳簿をある時点で整理することにより作成される。このため，簿記では，継続的な企業活動の記録を，期間で区切ることが行われる。この期間的な区切りを**会計期間**といい，始まりを「期首」，終わりを「期末」という。通常，会計期間は1年である。

財政状態や経営成績に関する資料は，企業外部の人々に提供するために，一定の形式をもつ報告書（計算書類）にまとめられる。財政状態を明らかにする報告書を**貸借対照表**（Balance Sheet，**B/S**），経営成績を明らかにする報告書を**損益計算書**（Profit and Loss Statement，**P/L**）という。通常，貸借対照表と損益計算書は，期末ごとに作成される。ただし，貸借対照表については，期首の財政状態を明らかにするため，「期首貸借対照表」が作成されることがある。このとき，期末の貸借対照表をとくに「期末貸借対照表」という。

(2) 貸借対照表と財政状態

貸借対照表には，前節の簿記の役割①で示したように，「財政状態」が示される。そのうち，現金，商品，建物などの‘財貨’と，他企業への貸付けなどの‘債権’を**資産**という。また，銀行からの借入れなどの‘債務’を**負債**といい，資産から負債を差引いた差額を**純資産**という。純資産には，個人事業主からの拠出額（株式会社の場合は株主からの払込金額）のほかに，過去からの利益の蓄えや当期に獲得した利益（当期純利益）などが含まれ，企業の豊かさが示される。資産と負債および純資産の関係は次の式によって示される。これを**純資産等式**（以前には，**資本等式**といっていた）という。

資産　－　負債　＝　純資産

貸借対照表は，この式をもとに，左辺の負債を右辺に移項したかたちで作成される。つまり，貸借対照表の左側には「資産」，右側には「負債」と「純資産」（資本）が表示される。このように表示することで，貸借対照表の右側には，負債と純資産が同じものとみなされ，企業が「お金をどのように集めたか」（資本の調達源泉），左側には，「集めたお金をどのように運用しているか」（資本の運用形態）が示されると解釈することもできるようになる。この関係を示すのが，次の**貸借対照表等式**である。

資産　＝　負債　＋　資本（純資産）

森山商事の資産と負債の現在高が，以下のとおりであるとすると，貸借対照表は**図表2**のように作成される。⇨表示の仕方（並べ方）の原則は第20章

資産：現金 8,000,000円，商品 5,000,000円，備品（机など）2,000,000円

負債：借入金 4,000,000円

図表2　貸借対照表

貸借対照表

	（借方）←〈左側〉		〈右側〉→（貸方）		
資産	現金	8,000,000	借入金	4,000,000	負債
	商品	5,000,000	資本金（期末）（正味財産）	11,000,000	純資産
	備品	2,000,000			
	合計	15,000,000	合計	15,000,000	

この貸借対照表が期末に作成されたものとすれば，期末資産と期末負債の差額である期末純資産（資本金）には，当期の企業活動で獲得した利益（当期純利益）が含まれる。たとえば，1,000万円の期首純資産で企業活動を開始したとき，期末純資産が 1,100万円になることは，100万円の当期純利益を得たということである（新たな資本投資や資本の引出しなど元入資本の変動がないとしている）。すなわち，期末純資産と期首純資産との間には，次の関係があり，この利益計算式を「財産法」ということもある。

期末純資産　－　期首純資産　＝　当期純利益（注）（マイナスの場合は当期純損失）

（注）会計観の変更（「国際会計基準」の導入）により，正しくは，**包括利益**とすべきであるが，本書の段階では，これまでの教え方を踏襲し，当期純利益としている。なお，会計情報は時代の要請により変えられるので，それに応じ，簿記用語も変わることがある。

この関係を貸借対照表に反映させると，**図表２**は**図表３**のようになる。

図表３　期末貸借対照表

（借方）　貸借対照表　（貸方）

資産	現　金	8,000,000	借　入　金	4,000,000	**負債**
	商　品	5,000,000	資本金（期首）	10,000,000	**純資産**
	備　品	2,000,000	当期純利益	1,000,000	
	合計	15,000,000	合計	15,000,000	

期末貸借対照表の純資産は，期首純資産と当期純利益からなる。これを次の会計期間の期首純資産として示す（当期の期末純資産は次期の期首純資産となる）場合には，当期純利益は利益の蓄えとして，期首の純資産の金額に含めて示される（⇨利益の処理は，第３章３節，第17章）。

(3) 損益計算書と経営成績

損益計算書には，前節の②で示したように「経営成績」が示される。損益計算書は，貸借対照表に示される純資産の増減のうち当期純利益の原因を明らかにする。

簿記では，商品の売上げ，手数料や家賃の受取りなど，純資産を増加させる原因（企業を豊かにさせた理由）を**収益**といい，商品の仕入れ，給料や交通費の支払いなど，純資産を減少させる原因（豊かさをえるための犠牲）を**費用**という。収益から費用を差引いて計算されるのが，**損益**つまり当期純利益（または当期純損失）である。この利益計算式を「損益法」ということもある。

収益　－　費用　＝　当期純利益（マイナスの場合は当期純損失）

損益計算書は，この関係をもとに作成される。損益計算書では，左側に「費用」，右側に「収益」が表示され，両者の差額として**当期純利益**（または**当期純損失**）を計算する。この関係を示すのが，次の**損益計算書等式**である。

費用　＋　当期純利益　＝　収益

費用と収益が，以下のとおりであるとすると，損益計算書は**図表４**のように作成される（⇨表示の仕方（並べ方）は第20章）。

収益：売上高 12,000,000円，受取手数料 1,500,000円

費用：仕入（売上原価）9,000,000円，給料 3,000,000円，交通費 500,000円

図表４　損益計算書

損益計算書

	（借方）		（貸方）		
費用	売上原価	9,000,000	売上高	12,000,000	**収益**
	給料	3,000,000	受取手数料	1,500,000	
	交通費	500,000			
差額：**利益**	当期純利益	1,000,000			
	合計	13,500,000	合計	13,500,000	

損益計算書の当期純利益（または当期純損失）は，貸借対照表の期末純資産と期首純資産の差額である当期純利益（または当期純損失）と一致する。この関係を図示すると，次のようになる。

図表５

企業の取引記録は，これら資産，負債，純資産（資本），収益，費用の組合せとなる。この結合関係をまとめたものを「取引の結合表」という（⇨詳しくは，第4章3節）。

図表6　取引の結合表

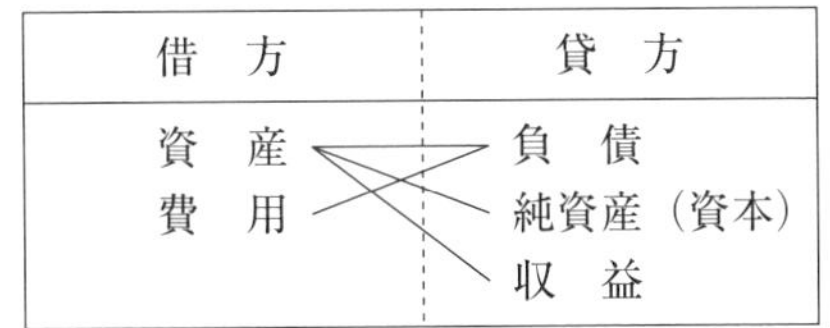

（注）費用と純資産の結びつきは本書の段階ではない。

［練習問題］〈基本〉

問1　次の資料により，貸借対照表（基本型）を作成しなさい。ただし，純資産はすべて「資本金」とする。なお，この問題は，下の問2に続いている。

現金 170,000円　商品 250,000円　土地 580,000円　借入金 300,000円

売上高 1,500,000円　売上原価 1,050,000円　給料 200,000円

支払家賃 130,000円　支払利息 20,000円

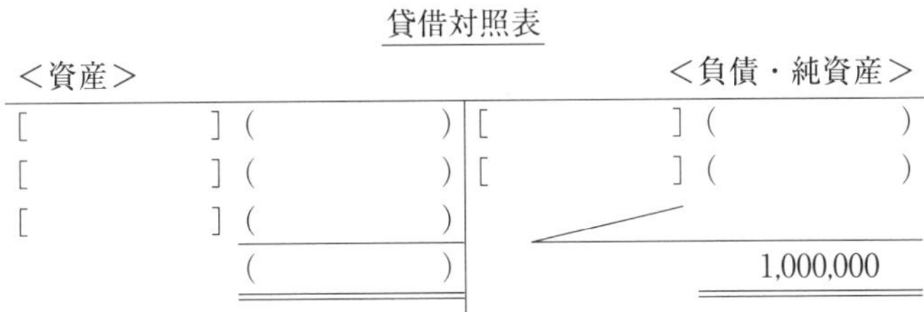

貸借対照表

＜資産＞		＜負債・純資産＞	
[　　　]	(　　　)	[　　　]	(　　　)
[　　　]	(　　　)	[　　　]	(　　　)
[　　　]	(　　　)		
	(　　　)		1,000,000

問2　問1の資料について，期首の資本金（期首純資産）を 600,000円とした場合の期末の貸借対照表を作成するとともに，損益計算書を作成しなさい。ただし，当期純利益はこの科目のまま独立させて記載すること。

問3　次ページの貸借対照表と損益計算書の空欄を埋めなさい。なお，期中に，追加出資や利益の配当などの資本の変動はなかった。

期首貸借対照表：　＜借方＞ ←|→ ＜貸方＞

資　産	負　債	純資産
24,000	9,500	(　　　)

損益計算書：　＜借方＞ ←|→ ＜貸方＞

費　用	当期純利益	収　益
28,900	(　　　)	31,400

期末貸借対照表：

資　産	負　債	純資産
28,300	11,300	(　　　)

〈解答〉

問1

貸借対照表

＜資産＞		＜負債・純資産＞	
現　　金	170,000	借　入　金	300,000
商　　品	250,000	資　本　金	700,000
土　　地	580,000		
	1,000,000		1,000,000

問2

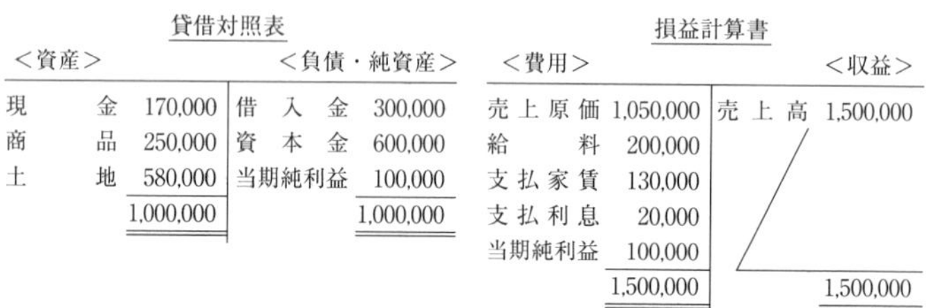

貸借対照表

＜資産＞		＜負債・純資産＞	
現　　金	170,000	借　入　金	300,000
商　　品	250,000	資　本　金	600,000
土　　地	580,000	当期純利益	100,000
	1,000,000		1,000,000

損益計算書

＜費用＞		＜収益＞	
売上原価	1,050,000	売　上　高	1,500,000
給　　料	200,000		
支払家賃	130,000		
支払利息	20,000		
当期純利益	100,000		
	1,500,000		1,500,000

問3

期首貸借対照表：　＜借方＞ ←|→ ＜貸方＞

資　産	負　債	純資産
24,000	9,500	(14,500)

損益計算書：　＜借方＞ ←|→ ＜貸方＞

費　用	当期純利益	収　益
28,900	(2,500)	31,400

期末貸借対照表：

資　産	負　債	純資産
28,300	11,300	(17,000)

(注) 収益 31,400－費用 28,900＝当期純利益 2,500
　　期末純資産 17,000－期首純資産 14,500＝当期純利益 2,500

第２章　簿記で使われる基本的な専門語

【索　引】

本章は，知っておけば各章の理解を助けると思われる専門語を集めて収録している。まず一通り眼を通し，簿記がかかわるビジネス言語の雰囲気をつかみ，次に，各章の学習で用語の確認として再び活用されることを意図としている。

専門語を３種類に分類している。【簿】は帳簿やその記入に関する語，【会】は会計報告に関する語，【商】は商業実務で通常使われている語である。見出し語の後ろの括弧はその項目が取り上げられている章を表している。「索引」として利用できる。☞ は，見出し語に関連する語，説明の中で ＊ をつけた語は，本章の見出し語として取り上げている語である。

あ行

有高（第６章２節）【簿】保有量（貨幣単位や物量単位）。在高ともいう。

１年基準（第20章３節）【簿・会】営業サイクル*外にある資産・負債について，回収・決済が１年以内で到来するかどうかで流動と固定に分類する規準。ワン・イヤー・ルール。☞（正常）営業循環基準

売上原価対立法（第６章【例題７】）【簿】商品の販売時に，売上を計上*するとともに併せて，売上原価*も計上する方法。商品購入時に，商品勘定に記録し，販売時に商品勘定から売上原価勘定に振替える。☞分記法，三分法

売上債権（第５章３節・第９章３節）【商】商品の販売（売上）の際に生じた売掛金*や受取手形。

売上高（第４章２節・第20章４節）【簿・会】顧客から受け取る販売代金の総額。諸経費を引く前の金額。営業収益ともいう。

売上原価（第４章５節・第６章２，３節・第20章４節）【簿・会】仕入れた商品のうち，顧客に販売した分の仕入諸掛りを含む仕入費用の総額。

売上総利益（第４章５節・第６章３節）【簿・会】売上高*から売上原価*を控除した金額。人件費（給料支払い），その他諸経費（水道光熱費など）つまり販売費及び一般管理費を引く前の段階の利益*。**粗利**ともいう。

売掛金（第５章３節）【簿】ツケ（信用）で販売した商品・製品の代金未収分

（掛取引）に用いる勘定科目*。商品・製品以外（備品，有価証券など）の売却の未収分は「未収金」勘定を使用する。なお，売掛金の明細つまり各得意先*との取引*を記録する帳簿*を「得意先元帳」あるいは「売掛金元帳」という（第８章２節）。

運転資金（第４章２節）【商】企業が営業活動を行う上で発生する，原材料や商品の調達・仕入代金や人件費などの支払いなどに充てる現金預金。☞資金

営業外収益（第20章４節）【簿・会】商業においては主に，金融・投資活動から生じる収益*。

営業外費用（第20章４節）【簿・会】商業においては主に，資金調達*活動から生じる費用*。

営業活動（第20章４節）【会】企業の目的（本業）としている営利活動。

営業サイクル（第20章３節）【商】現金が（信用取引の場合は仕入債務*を経て）商品となり，それが販売され，（信用取引の場合は売上債権*を経て）現金預金として回収されるまでの資金の循環過程。営業循環ともいう。

営業資産（第５章・第12章）【会】営業活動*で稼働している資産*。投資その他の資産のように外部投資の資産などが含まれない。

営業循環基準（第20章３節）【会】営業活動*にかかわっている資産*・負債*について営業サイクルの中にある資産・負債を流動資産・負債とする基準。とくに正常営業循環基準ともいう。☞１年基準

営業費（第11章２節）【簿・会】企業が営業活動*遂行上必要とする諸費用の総称。

営業利益（第４章５節・第20章４節）【簿・会】企業の本業，主たる営業活動から生じた利益。売上総利益*から販売費及び一般管理費*を控除して算出。

英米法（第15章５節）【簿】貸借対照表*作成の基礎となる勘定の集計に残高勘定*を設けず，繰越試算表を作成する決算方法。英米式ともいう。☞大陸法

益金（第21章２節）【会】税務会計上の収益*を意味する用語。

卸売（第５章３節）【商】生産者や製造業者から商品を大量に一括購入し，それを分割して小売*業者に販売する営業形態。☞小売

か行

買掛金（第５章３節）【簿】ツケ（信用）で購入した商品の代金未払分（掛取引）に用いる勘定科目*。商品・製品以外（備品，有価証券*など）の購入の未払分は「未払金」勘定を使用する。なお，買掛金の明細つまり各仕入先

との取引*を記録する帳簿*を「仕入先元帳」あるいは「買掛金元帳」という（第８章２節）。

外貨建取引（第19章２節）【商】売買その他の取引価額を外国通貨で表示する取引。

会計期間（第１章４節）【簿・会】簿記会計では，一定期間の経営成績*や一定期日の財政状態*を明らかにすることを目的として計算するが，この期間。決算（１年間），中間決算（半年間），四半期決算（第１～第４四半期：３か月間）があるが，一般には１年間。

会社法（第３章３節・第20章２節）【商】会社（株式会社，合名会社，合資会社，合同会社）の設立，組織，運営，管理について決めた法律。

貸方（第１章４節）【簿】勘定*右側の記入欄を示す表現。☞借方

貸倒（第８章３節・第14章２節）【商】債権*が倒産などで回収不能になること。

貸付金（第14章２節）【簿・会】資産*の一つ。現金か預金など（元本）を提供した対価として一定期日にその元本と利息とを受取る権利。

株式（第14章４節）【商・会】株式会社における株主*の持分*（権利）を示す証券。株券ともいう。

株主（第３章５節）【商】株式会社の出資者。投資者（家）。

株主資本（第20章３節）【会】貸借対照表*の純資産*のうち，株主*に帰属する金額。

株主資本等変動計算書（第17章３節）【会】純資産の部の一会計期間における変動額のうち，主として株主資本*の各項目の変動事由を示す計算書。

株主総会（第13章補章・第17章２節）【商】株主*により構成される会社の最高意思決定機関。

株主有限責任制（第３章２節）【商】株主*は出資額を限度として責任を負うだけで，会社の債務*（負債）に対し出資額以上の返済義務を負わないこと。「所有と経営の分離」*と並んで，株式会社制度を支える根幹の特質の一つ。

借入金（第13章２節）【簿・会】負債*の一つ。金融機関*などから借入れた資金の出所・調達法を示す勘定科目。現金預金ないし財の交換より生じた元本*と利息とを後日，一定期日までに支払う責任（義務）。

借方（第１章４節）【簿】勘定*左側の記入欄を示す表現。☞貸方

仮勘定（第10章３節・第11章４節）【簿】勘定科目*または金額が未確定な場

合に最終的に科目や金額が確定するまで，暫定的に用いられる勘定。

勘定（第４章３節）【簿】同じ種類・性質の事象（取引）ごとに加算と減算記入欄に二分し，その変動を記録する型式。型式には標準式，残高式，学習の便宜上のTフォームなどがある。勘定科目*，勘定口座*の略称の意もある。

勘定科目【簿】勘定*につけた名称（第４章４節）。勘定科目名。

勘定口座【簿】勘定形式で記録・計算するために設けられた帳簿の記入場所（第４章４節（２））。

元本（第13章２節・第14章２節）【商】貸した金額（貸付金*），借りた金額（借入金*）それ自体の金額分。元本に対し通常，受取利息や支払利息（元の貸し借り金額よりも多く授受される金額）が発生する。株式会社への出資の場合には，元本が資本金*ないし資本準備金となり（第３章３節），受益が配当金（受取配当金）となる。

企業会計原則【簿・会】国内会計の基準となる内容を定めた文書。1949年以降，会計処理・表示の仕組みを秩序立てて示す根幹ルールとして機能してきた。現在も「中小企業の会計に関する基本要領」の基盤的文書として機能している。

期首（第４章４節）【簿・会】一会計期間*における営業開始日（第４章４節（４））。

期末（第４章４節）【簿・会】一会計期間*における営業終了日。決算日。

金融機関（第１章３節）【商】銀行，信用金庫など，企業への資金融資者（第13章２節）。

繰越利益剰余金（第15章５節・第17章２節）【簿・会】純資産*に属する科目で，配当*，積立等がなされなかった過年度までの累積利益に当期純利益*を加算した金額。

クレジット売掛金（第５章３節）【簿】クレジットカードによる売上代金。信販会社への債権*。売上代金から信販会社への手数料を差し引いた金額。

繰入れ（第８章３節）【簿】費用*などの計上*において，対応する該当資産を減少させるのではなくて，引当金勘定など貸方の評価勘定*（例えば，貸倒引当金勘定など）へ金額を加えること，または，利益を積立金勘定（貸方）に加えること（第17章２節）。

経営成績（第１章４節）【会】損益計算書*が示す一会計期間における経営成果を表す収益*と，経営努力を表す費用*，そしてその差額の利益*（または損失）の総称（第20章４節）。

計上【商】計算対象の数値として，表示し加算すること。

経常【商】通常。つまり毎期大きな環境変化がなく繰り返される状況。

経常利益（第４章５節・第20章４節）【簿・会】企業の通常の事業活動から得られる利益*。営業利益*＋営業外収益*（受取利息などの金融収益）－営業外費用*（支払利息などの財務費用）で算出（計算）。

経費（第21章１節）【商】水道光熱費など経営活動を行う上で必要な費用項目。

決済（第９章３節）【商】売買取引（第８章２節）や貸借取引（第13章２節・第14章２節）で生じた債権*・債務*関係を，現金預金の授受あるいはそれに替わる手段で解消すること。

決算（第４章３，４節・第15章４節）【簿】一会計期間における収益*，費用*の発生額から利益金額を計算し，決算日時点の資産*，負債*，純資産*の有高を確定する目的で，全ての帳簿記録の検証と締切り*の処理を行い，決算書（財務諸表）の元資料を誘導する一連の手続き。その日が決算日。

決算整理（第４章４節・第15章３節）【簿】元帳*記録の計算的正確性を試算表*作成で検証した後，一会計期間の収益*と費用*の発生額，期末時点の資産*，負債*，純資産*の有高*を，実態に近づけ，会計諸基準の要求する情報に合わせる目的で各勘定*に行う修正処理。決算修正ともいう。

減価償却（第12章４節）【簿・会】固定資産の耐用年数*と残存価額*を見積もって当該資産取得の支出額（取得原価）のうち各期の負担額（期間費用）を計算すること。

源泉徴収（第11章３節）【商】従業員の給与等（所得*の源泉）に対する所得税ならびに住民税を，事業主が代理で一括納付するために，給与等の支払時に預かること。

交換取引【簿】資産*，負債*，純資産*間のみで借方*・貸方*が増減する取引（第４章３節）。収益*，費用*は生じない。☞損益取引，混合取引

小売（第５章３節）【商】商品を最終消費者に販売する営業形態。☞卸売*

小書（第４章４節）【簿】仕訳帳*の仕訳*の下に書く取引*を説明する要約文。小さく書くことから小書という。

小切手（第10章４節）【商】当座預金*口座からの引出しに使用する法律（小切手法）上の有価証券*。「小切手を振出して（作成して）」支払手段として使用する。振出すと，当座預金の減少として記録する。なお，他人（他店）振

出の小切手（受取り）は，現金勘定の増加として処理する（第10章2節）。☞通貨代用証券

小口現金（第10章8節）【簿】会社の一部署・部門において小額の諸経費の支払用に準備した一定額の現金。

混合取引【簿】交換取引*と損益取引*が一つの仕訳*に混在する取引*（第4章3節）。☞交換取引，損益取引

さ行

債券【商】会社などが，比較的長期に多額の資金*を，広く世間一般から調達する目的で発行する有価証券*（第13章5節）。☞社債

債権【商】金銭などを請求する権利（第1章3節）。売掛金*，貸付金*など。

債権者（第20章2節）【商】企業に対して債権*を有する者（第1章3節）。金融機関*，社債保有者や企業に対し売掛金*がある仕入先がこれに該当する。

財産法（第1章4節）【会】貸借対照表*による利益計算の方法。初級簿記では，期末純資産－期首純資産＝当期純利益*の形で示される。この式では，貸借対照表に，その他の包括利益（上級で学習）がないものとしている。☞損益法

財政状態（第1章4節）【会】一定時点（会計期間終了日）における貸借対照表*が表示する内容。資金*（経済的便益）の調達源泉と運用形態を対照表示する（第20章3節）。

債務（第1章3節）【商】金銭の支払いなどの義務。買掛金*や借入金*など。

財務活動【商】経営資金*の調達に関する諸活動（第3章3節・第13章・第13章補章）。資金調達*活動ともいう。

財務諸表（第20章2節）【会】貸借対照表*，損益計算書*，株主資本等変動計算書*，キャッシュ・フロー計算書，附属明細表の総称。

残存価額（第12章4節）【商・会】固定資産を利用し終わったあとの残った価額（予想の売却純収入額）。

残高【簿】ある帳簿*もしくは勘定*の借方*と貸方*の差額。つまり貸借差額をいう。借方残は借方金額の合計が貸方金額の合計よりも大きい状態をいい，貸方残は貸方金額が大きい状態をいう。勘定記入方式でない場合には，加減計算の結果残っている数値をいう（第4章4節（2））。

残高勘定（第4章4節）【簿】損益勘定*の残高*を繰越利益剰余金*勘定（もしくは資本金*勘定）に振替えた後，資産*・負債*・純資産*の諸勘定の残

高を振替えて集計する集合勘定*。貸借対照表*を作成するための基礎資料として利用される。☞損益勘定

三分法（第５章２節）【簿】商品売買取引の記録を，売上，仕入，繰越商品の３つの勘定科目を用いて行う方法。この方法では、売上の都度，販売益を把握することができない。☞分記法，売上原価対立法

仕入債務【商】商品の購入（仕入）の際に生じた買掛金*や支払手形（第５章３節・第９章３節）。

資金【商】現金預金等，支払手段に用いることができる資産群の総称（第10章)。また，資金（資本）の運用形態と資金（資本）の調達源泉として貸借対照表*の借方*運用形態と貸方*調達源泉を統括する上位概念として使用される場合もある。

資金調達【商】現金預金（資金）を株式*や社債*の発行あるいは金融機関*からの借入れなどによって取り入れ（調達す）ること（第13章・第13章補章)。

自己資本（第20章５節）【会】株主資本*（第17章２節）と評価・換算差額等（その他の包括利益累計額）（第14章８節）の合計金額。

資産（第１章４節）【会】貸借対照表*の借方*に計上されたもの。現金，売上債権*，有価証券*，商品，備品，建物などのように経済的便益があるものの総称。

試算表（第４章２，４節・第15章２，３節）【簿】仕訳帳*から元帳*の各勘定への転記*が正確に行われたかを検証する目的で作成する表。借方合計と貸方合計の一致で検証する。合計試算表，残高試算表，合計残高試算表，繰越試算表の４種類。検証目的に加え，勘定の一覧化による概要把握目的もある。

実地棚卸（第６章３節）【商】実際に店舗や倉庫に行き，商品等の数量や状態などを確認する作業。

支払能力【商】支払い要求に応じられる力（第20章５節)。資金的余裕度。

資本【商・会】株主*に帰属する返済を必要としない資金*の源泉，自己資本*，持分*ともいう。貸借対照表*上では純資産*とされている（第20章３節)。また，総資本（総資産*）を意味する場合もある。

資本金（第３章３節・第４章２節・第13章６節）【商・会】株主*が企業に拠出した資金*のうち，会社法*により会社が決めた金額。

資本（純資産）等式（第１章４節）【簿・会】資産*－負債*＝資本*（純資産*）で表される勘定の各要素の関係を示した等式。☞貸借対照表等式

締切り（第15章５節）【簿】元帳*や仕訳帳*の借方貸方の金額合計を一致させて，二重線を引くこと（第４章４節）。これによって記入が完了したことを示す。

社外流出【商】経営活動などによって獲得した利益*の一部が配当金等の形で株主*などに支払われること（第17章２節）。

社債（第13章５節）【商・簿】会社が資金調達*目的で発行する債券*。

収益（第１章４節）【簿・会】利益獲得活動による経済価値の増加分。顧客から受取る販売代金（売上高*，営業収益），株の配当*や受取利息など（営業外収益*），固定資産売却による売却益など（特別利益）の３種類がある（第20章４節）。出資（資本*）や借入（負債*）による経済価値増加は含まない。

集合勘定【簿】損益勘定*，残高勘定*のように（第15章５節），個々の勘定科目*（下位勘定）の金額を一つの勘定に集計する目的で設定された勘定。

取得原価（第５章４節・第12章３節）【簿・会】購入代価＋付随費用。資産*本体価格と引取運賃，購入手数料など取得支出額の合計。

主要簿（第16章２節）会計帳簿*のうち，仕訳帳*と総勘定元帳*。

純資産（純財産）（第１章４節）【簿・会】資産*から負債*を差引いた金額。

証券市場（第14章４節）【商】株式*や社債*などの有価証券*が取引される市場。銀行等の金融機関*を仲介せず，資金提供者との直接金融取引を行う場。

証憑（第21章２節）【商】取引先との間で取り交わされた，取引*の証拠となる書類。

諸口（第16章３節）【簿】帳簿*の摘要欄に記入された，相手勘定科目が２つ以上あることを示す記号的な用語。

所得（第21章１，２節）【商】税務上の利益*。益金*から損金*を控除し計算する。

所有と経営の分離（第３章２節）【商】企業規模の拡大に応じて株主*（所有者）の数が増え多数の不在株主，浮動株主が出てくる。この状況では，企業経営は専門家（経営者）に任さざるをえなくなる。ここに，所有と経営の分離が発生する。「株主有限責任制*」と並んで，株式会社制度の特質の一つ。

仕訳（第４章３節）【簿】取引*を仕訳帳*及び各勘定口座*（元帳*）に記入す

る前に，取引ごとの貸借金額の一致を確認しながら貸借複記を行う行為。

仕訳帳（第４章４節）【簿】仕訳記入の帳簿。日々の事象（取引）の日付順の帳簿（日記）。☞元帳，特殊仕訳帳

仕訳の原則（第４章３節）【簿】各勘定*の結合関係。

正常営業循環基準（第20章３節）【簿・会】☞営業循環基準，１年基準

精算表（第４章２節・第15章４節）【簿】決算*で損益勘定*と残高勘定*を誘導する複式簿記記帳の顛末を概観する目的で作成される計算表。

総勘定元帳（第16章２節）【簿】決算*に至るまでに現われる全ての勘定口座*を設けた帳簿*。単に元帳といえば，総勘定元帳またはその内の一つの勘定口座をさす。☞仕訳帳，元帳

総資産（第20章３節）【商・会】資産*の総額。金額的に総資本（貸方合計）と一致するので，総資本と呼ばれる場合もある。

総資産当期純利益率（第20章５節）【商】総資産*（総資本）と，そこから獲得した当期純利益*の割合。総資本当期純利益率ともいう。

租税公課（第21章２節（３））【簿】国または地方公共団体から課せられる租税（納める税金）と公課（徴収される使用料や負担金）。

損益勘定（第４章４節）【簿】決算*において，費用*・収益*の諸勘定の残高*を振替えて集計し，純損益を計算する集合勘定*。損益計算書*を作成するための基礎資料として利用される。☞残高勘定

損益計算書（第１章４節・第20章４節）【会】一定期間の収益*と費用*，そして，その差額の利益を段階的に示し，経営成績*を示す計算書。☞貸借対照表

損益計算書等式（第１章４節）【簿】費用*＋当期純利益*＝収益*で表される簿記の損益関連各要素の関係を示した式。☞貸借対照表等式，資本等式

損益取引【簿】収益*，費用*の発生が借方*・貸方*のどちらか一方に生じる取引*（第４章３節）。☞交換取引，混合取引

損益法（第１章４節）【会】損益計算書*による利益計算の方法。収益*－費用*＝当期純利益*と表現される。

損金（第21章２節）【会】税務会計上の費用*を意味する用語。

た行

貸借対照表（第１章４節・第20章３節）【会】資産*と負債*・純資産*（資本*）を対照し，企業の一定時点における財政状態*を示す計算書。**バランス**

シートともいう。

貸借対照表等式（第1章4節）【簿・会】資産*＝負債*＋純資産*（資本*）で表された，簿記の各要素の関係を示した等式。☞資本（純資産）等式

貸借平均の原理【簿】仕訳帳*，元帳*の記入および試算表*のそれぞれの段階で借方*合計と貸方*合計が一致する仕組み（第15章2節）。一致しない場合には，自らその過ちを発見できる自己検証機能がある。☞転記

対照勘定（第7章3節，第13章3節）【簿】貸借で一対の勘定*。取引*の内容を備忘的に記録する目的で貸借同時に記帳され，後日，貸借反対記帳し消去される。☞備忘勘定

大陸法（第15章6節［参考］）【簿】貸借対照表*作成の基礎となる勘定の集計に残高勘定*を設けて，そこに振替える決算方法。大陸式ともいう。☞英米法

耐用年数（第12章4節）【商・会】建物など有形固定資産については，利用可能年数。特許権など無形固定資産については，効果のある年数。

棚卸表（第15章3節）【簿】決算整理*に際し，必要な修正事項をまとめた表。

他人資本【会】負債*の別称（第20章3節）。総資本＝他人資本＋自己資本*となる。

店と奥の分離（第3章3節）【商】店の財布と家計の財布を概念上区別すること。会社経営でいくら儲けたのかを知るためには，店（会社）と奥（家計）の記録を会計上分ける必要がある。公私の区別を会社経営で行う表現。

帳簿（第4章4節・第16章2節）【簿・会】会計情報を記録するノート。財務諸表*作成の資料となる主要簿（仕訳帳*，元帳*）と各種補助簿*がある。

通貨代用証券（第10章2節）【簿】通貨（紙幣，硬貨）ではないが，簿記上，通貨と同様に現金勘定で処理するもの。例：他人振出しの小切手。

Tフォーム（第4章4節）【簿】元帳*，勘定口座*の学習上の様式。☞元帳

摘要（第4章4節）【簿】相手勘定の記入や取引*の要点（小書き※）など簡単な説明を行う欄。

手付け（第5章6節）【商】契約を結ぶ際，注文主が相手に交付する金銭。

転記（第4章4節・第16章2節）【簿】仕訳帳*の金額を総勘定元帳*の該当する各勘定口座*に書き移すこと。したがって，漏れなく正確に転記されていれば，仕訳帳の借方合計金額と総勘定元帳の借方合計金額は一致する。貸方合計金額についても同様に一致する。個別転記と合計転記がある。

電子記録債権・債務（第10章9節）【商・簿】電子債権記録機関に記録登録された債権*と債務*。これにより私的な債権債務（売掛金*・買掛金*など）が客観化され，第三者にも流通できるようになる。

投資活動【商】営業に必要な固定資産を購入（・売却）したり（第12章2節），余剰資金で，他社の株式*や債券*などを購入したり売却する活動（第14章4節）。

当座借越（第10章5節）【商・簿】（当座借越）契約に基づき，当座預金残高を超えた場合，契約額の枠内で小切手を振出した際に生じる銀行からの借入金*。

当座預金（第10章4節）【簿・商】銀行と当座取引契約を結び，小切手帳の使用によりいつでも引出しのできる無利息の銀行預金。☞小切手

投資【商】将来の効用，利益獲得を目的とする資金投下（第12章2節・第14章4節）。

統制勘定（第8章2節）【簿】得意先人名勘定（得意先元帳）に対する売掛金*勘定のように，同種の細目的勘定を統括する上位の勘定。

当期純利益（第4章5節・第20章4節）【簿・会】損益計算書*の最下部で計算される利益。ボトムラインともいう。

得意先【商】商品・製品を購入してくれる相手。顧客，お客の別称。新規顧客に対する既存顧客の意味もある。得意先毎の取引を記録する帳簿を「得意先元帳」または「売掛金元帳」という（第8章2節）。

特殊仕訳帳（第16章2，3節）【簿】特定の取引*を日々記録するとともに，その特定勘定*に合計転記*する機能を持つ帳簿。☞普通仕訳帳*

取引（第1章4節）【簿】モノの売り買い，カネの貸し借りなどの企業の経済行為によって資産*，負債*，純資産（資本*），収益*，費用*に増減変化をもたらす事象（第4章2節）。

な行・は行

配当（第17章2節）【商】会社が株主*（出資者）に利益*を分配すること。

払込資本【会】株主*により払込まれた額（第3章3節（2））。拠出資本ともいう。

販売費及び一般管理費【簿・会】（第11章2節・第20章4節）営業費*。営業活動*のために必要とされる経費*。

備忘勘定（第7章3節）【簿】正規の資産*・負債*・収益*・費用*とはならないが，将来，これらの勘定*に記録する可能性がある事実が発生した時に，

この可能性を忘れないように記録しておく勘定。備忘記録なので，損益計算書*や貸借対照表*には収容（計上）されない。☞対照勘定

費用（第1章4節・第20章4節）【簿・会】利益獲得活動のための経済価値の減少分。売上原価*や，水道光熱費，人件費など販売・一般管理活動から生じる経費（以上，営業費用），借入れから生じる支払利息など（営業外費用*），固定資産売却による売却損など（特別損失），法人税等の5種類がある。

費用収益対応の原則【簿・会】収益*とそれに関連する費用*が計上*される期間を同一期間にしようとする計算原理（第20章4節）。代表例が売上高*（顧客から受取る代金：売価）と販売された商品に掛かった費用（原価）の期間計上を一致させるようにする仕組み（第6章3節）。

費用配分の原則【会】資産*の取得原価（支出額）をその種類に応じて各会計期間に配分し，費用*として負担させる仕組み。例えば，長期間使用する目的の資産（固定資産）を購入した場合，その期にだけ，取得額が費用として計上*されることを防いで，使用期間にわたって均等に費用負担させるように減価償却*が行われる（第12章4節）。

評価勘定（第8章3節・第12章4節）【簿】売上債権*勘定（売掛金*）に対する貸倒引当金勘定のように，ある特定の勘定*の性質（元の金額）を維持させつつ，その勘定の数値の増減額相当分を別に明示するための専用の勘定。

負債（第1章4節・第20章3節）【会】企業が負う経済的義務負担額。金融機関*からの融資（借入金*）による将来の返済義務額（有利子負債）や仕入代金の未払分（買掛金*）などがある。☞他人資本

付随費用（第12章3節）【簿】資産*を購入するときに，購入代金以外に発生する仲介手数料や据付費などの諸経費（第5章4節）。☞取得原価

普通仕訳帳（第16章2節）【簿】一義的には，特殊仕訳帳*に対して，この帳簿の記帳対象外の取引を記帳する仕訳帳をいう。☞仕訳帳

振替（第15章5節）【簿】ある勘定*の借方*（または貸方*）から他の勘定*の借方*（または貸方*）へ数値を移すこと。

振出し（第9章3節・第10章4節）【商】手形や小切手*を取引相手に渡すこと。

不渡り（第9章7節）【商】手形が支払期日に決済されずに，あるいは支払期日前でも手形債務者が倒産して，支払不能（回収不能）になったこと。

分記法（第6章【例題5】）【簿】商品売買取引の処理を，仕入は商品勘定（資

産）の増加，売上は商品勘定の減少と商品売買益勘定（収益）の発生として記録し，売上の都度，売買損益を把握する方法。☞三分法，売上原価対立法

法人【商】会社など，法律上，人と同様に権利・義務の主体となる資格を与えられた団体（第21章１節）。

法人税（第21章１節）【商】法人*の所得*に課される税金。

補助簿（第16章２節）【簿】特定の取引*または勘定*を細目的に管理する帳簿。

補助元帳（第８章２節・第16章２節）【簿】総勘定元帳*の下で，この総勘定元帳の明細を示す帳簿。☞総勘定元帳

本業【商】主たる事業，営業のこと。製造業は製品の製造・販売，小売業は商品の販売，サービス業は役務提供。売上勘定でこれらの本業による販売収益を把握する（第３章２節）。

ま行・や行

持分【会】負債*を控除した資産*に対する請求権（第１章３節）。広義には純資産*部分の別称，狭義には株主*の持つ請求権。

元帳（第４章４節）【簿】仕訳帳（日々の事象（取引）の記録である日記帳）に対して，同じ事象（取引）をまとめて記録した帳簿。総勘定元帳*と補助元帳*がある（第16章２節）。☞仕訳帳，総勘定元帳

有価証券（第14章４節）【簿・会】株式その他の出資証券および公社債券。簿記・会計における有価証券は，法律上の有価証券より狭く，金融商品取引法に規定されたものに限られる。

ら行・わ行

利害関係者（第１章３節）【商】投資家（株主*，社債権者），融資者（金融機関*），顧客，仕入先，経営者，従業員，課税当局（国，地方自治体），地域住民など企業活動に影響を及ぼす人の総称。ステークホルダーともいう。

利益（第１章４節）【簿・会】獲得した金額（総額：収益*）から，それを獲得するために掛かった金額（総額：費用*）を差し引いた差額（純額）。一般にいう儲け。

累計（第12章４節）【簿】必要の都度，記入されていった数値の合計。累積数値。例えば，減価償却*累計額は，過年度の決算*ごとに計上*（配分）された減価償却費の合計額（累計額）を表わす。

第3章　企 業 を 作 る

—資本金勘定の意味—

1　本章で勉強すること

本章で学ぶ基本的な記録

① 自己資金（資本金）の調達（会社設立や増資など）
B/S・資産⇦（現　　　金）10,000,000（資　本　金）10,000,000⇨B/S・純資産
② 個人企業の決算（利益の処理）
集合勘定⇦（損　　　益）800,000（資　本　金）800,000⇨B/S・純資産
③ 株式会社の決算（利益の処理）
集合勘定⇦（損　　　益）800,000（繰越利益剰余金）800,000⇨B/S・純資産

＜発展＞創立費（株式会社設立の費用）の処理⇨第13章補章

B/S・資産⇦（創　立　費）10,000（当 座 預 金）10,000⇨B/S・資産減少
P/L・費用⇦（創 立 費 償 却）2,000（創　立　費）2,000⇨B/S・資産減少

本章のワークブック

【課題1】〈基本〉 営業資金として，現金2,000,000円により，店（個人企業）を始める。⇦**【例題1−1】**
（　　　　）［　　　　］（　　　　）［　　　　］

【課題2】〈基本〉 店（個人企業）の決算にあたり，利益80,000円が計上された。⇦**【例題2】**
（　　　　）［　　　　］（　　　　）［　　　　］

【課題3】〈基本〉 個人企業において店舗用の火災保険料60,000円と店主（事業主）の自宅の火災保険料15,000円を現金で支払った。⇦**【例題3】**
（　　　　）［　　　　］（　　　　）［　　　　］
（　　　　）［　　　　］

【課題4】〈基本〉 株主より，現金3,000,000円を集め，会社を設立する。⇦**【例題4−1】**
（　　　　）［　　　　］（　　　　）［　　　　］

【課題5】〈基本〉 株式会社の決算にあたり，利益300,000円が計上された。⇦**【例題4−3】**
（　　　　）［　　　　］（　　　　）［　　　　］

〈基本〉　2　企業（事業）の種類

営利事業すなわち企業は大きく分けて，事業主（個人）が元手を出し自らの責任で運営する「個人企業」と多くの人から資金を集めて設立され，これにより運営される「会社」に分類される。

個人企業は，事業主が税務署に開業届を出せば，成立する。一方，会社はその設立の仕方を定めた「会社法」に従って設立しなければならない。会社法によれば，会社には，合名会社，合資会社，合同会社，株式会社がある。

企業を取り上げる場合，必要なのが，企業（事業）が倒産や廃業などで閉じられたときに残った負債（債務）に対する出資した人の法的責任である。企業は，銀行からの借り入れを始めとして様々な形で第三者から資金を借り入れその返済義務を負うし，時には公害に対する補償など様々な責任を持つ。これらに対する資金拠出者の責任の取り方（義務の果たし方）である。これには，最後まで（自分の財産を処分しても）責任を果たす**無限責任**と，自分が拠出した資金を放棄するだけで良い（責任が拠出額の範囲に留まる）**有限責任**がある。個人企業と合名会社は無限責任の会社であり，合同会社と株式会社は有限責任の会社で，合資会社は無限責任社員と有限責任社員の二種類の社員（この場合，「社員」の意味は法的組織での意味の社員であり，資金を出した人を指す。企業に働いている人・従業員の意味ではない。）で構成される会社である。この無限責任か有限責任かが，資本の簿記処理に違いをもたらす。

会社の種類と社員の責任

形　態	社員（資本拠出者）の責任	備　考
合名会社	無限責任	
合資会社	無限責任社員と有限責任社員	
合同会社	有限責任	社員が直接，企業を経営する会社
株式会社	有限責任	社員（株主）が資金を提供するだけで，経営に係わらない会社／株主が株主総会で経営者（会社運営者）を選任する会社（選任されることはできる）

〈基本〉　3　個人企業と株式会社の簿記処理

個人企業（無限責任）と株式会社（有限責任）の簿記処理では，資金を受け入れた時（例としては設立の時を扱う。）と利益を計上した時（⇨第15章5節）に違いが出る。そこで，これを説明する。加えて，個人企業の場合，事業と事業主個人の家計とが一体であり，区別はない。そこで，この問題にも触れる(注)。

一方，株式会社には，設立において複雑な問題が発生するので，それらについては，次の節および第13章補章で扱う。本節では，個人企業と比較し，資金受け入れの処理と利益の処理の違いを学び，資本金勘定の意味を知って欲しい。

（注）利益獲得を行う企業すなわち事業は‘店’，一方，事業主の家計は‘奥’と言われる。しかし，店も奥も事業主が支配する事業主のものであることには変わりない。

(1) 個人企業

① 設立時の処理

個人が資金を出し，企業を作った場合には，次の記録を行う。

【例題1－1】

営業資金として，現金 1,000,000円により，店を始める。

（現　　金）　1,000,000　　（資 本 金）　1,000,000

＊その後，資金を追加出資したときも同じ仕訳で記録される。

企業を始めるとき，現金以外，建物や土地といった現物の資産を出すこともある。これを「現物出資」という。

【例題1－2】

現金 1,000,000円と店舗用の建物 20,000,000円を出し(注)，店を始める。

（現　　　金）　1,000,000　（資　本　金）　21,000,000
（建　　　物）　20,000,000

（注）自宅の一部を店にした場合も同じ。店部分を評価して、金額とする。

【例題1－2】 について，貸借対照表を作成すると（⇨第1章4節），次のようになる。これを「開業貸借対照表」という。この貸借対照表は，事業主が21,000,000円の元手（貸方金額）を出し，それは，具体的に現金 1,000,000円，建物 20,000,000円という財産であることを示している。資本金は事業主の持分額を示している。

（借方）　貸借対照表　（貸方）

借方科目	金額	貸方科目	金額
現　　　金	1,000,000	資　本　金	21,000,000
建　　　物	20,000,000		
	20,000,000		21,000,000

② 利益の処理

決算を行い，損益勘定に利益が計上されたとき，次の仕訳を行う。この場合，利益は事業主のもの（持分）だから，資本金勘定に振り替える（資本金勘定を増加させる）。

【例題2】

決算を行った結果，利益 50,000円が計上された。

（損　　　益）　50,000　（資　本　金）(注)　50,000

（注）第1章4節では，当期純利益と表示されていたが，利益は，資本金に加算される。

③ 企業（店）と家計（奥）

個人企業は事業主のものであるから，事業主が，私用（奥）のために，企業（店）から現金を引き出したり，業務用資産を持ち出すことができる。このとき，自分の持分である資本金はその分減少する。その場合，私用分を明らかにしようとする簿記処理が望ましい。

【例題３】

火災保険料90,000円を店の現金で支払った。うち，店舗分の保険料は70,000円，店主（事業主）の自宅分の火災保険料は 20,000円である。

①私用の引き出しを資本金から控除する方法

（火災保険料）	70,000	（現　　金）	90,000
（資　本　金）	20,000		

②私用の引き出しを引出金勘定を用いて把握（私用分を明らかに）する方法

（火災保険料）	70,000	（現　　金）	90,000
（引　出　金）	20,000		

引出金勘定は最終的には（通常，決算にあたり）まとめられ，資本金勘定と相殺される。②の記録により一定期間の私用（事業主の事業からの引き出し）の金額が分かる。一定期間後の引出金勘定の残高が140,000円だったとすると，

（資　本　金）	140,000	（引　出　金）	140,000

これまでの【例題】から分かるように，個人企業の資本金勘定は事業主の持分（企業の正味財産）を表わす。

図　資本金と引出金ならびに利益の関係

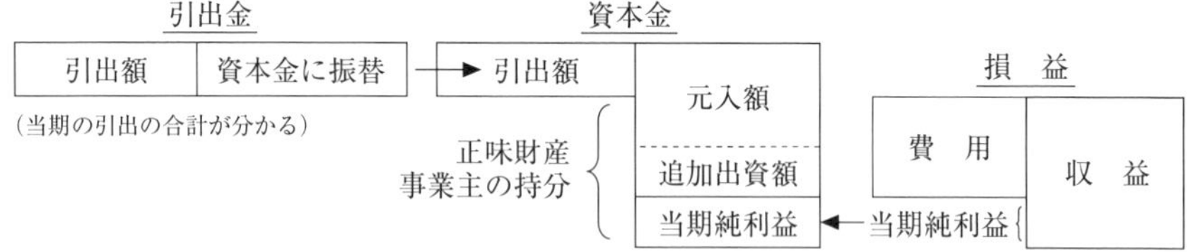

⑵ **株式会社**

①　設立時の処理

資金を集め，会社を作ったときは，次の記録が行われる。ただし，実際には，設立には法的手続きによる複雑な記録が出てくる（⇨第13章補章）。

【例題４－１】

株主より，現金 1,000,000円を集め，会社を設立する。

（現　　　金）	1,000,000	（資　本　金）	1,000,000

＊増資は，第13章６節を見よ。

株式会社の資本金の決め方は会社法によって決められている。それによれば，株主の投資した（払い込んだ）金額のうち２分の１を上限として，資本金としないことができ，資本金としなかった金額は「資本準備金」とする（会社法，第445条１から３項）。

【例題４－２】

株主より現金で 1,000,000円が払い込まれたが，資本金を会社法の認める最少額にする。

（現　　　金）	1,000,000	（資　本　金）	500,000
		（資本準備金）	500,000

（注）資本金の金額は，500,000円から1,000,000円の間で決められる。

株式会社の資本金は，法律に則り決められ，個人企業とは違う点を理解しなければならない。したがって，資本金が大きいから，株主の投資額が大きく，小さい会社より株主の投資額が大きいとは言えない。

それでは，なぜ，このような処理をするのであろうか。会社法は資本金の維持にさまざまな法的規制をかけている。これにより，会社の活動は影響される。そこで，この規制から解放されようとするためである(注)。この一つの例として，第17章２節で説明する配当金の決定にかかる規制があげられる。

（注）株式会社の資本金を減少させる場合，株主総会の決議が求められ，これには様々な手続きがかかり，時間もかかる。これに対し、資本準備金の減少は取締役の裁量にまかされる。

②　利益の処理

株式会社では，株主への配当を含む利益の処分は，株主総会で決められる。そこで，個人企業のように，利益をただちに資本金とすることはできない。そこで，処分が決定されるまで，それを待つ勘定である「繰越利益剰余金」勘定を設定し，ここに記入しておく。(⇨第15章5節)

【例題4－3】

決算を行った結果，利益 50,000円が計上された。

（損　　益）	50,000	（繰越利益剰余金）	50,000

（注）第1章4節では，当期純利益と表示されていたが，繰越利益剰余金と表示される。

[練習問題1]〈基本〉

次の取引の仕訳をしなさい。

1　現金 500,000円を元手に，個人企業を始める。

2　上の個人企業が営業用店舗の家賃 100,000円と事業主の自宅の家賃 50,000円を現金で支払う。

3　上記2において，引出金勘定を使用して仕訳した場合の決算における調整を行う。

[練習問題2]〈発展〉

次の取引の仕訳をしなさい。

1　東京商店は，会社の設立にあたり，現金 3,000,000円と土地 8,000,000円の現物出資を受け，500株（1株あたりの発行価額は 22,000円）を発行した。なお，全額を資本金に組み入れるものとする。

2　会社設立にあたり，定款作成に要した費用 60,000円，株式募集その他の広告費 250,000円，金融機関の取扱手数料 42,000円を小切手を振出して支払った。

〈解答〉

[練習問題1]

	借方	金額	貸方	金額
1	(現　　　　金)	500,000	(資　本　金)	500,000
2	(支 払 家 賃)	100,000	(現　　　　金)	150,000
	(引　出　金)	50,000		
	または			
	(資　本　金)			
3	(資　本　金)	50,000	(引　出　金)	50,000

(注)この仕訳により，資本金は 450,000円になる。

[練習問題2]

	借方	金額	貸方	金額
1	(現　　　　金)	3,000,000	(資　本　金)	11,000,000
	(土　　　　地)	8,000,000		
2	(創　立　費)	352,000	(当 座 預 金)	352,000

第4章　簿記の概観

—単純な会社による簿記の記録の説明—

1　本章で勉強すること

簿記・会計の基本

①　簿記記録の流れ⇨2，4節

取引（記録の対象）⇨　仕訳帳（日記帳）への記入⇨〈転記〉⇨　元帳（各計算単位）の作成

注意！『仕訳帳から元帳への転記が重要』

②　仕訳の原則⇨3節

試算表
（期中の簿記記録のまとめ）

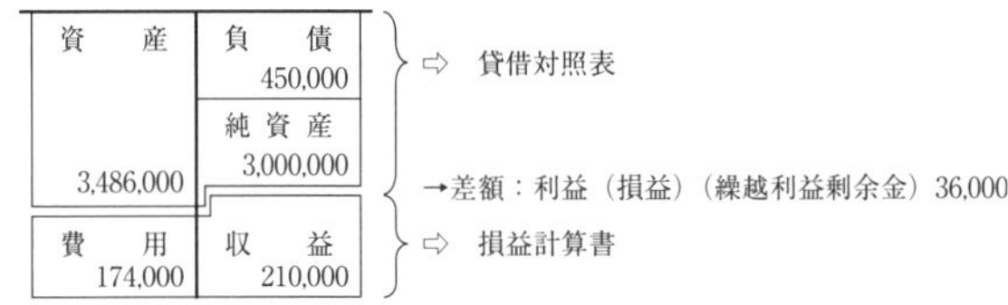

資産 3,486,000 − 負債 450,000 ＝ 純資産 3,036,000

期中に資本の変動（増資，減資，配当など）がなかったとすると：

期末純資産 3,036,000 − 期首純資産 3,000,000 ＝ 当期純利益 36,000
収　益　210,000 − 費　用　174,000 ＝ 当期純利益 36,000
の関係が成立する。⇦第1章4節

③　簿記の一巡⇨4節

［開始記入］→［再振替記入］→［日常取引の記入］→［決算整理記入］→［決算記入］

注意！　決算のやり方（決算記入）には，「英米法」と「大陸法」の二つの方法があり（⇨第15章），本章で示した方法は，両方法の折衷法（中間の方法）である。

④　精算表と財務諸表の作成⇨　2節，42ページ，5節，53，54ページ

上の②で示したように，損益計算書と貸借対照表は，簿記記録をまとめた残高試算表を2つに分解することにより作成される。この作業を行うのに便利なのが精算表である。次に示した精算表は，決算整理のない簡単なケースのものである（決算整理がある場合の精算表，56ページ⇨第15章）。なお，当期純利益は，株式会社の場合には，貸借対照表の繰越利益剰余金の中に収容される（第3章【例題4−3】）が，ここでは，独立させて示している。

（6桁）精　算　表

勘定科目	残高試算表		損益計算書（損益勘定）		貸借対照表（残高勘定）	
	借　方	貸　方	借　方	貸　方	借　方	貸　方
［資産］					（資産）	（負債・純資産）
現　金	486,000				486,000	
差入保証金	3,000,000				3,000,000	
［負債］						
借入金		450,000				450,000
［純資産］						
資本金		3,000,000				3,000,000
［収益］			（費用）	（収益）		
運送料収益		210,000		210,000		
［費用］						
燃料費	97,000		97,000			
支払レンタル料	72,000		72,000			
支払利息	5,000		5,000			（繰越利益剰余金）
当期純利益			**36,000			36,000
	3,660,000	3660,000	210,000	210,000	*3,486,000	*3,486,000

＊と＊＊について，次ページを見よ。

本章のワークブック

【課題】〈基本〉駅前のビルの一室を借りて不動産業を営んでいる会社の次の資産，負債，純資産，収益，費用の元帳記録（残高）に基づき，精算表を作成しなさい。なお，収益と費用はすべて当期のものである（決算整理はない—決算整理がある場合は本文⇨ 46ページ）。

現金　3,400　差入敷金　10,000　短期借入金　4,400　資本金　8,000

手数料収益　12,000　給料　8,000　支払家賃　2,400　支払利息　600

（6桁）精　算　表

勘定科目	残高試算表		損益計算書（損益勘定）		貸借対照表（残高勘定）	
	借　方	貸　方	借　方 （費　用）	貸　方 （収　益）	借　方 （資　産）	貸　方 （負債・純資産）
（　　）						
（　　）						
（　　）						
（　　）						
（　　）						
（　　）						
（　　）						
（　　）						
	24,400	24,400	費用　11,000	収益　12,000	収益 － 費用	（　　）
当期純利益			（　　）			繰越利益剰余金
			12,000	12,000	13.400	13,400

簿記・会計の基本　追加

本文の「簿記の一巡」は最初から決算整理のある複雑な場合である。これに対し，簿記・会計の基本 ④で示した「(6桁) 精算表」は決算整理のない簡単な場合（入門）である。そこで，この精算表が誘導される仕訳帳の記録と元帳（費用勘定と現金勘定）の記入例を示しておく。

仕訳帳：(小書きは省略：繰越利益剰余金は決算時に出るものと仮定する，つまり，前期からの繰越はない。)

仕　訳　帳

〈1ページ〉

日付		摘要		元丁	借方	貸方
1	1	(現　　金)		1	450,000	
		(差入保証金)		4	3,000,000	
			(借 入 金)	3		450,000
			(資 本 金)	2		3,000,000
		前期繰越				
2	4	(支払利息)		8	5,000	
			(現　　金)	1		5,000
3	10	(現　　金)		1	210,000	
			(運送料収益)	5		210,000
4	21	(燃 料 費)		6	97,000	
			(現　　金)	1		97,000
5	30	(支払レンタル料)		7	72,000	
			(現　　金)	1		72,000
					3,834,000	3,834,000
12	31	本日決算				
		(運送料収益)		5	210,000	
			(損　　益)	9		210,000
		(損　　益)		9	174,000	
			(燃 料 費)	6		97,000
			(支払レンタル料)	7		72,000
			(支払利息)	8		***5,000
		(損　　益)		9	**36,000	
			(繰越利益剰余金)	10		36,000
		(残　　高)		11	*3,486,000	
			(現　　金)	1		***486,000
			(差入保証金)	4		3,000,000
		(借 入 金)		3	450,000	
		(資 本 金)		2	3,000,000	
		(繰越利益剰余金)		10	36,000	
			(残　　高)	11		*3,486,000
					7,392,000	7,392,000

*は，前ページ④の「精算表」の*と一致する。
**は，前ページ④の「精算表」の当期純利益
***は，仕訳帳で現金の動きを見よ。

元 帳：現金勘定と支払利息勘定のみ例示

現　　金

〈1〉

日付		摘要	仕丁	借方	日付		摘要	仕丁	貸方
1	1	前期繰越	1	450,000	2	4	(支払利息)	1	5,000
3	10	(運送料収益)	〃	210,000	4	21	(燃 料 費)	〃	97,000
					5	30	(支払レンタル料)	〃	72,000
					12	31	次期繰越	〃	***486,000
				660,000					660,000

支　払　利　息

〈8〉

日付	摘要	仕丁	借方	日付	摘要	仕丁	貸方
2. 4.	(現　　金)	[1]	5,000	12.31.	(損　　益)	[1]	***5,000

以下，店舗や設備などの固定資産を持たず，現金売り買いの商売をしている会社を例に，簿記会計の仕組み（簿記の一巡）を説明する。店や備品（ショーケースなど）（固定資産⇨第12章）はレンタルで借り，商品の魚を売り切ってから，店を閉める魚屋（鮮魚商）を頭に描いて欲しい（商品が残る場合⇨第6章）。

〈基本〉　2　企業活動のおおよそと複式記録

⑴ 開　始　記　録

4月1日に，300万円で株式会社を設立した場合（設立費用⇨第3章6節などは考えない。），**「現金」**の増加（資産の増加）を借方(左)側，この現金増加の原因すなわち**「資本金」**（純資産の増加）を貸方(右)側に記入する記録(①)により，開業にあたり作成される「開業貸借対照表」がえられる。(⇨第3章3節)

		〈資産の増加〉		〈純資産の増加〉	
①	4. 1.	（現　　　　　金）	3,000,000	（資　　本　　金）	3,000,000

亜細亜鮮魚店　　（開業・期首）**貸借対照表**　　××年4月1日

（借方）〈資産〉		〈（負債）純資産〉（貸方）	
現　　金	3,000,000	資　本　金	3,000,000

（注）純資産が300万円未満では，配当(⇨第17章2節)を払えない(会社法第458条)ので，3,000,000とした。

(□) **再振替記入**　会社が続いているときに行われる。(⇨4節⑷）この場合のように，営業を最初に始めたときはない。

⑵ 日々（日常取引）の記録

商売を始めるにあたっては，店舗を借り，また，自分で購入しない場合には，設備や備品なども借りなければならない。同じ1日に，これを行う。店舗を月20万円で借りることにし，これには，300万円の「敷金」を入れることも要求された。以降の家賃の支払いは25日の前月払いとする（5月分は4月25日に支払う）。敷金は，（瑕疵がない場合）契約の解消時に全額返済される。つまり，価値は減らないものとする。

商売に必要な設備と備品をまとめて月10万円でレンタルし，レンタル料は翌月初払い（4月分は5月1日が休日のため，2日に支払う）とする「契約」を結んだ。

開業資金 300万円では，敷金しか払えない。そこで，運転資金として，銀行から，3ヶ月の約束で，30万円借りることとした（借入金の発生）。利子は年利1％で毎月1日払いとする。このように企業は運転資金の手当てをしなければならない。銀行は，利子（今月分の利子：300,000×0.01÷12＝250円）を差引いて預金口座に入金するので，これを記録すると，**「普通預金」**の増加（資産の増加）と利息の支払いによる**「支払利息」**の発生（費用の発生）を借方に，その原因すなわち「借入金」〈1年以内に返済しなければならない借入金を**「短期借入金」**という〉の増加（負債の増加）を貸方に記入する(②)。

		借方		貸方	
②	4. 1.	〈資産の増加〉（普　通　預　金）	299,750	〈負債の増加〉（短　期　借　入　金）	300,000
		〈費用の発生〉（支　払　利　息）	250		

これで資金ができたので，翌日の商品の購入資金も考えて，預金から 25万円をおろし(③)，現金 325万円のうちから敷金と今月分の家賃を支払う(④)。これは，資産相互間の増減の記録すなわち借方に，**「現金」**の“増加”25万円，貸方に，**「普通預金」**の“減少(資産の減少)”25万円を記録するとともに，借方に，**「差入敷金」**（“資産の増加”）300万円と**「支払家賃」**（“費用の発生”）20万円を，貸方に，これらに対する**「現金」**の“減少”320万円を記録する。これにより手持ちの現金は5万円となる。これは後に説明する「現金」勘定（⇨4節⑵）を作ると明らかになる。

		借方		貸方	
③	4. 1.	〈資産の増加〉（現　　　　金）	250,000	〈資産の減少〉（普　通　預　金）	250,000
④	4. 1.	〈資産の増加〉（差　入　敷　金）	3,000,000	〈資産の減少〉（現　　　　金）	3,200,000
		〈費用の発生〉（支　払　家　賃）	200,000		

注意しなければならないのは，レンタル「契約」は記録されない点[注]である。つまり，具体的に現金や財の動きのないものは記録されない。

(注) 将来，「会計基準」の改訂により，このような契約の発注も記録することが要求される可能性がある（⇨第14章4・5節）。

2日から，商売を行う。商品（魚）は毎日，5万円仕入れ，売上収益は，8万円あがるものとする。仕入れは，借方に，仕入原価を示す**「仕入」**勘定（“費用の発生”）に記入され，それが現金で支払われるので，**「現金」**の“減少”が貸方側に記入される（⑤）。売上げは，売上げに見合う**「現金」**の“増加”が借方側に，原因すなわち売上高が**「売上」**勘定の貸方側に記入される（⑥）。

		〈費用の発生〉		〈資産の減少〉	
⑤	4. 2.	（仕　　入）	50,000	（現　　金）	50,000
		〈資産の増加〉		〈収益の発生〉	
⑥	4. 2.	（現　　金）	80,000	（売　　上）	80,000

4月中の仕入高は，日々5万円で営業日が29日だから，合計 145万円（¥50,000×29日），売上高は，同じく29日で，232万円（¥80,000×29日）となる。これは**元帳**つまり「仕入」勘定と「売上」勘定（⇨ともに4節(2)）を作成すると分かる。

企業は従業員に給料も支払わなければならない。25日に，今月の**「給料」**50万円を現金で支払ったとすると，“費用の発生”が借方，“資産の減少”が貸方に記入される（⑦）。この支出は，25日までの仕入代金（現金減少：¥50,000×24日）を引いた売上代金（現金増加：¥80,000×24日）で支払われる状態になっている。

		〈費用の発生〉		〈資産の減少〉	
⑦	4. 25.	（給　　料）	500,000	（現　　金）	500,000

25日には，契約により，翌月分の家賃を前払いしなければならない。これは，家賃の支払いであるから，次のように“費用の発生”と“現金の減少”という形で記録される（⑧）。このように日々(日常)の簿記記録では，当期分や翌期分または前期分などの区別はしないで，費用は「費用」として記録される。そして，次に説明する決算で，収益・費用の期間の帰属（当期の収益か費

用か）が決められる。これを決めるのが**会計学**である。

〈費用の発生〉　〈資産の減少〉
⑧　4. 25.（支　払　家　賃）200,000　（現　金）200,000

これまでの複式記録をまとめ，それぞれの合計と差額（残高）を計算した表を示すと，下の計算表〈**試算表**〉になる。この表が，4節(2)で示す元帳から作成され，勘定の借方側と貸方側それぞれの合計を示す方を「合計試算表」，残高（借方と貸方の差額）を示す方を「残高試算表」という。そもそも勘定の記入は借方側と貸方側が同じ金額であったから，これら試算表の（貸借の）合計は必ず一致する。なお，合計試算表の合計は後に説明する仕訳帳の合計（⇨4節(1)）とも一致する（⇨第15章2節）。

試　算　表　⇦「元帳」(4節(2))から
××年4月1日～4月30日

勘定科目	合計〈合計試算表〉		差額〈残高試算表〉	
	借　方	貸　方	借　方	貸　方
現　金	5,570,000	5,350,000	220,000	
普通預金	299,750	250,000	49,750	
差入敷金	3,000,000	0	3,000,000	
短期借入金	0	300,000		300,000
資本金	0	3,000,000		3,000,000
売　上	0	2,320,000		2,320,000
仕　入	1,450,000	0	1,450,000	
給　料	500,000	0	500,000	
支払家賃	400,000	0	400,000	
支払利息	250	0	250	
	11,220,000	11,220,000	5,620,000	5,620,000

(3) 決算の記録　—決算書：損益計算書(簿記では，損益勘定)と貸借対照表(簿記では，残高勘定)の作成—

残高試算表をみると，収益として，売上 232万円，一方，費用として，仕入（「売上原価」）145万円，給料 50万円，支払家賃 40万円，支払利息 250円の計235万250円が計上されているので，この期(4月)の損失（「当期純損失」という）

が3万250円(￥2,320,000－￥2,350,250)となったようにみえる。しかし，これは正しくない。なぜならば，25日に支払った家賃は次の５月分であり，４月の負担は 20万円でよく，この調整をしなければならない。さらに，当期に設備や備品を使用したけれども，このレンタル費用 10万円は，５月２日に支払う予定のため，ここには入っていない。このように，当期の利益を計算するためには，帳簿の数字を，当期の**業績**（収益・費用と当期純利益）ならびに当期末の**財政状態**（資産・負債・純資産の状態）を示す(⇨第１章)ように修正しなければならない。この手続きを**決算整理**（決算修正）という。

決算においては，会計学の知識が必要である。ここでは，帳簿記録（主として収支の記録）に関わらず，実際に，商売がどのように行われたかにより，収益と費用ならびに資産，負債が決められる。これを**発生主義会計**という。

例では，家賃の前払い 20万円の調整つまり費用の金額を少なくする(貸方記入)と同時に，前払い分は翌月に店舗を利用できるのであるから，期末時点でのこの権利(資産)の表示(借方記入)((a))，ならびに，当期が負担すべきレンタル料 10万円の(費用)計上と，この未払分つまり未払レンタル料（負債）の計上が行われる((b))。

		〈資産の増加〉		〈費用の修正〉	
(a)	4. 30.	(前　払　家　賃)	200,000	(支　払　家　賃)	200,000
		〈費用の発生〉		〈負債の増加〉	
(b)	4. 30.	(支払レンタル料)	100,000	(未払レンタル料)	100,000

このように「決算整理」を，((決算)整理前)「残高試算表」に加えた（決算)「整理後残高試算表」を作成し，ここから，収益・費用を抜き出すとともに，資産・負債・純資産（当期純利益を含む）をまとめると，損益勘定(損益計算書)と残高勘定(貸借対照表）が誘導される（⇨第１章，第15章，第20章)。ただし，通常，決算の過程においては，「整理後残高試算表」は省略され，(整理前)残高試算表から，決算整理を経て，損益計算書と貸借対照表が直接，誘導される表が作成される。この表を（８桁)**精算表**と呼ぶ（⇨第15章)。ここでは，整理後残高試算表も加えた10桁精算表を次ページに示す。

（10桁）精　算　表

自　××年4月1日　至　××年4月30日

勘定科目	残高試算表		決算整理		整理後残高試算表		損益計算書		貸借対照表	
	借方	貸方	借方	貸方	借方	貸方	費用	収益	資産	負債・純資産
現金	220,000				220,000				220,000	
普通預金	49,750				49,750				49,750	
差入敷金	3,000,000				3,000,000				3,000,000	
短期借入金		300,000				300,000				300,000
資本金		3,000,000				3,000,000				3,000,000
売上		2,320,000				2,320,000		2,320,000		
仕入	1,450,000				1,450,000		1,450,000			
給料	500,000				500,000		500,000			
支払家賃	400,000			(a) 200,000	200,000		200,000			
支払利息	250				250		250			
	5,620,000	5,620,000								
前払家賃			(a) 200,000		200,000				200,000	
支払レンタル料			(b) 100,000		100,000		100,000			
未払レンタル料				(b) 100,000		100,000				100,000
			300,000	300,000	5,720,000	5,720,000	2,250,250	2,320,000		→ 69,750※
当期純利益※							69,750			
							2,320,000	2,320,000	3,469,750	3,469,750

※当期純利益は簿記の勘定ではない。

←検定簿記では省略される。→（整理後残高試算表）

※繰越利益剰余金勘定に記入される。

〈基本〉　3　記録の原則：「仕訳の原則」

これまでの説明により，資産・負債・純資産・収益・費用勘定（計算単位）の記録の結合関係つまり**仕訳の原則**を示すと，次のようになる。このとき，開始貸借対照表の記入が左右〈簿記の貸借〉の記入を決める出発点になっている。

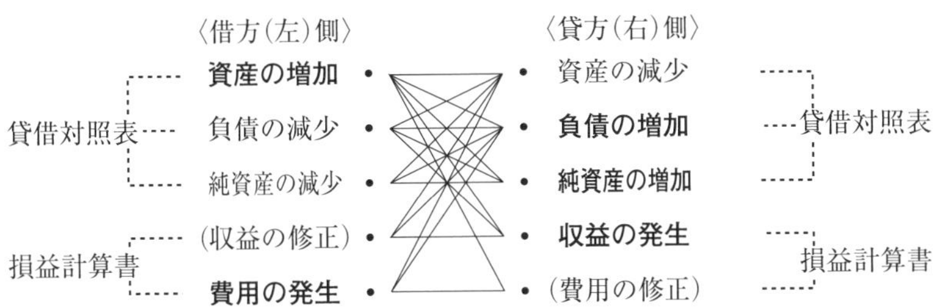

収益と費用は，相対するものであり，この間の結合はない。また，収益の発生と純資産の減少，費用の発生と純資産の増加の結合も本書の段階ではない。

〈基本〉　4　実際の簿記記録

それでは，これまで説明した取引を，実際に帳簿に記入してみる。基本的な企業の簿記では，帳簿は，二つ使用される。一つは，**仕訳帳**と呼ばれる帳簿であり，取引を取引順に記入する企業の日記帳である。もう一つは，**元帳**であり，個々の資産・負債・純資産・収益・費用の動きを記録し，それらの個々の様子を把握し，企業活動を管理する。

次の(1)と(2)にこれまでの取引の仕訳帳と元帳を示している。

なお，丸かっこの数字と符号（(a)，(b)）は，前に示した取引例の数字と符号を指している。

『記帳の順序』（**簿記の一巡**と呼ばれる）は，次の５段階（Ⅰ～Ⅴ）にまとめられる。

Ⅰ　開始記入　（ 例の① ）

Ⅱ　再振替記入　（ この例では，企業の設立から始めているので，この過程は出てこない。これは，後に(4)で説明する。）

Ⅲ　日常取引の記入　（ 例の②〜⑧ ）⇨**試算表**の作成（２節(2)へ）

Ⅳ　決算整理記入　（ 例の（a)と(b) ）

Ⅴ　決算記入　（ **損益勘定**〈損益計算書〉と**残高勘定**〈貸借対照表〉が作成される。この過程で，損益勘定と残高勘定を結びつけるために，**繰越利益剰余金**(注)が設けられる。⇨第17章 ）⇨精算表（２節(3)へ）

(注) 個人企業では，利益は資本金に直接，振替えられ，この勘定は出てこない。⇨第３章３節

(1) 仕訳帳の記入

亜細亜鮮魚店

〈1ページ〉

２節の取引の番号と符号	日付		摘要	元丁	借方	貸方
①	4	1	（現　　金）	1	3,000,000	
			（資　本　金）	2		3,000,000
			会社設立，株式会社			
②		〃	（普 通 預 金）	3	299,750	
			（支 払 利 息）	4	250	
			（短期借入金）	5		300,000
			東京銀行口座開設，３ヶ月借入れ			
③		〃	（現　　金）	1	250,000	
			（普 通 預 金）	3		250,000
			東京銀行			
			次ページ繰越	✓	3,550,000	3,550,000

・「元丁」欄の数字は，転記先の元帳の口座番号（またはページ）を書き，仕訳帳の記録がきちんと元帳に転記されたことを示す。
・「✓」の符号は，次ページに間違いなく繰越したことを確認するチェック・マークである。
・同じ日の取引のときには，日付に「〃」を書く。月は変らない限り，記入しない。
・一つの取引毎を区切る「摘要欄」に引いた線を**区切線**という。最後の行で金額欄に計算のための線を引いたときには，区切線は引かない。

〈2ページ〉

2節の取引の番号と符号	日付		摘要	元丁	借方	貸方
			前ページ繰越	✓	3,550,000	3,550,000
④	4	1	(差入敷金)	6	3,000,000	
			(支払家賃)	7	200,000	
			(現金)	1		3,200,000
			新宿不動産，5年契約，家賃4月分			
⑤		2	(仕入)	8	50,000	
			(現金)	1		50,000
			築地市場より			
⑥		〃	(現金)	1	80,000	
			(売上)	9		80,000
			20時閉店，晴			
		·	上の仕入取引と売上取引を	·	·	·
		·	25日まで繰返し記入	·	·	·
		·	(53ページ元帳をみよ)	·	·	·
⑦		25	(給料)	10	500,000	
			(現金)	1		500,000
			4月分，残業なし			
⑧		〃	(支払家賃)	7	200,000	
			(現金)	1		200,000
			5月分			
		·	26日から前の仕入取引と売上取引を	·	·	·
		·	繰返し記入	·	·	·
⑤		30	(仕入)	8	50,000	
			(現金)	1		50,000
			築地市場より			
⑥		〃	(現金)	1	80,000	
			(売上)	9		80,000
			19時閉店，曇			
			〈この数値には，期中の全仕入売上取引が加えられている〉→		11,220,000	11,220,000
	4	30	本日決算			
(a)			(前払家賃)	11	200,000	
			(支払家賃)	7		200,000
			決算整理，5月分			
			次ページ繰越	✓	200,000	200,000

〈3ページ〉

日付		摘　　要	元丁	借　方	貸　方
		前ページ繰越	✓	200,000	200,000
4	30	（支払レンタル料）	12	100,000	
		（未払レンタル料）	13		100,000
		決算整理，4月分			
		（売　上）	9	2,320,000	
		（損　益）	14		2,320,000
		（損　益）	14	2,250,250	
		（仕　入）	8		1,450,000
		（給　料）	10		500,000
		（支払家賃）	7		200,000
		（支払レンタル料）	12		100,000
		（支払利息）	4		250
		（損　益）	14	69,750	
		（繰越利益剰余金）（注）	15		69,750
		（残　高）	16	3,469,750	
		（現　金）	1		220,000
		（普通預金）	3		49,750
		（前払家賃）	11		200,000
		（差入敷金）	6		3,000,000
		（短期借入金）	5	300,000	
		（未払レンタル料）	13	100,000	
		（資　本　金）	2	3,000,000	
		（繰越利益剰余金）（注）	15	69,750	
		（残　高）	16		3,469,750
				11,879,500	11,879,500

(b)

この過程は**精算表もみよ**

英米法（第15章）では，残高勘定を作らないので，この部分はない。

（注）個人企業では，
「（損　益）69,750（資本金）69,750」と記録され，資本金勘定が 3,069,750 となる。⇨第3章3節

仕訳帳は，企業の日記帳であるから，取引例①の「会社設立，株式会社」のように取引の説明を加える。これを**小書き**という。

仕訳帳は，取引順の記録だから，例えば，現金がいくらあるか，あるいは，借入金はいくらか，費用はいくらかかっているかなど個々の資産・負債・純資

産・収益・費用の様子は分からない。そこで，個々の資産・負債・純資産・収益・費用ごとの記録を行う必要がある。この帳簿を**元帳**という。元帳には仕訳帳の記録を書移す。これを**転記**という〈正確には，帳簿から帳簿へ書移すことすべてをいう〉。このとき，元帳に間違いなく転記したこと，元帳の何ページ（正確には，口座番号—勘定につけられた番号—）に転記したかを示すために，**元丁欄**が使用される。元丁欄の数字は転記した元帳のページ（口座番号）を表す。一方，元帳では，仕訳帳から転記されたことを示すために**仕丁欄**に転記された仕訳帳のページを書く。

⑵ 元帳の記入と転記

元帳は，現金，普通預金，前払家賃，差入敷金，短期借入金，未払レンタル料，資本金，繰越利益剰余金，売上，仕入，給料，支払家賃，支払レンタル料，支払利息のすべての勘定について設けられる。さらに決算において出てくる「損益」勘定（会計学では，損益計算書），「残高」勘定（会計学では，貸借対照表）も設けられる。元帳へは仕訳帳の記入がそのまま転記されることを忘れてはならない。

元帳の正式な形は，現金勘定で示したが，実際，簿記の練習では，資本金勘定以下の省略形が用いられる。これを**Ｔフォーム**という。

現金，未払レンタル料など資産・負債・純資産の勘定の金額は，次の期（この例では５月）に繰越されていくので，決算において，摘要欄に「次期繰越」と記入する。一方，売上や支払レンタル料など収益・費用の勘定は，損益勘定にまとめられる（振替えられる）ので，「損益」と記入する。損益勘定には，ここから損益計算書が作成されるので，（仕訳帳では，収益費用の合計額が記入されているが）売上，仕入など相手勘定を記入し，残高勘定には，貸借対照表が作成されるので，（仕訳帳では，資産の合計額，負債純資産の合計額が記入されているが）現金，繰越利益剰余金など相手勘定を記入する。

現　　金

〈1ページ〉

日付		摘　要	仕丁	借　方	日付		摘　要	仕丁	貸　方
4	1	開始在高	1	3,000,000	4	1	(諸　口)	2	3,200,000
	〃	(普通預金)	〃	250,000		2	(仕　入)	〃	50,000
	2	(売　上)	2	80,000		・	〈24日まで毎日繰返し記入〉	・	・
	・	〈29日まで毎日繰返し記入〉	・	・		・		・	・
	・		・	・		・		・	・
	・		・	・		25	(給　料)	〃	500,000
	30	(売　上)	〃	80,000		〃	(支払家賃)	〃	200,000
						〃	(仕　入)	〃	50,000
						・	〈30日まで毎日繰返し記入〉	・	・
						・		・	・
						30	次期繰越	3	220,000
				5,570,000					5,570,000

[注] 簿記では，後で追記されないように，余白には，借方摘要欄のように斜めの線（**三角線**）を引く。これにより改ざんを防ぐ。また，最後の数字をそろえ，合計があっている（**貸借が均衡している**）ことを明示する。「仕丁」欄に書いた数字は，仕訳帳のページである。このように，仕丁では，仕訳帳から，転記されたことを明らかにする。なお，相手勘定を括弧で示したが，これは必ずしも必要なものではない。この場合，貸方の4月1日の記録のように，相手勘定が複数の場合（ここでは，差入敷金と支払家賃）には，「諸口」と記載するのが慣行である。

〈元帳（Tフォーム）記入〉

資　本　金

〈2ページ〉

4. 30.	次期繰越	[3]	3,000,000	4. 1.	(現　金)	[1]	3,000,000

[注] [ ]（仕丁欄）内の数字は，仕訳帳のページを示す。

普 通 預 金

〈3ページ〉

4. 1.	(短期借入金)	[1]	299,750	4. 1.	(現　金)	[1]	250,000
				30.	次期繰越	[3]	49,750
			299,750				299,750

支 払 利 息

〈4ページ〉

4. 1.	(短期借入金)	[1]	250	4. 30.	(損　益)	[3]	250

短期借入金

〈5ページ〉

4. 30.	次期繰越	[3]	300,000	4. 1.	(諸　口)	[1]	300,000

差入敷金　〈6 ページ〉

日付	摘要	丁数	金額	日付	摘要	丁数	金額
4. 1.	（現　金）	[2]	3,000,000	4. 30.	次期繰越	[3]	3,000,000

支払家賃　〈7 ページ〉

日付	摘要	丁数	金額	日付	摘要	丁数	金額
4. 1.	（現　金）	[2]	200,000	4. 30.	前払家賃（決算整理）	[2]	200,000
25.	（現　金）	[〃]	200,000	〃	損　益	[3]	200,000
			400,000				400,000

仕　入　〈8 ページ〉

日付	摘要	丁数	金額	日付	摘要	丁数	金額
4. 2.	（現　金）	[2]	50,000	4. 30.	損　益	[3]	1,450,000
	〈30日まであと計28回記入〉	⋮	⋮				
			1,450,000				1,450,000

売　上　〈9 ページ〉

日付	摘要	丁数	金額	日付	摘要	丁数	金額
4. 30.	損　益	[3]	2,320,000	4. 2.	（現　金）	[1]	80,000
					〈30日まであと計28回記入〉	⋮	⋮
			2,320,000				2,320,000

給　料　〈10 ページ〉

日付	摘要	丁数	金額	日付	摘要	丁数	金額
4. 25.	（現　金）	[2]	500,000	4. 30.	（損　益）	[3]	500,000

支払レンタル料　〈12 ページ〉

日付	摘要	丁数	金額	日付	摘要	丁数	金額
4. 30.	未払レンタル料（決算整理）	[3]	100,000	4. 30.	損　益	[3]	100,000

[決算整理で出てくる勘定]

前払家賃（決算の時に出てくる）　〈11 ページ〉

日付	摘要	丁数	金額	日付	摘要	丁数	金額
4. 30.	支払家賃（決算整理）	[2]	200,000	4. 30.	次期繰越	[3]	200,000

未払レンタル料（決算の時に出てくる）　〈13 ページ〉

日付	摘要	丁数	金額	日付	摘要	丁数	金額
4. 30.	次期繰越	[3]	100,000	4. 30.	支払レンタル料（決算整理）	[3]	100,000

[決算で出てくる勘定]

損　益　〈14 ページ〉

日付	摘要	丁数	金額	日付	摘要	丁数	金額
4. 30.	仕　入	[3]	1,450,000	4. 30.	売　上	[3]	2,320,000
	給　料	[〃]	500,000				
	支払家賃	[〃]	200,000				
	支払レンタル料	[〃]	100,000				
	支払利息	[〃]	250				
	当期純利益 または繰越利益剰余金勘定へ	[〃]	69,750				
			2,320,000				2,320,000

繰越利益剰余金　〈15 ページ〉

日付	摘要	丁数	金額	日付	摘要	丁数	金額
4. 30.	次期繰越	[3]	69,750	4. 30.	（損　益）	[3]	69,750

残　高　〈16 ページ〉

日付	摘要	丁数	金額	日付	摘要	丁数	金額
4. 30.	現　金	[3]	220,000	4. 30.	短期借入金	[3]	300,000
	普通預金	[〃]	49,750		未払レンタル料	[〃]	100,000
	前払家賃	[〃]	200,000		資　本　金	[〃]	3,000,000
	差入敷金	[〃]	3,000,000		繰越利益剰余金	[〃]	69,750
			※3,469,750				※3,469,750

※残高勘定の貸借は一致する。これにより決算過程の正しさが確認できる。これを「残高勘定に残高なし。」という。

一般の簿記書では，個々の勘定に，括弧でくくり示したように，相手勘定を書いている。これは，相手勘定を示すことにより，元の仕訳を推理させる簿記の問題を作るための方便である。また，取引の中味を知るためには，別に，様々な帳簿が用意される（⇨第6，8，9，16章で示す帳簿）。

なお，損益勘定と残高勘定の数値を決める過程（**決算整理**事項）は**棚卸表**にまとめられる（⇨第15章3節）。

(3) 帳簿についての知識

ここでは，帳簿について知っておきたいことのいくつかを箇条書きにする。

① 帳簿は，「日付」，取引の内容を示す「摘要」，「金額」（借方・貸方）の三つの欄をもつ。帳簿により，帳簿と帳簿の関係を示す「丁数」（仕丁・元丁など）欄をもつことがある（ここで勉強した仕訳帳，元帳のように）。

② 帳簿の第一行目を「見出行」という。上に複線，下に単線を引く。

③ 金額欄は（縦の）複線で囲む。複線の中にある数字は，金額となる。

④ 金額の合計あるいは差額を出すときは，単線を引き，その計算が終了したことを示すときには，その値の下に複線を引く。

(4) 次の期の始めの記録

以上で，決算までの説明を終了したが，最後に，翌期(5月)首の営業を始める前の記帳について述べておかねばならない。ここでは，前の48ページで，簿記の一巡として示した「再振替」（48ページの表のⅡ）の記入が必要になる（⇨第15章6節）。この説明で，簿記記録が一巡（完徹）する。

翌期首には，**開始記入**と**再振替記入**が行われる。開始記入（期首の状態の記入）は，前期(4月30日)の残高勘定の貸借をそのまま仕訳として記入する。

なお，繰越利益剰余金勘定のその後の記帳（剰余金の配当と処分）には触れていないので，第17章をみること。

元帳記録は，「現金」，「前払家賃」，「未払レンタル料」と，再振替記入で使う「支払家賃」，「支払レンタル料」勘定のみを示す。

亜細亜鮮魚店

〈新帳簿 1ページ〉

日付		摘要	元丁	借方	貸方
5	1	(現　　金)	1	220,000	
		(普 通 預 金)	2	49,750	
		(前 払 家 賃)	3	200,000	
		(差 入 敷 金)	4	3,000,000	
		(短期借入金)	5		300,000
		(未払レンタル料)	6		100,000
		(資　本　金)	7		3,000,000
		(繰越利益剰余金)	8		69,750
		前期繰越			
	〃	(支 払 家 賃)	9	200,000	
		(前 払 家 賃)	3		200,000
		再振替			
	〃	(未払レンタル料)	6	100,000	
		(支払レンタル料)	10		100,000
		再振替			
	2	(支払レンタル料)	10	100,000	
		(現　　金)	1		100,000
		4月分			

現　　金　〈新帳簿 1ページ〉

5. 1.	前期繰越	［1］	220,000	5. 2.		［1］	100,000

前払家賃　〈新帳簿 3ページ〉

5. 1.	前期繰越	［1］	200,000	5. 1.	支払家賃 (再振替)	［1］	200,000

未払レンタル料　〈新帳簿 6ページ〉

5. 1.	支払レンタル料 (再振替)	［1］	100,000	5. 1.	前期繰越	［1］	100,000

再振替記入は，上の仕訳帳に示したが，これにより，前払家賃勘定と未払レンタル料勘定の残高はなくなる。これによる支払家賃，支払レンタル料勘定は，次のようになる。

支払家賃　〈新帳簿　9ページ〉

5. 1.	前払家賃（再振替）	［1］	200,000				

支払レンタル料　〈新帳簿 10ページ〉

5. 2.	（現　金）	［1］	100,000	5. 1.	未払レンタル料（再振替）	［1］	100,000

支払家賃勘定では，4月に払った5月分の家賃が振替えられ，正しく5月分の家賃が計上されている。これに対して，支払レンタル料勘定は，費用の勘定なのに，貸方に記入が行われている。これは，おかしい。しかし，この疑問は，次の期（5月）に，レンタル料を支払った仕訳を記入すれば分かる。5月2日に，4月分を支払えば，

5.2.（支払レンタル料）　100,000　（現　金）　100,000

と記録され，この前期分の支払いは当期の費用にならない。再振替は，費用（⇨第11章6節）（のちには収益⇨第14章3節）の適正な配分を行うための簿記の工夫である。これにより，期中の費用の支払いは（収益の受入れ⇨第14章3節），前期のもの（未払いのもの）か当期のものか，それとも翌期のもの（前払い）かを判断しなくても，すべて費用の支払いとしておけばよい。つまり，同じ現象（取引）について同じ勘定科目で仕訳することを，「同一取引，同一仕訳」の原則といい，再振替は，これを支えるための技法でもある（⇨第15章7節）。

〈発展〉　5　簿記と損益計算書・貸借対照表との関係

簿記では，損益勘定と残高勘定を作成するが，会計学は，これを使用して，損益計算書と貸借対照表を作成する。

ところで，第21章で述べるように，企業は税（法人税，住民税及び事業税）を支払わねばならない。これは，前の精算表により計算された当期純利益（69,750円）を元に計算される。税率は，30％とすると，払うべき税額は，20,925円（¥69,750×0.3）と計算され，決算整理に，次の記録が加わる。

（法人税，住民税及び事業税）　20,925　（未払法人税等）　20,925

これにより，費用が 20,925円増加し，未払の税金としての負債も 20,925円となり，これも損益勘定，残高勘定に作用する。これを取り入れた（**報告式**による）損益計算書と（**勘定式**による）貸借対照表（報告式⇨第20章３節 図表３ なお，新聞では勘定式が多い。）を作成すると次のようになる。

株式会社 亜細亜鮮魚店

損 益 計 算 書

自××年４月１日　　至××年４月30日

		［取り扱う主な章］
売 上 高	2,320,000	⇨第５章
売上原価〈簿記の決算では，仕入勘定で示す〉		⇨第６章
商品期首棚卸高	0	
当期商品仕入高〈期中，簿記では仕入勘定で示す〉	1,450,000	
合計	1,450,000	
商品期末棚卸高	0	
商品売上原価	1,450,000	
売上総利益	870,000	
販売費及び一般管理費		⇨第11章
給　料	500,000	
家　賃（賃借料）	200,000	
レンタル料	100,000	
販売費及び一般管理費合計	800,000	
営業利益	70,000	
営業外収益	0	⇨第14章
営業外費用		⇨第13章
支払利息	250	
営業外費用合計	250	
経常利益	69,750	
特別利益	0	
特別損失	0	
税引前当期純利益	69,750	
法人税，住民税及び事業税	20,925	⇨第21章
当期純利益	48,825（注）	

（注）簿記では，最終締切線は複線であるが，財務諸表等規則では単線になったので，これに従った。次の貸借対照表も同じ。

第1章で触れたように，会計学では，損益計算書は，各活動の利益が分かるように表示される。この損益計算書の表示の仕方は，段階を追って損益が分かるようになっている。このような形式を「報告式」という。一方，下に示した貸借対照表は勘定の形を取っている。この形式を「勘定式」という。貸借対照表では，借方，資産は，流動資産（例では，現金，普通預金，前払費用）と固定資産（例では，差入敷金），繰延資産に分けられ，貸方は，負債と純資産に分類したあと，負債の部が，流動負債（例では，短期借入金，未払費用，未払法人税等），固定負債，純資産の部が，株主資本と評価・換算差額等および新株予約権とに分けられ，株主資本が，さらに資本金，資本剰余金，利益剰余金（例で

株式会社 亜細亜鮮魚店

貸借対照表

××年4月30日

（借方）		（貸方）	
資産の部		負債の部	
流動資産		流動負債	
現　　金	220,000	短期借入金	300,000
普通預金	49,750	未払費用	100,000
前払費用	200,000	未払法人税等	20,925
流動資産合計	469,750	流動負債合計	420,925
固定資産		固定負債	0
差入敷金	3,000,000	負債合計	420,925
固定資産合計	3,000,000	純資産の部	
繰延資産	0	株主資本	
		資本金	3,000,000
		資本剰余金	0
		利益剰余金	
		繰越利益剰余金	48,825
		利益剰余金合計	48,825
		自己株式	0
		株主資本合計	3,048,825
		評価・換算差額等	0
		新株予約権	0
		純資産合計	3,048,825
資産合計	3,469,750	負債純資産合計	3,469,750

（注）純資産の表示は「会社法」により決められている。金額欄の線の引き方は財務諸表等規則に従った。財務諸表等規則の線の引き方は，簿記の約束に則していない。

は，繰越利益剰余金のみ，他に積立金などがある）および自己株式に分けられる。詳しくは，第20章で説明するが，このように区分表示することにより，会計学では，企業の状態が明らかになる工夫がなされている。

ここでは，例示に留めるが，損益計算書の営業利益（70,000円）は，営業活動による利益を表し，当期純利益（48,825円）は，企業の全活動からえた利益を示す（⇨第20章）。

貸借対照表では，負債と純資産を区別して示すことにより，企業が将来返さなければ（払わなければ）ならない金額（負債—ここでは，流動負債のみであるが，実際には，固定負債もある）（420,925円）と，企業に帰属し返さなくてもよい金額（純資産）（3,048,825円）が分かり，企業の安定度をみることができる。また，流動負債（420,925円）と流動資産（469,750円）を対比させることにより，企業が即座の支払請求（流動負債（420,925円））に対応できるかが分かる（⇨第20章）。

このように，会計の世界では，さまざまな表示上の工夫により，企業の活動と状態とが分かるようにされる。ここに，簿記とは異なる会計学独自の世界がある。

なお，証券市場に提出される（金融商品取引法による）損益計算書や貸借対照表などの様式は，報告式であることが要求されている。

[練習問題]　下の①〜③の決算整理を加えたときの精算表を完成しなさい。⇨ 46ページ参照

（10桁）精　　算　　表

勘定科目	残高試算表		決算整理		整理後残高試算表		損益計算書		貸借対照表	
	借方	貸方	借方	貸方	借方	貸方	費用	収益	資産	負債純資産
現金	240,000				240,000					
普通預金	49,750									
差入敷金	3,000,000									
短期借入金		300,000								
資本金		3,000,000				3,000,000				
売上										
仕入										
給料	500,000									
支払家賃	400,000				190,000					
支払利息	250									
		5,680,000								
（　　）家賃					210,000					
支払レンタル料										
（　　）レンタル料										
（　　）給料										繰越利益剰余金
			360,000	360,000	5,830,000	5,830,000	2,330,250			（　　）
当期（　　）									3,499,750	3,499,750
								2,380,000		

←検定試験では扱わない→

① 家賃の前払いが 210,000円
② レンタル料の未払いが 120,000円
③ 給料の未払いが 30,000円　　あった。期首と期末に商品がなく，当期仕入が全て売れ，仕入勘定＝売上原価の例である。

［注］検定試験では，当期純利益は貸借対照表の貸方，当期純損失は借方，つまり損益計算書の貸（当期純損失）借（当期純利益）と反対（側）に記入される。しかし，理論上は，収益（貸方）と費用（借方）の差額が貸借対照表（貸方が大きいときは貸方，借方が大きいときは借方）に収容される。なお，前に繰越利益剰余金があるときは，これに加算される。

〈解答〉

（10桁）精　算　表

勘定科目	残高試算表		決算整理		整理後残高試算表		損益計算書		貸借対照表	
	借方	貸方	借方	貸方	借方	貸方	費用	収益	資産	負債純資産
現金	240,000				240,000				240,000	
普通預金	49,750				49,750				49,750	
差入敷金	3,000,000				3,000,000				3,000,000	
短期借入金		300,000				300,000				300,000
資本金		3,000,000				3,000,000				3,000,000
売上		2,380,000				2,380,000		2,380,000		
仕入	1,490,000				1,490,000		1,490,000			
給料	500,000		③ 30,000		530,000		530,000			
支払家賃	400,000			① 210,000	190,000		190,000			
支払利息	250				250		250			
	5,680,000	5,680,000								
前払家賃			① 210,000		210,000				210,000	
支払レンタル料			② 120,000		120,000		120,000			
未払レンタル料				② 120,000		120,000				120,000
未払給料				③ 30,000		30,000				30,000
			360,000	360,000	5,830,000	5,830,000	2,330,250	2,380,000		繰越利益剰余金 49,750
当期純利益							49,750		3,499,750	3,499,750
							2,380,000	2,380,000		

［注］繰越利益剰余金＝収益 2,380,000－費用 2,330,250＝49,750　ただし，前期の繰越利益剰余金がない場合。ある場合には第17章2節をみよ。

第5章　商品の購入・販売活動の記録

問題提起：とくに簿記検定に備える人に

収益認識基準の変更に寄せて—簿記記録の変更—

収益の認識基準が，これまでの企業側の商品の「出荷基準」（販売基準）から，取引の相手側つまり得意先の検収つまり「検収基準」に変更されることになった。これにより，売掛金が債権として法的に確実なものとなるものの，出荷基準により記入してきたこれまでの簿記処理に大きな変更を求めることになる筈である【注】。

そこで，この主な変更の可能性と簿記学習上の注意点について述べておくとする。とくに検定簿記を意識して学習している諸姉諸兄に注意を促すものである。今後の検定試験の動向に注意を払って欲しい。

本書は，変更の可能性のある部分に，「㊟」印を付け注意を喚起している。

① 売上原価の計算

従来は，決算整理において，実地棚卸により期末の在庫を確認し，これを，期末の繰越商品勘定（期末商品）の値として，売上原価を計算していた（⇨ 第6章3節）。しかし，検収基準では，当方が発送（出荷・払出）したのち，相手が検収するまでの（言わば輸送途中）の商品がある。よって，この商品を調査し，期末の繰越商品勘定に加えなければならない（注）。

（注）この処理に関して，これまでの出荷基準の簿記処理を維持し，上の処理と同額の売上総利益を計算するために，売上高は出荷基準で計上し，検収を受けていない商品の未実現利益を控除する方法も考えられる。しかし，これではそもそも収益額ならびに資産評価が検収基準にはならない。

② 売上に関わる処理と売上帳および得意先元帳の記入

販売に基づく「返品」（品違いや破損等による）「値引き」の処理（⇨ 第5章5節）は，検収により収益が計上されるので，なくなる筈である。これにともない，売上帳（⇨ 第5章7節）と売掛金元帳（得意先元帳）（⇨ 第8章2節）の記入法も変わる。

③　商品有高帳の役割

これまでは，この帳簿の払出原価は売上原価となり，期末有高は帳簿上ではあるが，貸借対照表の商品有高となっていた。しかし，①で指摘したように，これらは一致しない。これについて，とくに簿記上，期首・期末とも商品有高帳の数値と繰越商品勘定の値との連絡性がなくなる点に注意すべきである。

[注]　検収基準による簿記処理と帳簿の姿については，資料として，新田，「資産負債アプローチと簿記—収益認識基準（発送基準から検収基準へ）の変更に寄せて—」，原俊雄編著，『簿記と帳簿組織の機能』，中央経済社，2019年　参照のこと。

1　本章で勉強すること

本章で学ぶ基本的な記録

①　三分法による商品売買取引（現金取引）

現金仕入：　P/L・費用 ⇦ （仕　　入）20,000 （現　　金） 20,000

現金売上：　（現　　金）15,000 （売　　上） 15,000 ⇨P/L・収益

決算時・当期に売れ残った商品（在庫）の処理・（売上原価の計算は第6章をみよ）：

B/S・資産 ⇦ （繰越商品）10,000 （仕　　入） 10,000 ⇨P/L・費用修正

②　掛取引（三分法による。）

掛仕入：　（仕　　入）10,000 （買 掛 金） 10,000 ⇨B/S・負債増加

現金支払時：　B/S・負債減少⇦ （買 掛 金）10,000 （現　　金） 10,000

掛売上：　B/S・資産増加⇦ （売 掛 金）15,000 （売　　上） 15,000

現金回収時：　（現　　金）15,000 （売 掛 金） 15,000 ⇨B/S・資産減少

③　返品と値引（出荷基準などの場合，三分法による。）

仕入戻し・値引（掛取引の場合）：（買 掛 金）1,000 （仕　　入） 1,000 ⇨P/L・費用修正

売上戻り・値引（掛取引の場合）：

P/L・収益修正⇦ （売　　上）1,000 （売 掛 金） 1,000

※検収基準により商品売買を記録している場合は品違いや不良品は含まれない㊟。

※※日商簿記では，「値引」は出題されなくなる。

④　運賃の処理

引取運賃：仕入（商品）に含めて処理。（原則）

P/L・費用 ⇦ （仕　　入） 100 （現　　金） 100

発送運賃：発送費（販売費）として個別に費用処理。

P/L・費用 ⇦ （発 送 費） 100 （現　　金） 100

⑤　前払金

現金前払時：B/S・資産増加⇦ （前 払 金） 1,000 （現　　金） 1,000

商品掛仕入時：　（仕　　入）10,000 （前 払 金） 1,000 ⇨B/S・資産減少

（買 掛 金） 9,000

⑥　仕入帳と売上帳

仕入帳：仕入活動の明細を記録する補助簿（補助記入帳）

売上帳：売上活動の明細を記録する補助簿（補助記入帳）

本章のワークブック

【課題1】〈基本〉 2,400円の商品を現金で売上げ，相手方から検収完了の通知を受けた㊟。(以下は三分法)
⇦【例題1】

(　　　　)［　　　　］(　　　　)［　　　　］

【課題2】〈基本〉 缶詰30個を@￥200で掛仕入した。⇦【例題2】

(　　　　)［　　　　］(　　　　)［　　　　］

【課題3】〈基本〉 缶詰1,000個を@￥200で掛仕入し，引取運賃10,000円を運送業者に現金で支払った。
⇦【例題3】

(　　　　)［　　　　］(　　　　)［　　　　］
　　　　　　　　　　　(　　　　)［　　　　］

【課題4】〈基本〉 次の取引を仕訳しなさい。(出荷基準の場合) ⇦【例題4】

1．陶器の皿100枚を，@￥1,000で掛仕入した。

2．上の皿のうち，10枚を品違いのため返品した。

1．(　　　　)［　　　　］(　　　　)［　　　　］

2．(　　　　)［　　　　］(　　　　)［　　　　］

【課題5】〈基本〉 次の取引を仕訳し，(総勘定) 元帳の仕入勘定と売上勘定に転記しなさい。(すべて検収済である㊟) ⇦【課題1】【課題2】【課題3】の確認

4月5日　商品 16,000円を仕入れ，現金で支払った。
　　9日　商品 24,000円を掛で仕入れるとともに，引取運賃1,000円を現金で支払った。
　　13日　商品 20,000円を掛で売上げるとともに，発送運賃1,200円 (自己負担) を現金で支払った。

4.5.　(　　　　)［　　　　］(　　　　)［　　　　］
　9.　(　　　　)［　　　　］(　　　　)［　　　　］
　　　　　　　　　　　　　　(　　　　)［　　　　］
13.　(　　　　)［　　　　］(　　　　)［　　　　］
　　　(　　　　)［　　　　］(　　　　)［　　　　］

仕入	
4. 5.(　)［　］	
9.(　)［　］	

売上	
	4. 13.(　)［　］

〈基本〉　2　三　分　法

商品売買取引は通常，「三分法」といわれる方法で把握される。**三分法**は，**仕入**勘定（費用）と**売上**勘定（収益）と**繰越商品**勘定（資産）の３つの勘定を用いて記録する方法である。

この方法では，商品を購入したとき，「仕入」勘定の借方に記入し，販売したとき，「売上」勘定の貸方に記入する(注)。仕入勘定は，当期の仕入活動を表し，売上勘定は，当期の販売活動を表す。前期に売れ残り，当期に繰越されてきた商品(前期繰越高（期首商品棚卸高）という：当期には費用になる）と当期に売れ残り次期

に繰越す商品（次期繰越高（期末商品棚卸高）という）は，「繰越商品」勘定に記入される（⇨商品の繰越しについては第6章3節）。

(注) 企業が商品を出荷したときに，売上（収益）を計上する方法を**出荷基準**，商品を相手方（得意先）に引き渡したときに，売上（収益）を計上する方法を**引渡基準**，相手方が商品を受取って検収したときに，売上（収益）を計上する方法を**検収基準**という。現行の会計基準では，検収基準（権利の確定）を原則とする。

【例題 1】

5,000円で現金購入した商品 1 個を 6,000円の値段をつけて店舗に陳列していたところ，顧客が現金でその商品を買い求めた。現金購入したときと商品を販売したときの一連の取引を仕訳しなさい。

購入時：	（仕　　入）	5,000	（現　　金）	5,000
販売時：	（現　　金）	6,000	（売　　上）	6,000

仕入時，商品購入の事実が借方「仕入」により，一方，代金として支払われた現金減少が貸方に記録される。なお，「仕入」の金額は支払った現金 5,000円となる。販売時には，受取った現金 6,000円は，資産 6,000円の増加として借方に，一方，6,000円の「売上」収益が貸方に計上される。

〈基本〉

3 掛　取　引

掛取引は，商品売買で，一定期間後に代金を授受する取引である。これは，下の図のように，メーカーと問屋（卸売）や問屋と小売店のような企業間取引においてみられる。

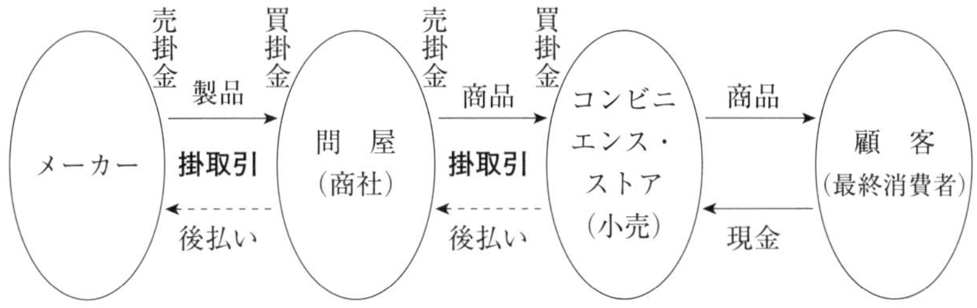

掛取引では，仕入・売上時に現金等の授受や支払いはないが，後の支払義務ないし代金請求権が生じる。支払義務は「買掛金」という負債として，代金請求権は「売掛金」という資産として計上される。掛取引は企業と個人との間で行われることは少なく，企業と企業との間で行われることが多い。ここでは，例えば「月末締め翌25日払い」と言われるように，月末に掛金が集計され，この金額の請求書の作成・送付ののち，翌月の25日に決済が行われる。

【例題２】（⇨第８章【例題１】【例題２】）

スーパー南山商事は森山商事から週に何度も商品である缶詰を購入している。そのため代金は月に1度まとめて支払うことにしている。本日，南山商事は森山商事から缶詰20箱を@￥1,000で購入した。南山商事と森山商事の仕訳をしなさい。

南山商事：	（仕　　　　入）	20,000	（買　掛　金）	20,000
森山商事：	（売　掛　金）	20,000	（売　　　　上）	20,000

南山商事は商品である@￥1,000の缶詰20箱を受取ったので，仕入を計上し，同時に商品代金の支払義務である買掛金を負債として計上する。金額は@￥1,000×20箱＝20,000円である。

森山商事は，代金請求権である売掛金を資産として計上し，商品を販売したので，売上収益を貸方に計上する。

クレジット売掛金

小売業においては，クレジットカードで決済されることが多い。この場合，カード会社に手数料を支払わなければならない。

商品 10,000円をカード払いで販売した。なお，クレジット会社へ払う手数料は代金の2%である。手数料を販売時に計上する方法による。

（クレジット売掛金）	9,800	（売　　　　上）	10,000
（支 払 手 数 料）	200		

後日，クレジット会社から，上記売掛金代金が当座預金口座に振り込まれた。

（当　座　預　金）	9,800	（クレジット売掛金）	9,800

〈基本〉

4　引取運賃と発送費

商品売買にあたり，運送費が生じるが，通常，運送費の処理は買い手と売り手で異なる。

買い手が負担し，支払う場合　→「仕入」勘定に含めて処理

売り手が負担し，支払う場合　→「発送費」として処理（⇨練習問題 問題１）

売り手が立替払いする場合（買い手負担）→「売掛金」勘定に含めて処理

【例題３】

南山商事は森山商事から商品 500,000円を掛で購入し，引取運賃 10,000円を運送業者に現金で支払った。この取引を仕訳しなさい。

（仕　　入）	510,000	（買　掛　金）	500,000
		（現　　金）	10,000

仕入の金額は，商品の代金 500,000円と引取運賃（諸費用）10,000円の合計額となる。これを**取得原価**（注）という。森山商事への支払義務である買掛金500,000円および現金の支出額 10,000円が貸方に計上される。

（注）これは，取得した資産を，この取得に要した全対価（引取運賃だけでなく保管料，関税，購入事務費，検収費なども含む）で測定する原則であり，**取得原価主義**という。設備などの固定資産では当該設備が利用可能になるまでのすべての支出（原価）（試運転の費用まで）が取得原価となる。⇨第12章３節

売り手が運送費（送料）を負担し，支払う場合に，その金額が売上代金に転嫁されるかどうかにより，会計処理が異なる。売り手が支払う運送費が売上代金に転嫁されて，後日回収される場合には，「発送費」が計上されるが，売上（および売掛金）の金額にも，運送費相当分も加えた金額が計上される。

【例題3-2】

森山商事は南山商事に商品500,000円を販売し，送料20,000円を加えた合計額を掛けとした。また，配送業者に商品の配送を依頼し，発送費用20,000円を現金で支払った。

（売　掛　金）	520,000	（売　　　上）	520,000
（発　送　費）	20,000	（現　　　金）	20,000

商品の出荷・配送を別個の独立した履行義務として識別しないようにするために，掛代金に転嫁させて，発送のための費用20,000円を含めた520,000円が「売上」の金額となる。

〈基本〉

5　返品・値引き㊟

商品を売買し，一旦帳簿に記録しても，後に修正しなければならないことがある。 その代表例が「返品」である。

検収基準により売買が成立し，それぞれ仕入，売上として記録されるということは，品違いもなく不良品が含まれていないことが確認されている。

しかし，出荷基準など，売り手が相手方の商品の検収より前に収益を計上しているような場合㊟，品違いや不良品が含まれる可能性が残される。この場合，買い手から売り手に商品が返送されることがある。これを返品といい，仕入れた商品の返品を「仕入戻し」，売上げた商品の返品を「売上戻り」という。

また，損傷品が含まれているような場合，商品の値段を下方修正することがあり，これを「値引き」という（⇨**【補注】**を参照）。

㊟検収基準では，返品，値引きは原則，問題にならない。

【例題４】

次の取引を南山商事および森山商事の立場で仕訳しなさい。

(1)　スーパー南山商事は森山商事から@¥500で陶器の皿200枚を掛で購入した。

(2)　10枚を品違いのため，森山商事に返品した。

南山商事：	(1)	（仕　　入）	100,000	（買 掛 金）	100,000
	(2)	（買 掛 金）	5,000	（仕　　入）	5,000
森山商事：	(1)	（売 掛 金）	100,000	（売　　上）	100,000
	(2)	（売　　上）	5,000	（売 掛 金）	5,000

返品の場合，商品が返品されることにより，5,000円の商品売買取引自体が取り消される。したがって，その分の代金支払義務である買掛金も代金請求権である売掛金も消滅する。森山商事の立場では，返品された商品は不良品ではないので，再び販売することができ，商品有高帳に再度計上される（⇨第６章２節）。返品（および値引）のあった場合の元帳記録を示すと，次ページのようになる。

仕　入

仕入高 →	x.x.	○○○	×××	x.x.	○○○	×××	← 仕入戻し（仕入値引）

売　上

売上戻り（売上値引） →	x.x.	○○○	×××	x.x.	○○○	×××	← 売上高

繰越商品

前期繰越高 →（第６章２節⇨）	x.x.	前期繰越	×××				（⇦第６章２節）
				x.x.	次期繰越	×××	← 次期繰越高

【補注】返品および値引きの処理（七分法(注)）

返品（数量の修正）と値引き（価格の修正）の処理については，これを明らかにする仕訳法もある。**【例題4】**により該当する部分のみを示すと，次のように仕訳される。

南山商事：	(2)－1	（買掛金）	5,000	（仕入戻し）	5,000
	(2)－2	（買掛金）	4,000	（仕入値引）	4,000
森山商事：	(2)－1	（売上戻り）	5,000	（売掛金）	5,000
	(2)－2	（売上値引）	4,000	（売掛金）	4,000

これは売買取引を，本来の仕入・売上と返品（戻し，戻り），値引きならびに繰越商品勘定の７つの勘定に分けて把握しているので，**七分法**と言われる（返品のみを分け，値引き（金額の修正）は仕入・売上勘定に直接，記録する場合には**五分法**という）。ただし，損益計算書作成のためには，次のように返品・値引きは仕入勘定，売上勘定に振替えられ，**【例題４】**の三分法と同じにされる。

南山商事：	(2)－1	（仕入戻し）	5,000	（仕入）	5,000
	(2)－2	（仕入値引）	4,000	（仕入）	4,000
森山商事：	(2)－1	（売上）	5,000	（売上戻り）	5,000
	(2)－2	（売上）	4,000	（売上値引）	4,000

つまり，仕入戻し勘定および仕入値引勘定は仕入勘定の評価勘定であり，売上戻り勘定および売上値引勘定は売上勘定の評価勘定であると考えられる。

仕入割戻と売上割戻　〈発展〉

同一の取引先と，一定期間に大量（一定数量または一定金額以上）の取引をした場合に行われる代金の一部払戻しまたは支払いの一部免除を「割戻し」という。買い手では「仕入割戻」といい，値引・返品と同様に，割戻時に，仕入の減少として処理する。一方，売り手は，販売時（または決算時）に，将来生じうる割戻額を予め見積もって「返金負債」勘定（負債）に計上し，売上の減少として処理する。

【例題５－１】

聖学商事は，森山商事と販売代金が 600,000円を超えた場合には，代金の3%を割引く契約を結んでいる（約束をしている）。

1月 5日　森山商事は，聖学商事から商品 300,000円を掛けで仕入れた。

1月10日　森山商事は，聖学商事から商品 500,000円を掛けで仕入れた。
これにより，買掛金残高のうち聖学商事に対する 800,000円が割戻し（３％の支払免除）の適用を受けられる金額に達した。

2月15日　森山商事は，聖学商事に対する買掛金 800,000円の支払いに際し，その３％を支払免除され，小切手を振出して残金を支払った。

森山商事（買い手）：

1．5．	（仕　　入）	300,000	（買　掛　金）	300,000
1．10．	（仕　　入）	500,000	（買　掛　金）	500,000
2．15．	（買　掛　金）	800,000	（仕　　入）	24,000
			（当 座 預 金）	776,000

聖学商事（売り手）：

1．5．	（売　掛　金）	300,000	（売　　上）	291,000
			（返 金 負 債）	9,000
1．10．	（売　掛　金）	500,000	（売　　上）	485,000
			（返 金 負 債）	15,000
2．15．	（現　　金）	776,000	（売　掛　金）	800,000
	（返 金 負 債）	24,000		

売り手にとって，割戻額は，顧客と約束した対価のうち変動する可能性のある部分である「変動対価」にあたるため，財またはサービスの顧客への移転と交換に企業が権利を得ることとなる対価の額（取引価格＝ここでは売上収益の金額）の算定にあたり，見積りが必要になる。なお，ここでは，「３％の支払免除」の契約条件を利用して，割戻率を３％と仮定して売上の金額を算定しており，割戻額を「返金負債」勘定（負債）で処理している。

売り手は，販売時に将来の割戻額を見積もって計上することで，今後，決算時に「売上割戻引当金」を設定する処理は行われなくなる。

［注］従来のように，販売時(注)に，商品の販売価格に基づいて売上を計上し，決算までに割戻しがなかったとすると，決算時に，割戻率を考慮した次の仕訳を行っても，会計基準の要求する会計情報は得られる。

1．5．	（売　掛　金）	300,000	（売　　上）	300,000
1．10．	（売　掛　金）	500,000	（売　　上）	500,000
3．31．	（売　　上）	24,000	（返 金 負 債）	24,000

売上割戻引当金

当期に販売した商品と次期に販売する商品等の数量または金額が，割戻の適用条件を満たすことが予想される場合，当期の決算において次期に発生すると予想される売上割戻額をあらかじめ見積もり，売上割戻引当金を計上することがある。当期の負担分である繰入額は，売上割戻契約が販売促進のためのものと考えられるため，販売費及び一般管理費として処理する。

【例題5-2】

次の聖学商事の取引を仕訳しなさい。

3月31日　決算において，次期の割戻に備えて引当金※を計上する。当期の売上割戻の対象となる売上高は 600,000円であり，割戻率は2％である。※600,000×0.02＝12,000

4月26日　得意先への売上高が前期の売上高と合わせて割戻の適用条件額を超えたため，当月の 200,000円の売掛金回収額について，2％の割戻しを行い，残額が当座預金口座に振込まれた。

3．31.	(売上割戻引当金繰入(額))	12,000	(売上割戻引当金)	12,000
4．26.	(売上割戻引当金)	4,000	(売掛金)	200,000
	(当座預金)	196,000		

［注］新・収益認識基準（検収基準の採用）により，2021年4月1日以後開始する事業年度の期首から，新たに「返品調整引当金」を設定することできなくなった。

〈基本〉

6 前払金 ⇨第7章2節（前受金）

商品を購入する前に代金の一部または全部を支払うことがある。この場合に「前払金」（もしくは，とくに営業上の前払金であることを示すため，前渡金）勘定（資産）が用いられる。

【例題６】

次の取引を仕訳しなさい。

６月１日　南山商事は森山商事に商品 500,000円を注文し，その手付けとして100,000円を現金で支払った。

６月30日　南山商事は森山商事から上記商品を受取り，残額を現金で支払った。

6．1．	（前　払　金）	100,000	（現　　金）	100,000
6．30．	（仕　　入）	500,000	（前　払　金）	100,000
			（現　　金）	400,000

６月１日は，手付けとして現金 100,000円を支払っただけで，500,000円の商品を受取ったわけではない。したがって，現金 100,000円の動きだけを記録する。現金の支出は貸方「現金」により記録される。この支出により，商品を受取る権利が生じる。この権利を「前払金」（資産）として借方に記録する。

６月30日は，500,000円の商品を受取っているので，この事実を借方「仕入」で記録する。商品を受取ったので，商品受取権を示す「前払金」は消滅し，貸方に記入される。加えて，注文商品代金のうち未払いである 400,000円を現金で支出した事実が貸方「現金」400,000円と記録される。

〈基本〉

7　仕入帳と売上帳㊟

主要簿である総勘定元帳の仕入勘定と売上勘定の記録とともに，商品の購入と販売にかかわる取引の明細を記録しておくことは，営業活動を管理するために必要である。そのための補助簿として，**仕入帳**と**売上帳**がある。

仕入帳および売上帳の「日付欄」には取引日を，「摘要欄」には取引相手・商品の内容・代金決済の方法を記入する。また，仕入諸掛りも含めて記録を行う。２品目以上あるときは内訳金額を記入する。最後の「金額欄」には各取引の金額合計をそれぞれ記入する。各帳簿は，総仕入高および総売上高の次に，値引や返品の金額を差引いて純仕入高および純売上高を記入して締切りを行う。値引や返品は仕入または売上のマイナスを意味するので，すべて赤で記入する。仕入勘定の借方残高と仕入帳の純仕入高，そして売上勘定の貸方残高と売上帳の純売上高は，それぞれ必ず一致する。

【例題７】

次の９月中の取引を仕入帳に記入し，帳簿を締切りなさい。

９月７日　聖学商事からワイン10箱 @￥50,000を仕入れ，100,000円は小切手＃(番号)14を振出して支払い，残額は掛とした。なお，引取運賃 2,000円を現金で支払った。

11日　上記ワインのうち２箱に品違いがあり，１箱あたり2,500円の値引きを受けた。

15日　慶應商店からジュース20箱 @￥45,000を仕入れ，400,000円は小切手＃16を振出して支払い，残額は掛とした。

28日　上記ジュースのうち，５箱を品質不良のため返品した。

仕　入　帳　〈9〉

日	付	摘　　要	内　訳	金　額
9	7	聖学商事，小切手 #14，掛		
		ワイン 10 箱 @ ¥50,000	500,000	
		引取運賃，現金払い	2,000	502,000
	11	**聖学商事，※値引**　9月7日付		
		ワイン２箱 @ ¥2,500		**5,000**
	15	慶應商店，小切手#16，掛		
		ジュース 20 箱 @ ¥45,000		900,000
	28	**慶應商店，返品**　9月15日付		
		ジュース ５箱 @ ¥45,000		**225,000**
	30	当月総仕入高		1,402,000
	〃	**当月返品高**		**225,000**
	〃	**当月値引高**		**5,000**
	〃	当月純仕入高		1,172,000

（注）太字はマイナスであり，赤字記入する。

※日商簿記では，値引は扱わなくなる。ここでは，金額の修正記録法として学ぶ。

【例題８】

次の９月中の取引を売上帳に記入し，帳簿を締切りなさい。

９月８日　湘北商会に鉛筆 100箱 @￥5,000を売上げ，代金は掛とした（送り状＃13)。発送費 3,000円（自己負担）は現金で支払った。

15日　上記商品のうち５箱に品質不良のものを発見したという通知を受け，15,000円（@￥3,000）の値引きをした。

15日　上記商品のうち，品違いが５箱あり，返品された。

23日　西武商店にボールペン50箱 @￥7,000を売上げ，代金は掛とした（送り状＃14)。

売　上　帳　〈9〉

日	付	摘　　要	内　訳	金　額
9	8	湘北商会，掛，送り状 #13		
		鉛筆 100 箱 @ ¥5,000		500,000
	15	**湘北商会，※値引**　送り状 #13		
		鉛筆 5 箱 @ ¥3,000		**15,000**
	〃	**湘北商会，返品**　送り状 #13		
		鉛筆 5 箱 @ ¥5,000		**25,000**
	23	西武商店，掛，送り状 #14		
		ボールペン 50 箱 @ ¥7,000		350,000
	30	当月総売上高		850,000
	〃	**当月返品高**		**25,000**
	〃	**当月値引高**		**15,000**
	〃	当月純売上高		810,000

（注）太字はマイナスであり，赤字記入する。

※日商簿記では，値引は扱わなくなる。

㊟検収基準を前提とすると，売上帳には値引きや売上戻り（返品）は記帳されない。

⇨帳簿組織（第16章２節）：売上帳，仕入帳は補助簿の中でも，とくに補助記入帳と言われる。

〈売上帳の例〉

駿河台商店（100円ショップ） ［領収書］ 2020年2月9日（日）11：35	
3色ボールペン	110
A型封筒	110
スティックのり	110
合　計	￥330
(内消費税等	￥30)
点数	3個
上記正に領収いたしました。	
お預かり合計	￥330
お　釣	￥0

（注）左は，レシートであるが，これが売り手にとって売上帳の身近な例である。

念のため，8節の消費税の扱いを含めた仕訳を示しておく。

（現　　金）	330	（売　　上）	300
		（仮受消費税）	30

〈基本〉

8　商品売買による消費税 ⇨第21章3節

上のレシートで示したように，すべての売買取引には消費税がかかる。そこで，ここでは，売上取引と仕入取引を例にとって商取引に欠かせない消費税の処理をみる。

消費税は，財を購入した時に支払い，販売した時には，取引先から受取る。いずれにせよ税は最終的に国に納入しなければならない。したがって，支払った時も受取った時も仮のものであり，仮払消費税勘定または仮受消費税勘定（いずれも仮勘定であり，決算において精算される。⇨第11章4節）で処理する。

【例題９】

「税抜方式」（取引価格（仕入値と売り値）の中に消費税は入れない方法）により，商品の売買は三分法で，次の取引を仕訳しなさい。

（1）商品 100,000円（定価）を現金で販売した。この消費税は 10,000円。

（2）商品 70,000円（定価）を掛けで仕入れた。この消費税は 7,000円。

（3）消費税の納入にあたり，消費税の整理をする。ただし，取引は，上の（１）(２)のみだったと仮定する。

(4) 消費税を現金で納入する。

	借方	金額	貸方	金額
(1)	(現　　　　金)	110,000	(売　　　　上)	100,000
			(仮受消費税)	10,000
(2)	(仕　　　　入)	70,000	(買　掛　金)	77,000
	(仮払消費税)	7,000		
(3)	(仮受消費税)	10,000	(仮払消費税)	7,000
			(未払消費税)	3,000
(4)	(未払消費税)	3,000	(現　　　　金)	3,000

(注) (3)について，仮受消費税より仮払消費税が多い時は，未収還付消費税（借方）となり，還付される。

[練習問題]〈基本〉

問1

次の取引を三分法によって仕訳し，(総勘定)元帳の仕入勘定と売上勘定に転記しなさい。

4月3日　聖学商事から，5,000円の商品（缶詰25缶 @￥200）を仕入れ，代金は現金で支払った。

6日　慶應商店から，10,000円の商品（缶詰40缶 @￥250）を仕入れ，代金は掛とした。なお，引取運賃 1,000円を現金で支払った。

12日　西武商店に，原価 6,000円の商品を10,000円で販売し，西武商店から検収完了の通知を受けた㊟。また，代金は掛とした。なお，当方負担の発送運賃 500円を現金で支払った。

問2

次の取引を三分法によって仕訳しなさい。出荷基準により収益を認識しているものとする㊟。

1-1　商品 100,000円を仕入れ，代金は掛とするとともに，引取運賃 3,000円を現金で支払った。

1-2　上記商品のうち 5,000円の品違いがあったので，返品した。

2-1　商品を 300,000円で販売し，代金は掛とした。なお，当方負担の発送運賃 5,000円は現金で支払った。

2-2　上記商品のなかに，15,000円の品違いがあったので，返品された㊟。

〈解答〉

問1

	借方		貸方	
4. 3.	(仕入)	5,000	(現金)	5,000
6.	(仕入)	11,000	(買掛金)	10,000
			(現金)	1,000
12.	(売掛金)	10,000	(売上)	10,000
	(発送費)	500	(現金)	500

仕入

4.3.	(現金)	5,000			
6.	(諸口)	11,000			

売上

			4. 12.	(売掛金)	10,000

問2

	借方		貸方	
1-1	(仕入)	103,000	(買掛金)	100,000
			(現金)	3,000
1-2	(買掛金)	5,000	(仕入)	5,000
2-1	(売掛金)	300,000	(売上)	300,000
	(発送費)	5,000	(現金)	5,000
2-2	(売上)	15,000	(売掛金)	15,000

［注］1-2と2-2について，次の方法もあるが，最終的には「仕入」の修正となる（→印)。

	借方		貸方	
1-2	(買掛金)	5,000	(仕入戻し)	5,000
→	(仕入戻し)	5,000	(仕入)	5,000
2-2	(売上戻り)	15,000	(売掛金)	15,000
→	(売上)	15,000	(売上戻り)	15,000

上の仕入戻しの記録は，買掛代金支払いの際の取引証拠になる。一方，売上戻りの記録は，売掛代金請求を正しくするとともに，商品発送部門の管理（この場合は，商品の誤送）のためにも必要となる。

第6章　商品の管理と売上原価の計算

商品売買の処理法：三分法，分記法，総記法，売上原価対立法

第５章 問題提起 を見よ。㊟収益認識基準が変わります。

1　本章で勉強すること

本章で学ぶ基本的な記録

売上原価と売上総利益の計算のための仕訳（三分法：売上原価を仕入勘定で計算する方法）

	借方	金額	貸方	金額	
P/L・費用⇦	（仕　　入）	50,000	（繰 越 商 品）	50,000	⇨B/S・資産減少
B/S・資産⇦	（繰 越 商 品）	40,000	（仕　　入）	40,000	⇨P/L・費用修正
	（損　　益）	828,000	（仕　　入）	828,000	
	（売　　上）	1,035,000	（損　　益）	1,035,000	

・商品の受入れ，払出しおよび残高を商品の品目毎に記録し，在庫管理に役立てるための補助簿として，商品有高帳がある。

・三分法は，決算時に，売上原価を仕入勘定で算出し，売買益(売上総利益)計算の資料を示す方法である。この方法の決算整理仕訳という独特の仕訳の方法を学習する。

その他，複雑な処理

・棚卸減耗費と商品評価損の処理→４節

	借方	金額	貸方	金額	
P/L・費用⇦	（棚卸減耗費）	10,000	（繰 越 商 品）	15,000	⇨B/S・資産減少
P/L・費用⇦	（商品評価損）	5,000			

本章のワークブック

【課題１】 〈基本〉 A商品の10月中の次の取引を，先入先出法により，商品有高帳に記入し，この帳簿を完成させなさい。⇦ **【例題１】**

10月１日　前月繰越高は50個，@￥400である。
　　６日　千葉商事から200個を@￥420で仕入れた。
　　13日　帝京商店へ150個を@￥600で売上げた。
　　19日　千葉商事から100個を@￥440で仕入れた。
　　27日　日本商事へ140個を@￥600で売上げた。

商品有高帳

A商品〈先入先出法〉

〈10〉

日付		摘要	受入			払出			有高		
			数量	単価	金額	数量	単価	金額	数量	単価	金額
10	1	前月繰越	50	400	20,000				50	400	20,000
	6	千葉商事									

【課題2】〈発展〉 期中取引を三分法により記録していたが，次の資料に基づいて，決算整理を行いなさい。棚卸減耗分のうちの60個と商品評価損は原価性を有し，売上原価に含める。⇦**【例題4】**

資料：期首商品棚卸高　1,000,000円

期末商品帳簿棚卸数量　1,800個　原価@￥600

期末商品実地棚卸数量　1,700個　時価@￥580

(　　　　) [　　　　] (　　　　) [　　　　]
(　　　　) [　　　　] (　　　　) [　　　　]
(　　　　) [　　　　] (　　　　) [　　　　]
(　　　　) [　　　　]
(　　　　) [　　　　]
(　　　　) [　　　　] (　　　　) [　　　　]
(　　　　) [　　　　]

【課題3】〈基本〉 次の取引を分記法により仕訳しなさい。⇦**【例題5】**

7月5日　16,000円の商品を仕入れ，現金で支払った。

9日　24,000円の商品を仕入れ，代金は小切手を振出して支払った。

13日　原価14,000円の商品を20,000円で販売し，代金は掛とした。

7.5.　(　　　　) [　　　　] (　　　　) [　　　　]
9.　(　　　　) [　　　　] (　　　　) [　　　　]
13.　(　　　　) [　　　　] (　　　　) [　　　　]
(　　　　) [　　　　]

【課題4】〈発展〉【課題3】の取引を総記法により仕訳し，損益勘定を作成する（売買益を計算する）仕訳も行いなさい。当店は月末に損益勘定を作成しており，商品の前月繰越高および次月繰越高は，それぞれ30,000円，29,000円であった。⇦**【例題6】**

7.5.　(　　　　) [　　　　] (　　　　) [　　　　]
9.　(　　　　) [　　　　] (　　　　) [　　　　]
13.　(　　　　) [　　　　] (　　　　) [　　　　]
31.　(　　　　) [　　　　] (　　　　) [　　　　]

〈基本〉

2 商品有高帳

(1) 商品有高帳の意義と単価の決定方法

商品有高帳は，商品の購入などによる受入れ（納品という），販売などによる引渡し，および有高を商品の品目別に記録し，在庫管理に役立てるための帳簿

（補助簿）である。商品有高帳の記録を見ることにより，（例えば倉庫のなかに）どの商品が，現在いくらあるか，つまり有高を把握することができる。

商品有高帳の記録を行う際に問題になるのは，同じ品目の商品が，購入時期の違いにより，購入単価が異なる場合である。つまり，同じ品目の商品であっても値動きによって仕入の単価が異なる場合があり，商品の払出し（出荷）時の単価をいくらにするかが問題になる。

このような販売時に引渡す商品の単価（払出単価という）を決定する方法として，① **先入先出法**，② **移動平均法**など(注)がある。これらの方法は，一般に認められた方法であり，実務上はいずれかの方法を選択する。

「先入先出法」は，先に仕入れた商品から先に払出されると仮定して単価を決定する方法である。実際の商品の流れと一致した方法である。

「移動平均法」は，単価の異なる商品を受入れるたびに，その平均単価を計算する方法である。払出時にはこの直近の平均単価により払出原価を計算する。

（注）他に，「総平均法」（章末に表示）や「後入先出法」がある。後入先出法は，平成22年４月１日以後の開始事業年度から選択することができなくなった。

⑵ 商品有高帳の記帳方法

商品有高帳の「日付欄」には取引日，「摘要欄」には取引内容や取引相手などを記入する。「受入欄」，「払出欄」，「有高欄」にはそれぞれ**数量**・単価・金額を記入する。**単価**は，仕入時の購入単価であるが，「仕入諸掛り」があるときには，仕入原価が数量×購入単価＋仕入諸掛となり，この場合，この仕入原価を数量で割って計算する必要がある。

「仕入戻し」は，その数量・単価・金額を払出欄に記入し，「売上戻り」は，その数量・単価・金額を受入欄に記入する（なお，仕入戻しを受入欄に，売上戻りを払出欄にそれぞれ朱記する方法もある）。「仕入値引」は，その金額だけを払出欄に記入し，有高欄の単価・金額を訂正する。「売上値引」は売価の修正となるため（㊟），商品有高帳には無関係である。

【例題1】

6月中の次の取引を(1)先入先出法，(2)移動平均法により，商品有高帳に記入し，締切りなさい。

6月1日 DVDの前月繰越は100枚，@¥200である。

5日 一橋商事よりDVD100枚を @¥240で仕入れた。

12日 法政商会へDVD130枚を @¥300（売価）で売上げた。

18日 一橋商事よりDVD230枚を @¥280で仕入れた。

25日 日本商事へDVD150枚を @¥310（売価）で売上げた。

（注）以下の商品有高帳の点線は目安の線であり，実際には引かない。

商品有高帳

(1) 先入先出法

DVD 〈6〉

日付		摘要	受入			払出			有高		
			数量 枚	単価	金額	数量 枚	単価	金額	数量 枚	単価	金額
6	1	前月繰越	100	200	20,000				100	200	20,000
	5	一橋商事	100	240	24,000				200{100	200	
									100	240	44,000
	12	法政商会				130{※100	200				
						※30	240	※27,200	70	240	16,800
	18	一橋商事	230	280	64,400				300{70	240	
									230	280	81,200
	25	日本商事				150{70	240				
						80	280	39,200	150	280	42,000
	30	払出合計				280		66,400			
	〃	次月繰越				150	280	42,000			
			430		108,400	430		108,400			
7	1	前月繰越	150	280	42,000				150	280	42,000

［注］商品有高帳の記入の仕方は色々ある。ここでは「払出合計」を出す方法を示したが，次ページの移動平均法では，出さない簿記検定で見られる方法を示した。練習問題3の方法も参考にすること。

また，簿記検定では，例えば，上の6月5日の有高「数量欄」に数量合計200枚（および有高44,000円）を示さず，単に，単価の異なる100枚と金額を示す方式がとられる。この方式では，6月12日の払出欄の記入は次のようになる。つまり，合計：130枚と27,200円は示されない。なお，この方法は数量計算としての商品有高帳の本来の機能を果さない。

払出		
数量 枚	単価	金額
{※100	200	※20,000
※30	240	※7,200

}上の6月12日払出欄と，※を比較せよ。

商品有高帳

(2) 移動平均法　　DVD　　〈6〉

日付		摘要	受入 数量 枚	受入 単価	受入 金額	払出 数量 枚	払出 単価	払出 金額	有高 数量 枚	有高 単価	有高 金額
6	1	前月繰越	100	200	20,000				100	200	20,000
	5	一橋商事	100	240	24,000				200	220	44,000
	12	法政商会				130	220	28,600	70	220	15,400
	18	一橋商事	230	280	64,400				300	266	79,800
	25	日本商事				150	266	39,900	150	266	39,900
	30	**次月繰越**				**150**	**266**	**39,900**			
			430		108,400	430		108,400			
7	1	前月繰越	150	266	39,900				150	266	39,900

注意！ 売価は，仕入価格を扱う商品有高帳とは関係ない。(1)，(2)法ともに，6月12日，25日の払出取引をみよ。

［注］後入先出法（**その都度後入先出法**）についても参考のため示しておく。

商品有高帳

後入先出法　　DVD　　〈6〉

日付		摘要	受入 数量 枚	受入 単価	受入 金額	払出 数量 枚	払出 単価	払出 金額	有高 数量 枚	有高 単価	有高 金額
6	1	前月繰越	100	200	20,000				100	200	20,000
	5	一橋商事	100	240	24,000				200{ 100	200	
									100	240	44,000
	12	法政商会				130{ 100	240				
						30	200	30,000	70	200	14,000
	18	一橋商事	230	280	64,400				300{ 70	200	
									230	280	78,400
	25	日本商事				150	280	42,000	150{ 70	200	
									80	280	36,400
	30	**次月繰越**				**150{ 70**	**200**				
						80	**280**	**36,400**			
			430		108,400	430		108,400			
7	1	前月繰越	150{ 70	200	14,000				150{ 70	200	
			80	280	22,400				80	280	36,400

参考：この方法を採れば，払出原価が直近の仕入価格を反映する利点がある。一方，有高は過去の仕入価格を含む 36,400 円（前月繰越の@¥200×70 枚＋18 日仕入の@¥280×80 枚）（次月繰越）になる。一方，先入先出法では 42,000 円（次月繰越）の直近の価格になる。

【例題1（追加）】（返品（売上戻り）の処理）

6月25日に，日本商事へ売上げたDVDのうち，10枚が翌日（26日）に返品されてきた場合の記録法を先入先出法により示してみよう。なお**【例題1】**の商品有高帳の関係する部分のみを取り上げる。太字は朱記するのが通常である。

1）数量のみを管理する方法―〈簿記検定で行われている方法〉―

	25	日本商事				150 { 70	240	16,800			
						80	※280	22,400	150	280	42,000
	26	**返品,日本商事**	**10**	**※280**	**2,800**				160	280	44,800
	30	次月繰越				160		44,800			
			※※440		※※111,200	440		111,200			
7	1	前月繰越	160	280	44,800				160	280	44,800

※先入先出法だから，戻される単価は後に出されたものになる。つまり，@¥240と@¥280のうち後に出した単価@¥280が払戻単価になる。※※440枚と111,200円は入庫の総計。

2）数量と価額を管理する方法

	25	日本商事				150 { 70	240				
						80	280	39,200	150	280	42,000
	26	**日本商事,返品**				**10**	**280**	**2,800**	160	280	44,800
	30	払出原価				270		※63,600			
	〃	次月繰越				160		44,800			
			430		※※108,400	430		※108,400			
7	1	前月繰越	160	280	44,800				160	280	44,800

※270枚 63,600円は(出庫の)純原価（純額）。※※これまでの仕入の合計：前月からの繰越＋当月の仕入高

（注）払出欄の数値，返品10枚と2,800円はマイナス（朱記）である。

〈基本〉　3　三分法による売上原価・売上総利益の計算㊟

㊟収益認識を出荷基準で説明している。

三分法では，期中において売買益（売上総利益）を算定せず，決算時にまとめて売上総利益の計算を行う。実際の手続きでは，商品の有高を実際に調査して（これを**実地棚卸**という），期末の有高を計算する。

売上総利益を計算する場合，まず仕入勘定に期首商品棚卸高を加算し期末商品棚卸高を減算して，**売上原価**を計算する。これを損益勘定の借方に振替えるとともに，その貸方に純売上高を振替える。

図1　売上原価と売上総利益の計算（三分法）

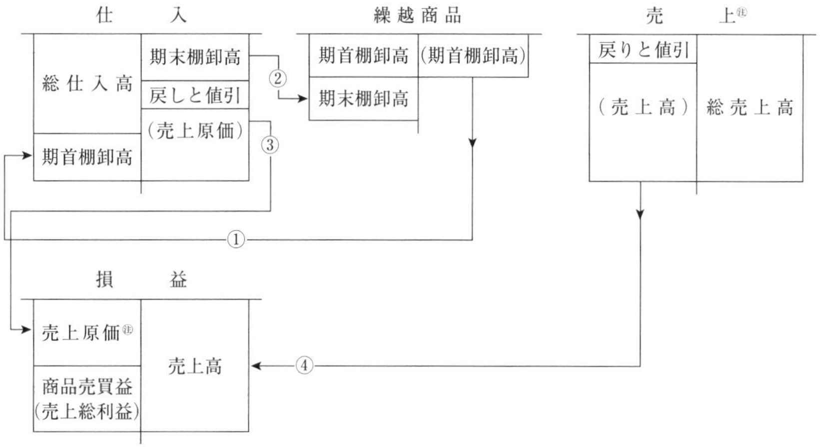

仕　　入

借方	貸方
総仕入高	期末棚卸高
	戻しと値引
期首棚卸高	（売上原価）

繰越商品

借方	貸方
期首棚卸高	（期首棚卸高）
期末棚卸高	

売　　上㊟

借方	貸方
戻りと値引	総売上高
（売上高）	

損　　益

借方	貸方
売上原価㊟	売上高
商品売買益（売上総利益）	

①②③④

計算式で示すと，次のようになる。

売上高＝総売上高－（売上戻り＋売上値引）

仕入高＝総仕入高－（仕入戻し＋仕入値引）

売上原価＝期首商品棚卸高＋（純）仕入高－期末商品棚卸高⇒仕入勘定

売上総利益＝（純）売上高－売上原価⇒損益勘定

簿記は，この計算をあくまでも勘定のなかで行う。これを簡単な数字を使って説明してみよう。例えば，期首商品棚卸高を５万円，期末商品棚卸高を４万円，仕入高を15万円，売上高を22万円とした場合，以下の仕訳となる。

	借方	金額	貸方	金額		
①	（仕　　入）	50,000	（繰越商品）	50,000	⇐	期首商品棚卸高
②	（繰越商品）	40,000	（仕　　入）	40,000	⇒	期末商品棚卸高
③	（損　　益）	160,000	（仕　　入）	160,000	⇒	売上原価
④	（売　　上）	220,000	（損　　益）	220,000	⇐	売上高

①から④は，**図1**の矢印で示した丸数字に対応している。すなわち，①と②

により，仕入勘定のなかで売上原価（期首商品棚卸高5万円＋仕入高15万円－期末商品棚卸高4万円＝16万円）の計算を行う。これを**決算整理仕訳**といい，損益勘定（決算勘定）を作成する前の準備作業である。③で，損益勘定に売上原価16万円を振替え，④で，売上高22万円を損益勘定に振替える**決算仕訳**を行い損益勘定を作成する。このとき，ある勘定から他の勘定へ金額を移動することを**振替**という。これにより，損益勘定に集計された売上高と売上原価の差額（22万円－16万円）として，売上総利益6万円を計算することができる。

（注）売上総利益は**粗利**ともいい，企業にとって最も重要な指標であるが，これは採用する会計方法により異なる金額になる。**【例題1】**により説明すれば，先入先出法では次のように計算され，移動平均法と「粗利」の額が異なることがわかる。

売　上　高＝130個×@￥300＋150個×@￥310＝85,500円（これは，どの方法でも同じ）

売 上 原 価＝66,400円（27,200円＋39,200円）→移動平均法では，68,500円

売上総利益＝85,500円－66,400円＝19,100円　→移動平均法では，17,000円

【例題2】 収益認識は出荷基準㊟。

次の資料に基づいて，(1) 売上高，(2) 仕入高，(3) 売上原価および(4) 売上総利益(粗利)をそれぞれ計算しなさい。

資料：				
	期首商品棚卸高	217,000円	期末商品棚卸高	198,000円
	当期総仕入高	836,000円	当期総売上高	972,000円
	当期仕入値引高	74,000円	当期売上値引高	81,000円
	当期仕入戻し高	52,000円	当期売上戻り高	39,000円

(1) 純売上高：972,000円－(81,000円＋39,000円)＝852,000円
(2) 純仕入高：836,000円－(74,000円＋52,000円)＝710,000円
(3) 売上原価：217,000円＋710,000円－198,000円＝729,000円
(4) 売上総利益：852,000円－729,000円＝123,000円

【例題3】

決算整理を含む次の取引を三分法で仕訳し，また，損益勘定を作成する決算仕訳を行なうとともに，これらを総勘定元帳に転記しなさい。

(1) 商品 125,000円を仕入れ，代金は掛とした。

(2) 商品 200,000円を販売し，代金は掛とした。

(3) 上記の掛売りした商品のうち 12,000円が返品された。

(4) 上記の仕入商品のうち 10,000円の値引を受けた。

(5) 決算に際し，実地棚卸を行った結果，期末商品棚卸高は25,000円であった。なお，商品の前期繰越高は 15,000円である。

	借方	金額	貸方	金額
(1)	(仕　　入)	125,000	(買 掛 金)	125,000
(2)	(売 掛 金)	200,000	(売　　上)	200,000
(3)	(売　　上)	12,000	(売 掛 金)	12,000
(4)	(買 掛 金)	10,000	(仕　　入)	10,000
(5)(a)	(仕　　入)	15,000	(繰越商品)	15,000
(b)	(繰越商品)	25,000	(仕　　入)	25,000
(c)	(損　　益)	105,000	(仕　　入)	105,000
(d)	(売　　上)	188,000	(損　　益)	188,000

繰越商品

借方	貸方
前期繰越 15,000	(5)(a)(仕　入) 15,000
(5)(b)(仕　入) 25,000	

仕　入

借方	貸方
(1)(買 掛 金) 125,000	(4)　(買 掛 金) 10,000
(5)(a)(繰越商品)15,000	(5)(b)(繰越商品) 25,000
	(5)(c)損　益 105,000

売　上

借方	貸方
(3)(売 掛 金) 12,000	(2)(売 掛 金) 200,000
(5)(d)損　益 188,000	

損　益

借方	貸方
(5)(c)仕　入 105,000	(5)(d)売　上 188,000

〈発展〉　4　棚卸減耗費と商品評価損

(1) 棚 卸 減 耗 費

商品の期末残高は，商品の単価に期末の実際数量を掛けて計算される。この場合，帳簿上の数量と実際にある数量に食い違いが生じることがある。つまり，帳簿上の数量は前述の商品有高帳の期末残高から把握できるが，どんなに在庫管理を徹底していても，例えば，保管・陳列・運搬中に生じた紛失や蒸発，あるいは盗難などにより，実際の数量が減少し，実地棚卸による数量が帳簿上の数量より少なくなることが普通である。この数量の減少分を**棚卸減耗**といい，決算時に，繰越商品勘定を減額するとともに，「棚卸減耗費」勘定（費用）の借方に記入する。

棚卸減耗費＝原価×(帳簿棚卸数量－実地棚卸数量)

なお，棚卸減耗費の表示については，原価性を有する場合には売上原価の内訳科目または販売費とし，原価性を有しないものは営業外費用または特別損失として処理する(⇨第20章4節)。この場合，原価性を有しない減耗分は，「棚卸減耗損」勘定を用いて区別する方がよい。

(2) 商品評価損

期末商品の実地棚卸高（金額）が帳簿棚卸高よりも少なくなる原因として，商品の数量が減少することのほかに，商品の市場価格が下がったり，品質の低下や陳腐化により，商品の時価が原価を下回ることが挙げられる。この場合の原価と正味売却価額（売却市場の時価－見積販売直接経費）との差額を評価損といい，「商品評価損」勘定（費用）などの勘定を用いて処理する。

商品評価損＝(原価－正味売却価額)×実地棚卸数量

この評価損は「売上原価（仕入)」に含めるのが原則であるが，臨時の事象に起因し，かつ多額であるときは「特別損失」として処理する（⇨第20章4節)。期末商品の評価は，種類ごとに洗替法（当期に前期に計上した評価損の戻入れを行う方法）と切放法（戻入れを行わない方法）のいずれかの方法を適用する。

棚卸減耗費と商品評価損の計上は，決算整理として行われる（⇨第15章3節)。

【例題4】

次の資料に基づいて，決算整理仕訳を示しなさい。棚卸減耗のうち40個と商品評価損は原価性を有するものとし，ここでは売上原価に含める。

資料：期首商品棚卸高　450,000円
期末商品帳簿棚卸数量　2,000個　原価＠￥250
期末商品実地棚卸数量　1,900個　正味売却価額＠￥240

	借方科目	金額	貸方科目	金額
	（仕　　　　入）	450,000	（繰　越　商　品）	450,000
㊟	（繰　越　商　品）	500,000	（仕　　　　入）	500,000

借方	金額	貸方	金額
（棚　卸　減　耗　費）	10,000	（繰　越　商　品）	44,000
（棚　卸　減　耗　損）	15,000		
（商　品　評　価　損）	19,000		
（仕　　　　　　入）	29,000	（棚　卸　減　耗　費）	10,000
		（商　品　評　価　損）	19,000

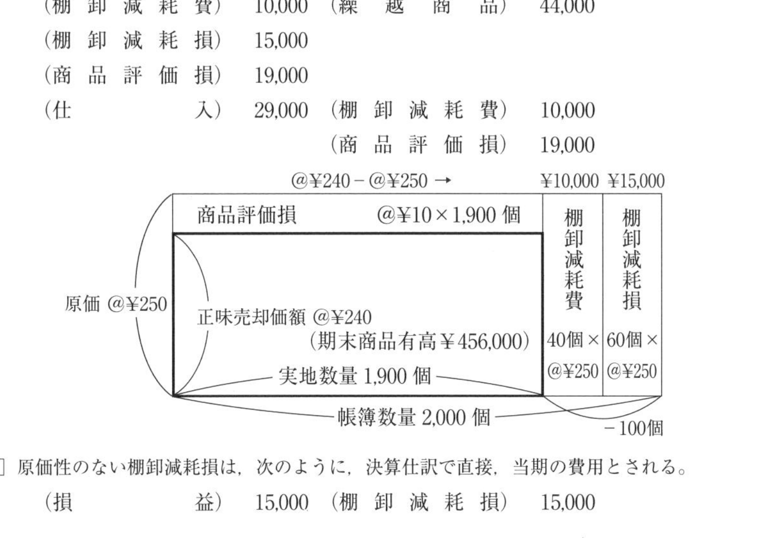

［注］原価性のない棚卸減耗損は，次のように，決算仕訳で直接，当期の費用とされる。

借方	金額	貸方	金額
（損　　　　　　益）	15,000	（棚　卸　減　耗　損）	15,000

検収基準の場合，ここに，未検収（輸送中）の商品の値が加わる㊟。

分記法，総記法，売上原価対立法 出荷基準による㊟。

商品売買取引を記録する方法として，「三分法」のほかに，**分記法**と**総記法**および**売上原価対立法**がある。

分記法は，美術品や骨董品，宝石など金額が高く個別性のある商品に適用される方法であり，「商品」勘定（資産の増減）と，商品原価と販売価額の差額，儲けを示す「商品売買益」または「商品販売益」勘定（正確には，損もあるので，「商品売買損益」勘定）の２つの勘定に分けて記録する方法である。つまり，商品を仕入れたときに商品勘定の借方に商品の増加を記入し，商品を販売したときに，商品勘定の貸方に商品の減少（売上原価）を記入するとともに，売買活動による儲けを商品売買益勘定の貸方に記入する。

【例題５】　分記法

次の取引を分記法によって仕訳し，（総勘定）元帳における商品と商品売買益の各勘定に転記しなさい。

４月３日　京都絵画店より，Ｇ画伯の絵画 800,000円を小切手を振出し仕入れる。

借方	金額	貸方	金額
（商　　　　　　品）	800,000	（当　座　預　金）	800,000

6日　銀座画廊より，H画伯の絵画 500,000円を掛けで仕入れる。

（商　　　品）	500,000	（買　掛　金）	500,000

20日　H画伯の絵画 500,000円が 540,000円で売れ，代金は現金で受取る。

（現　　　金）	540,000	（商　　　品）	500,000
		（商品売買益）	40,000

商　品

4.3.（当座預金）800,000	4.20.（現　金）500,000
6.（買掛金）500,000	

商品売買益

	4.20.（現　金）40,000

分記法には，販売取引の都度，売買によって得た利益を把握できる点に長所がある。しかし，売上高が示されない点が短所である。また，商品の種類が多い場合や取引の量が増えると，販売取引のつど売買益の計算をするのは，実務上手数がかかり煩雑になるという短所もある。

総記法は商品売買の動きすべてを「商品」勘定に記入する方法である。商品を仕入れたときに商品勘定の借方に原価で記入し，商品を販売したときに商品勘定の貸方に売価（売上高）で記入する。商品売買益を計算するには，期末商品有高を商品勘定の貸方に（仮に）計上する工夫が必要になる。

【例題6】　総記法

【例題1】の取引を総記法により仕訳し，元帳に転記するとともに，商品勘定で，6月の売買損益を計算しなさい。すべて掛け取引とする。棚卸による期末商品有高：42,000円（下の②）

6．5．	（商　　　品）	24,000	（買　掛　金）	24,000
12．	（売　掛　金）	39,000	（商　　　品）	39,000
18．	（商　　　品）	64,400	（買　掛　金）	64,400
25．	（売　掛　金）	46,500	（商　　　品）	46,500

商　　品

6.1．前月繰越	20,000	6.12.		39,000
5．	24,000	25.		46,500
18.	64,400	30.	次月繰越 ②	42,000
30.（売買益）①	19,100			
	127,500			127,500

← 売買益の計算のため，損益振替(注)の前に，‘仮’に記入する必要がある。

（注）６月30日が決算であるとすると，次の仕訳が行われる。

（商　　品）　19,100　（損　　益）　19,100

記入の仕方：19,100円を商品勘定の借方に記入し(①)，売買益を上のように損益勘定へ振替えたあと，商品勘定の貸方に，42,000円と記入し(②)，商品勘定を締切る。

【注】総記法の構造を数式で示すと，次のようになり，元帳の仕組みは下の通りである。

売上高(貸) — (期首有高(借) + 仕入高(借) — 期末有高(貸)) = 売買益(借)

(借方)　商　品	(貸方)
期首有高＋仕入高＋売買益	売上高＋期末有高

総記法は，商品勘定の中に売買損益が混入し（混合勘定となり），期中の商品勘定の有高に意味がない。商品売買で使用されることは少ないが，少額で多種多様な雑貨を扱うときには，一々商品の管理ができないので，棚卸により売買損益を計算できるこの方法が採用されることもある。他にも，トレーディング目的の棚卸資産や売買目的有価証券に関する処理として総記法が採用されることもある。

分記法にせよ総記法にせよ，売上高と売上原価が勘定のうえでは分からない。そのため，会計で求められている損益計算書（第４章５節，第20章４節）が作成できない短所がある。

これに対して，仕入れ時に，商品勘定に記録し，販売の都度（⇨第20章５節），売上の記入とともに，売上原価を記録する方法もある。これを**売上原価対立法**という。**【例題１】**により，これを示す。

【例題７】　売上原価対立法　＊仕訳は，５日（仕入）と12日（売上）のみ例示する。

6．5．	（商　　品）	24,000	（買　掛　金）	24,000
12．	（売　掛　金）	39,000	（売　　上）	39,000
	（売上原価）	27,200	（商　　品）	27,200

上の仕訳では，取引の都度，売上原価を示す必要がある（**【例題１】**）。なお，**【例題１(追加)】**の１)の方法〈検定試験で行われている方法〉は，その都度払出(売上)原価の値（27,200円）を計算していない。期末に，売上原価をまとめて計算する（111,200－2,800－44,800＝63,600円）。

上の方法による**【例題１】**の取引をすべて，勘定に記入する。

商　　品

6.1. 前月繰越	20,000	6.12.	27,200
5.	24,000	25.	39,200
18.	64,400	30. 次月繰越	42,000

売上原価

6.12.	27,200		
25.	39,200		

売　　上

		6.12.	39,000
		25.	46,500

（注）６月30日に，損益計算書を作るときは，次の決算仕訳を行う。

（売　　上）	85,500	（損　　益）	85,500
（損　　益）	66,400	（売 上 原 価）	66,400

［練習問題］〈基本・発展〉 出荷基準による出題である㊟。

問１〈基本〉次の取引を仕訳するとともに，「仕入」勘定および「売上」勘定に転記しなさい。

６月３日　A社から，甲商品400個を単価@￥152で仕入れ，代金は掛とした。付随費用1,600円は，現金で支払った。

７日　上記甲商品10個に対して，汚損があったため800円の値引き（@￥80）を受けた。

９日　B社に，甲商品340個を単価@￥160で販売し，代金はB社の振出した小切手＃25で受取った。

10日　C社から，乙商品300個を単価@￥221で仕入れ，代金は小切手＃４を振出して支払った。

12日　D社に，乙商品290個を単価@￥230で販売し，代金は掛とした。

15日　A社から，甲商品390個を単価@￥153で仕入れ，代金は掛とした。

16日　12日に販売した乙商品に，16個に色違いがあったため，400円の値引き（@￥25）を行った。

19日　B社に，甲商品450個を単価@￥160で販売し，代金のうち50,000円はB社の振出した小切手＃28を受取り，残額は掛とした。

23日　C社から，乙商品210個を単価@￥219で仕入れ，代金は掛とした。

24日　19日に販売した甲商品のうち10個が，品違いのため，返品されてきた。

28日　23日に仕入れた乙商品のうち10個について，品質不良のため，返品した。

29日　D社に，乙商品211個を単価@￥230で販売し，代金は現金で受取った。

仕　　入　〈13ページ〉

売　　上　〈24ページ〉

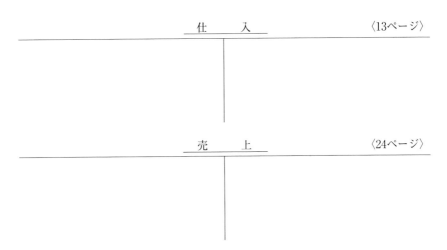

問2〈基本〉上記の問1の取引を，仕入帳および売上帳に記入し，締切りなさい。

仕　入　帳　〈6ページ〉

日付		摘　　要	(内訳)	金　額

売　上　帳　　〈7ページ〉

日付		摘　要	(内訳)	金　額

問3〈基本〉上記の問1の取引にしたがって，甲商品の商品有高帳を作成しなさい。なお，期首に，前月から繰越された甲商品20個（@¥150），乙商品17個（@¥220）が存在している。いずれも「先入先出法」により払出原価を決定する。

商品有高帳

甲商品　　〈35ページ〉

日付		摘要	受　入			払　出			有　高		
			数量	単価	金　額	数量（内訳）	単価	金　額	数量（内訳）	単価	金　額

問4〈発展〉 問1から問3の問題に続けて，商品に関する決算整理仕訳を示しなさい。

6月30日に実地棚卸を行った結果，次の事実が判明した。

・甲商品の期末帳簿在高30個のうち，10個については，正味売却価額が@￥150に下落していることが明らかになった。評価損は原価性を有する。

・乙商品の期末実際在高は，15個であった。減耗費は原価性を有する。

（注）繰越商品a/c：6,740円（問3より），乙商品有高帳も作成すること。

〈解答〉

問1

6. 3.	（仕　入）	62,400	（買 掛 金）	60,800
			（現　金）	1,600
7.	（買 掛 金）	800	（仕　入）	800
9.	（現　金）	54,400	（売　上）	54,400
10.	（仕　入）	66,300	（当座預金）	66,300
12.	（売 掛 金）	66,700	（売　上）	66,700
15.	（仕　入）	59,670	（買 掛 金）	59,670
16.	（売　上）	400	（売 掛 金）	400
19.	（現　金）	50,000	（売　上）	72,000
	（売 掛 金）	22,000		
23.	（仕　入）	45,990	（買 掛 金）	45,990
24.	（売　上）	1,600	（売 掛 金）	1,600
28.	（買 掛 金）	2,190	（仕　入）	2,190
29.	（現　金）	48,530	（売　上）	48,530

仕　入　〈13ページ〉

6. 3.	62,400	6. 7.	800
10.	66,300	28.	2,190
15.	59,670		
23.	45,990		

売　上　〈24ページ〉

6. 16.	400	6. 9.	54,400
24.	1,600	12.	66,700
		19.	72,000
		29.	48,530

［注］ここでは，日付と金額のみを記入している。一般には（検定簿記では），各勘定の相手勘定名を記入させることがあるが，相手勘定名を記載することにはあまり意味がないので，省略した（なぜならば，それは仕訳帳を見れば一目瞭然だからである）。

参考までに記しておくと，この時点での「仕入」勘定の借方残高は 231,370円であり，「売上」勘定の貸方残高は 239,630円である。

問2　※太字での記入は，実際には朱記される。

仕　入　帳　　6ページ

日付		摘　要			(内訳)	金　額
6	3	A社		掛		
		甲商品	400個	@¥152	60,800	
		付随費用¥1,600		現金払い	1,600	62,400
	7	**A社　値引き**				
		甲商品	**10個**	**@¥80**		**800**
	10	C社		小切手#4		
		乙商品	300個	@¥221		66,300
	15	A社		掛		
		甲商品	390個	@¥153		59,670
	23	C社		掛		
		乙商品	210個	@¥219		45,990
	28	**C社　返品**				
		乙商品	**10個**	**@¥219**		**2,190**
	30		当月総仕入高			234,360
	〃		**当月値引・戻し高**			**2,990**
	〃		当月純仕入高			231,370

売　上　帳　　7ページ

日付		摘　要			(内訳)	金　額
6	9	B社		小切手#25		
		甲商品	340個	@¥160		54,400
	12	D社		掛		
		乙商品	290個	@¥230		66,700
	16	**D社　値引き**				
		乙商品	**16個**	**@¥25**		**400**
	19	B社		小切手#28,掛		
		甲商品	450個	@¥160		72,000
	24	**B社　返品**				
		甲商品	**10個**	**@¥160**		**1,600**
	29	D社		現金		
		乙商品	211個	@¥230		48,530
	30		当月総売上高			241,630
	〃		**当月値引・戻り高**			**2,000**
	〃		当月純売上高			239,630

問3　※太字での記入は，実際には朱記される。

商品有高帳

甲商品　　35ページ

日付			受入			払出				有高			
			数量	単価	金額	数量（内訳）		単価	金額	数量（内訳）		単価	金額
6	1	前月繰越	20	150	3,000					20		150	3,000
	3	仕入	400	156	62,400					420	20 400	150 156	65,400
	7	**仕入値引**			**800**					420	20 400	150 154	64,600
	9	売上				340	20 320	150 154	52,280	80		154	12,320
	15	仕入	390	153	59,670					470	80 390	154 153	71,990
	19	売上				450	80 370	154 153	68,930	20		153	3,060
	24	**売上戻り**				**10**		**153**	**1,530**	30		153	4,590
	30	払出原価合計				780			119,680				
	〃	次月繰越				30		153	4,590				
			810		124,270	810			124,270				
7	1	前月繰越	30	153	4,590					30		153	4,590

［注］商品有高帳の様式には，様々なものが存在している。本問で示した形式は，各種検定試験で使用されているものと異なっている。

「売上戻り」の記入の別解

	24	売上戻り	10	153	1,530					30		153	4,590
	30	払出原価合計				790			121,210				
	〃	次月繰越				30		153	4,590				
			820		125,800	820			125,800				
7	1	前月繰越	30	153	4,590					30		153	4,590

問4

（仕　　入）	6,740	（繰越商品）	6,740
（繰越商品）	※8,094	（仕　　入）	8,094
（棚卸減耗費）	219	（繰越商品）	249
（商品評価損）	30		

（仕　　入）	249	（棚卸減耗費）	219
		（商品評価損）	30

※甲商品（30個×@￥153）＋乙商品（16個×@￥219）＝8,094

なお，決算整理後の「仕入」勘定の金額※は，売上原価を表しており，「損益」勘定に振替えられる。※231,370＋6,740－8,094＋249＝230,265

（損　　益）	230,265	（仕　　入）	230,265

総平均法〈発展〉

本文以外の払出原価の計算方法は，**総平均法**と全期間後入先出法（期末に一番近い時点で仕入れた商品から先に払出すと仮定して払出原価を計算する方法）があるが，ここでは，検定試験でも扱われる総平均法（⇨第14章5節）を説明する。数値は**【例題１】**による。

総平均法は，前期繰越額と当期購入額（純仕入高）を合算し，これを前期繰越数量と当期購入数量の合計で割って，期中平均単価（総平価）を求め，払出原価とする方法である。この方法は，期中の仕入値の変動の激しい商品の払出原価を計算するのに，その動きを平準化し有効である。

商品有高帳

（総平均法）　DVD　〈6〉

日付		摘要	受入			払出			有高		
			数量	単価	金額	数量	単価	金額	数量	単価	金額
6	1	前月繰越	100		20,000				100		20,000
	5	仕入	100	240	24,000				200		
	12	売上				130			70		
	18	仕入	230	280	64,400				300		
	25	売上				150			150		
	30	払出原価合計				280	*252	70,586			
	〃	次月繰越				150		37,814			
			430		108,400	430		108,400			
7	1	前月繰越	150		37,814				150		37,814

*なお，受入欄で計算される平均値の正確な数値（単価）は，$\frac{108,400}{430}$＝252.0930…になる。上では，払出原価を計算する際に，単価 252円（有効数値）を利用し，次月繰越高は差額で求めている。この考え方は，移動平均法でも，単価が割り切れない時に，有効である。

第7章　販売活動のバリエーション

第5章 問題提起 を見よ。

1　本章で勉強すること

本章で学ぶ基本的な記録

前受金と自社発行の商品券

商品注文時の予約金の現金受取時：

B/S・資産増加⇦	（現　　金）	100,000	（前 受 金）	100,000	⇨B/S・負債増加

＊(自社の)商品券の販売の場合には，前受金の代わりに，商品券(負債)勘定を使用する。

上の注文より，実際の商品販売引渡時：

B/S・負債減少⇦	（前 受 金）	100,000	（売　　上）	500,000	⇨P/L・収益発生
B/S・資産増加⇦	（現　　金）	400,000			

＊(自社の)商品券受取りの場合，前受金の代わりに，商品券勘定となる。

その他，複雑な処理

特殊商品売買：(1) 未着品売買　(2) 委託販売　(3) 試用販売　(3-2) 返品権付き販売　(4) 予約販売　(5) 割賦販売　(6) 委託買付と受託買付　(7) 商品保証引当金　(8) 保守サービス付きの販売など

※新しい収益認識基準に従えば，財・サービスが相手方に移転した時点で収益を認識する（検収基準）。そのため，(5) 割賦販売における割賦基準（回収基準・回収期限到来基準）に基づく収益認識は認められなくなる。

本章のワークブック

【課題1】〈基本〉次の取引を仕訳しなさい。⇦**【例題1】**

2月10日　A商事から，前受金として同商事振出しの小切手 480,000円を受取った。

19日　A商事に，商品 4,800,000円を売り渡し，前受金との差額を掛とした。

2.10.　(　　　　　) [　　　　　] (　　　　　) [　　　　　]

2.19.　(　　　　　) [　　　　　] (　　　　　) [　　　　　]

(　　　　　) [　　　　　]

【課題2】〈発展〉次の取引を仕訳しなさい。⇦**【例題2】**

8月1日　1枚 2,000円の商品券（自社発行）を50枚販売し，代金として現金を受取った。

9月6日　商品 81,000円を売上げ，代金として前の1枚 2,000円の商品券 40枚と現金 1,000円を受取った。

8．1．　(　　　　　　)［　　　　　　］(　　　　　　)［　　　　　　］

9．6．　(　　　　　　)［　　　　　　］(　　　　　　)［　　　　　　］

　　　　(　　　　　　)［　　　　　　］

【課題3】〈発展〉次の取引を仕訳しなさい。⇦**【例題4－1】**

11月14日　外国の企業から材木 3,000,000円を仕入れ，同額の船荷証券を受取った。

11月21日　木材到着前に，上記船荷証券を 3,400,000円で販売し，代金は掛とした。

11．14．　(　　　　　　)［　　　　　　］(　　　　　　)［　　　　　　］

11．21．　(　　　　　　)［　　　　　　］(　　　　　　)［　　　　　　］

　　　　(　　　　　　)［　　　　　　］(　　　　　　)［　　　　　　］

【課題4】〈発展〉次の取引を仕訳しなさい。⇦**【例題5－1】**

5月10日　B薬問屋から，@¥4,000の薬200個を掛で仕入れた。

5月16日　上記商品の販売をC商店に委託し，商品を送った。C商店は，売上高の10%の手数料を受取ることになっている。

6月22日　C商店から，上記商品70個を@¥5,000で販売した旨の売上計算書を受取った。

5．10．　(　　　　　　)［　　　　　　］(　　　　　　)［　　　　　　］

5．16．　(　　　　　　)［　　　　　　］(　　　　　　)［　　　　　　］

6．22．　(　　　　　　)［　　　　　　］(　　　　　　)［　　　　　　］

　　　　(　　　　　　)［　　　　　　］

　　　　(　　　　　　)［　　　　　　］(　　　　　　)［　　　　　　］

【課題5】〈発展〉次の取引を手許商品区分法により仕訳しなさい。⇦**【例題6－1】**

1月19日　@¥6,000の商品12個を掛で仕入れた。

2月1日　上記商品すべてを12人の顧客に，1個ずつ試用のために送付した。なお，販売価格は@¥7,200である。

2月20日　10人の顧客から買取の意思表示があった。

1．19．　(　　　　　　)［　　　　　　］(　　　　　　)［　　　　　　］

2．1．　(　　　　　　)［　　　　　　］(　　　　　　)［　　　　　　］

2．20．　(　　　　　　)［　　　　　　］(　　　　　　)［　　　　　　］

　　　　(　　　　　　)［　　　　　　］(　　　　　　)［　　　　　　］

【課題6】〈発展〉次の取引を仕訳しなさい。⇦**【例題8】**

7月3日　全10巻（1巻18,000円）の文学全集を販売することになり，予約を募ったところ，40人が予約を申込み，一人当たり 180,000円の予約金が当座預金に振込まれた。

8月9日　第1巻の配本を上の40人へ行った。

7．3．　(　　　　　　)［　　　　　　］(　　　　　　)［　　　　　　］

8．9．　(　　　　　　)［　　　　　　］(　　　　　　)［　　　　　　］

【課題7】〈発展〉次の取引を仕訳しなさい。⇦**【例題9－1】**

10月7日　400,000円の商品を5回の月賦（1回80,000円）で販売した。

11月7日　1回目の代金 80,000円を現金で受取った。

10．7．　(　　　　　　)［　　　　　　］(　　　　　　)［　　　　　　］

11．7．　(　　　　　　)［　　　　　　］(　　　　　　)［　　　　　　］

〈基本〉 2 前受金と商品券および他店商品券（受取商品券） ⇨第５章６節

【例題１】

１月５日　森山商事は，駿河商事から注文された商品代金の一部を内金として駿河商事振出しの小切手 1,000,000円を受取った。

１月10日　森山商事は，駿河商事に商品 2,500,000円を販売し，上の前受金との差額を掛とした。

	借方	金額	貸方	金額
1．5．	（現　　金）	1,000,000	（前 受 金）	1,000,000
1．10．	（前 受 金）	1,000,000	（売　　上）	2,500,000
	（売 掛 金）	1,500,000		

森山商事は，１月５日に，他人振出小切手（⇨第10章２節）を受取っているが，商品を渡していない。したがって，売上は計上されず，代わりに「前受金」という負債が計上される。前受金は商品を引渡さなければならない義務をあらわす。商品を引渡した10日に，「売上」が計上される。このときの売上高は 2,500,000円である。ただし，すでに５日に（前受金として）現金 1,000,000円を受取っているので，駿河商事から受取れる金額は，2,500,000円から1,000,000円を引いた1,500,000円である。したがって，「売掛金」の金額は 1,500,000円となる。

同じ考え方をするものに，自社発行の「商品券」があり，その仕組みは次のようなものである（日商１級では「発行商品券」勘定で処理される）。

・デパート，スーパーマーケット，ビール会社などが自分で発行し販売する。

・発行会社は商品券の金額だけ資金を先に受取る。商品券は負債である。

・商品券の所有者が商品購入時に，商品券を渡すと，その金額だけ代金が差し引かれる。

商品券と前受金の違いは，商品券はそれ自体が市場で売買できる（流通する）点にある。前受金は，個人(会社)間の債務である。

【例題２】（発行商品券）

8月1日　森山商事は，１枚1,000円の商品券を100枚発行・販売し，代金として現金を受取った。

9月2日　森山商事は，商品10,000円を販売し，代金として，前の１枚1,000円の商品券８枚と現金 2,000円を受取った。

8．1．	（現　金）	100,000	（商　品　券）	100,000
9．2．	（現　金）	2,000	（売　上）	10,000
	（商　品　券）	8,000		

一般に，商品券といえば「全国共通商品券」である。そこで，この処理をみる。自社発行ではないので，**他店商品券**（日商３級では「受取商品券」勘定で処理される。）と呼ばれる。

【例題３】（他店商品券，受取商品券）

【例題２】 9月2日の取引について，他社（あるいは専門発行機関）発行の商品券（例えば，デパートの共通商品券，ビール券，図書カード）を受取ったとき，次の仕訳を行う。

9．2．	（現　金）	2,000	（売　上）	10,000
	（他店商品券） （受取商品券）	8,000		

他店商品券は後日，その金額を発行した機関あるいは会社に請求する。例えば，9月30日に，請求した上の商品券の代金が当座預金に振込まれたとき，次の仕訳を行う。

9．30．	（当座預金）	8,000	（他店商品券） （受取商品券）	8,000

「商品券」は負債（商品引渡義務）であるが，「他店商品券」は資産（代金請求権）である。

〈発展〉

3　特殊な販売形態の簿記処理

現金販売取引や掛取引は，多くの企業において一般的に見られる販売形態である。しかし，これら以外にも，特定の業種や特定の商品にのみ適用される販売形態がある。これらを「特殊商品売買取引」という。その中で，代表的な「未着品売買」，「委託販売」，「試用販売」，「返品権付き販売」，「予約販売」，「割賦販売」，「委託買付・受託買付」および「商品保証引当金」を説明する。

(1) 未着品売買

※ここでは，損益計算書作成を意識し，三分法に基づく処理を扱っている。他に，分記法，売上原価対立法（第６章）がある。

未着品販売とは，遠隔地から仕入れた商品を，それが到着する前に，他社に販売するものである。ここでは，商品の受取証（商品を受取れる権利を表した証書）である**貨物代表証券**が販売される。貨物代表証券は，陸運の「貨物引換証」と海運の「船荷証券」に分かれる。

ポイント

・貨物代表証券は商品受取権として「未着品」勘定（資産）で処理する。

・貨物代表証券を販売したら未着品勘定から仕入勘定に振替える（売上原価となる）。

【例題４－１】

森山商事の次の取引を仕訳しなさい。

10月10日　外国の企業から800,000円の材木を仕入れ，同額の船荷証券を受取った。材木は１週間後に到着する予定である。

10月12日　材木到着前に，亜細亜建設に上記船荷証券を850,000円で販売し，代金は掛とした。

	借方	金額	貸方	金額
10. 10.	（未着品）	800,000	（買掛金）	800,000
10. 12.	（売掛金）	850,000	（未着品売上）	850,000
	（仕入）	800,000	（未着品）	800,000

10月10日には，受取った船荷証券を「未着品」勘定（資産）で処理する。代金はまだ支払っていないので，貸方は買掛金となる。12日に，船荷証券の引渡しをもって販売が成立し，売上収益が計上される。ただし，未着品（証券）の売買という特殊な販売形態の売上収益であるから単純に「売上」とせずに「未着品売上」として区別する（商品は渡していない）。一方，借方の「仕入」は未着品が販売されたことにより，売上原価となったことを示し，貸方の「未着品」は，未着の材木を受取る権利がなくなったことを示している。

一方，未だ販売されていない商品が無事に届いた際には，仕入勘定に振替える。未着品の引き取りに追加的な引取運賃等の仕入副費が生じた場合は，通常の仕入と同様に，商品の取得原価に含める。

【例題４－２】（販売しなかった船荷証券の荷物を受取ったとき）

外国の企業から仕入れていた未着品（商品）800,000円が，本日，無事に到着した。なお，引取運賃 20,000円は現金で支払った。

（仕　　　　入）	820,000	（未　着　品）	800,000
		（現　　　　金）	20,000

商品が未着のまま，決算を迎えた場合は，未着品勘定の残高を当期商品仕入高に収容し，一旦，売上原価の計算要素とした上で，販売されていないので，期末商品棚卸高に戻さなければならない。

【例題４－３】（決算において，販売しなかった船荷証券が到着しなかったとき）

以前に，外国の企業から仕入れていた商品 800,000円が未着のまま，本日，決算を迎えた。

（仕　　　　入）	800,000	（未　着　品）	800,000
（未　着　品）	800,000	（仕　　　　入）	800,000

（注）未着品勘定の残高 800,000は，貸借対照表上「商品」の金額に含まれる。
上の仕訳は，（仕　入）800,000 （繰越商品）800,000，下の仕訳は，（繰越商品）800,000 （仕　入）800,000 と同じ意味を持つ（⇨第6章3節）。つまり，下の仕訳は，決算において，未着品を確認している（⇨第15章３節）。

(2) 委　託　販　売

※ここでは，三分法に基づく処理を扱っている。他に分記法，売上原価対立法（第6章）がある。

委託販売は，商品の販売を他の会社に委託する販売形態である。

ポイント

・自社の商品を販売のため他社（受託者）に送付することを**積送**という。

・積送（発送）時には，まだ販売されていないので，「仕入」勘定から「積送品」勘定に振替えるだけで，売上は計上しない。

・受託者が商品を販売した時点で「売上」（他の売上と区別する場合は「積送品売上」）を計上する。

・受託者へ支払う販売手数料は「積送諸掛」または「支払手数料」で表す。

・受託者から後日受け取ることになる未収額は「積送未収金」勘定または「積送売掛金」勘定を用いる。

【例題5－1】

8月11日　森山商事は@￥1,000の商品（薬）800箱を掛で仕入れた。

8月15日　上記商品の販売を売上高の10%の手数料を支払う約束で，湘北商会に委託し，商品800箱を送った。

9月30日　湘北商会から，上記商品600箱を@￥1,500で販売した旨の「売上計算書」を受取った。

8.11.	(仕　　入)	800,000	(買　掛　金)	800,000
8.15.	(積　送　品)	800,000	(仕　　入)	800,000
9.30.	(積送未収金)	810,000	(積送品売上)	900,000
	(積　送　諸　掛)	※90,000		
	(仕　　入)	※※600,000	(積　送　品)	600,000

※900,000円×10%　※※600箱×@￥1,000

8月11日の取引は，通常の掛仕入取引である（⇨第5章3節）。15日の仕訳は，受託者に積送した商品を手許商品と区分する仕訳である。貸方の「仕入」は，商品が手許から離れたことを示し，借方の「積送品」は商品が受託者に渡されたことを示している。9月30日の仕訳は，売上収益（@￥1,500×600箱）計上の仕訳と売上原価（@￥1,000×600箱）算定のための仕訳に区分される。（受託者の仕訳は，章末練習問題5，6および章末 **委託販売における受託側の処理**をみよ。受取手数料※ 90,000円が計上される。）

他社に積送した商品（積送品）が未販売のまま，決算を迎えた場合は，積送品勘定の残高を当期商品仕入高と期末商品棚卸高に加えなければならない。そこで，次のように処理する。

【例題5−2】

【例題5−1】の8月15日に，湘北商会に委託した積送品（@￥1,000）のうち40箱が，未販売のまま，本日，決算を迎えた。

（仕　　　入）	40,000	（積　送　品）	40,000
（積　送　品）	40,000	（仕　　　入）	40,000

（注）積送品勘定の残高 40,000は，貸借対照表では「商品」の金額に含まれる。なお，下の仕訳は，棚卸表（⇨第15章3節）により，決算時の有高を確認したことを示している。

(3) 試用販売

試用販売は，商品を試用のために送付し，一定の試用期間後に買い取るか否かを決めてもらう販売形態である。得意先が買取りの意思を示した時点で「売上」を計上する。次の二つの処理法がある。

「手許商品区分法」のポイント

・試用のために送付した商品と手許商品を区分する方法。原価で記録する。
・試送（発送）時に「仕入」勘定から「試用品」勘定に振替える。

「対照勘定法」のポイント

・試送を仮の販売と見て，「試用販売契約」，「試用仮売上」という対照勘定で処理する。この対照勘定は忘れないために使用される勘定（「備忘勘定」）であり，正規の記録（利益計算のための記録）ではない。売価で記録する。

【例題6－1】

次の取引を「手許商品区分法」により仕訳しなさい。

11月11日　森山商事は@￥1,000の商品80個を掛で仕入れた。

11月16日　上記商品すべてを10人の顧客に８個ずつ試用のために送付した。なお，販売価格は@￥1,500である。

12月１日　６人の顧客から全個数の買取の意思表示があった。

11. 11.	(仕　入)	80,000	(買　掛　金)	80,000
11. 16.	(試　用　品)	80,000	(仕　入)	80,000
12. 1.	(売　掛　金)	72,000	(試用品売上)	※72,000
	(仕　入)	48,000	(試　用　品)	※※48,000

※(8個×@¥1,500)×6人　※※(8個×@¥1,000)×6人

(注) 買取意思表示のない4人分8個について，決算を迎えたとき，試用品勘定：¥32,000円により【例題5－2】と同じ考え方に基づき仕訳する。つまり，積送品勘定を試用品勘定とする。

11月16日に，商品が試用のため送られ手許から離れるので，「仕入」勘定から「試用品」勘定に振替えられる。仕入勘定は取得原価で記録されているため，試用品勘定も取得原価に基づく記録となる。12月１日の仕訳は，上が売上収益計上（６人分）の仕訳，下が売上原価算定（６人分）のための仕訳となる。買取の意思表示があった段階で，債権（売掛金）が発生する。

なお，買取意思表示がなく返品されてきた試用品は，再販売が可能な場合，「試用品」勘定から「仕入」勘定に振替えられる（戻される）。

【例題6－2】

【例題6－1】の取引を「対照勘定法」で仕訳しなさい。

11. 11.	(仕　入)	80,000	(買　掛　金)	80,000
11. 16.	(試用販売契約)	120,000	(試用仮売上)	※120,000
12. 1.	(売　掛　金)	72,000	(試用品売上)	72,000
	(試用仮売上)	72,000	(試用販売契約)	72,000

※(８個×@¥1,500)×10人

対照勘定法の場合，対照勘定である「試用仮売上」勘定と「試用販売契約」勘定により，商品を試送した事実（10人分）が（正規の勘定とはならず）備忘的に記録される。試用仮売上は，仮の売上を示し，試用販売契約は，売上げた場合に成立するであろう仮の代金請求権を示している。したがって，売価で記録される。これらの対照勘定は，12月1日に，売上収益（72,000円）が計上されたときに，売上分だけ反対仕訳され，消去される。

この方法では，決算のときに，売上原価を計算する仕訳つまり買取意思表示がなかった試用品（4人×8個×@¥1,000）を期末棚卸高（商品）とする仕訳：

（繰越商品）　32,000　（仕　　入）　32,000　が必要である（⇨第6章3節）。

なお，試用販売契約勘定の残高 48,000円は貸借対照表に計上されず，試用仮売上勘定の残高 48,000円（120,000−72,000）も損益計算書に計上されない。

(3-2) 返品権付き販売

買い手に対して，後日，商品を返品することが可能な権利（返品権）を付して，販売を行うことがある。この販売形態は，商品の引渡時に，買い手に所有権が移転するという点で委託販売と異なっており，また，販売する商品が，買い手が転売（再販売）するものであるという点で試用販売とも異なっている。

返品権付きの商品を販売した場合，返品されると見込まれる商品に対する対価（売上）の額を控除して，売上を計上する。返品されると見込まれる商品は，その商品に対して受取ったまたは受取る対価の額で「返金負債」勘定（負債）に計上し，加えて，返金負債の決済時に買い手から商品を回収する権利（商品回収権）は，「返品資産」勘定（資産）に計上する。

【例題7】

森山商事は，南山商事に商品100個を@¥5,000円（原価@¥4,000円），返品権（30日以内ならば全額返金する）付きで販売し，代金は現金で受取った。この取引では5個が返品されると見込んでいる。なお，回収コストには重要性がなく，返品される商品は，再販売時に利益を獲得できると予想している。

販売時：

（現　　金）	500,000	（売　　上）	475,000
		（返金負債）	※25,000
（返品資産）	※※20,000	（仕　　入）	20,000
	※※@¥4,000×5個		※@¥5,000×5個

返品時（３個が返品され，代金を返金した場合）：

（返金負債）	15,000	（現　　金）	15,000
（仕　　入）	12,000	（返品資産）	12,000

返品期間終了時（残り２個は返品されなかった場合）：

（返金負債）	10,000	（売　　上）	10,000
（仕　　入）	8,000	（返品資産）	8,000

返品されなかった商品の対価（10,000円＝@￥5,000×２個）は，売上に計上する。また，返品資産に相当する商品の原価（8,000円＝@￥4,000×２個）は，販売されたので，売上原価となるため仕入勘定に振替える。

(4) 予約販売

予約販売は百科事典やセット物の本，CDなど予約を募って商品を販売する販売形態である。

ポイント

・商品を渡す前に，代金の一部または全部を受取る。前受金と同様の処理（⇨２節）

【例題８】

４月１日　亜細亜書店は全10巻（１巻￥10,000 ）の文学全集を販売することになり，予約を募ったところ，20人が予約を申込み，一人当たり 100,000円の予約金が当座預金に振込まれた。

5月1日 第1巻の配本を20人へ行った。¥10,000×20人＝200,000円

4.1.	(当座預金)	2,000,000	(前受金)	2,000,000
5.1.	(前受金)	200,000	(売上)	200,000

4月1日の取引では，代金の全額が予約金として前受けされ，5月1日の取引では，引渡しが完了した第1巻の分だけが，売上収益として計上される。

(5) 割賦販売

割賦販売は，高額な商品の販売に当たって，商品は引渡すが代金の回収を何回かに分けて受取る販売形態である。

ポイント

・商品引渡時（販売時）に全額「売上」計上する。

【例題9-1】

次の取引を仕訳しなさい。

9月20日 CDショップの亜細亜書店は，10枚組みのCDセットを1セット80,000円(原価 56,000円)で販売することにした。多少高額なので，5回の月賦(1回 16,000円)も受付けることにしたところ，1人の顧客が，月賦による購入を申入れ，1セットを購入して行った。(このとき，CDセットを顧客に渡しているものの代金は受取っていない。)

10月20日 上記の顧客から1回目の代金 16,000円を現金で受取った。

9.20.	(割賦売掛金)	80,000	(割賦売上)	80,000
10.20.	(現金)	16,000	(割賦売掛金)	16,000

9月20日の取引で，商品は渡され，金額の確定した債権（契約）が成立しているので，現金を受領していなくとも 80,000円全額が売上とされる。通常の場合の売掛金とは異なり回収に長期間を要することから「割賦売掛金」勘定を

用いる。10月20日の取引は，現金による割賦売掛金の回収取引である。

なお，割賦販売における販売価格は，長期にわたる代金回収期間の利息相当額だけ，通常の販売よりも高く設定されるのが一般的である。そのため，利息相当額に重要性があれば，割賦による売上債権（割賦売掛金）と売上収益（割賦売上）は利息相当額を除いて計上し，利息相当額は，代金回収期間にわたって，受取利息として計上することが適切である。

【例題９−２】（割賦利息の処理） ※利息の説明のため年賦にしている

原価 56,000円の商品を割賦販売し，代金は本日を第１回目として１年ごとに16,000円を５回にわたって受取る（受取り後，ただちに当座預金に預入れる）こととした。売上収益は販売日に計上するが，代金総額に含まれる利息相当額（実効利子率は年5%）に重要性があると判断し，利息部分は割賦売上債権の回収期間にわたって計上する。

販売日（第１回割賦金受取日）：

借方	金額	貸方	金額
（割賦売掛金）	72,735	（売上）	※72,735
（当座預金）	16,000	（割賦売掛金）	16,000

※売上収益：代金総額の現在価値 $\left(16{,}000+\frac{16{,}000}{1.05}+\frac{16{,}000}{(1.05)^2}+\frac{16{,}000}{(1.05)^3}+\frac{16{,}000}{(1.05)^4}\right)=72{,}735$

第２回割賦金受取日：

借方	金額	貸方	金額
（当座預金）	16,000	（割賦売掛金）	13,163
		（受取利息）	※2,837

※受取利息：未回収債権（72,735－16,000）×年利率5%＝2,837

第３回割賦金受取日：

借方	金額	貸方	金額
（当座預金）	16,000	（割賦売掛金）	13,821
		（受取利息）	※2,179

※受取利息：未回収債権（72,735－16,000－13,163）×年利率5%＝2,179

第４回割賦金受取日：

借方	金額	貸方	金額
（当座預金）	16,000	（割賦売掛金）	14,512
		（受取利息）	※1,488

※受取利息：未回収債権（72,735－16,000－13,163－13,821）×年利率5%＝1,488

第5回割賦金受取日：

（当座預金）	16,000	（割賦売掛金）	15,239
		（受取利息）	※761

※受取利息：未回収債権（72,735－16,000－13,163－13,821－14,512）×年利率5%＝762
ただし，割賦売掛金の残高調整のため，761とする

【例題9－1】の割賦販売の代金総額80,000円（＝16,000円×5回）は，売上72,735円と受取利息総額7,265円に分解されて計上されることになる。

⑹　委託買付と受託買付

委託買付は，他の会社に自社で販売する商品の購入を委託することであり，受託買付は，他の会社から商品の購入を委託されることである。

委託買付・受託買付において，委託・受託者間の債権・債務は，「委託買付」勘定と「受託買付」勘定で処理する。これらの勘定は，資産（借方残）にも負債（貸方残）にもなる。

委託者は，買付に先立ち，商品の購入資金の一部または全部を受託者に支払っておくことがあり，その支払額は委託買付勘定の借方に記入する。受託者にとっては，資金を受取ると，指定された商品を購入し，送付する義務を負うため，受託買付勘定の貸方に記入する。

その後，受託者は商品を購入し，**買付計算書**とともに委託品を委託者に送付する。送付までに，受託者が立替えて支払った金額があれば，受託買付勘定の借方に記入する。なお，受託者は，商品送付時に購入手数料を受取手数料勘定（収益）で処理する。

委託者は，指定した商品が買付計算書とともに送付されてきたさい，商品の購入金額を委託買付勘定から仕入勘定に振替える。なお，委託者が受託者に支払うべき残金があるとき，委託買付勘定は貸方残高になっている。

委託買付・受託買付に関する一連の取引が終了したときには，委託者の委託買付勘定の残高と受託者の受託買付勘定の残高は，ともにゼロになっている。

【例題10】

次の取引を森山商事および東経商事の立場で仕訳しなさい。

⑴　森山商事は，東経商事に特産品の買付を委託し，前金として300,000円の小切手を振出して支払った。

⑵　東経商事は，南山商会から森山商事に指定された商品 500,000円を掛で購入し，引取運賃 40,000円は小切手を振出し支払った。

⑶　東経商事は，森山商事に対して次の買付計算書を送付するとともに，商品を送付した。

森山商事は，東経商事より買付計算書とともに，商品の引渡しを受けた。なお，引取運賃 25,000円は現金で支払った。

	買付計算書	No.13
買付価額		¥500,000
諸　掛		
運　賃	¥ 40,000	
手数料	50,000	¥ 90,000
立替金額		¥590,000
差引：手付金		300,000
立替残金		¥290,000

⑷　森山商事は，東経商事に買付に関する残金 290,000円を，小切手を振出し支払った。

森山商事（委託者）：

⑴	（委託買付）	300,000	（当座預金）	300,000
⑵	仕訳なし			
⑶	（仕　　入）	615,000	（委託買付）	590,000
			（現　　金）	25,000
⑷	（委託買付）	290,000	（当座預金）	290,000

東経商事（受託者）：

⑴	（現　　金）	300,000	（受託買付）	300,000

⑵	（受託買付）	540,000	（買掛金）	500,000
			（当座預金）	40,000
⑶	（受託買付）	50,000	（受取手数料）	50,000
⑷	（現金）	290,000	（受託買付）	290,000

⑺ 商品保証引当金

商品の販売にあたり，販売後，一定期間内に生じた異常や故障について，無償修理を行う等の保証契約を結んでいる場合がある。このような場合，当期に販売した商品に関して発生するであろう修理・交換費用を見積もって「商品保証引当金」として設定する。保証契約は販売促進のためのものであり，引当費用は「販売費及び一般管理費」として処理する（⇨第20章４節）。

【例題11】

次の×2年度の取引の仕訳を示しなさい。（⇨第５章**【例題５-２】**も参照）

① ×1年度の決算において，売上高 768,000円に対して１％相当額を商品保証引当金（7,680円）として設定していたが，×2年において，クレームがつき，商品保証費 12,300円を小切手を振出して支払った。このうち 7,300円は前期の販売によるものである。

② ×2年度の決算において，必要な会計処理を行う。なお，当期の売上高は 713,000円であり，その１％相当額を商品保証引当金として設定する。（洗替法による⇨第８章４節）

①	（商品保証費）	5,000	（当座預金）	12,300
	（商品保証引当金）	7,300		
②	（商品保証引当金）	※380	（商品保証引当金戻入益）	380
	（商品保証引当金繰入（額））	7,130	（商品保証引当金）	7,130

※7,680－7,300

（注）差額計上法の場合には，次のようになる。

（商品保証引当金繰入（額））	6,750	（商品保証引当金）	6,750

(8) 保守サービス付きの販売など複数の履行義務を含む顧客との契約

商品の販売（引渡し）とともに，数年間の保守サービスを提供する契約（保証契約）を結ぶこともある。このような場合，顧客との契約に含まれる複数の履行義務（商品やサービスを買い手に提供する義務）に取引価格を配分し，それぞれの義務が充足された時点または充足されるにつれて，収益を別々に認識する。商品やサービスを顧客（買い手）に提供する前に，顧客から対価を受け取った場合は，「契約負債」勘定（負債）で処理する。（なお，商品売買に関する前受金（⇨２節および３節（4））は契約負債に該当する。）

【例題12】

当期首に，森山商事は駿河商事に，商品を販売するとともに，２年間の保守サービスを提供する１つの契約を締結した。なお，契約書に記載された対価の額は合計242,000円（うち商品200,000円，保守サービス42,000円）であった。森山商事はただちに商品を駿河商事に引渡し，当期首から翌期末までの24ヵ月の間，保守サービスを行うが，代金は商品の引渡し時に全額が森山商事の当座預金口座に振り込まれた。森山商事は，契約に含まれている複数の履行義務をそれぞれ別個に認識することとしており，保守サービスについては時の経過に応じて履行義務を充足する。

当期首：	（当座預金）	242,000	（売　　上）	200,000
			（契約負債）	42,000
当期末：	（契約負債）	※21,000	（売　　上）	21,000

※42,000×12ヵ月／24ヵ月

当期首に代金の総額を受け取っているが，保守サービスはまだ提供していないので，その分の収益（42,000円）は認識せず，契約負債勘定で処理する。そして，当期末までに，保守サービスの提供期間の12ヵ月が経過しているので，時の経過に応じた収益を認識する。

他にも，複数の履行義務が１つの契約の中に含まれる場合があり，例えば，すべての履行義務を充足してはじめて買い手に支払義務が生じる旨の契約が締結されることがある。売り手から見れば，すべての履行義務を充足しないと，「顧客との契約から生じた債権」（すなわち，対価に対する法的な請求権）が発生しないことになる。ただし，顧客（買い手）に移転した商品やサービスと交換に企業（売り手）が受け取る対価に対する権利は生じているので，これを「契約資産」勘定（資産）の借方に計上し，その対価の額を売上勘定（収益）の貸方に計上する必要がある。なお，契約資産は，債権ではないが，債権に準じて処理されるため，決算時に貸倒引当金の設定対象となる。

【例題13】

森山商事は，得意先南山商事にＡ商品400,000円とＢ商品500,000円を販売する契約を締結した。ただし，代金はＡ商品とＢ商品の両方を南山商事に移転した後に請求する契約となっており，それぞれの商品の引渡しは，別個の履行義務として識別する。森山商事は，契約後，ただちにＡ商品を引き渡したが，Ｂ商品は在庫の関係で，後日引き渡すことになっている。なお，商品売買に関する記帳は三分法による。

（契約資産）	400,000	（売　　上）	400,000

本日，Ｂ商品が入荷され，森山商事は南山商事にＢ商品を引き渡した。また，森山商事は，月末にＡ商品およびＢ商品の代金に関する請求書を発送する予定である。

（売掛金）	900,000	（売　　上）	500,000
		（契約資産）	400,000

[練習問題]〈発展〉

問題　以下の取引を仕訳しなさい。

1　以前に購入していた船荷証券 500,000円を埼玉商店に 620,000円で転売し，代金のうち 280,000円は青森商店振出し，埼玉商店受取りの約束手形を裏書譲渡され，残額は掛とした。なお，未着品原価は，仕入勘定に振替える。

2　医療機器@￥340,000（原価@￥300,000）を２台，愛媛病院に試用販売のために送付した。備忘記録としての売価による対照勘定を設ける。

3　本日，愛媛病院から１台を買い取る旨の通知を受け，１台は返品された。

4　委託販売のために下北商事に発送した商品（仕入原価 225,000円，商品積送のための発送運賃 15,000円）について，下北商事より，次の仕切計算書を受取った。なお，収益の計上は手取金により，積送品原価は仕入勘定に振替える。

仕切計算書　No.30
××年10月４日

売　上　高		￥320,000
諸　　　掛		
保　管　料	￥　8,000	
手　数　料	22,000	￥　30,000
手　取　金（未済）		￥290,000

5　当社は委託者である森山商事から特定商品の販売を受託した。本日，同商事から当該受託品（指値 260,000円）が到着し，運送会社に引取運賃 14,000円を現金で支払った。

6　上記５．の受託品を指値どおりの販売が前日までに完了したので，本日，森山商事に手取金額を当社振出しの小切手を同封のうえ，次の売上計算書を送付した。

なお，前日までに，販売先から指値どおりの販売代金を受取っている。

売上計算書　No.42
××年11月28日

売　上　高		￥260,000
諸　　　掛		
引取運賃	￥ 14,000	
手　数　料	25,000	￥　39,000
手　取　金（未済）		￥221,000

７　次の取引を仕訳しなさい。（割賦利息に重要性はないものとする。）

① 当店は，伊豆商店に対し，商品 600,000円（480,000円）を12ヶ月の月賦で販売した。

② 第１回目の割賦金 50,000円を現金で受取った。

〈解答〉

	借方科目	金額	貸方科目	金額
1	（受取手形）	280,000	（未着品売上）	620,000
	（売掛金）	340,000		
	（仕入）	500,000	（未着品）	500,000
2	（試用販売契約）	680,000	（試用仮売上）	680,000
3	（売掛金）	340,000	（試用品売上）	340,000
	（試用仮売上）	680,000	（試用販売契約）	680,000
4	（積送売掛金）	290,000	（積送品売上）	290,000
	（仕入）	240,000	（積送品）	240,000
5	（受託販売）	14,000	（現金）	14,000
6	（受託販売）	246,000	（当座預金）	221,000
			（受取手数料）	25,000
7①	（割賦売掛金）	600,000	（割賦売上）	600,000
②	（現金）	50,000	（割賦売掛金）	50,000

委託販売における受託側の処理：受託販売

練習問題５ の仕訳：（受託販売）　14,000　（現　金）　14,000　の「受託販売勘定」は，委託先への運賃の請求権を示す。これは，売上計算書を通じて精算される（売上計算書を見よ）。なお，受託を受けた商品の所有権は委託先にあるので，受託先の仕入勘定には記入されない。

練習問題６ の「なお」書きについて，受託商店は，販売代金（現金売りとする）を受取っているので，次の仕訳が行われている。販売が２回にわたっているとすると：

（現　金）	130,000	（受託販売）	130,000
（現　金）	130,000	（受託販売）	130,000

ここでの受託販売勘定は，受取った代金の引渡し義務を表す。

これまでの受託販売側の取引（練習問題６ の仕訳を含む）を精算すると，上の受託販売勘定貸方残 246,000円が，売上計算書発送時の仕訳の借方 246,000円により消去され，現金：260,000 － 現金：14,000－当座預金（小切手）：221,000 ＝ 25,000円 が受取手数料収益となる。小切手を送るのは，販売先より仮受けた現金：260,000－運賃分：14,000 ＝ 221,000円 を返還するためである。

受託販売勘定を示すと，次のようになる。

受託販売

（現　金）	14,000	（現　金）	130,000
（諸　口）	246,000	（現　金）	130,000

※簿記の学習においては，このように勘定を頭に描くことが必要である。

第8章　掛取引の記録と資金の管理

第5章 問題提起 を見よ。

1　本章で勉強すること

本章で学ぶ基本的な記録

・掛取引から生じる売掛金は，仕訳帳に仕訳し，
　1．総勘定元帳の売掛金勘定に転記する。
　2．得意先元帳（売掛金元帳）の各人名勘定にも転記する。
・掛取引から生じる買掛金は，仕訳帳に仕訳し，
　1．総勘定元帳の買掛金勘定に転記する。
　2．仕入先元帳（買掛金元帳）の各人名勘定にも転記する。

①　掛取引の勘定記入（例示）

掛仕入 → 仕訳 〈転記〉→ 買掛金勘定（総勘定元帳）
　　　　　　　　　　 → 仕入先元帳（買掛金元帳ともいう）

一橋商事からの掛仕入：2.1.（仕　　入）10,000　（買　掛　金）10,000

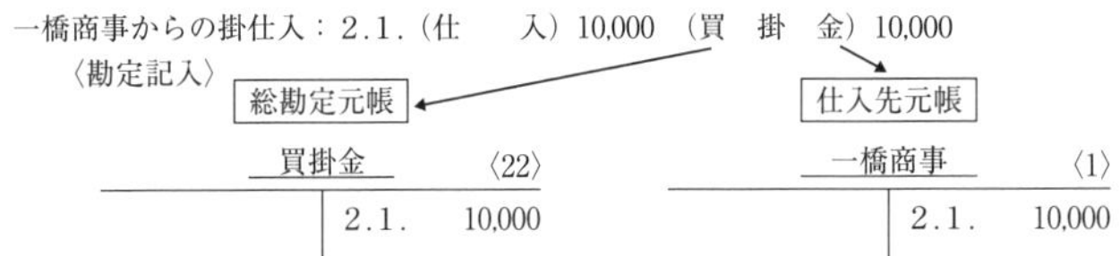

※仕入先元帳は商品の購入先別明細で，得意先元帳は商品の販売先別明細である。

②　貸倒れの処理

・売掛金発生年度の貸倒れ：
　P/L・費用　⇦（貸 倒 損 失）1,000　（売　掛　金）1,000　⇨B/S・資産減少
・決算時（貸倒引当金の設定）：
　P/L・費用　⇦（貸倒引当金繰入）1,000　（貸倒引当金）1,000　⇨B/S・資産評価
・翌年度貸倒れ時（貸倒引当金の取崩）：
　B/S・資産評価の消去 ⇦（貸倒引当金）1,000　（売　掛　金）1,000　⇨B/S・資産減少

本章のワークブック

【課題1】〈基本〉次の4月中の取引を仕入先元帳（買掛金元帳）の仕入先別勘定および総勘定元帳の買掛金勘定に記入しなさい。⇦**【例題1－1】【例題1－2】**

4月2日　A商店より，商品 60,000円を掛で仕入れた。
　5日　B商店より，商品 90,000円を掛で仕入れた。
　18日　A商店に対する買掛金 64,000円を現金で支払った。
　21日　B商店に対する買掛金 80,000円を現金で支払った。

［仕入先元帳］

A商店　〈1〉

日付	摘　要	借方	貸方	借／貸	残　高
4．1．	前期繰越		14,000	貸	14,000

B商店　〈2〉

日付	摘　要	借方	貸方	借／貸	残　高
4．1．	前期繰越		10,000	貸	10,000

［総勘定元帳］

買　掛　金　〈20〉

4．18.（　　　　）［　　　　］	4．1.　前期繰越	24,000
21.（　　　　）［　　　　］	2．（　　　　）［　　　　］	
	5．（　　　　）［　　　　］	

【課題2】〈基本〉次の取引を仕訳しなさい。三分法による。⇦**【例題4】**

4月24日　C商店に商品 600,000円を掛で販売し，相手方から検収完了の通知を受けた。㊟
7月29日　C商店が倒産し，同商店に対する売掛金 600,000円が全額貸倒れとなった。

4．24.（　　　　）［　　　　］（　　　　）［　　　　］
7．29.（　　　　）［　　　　］（　　　　）［　　　　］

【課題3】〈基本〉次の取引を仕訳しなさい。⇦**【例題5】【例題6－1】**

(1) 決算に当たり，売掛金の期末残高 3,000,000円に対し，2％の貸倒れを見積もる。貸倒引当金の設定は差額補充法により行う。なお，前期末に設定した貸倒引当金の残高は 8,000円である。
(2) 次の期に，上記売掛金のうち 54,000円が貸倒れとなった。

(1)（　　　　）［　　　　］（　　　　）［　　　　］
(2)（　　　　）［　　　　］（　　　　）［　　　　］

〈基本〉

2　勘定記入と資金情報

【例題1－1】

次の取引を仕訳するとともに，買掛金勘定（総勘定元帳）を作成しなさい。

森山商事の6月の買掛金月初残高は 300,000円であったが，当月，買掛金に関して，次の取引がなされた。三分法による。

6月10日　商品 450,000円を掛で仕入れた。
　20日　買掛金 300,000円を普通預金からの振込みで支払った。

6.10.	（仕　　入）	450,000	（買　掛　金）	450,000
20.	（買　掛　金）	300,000	（普 通 預 金）	300,000

〈総勘定元帳〉

買　掛　金　〈22〉

6.20.	（普通預金）	300,000	6. 1.	前月繰越	300,000
			10.	（仕　入）	450,000

買掛金勘定から，買掛金の残高が6月20日には，450,000円であることが計算される。しかし，これだけでは，誰に対する買掛金であるかという情報は把握できない。そこで，買掛金の取引先別明細となる帳簿を作成する。これを**仕入先元帳**または**買掛金元帳**という（補助元帳⇨第16章2節）。この帳簿は，取引先毎（人名勘定）の記録を行う。企業は，これにより各仕入先に決済日に資金を送らなければならない。つまり，資金の手当てを考えなければならない。

取引先ごとの勘定残高の合計は，買掛金勘定の残高に等しくなる(注)。このように買掛金勘定は取引先（仕入先）の人名勘定の統制勘定として機能する。

（注）正しくは，仕入先への前払がない場合である。前払金（⇨第5章6節）があれば，仕入先への買掛金（当店の債務）はその額だけ減少する。

【例題1－1】の買掛金について次の取引先を仮定する。

【例題1－2】

【例題1－1】の取引の内容が次のようであったときの仕入先元張（買掛金元帳）を作成しなさい。決済は「月末締め，翌20日払い」とする。

前月繰越	中央商事に対する買掛金	100,000円	300,000円
	慶應商店に対する買掛金	200,000円	
6月10日	中央商事からの掛仕入	150,000円	450,000円
	慶應商店からの掛仕入	300,000円	
20日	中央商事への支払い	100,000円	300,000円
	慶應商店への支払い	200,000円	

仕　訳　帳　〈5〉

日	付	摘　　要	元丁	借　方	貸　方
6	10	（仕　　入）	20	150,000	
		（買　掛　金）	7/仕1		150,000
	〃	（仕　　入）	20	300,000	
		（買　掛　金）	7/仕2		300,000
	20	（買　掛　金）	7/仕1	100,000	
		（普 通 預 金）	3		100,000
	〃	（買　掛　金）	7/仕2	200,000	
		（普 通 預 金）	3		200,000

（注）元丁欄「20」は仕入 a/c 元帳 20ページ（口座），「7」は買掛金 a/c 元帳7ページ（口座），「3」は普通預金 a/c 元帳3ページ（口座），「仕1」は買掛金（仕入先）元帳1ページ（口座）へ転記したことを示す。

〈仕入先（買掛金）元帳〉 ※丁数欄（帳簿組織〈発展〉）の使用法は練習問題も見よ。

中央商事　〈1〉

日付		摘　　要	丁数	借　方	貸　方	借/貸	残　高
6	1	前 月 繰 越	✓		100,000	貸	100,000
	10		5		150,000	〃	250,000
	20		〃	100,000		〃	150,000

（注）丁数欄「5」は仕訳帳5ページから転記されたことを示す。

慶應商店　〈2〉

日付		摘　　要	丁数	借　方	貸　方	借/貸	残　高
6	1	前 月 繰 越	✓		200,000	貸	200,000
	10		5		300,000	〃	500,000
	20		〃	200,000		〃	300,000

買掛金（仕入先）元帳から各取引先企業に対する現時点での買掛金残高が分かる。**【例題1－2】**では，森山商事は6月20日の段階で，中央商事に 150,000円の買掛金残高，慶應商店に 300,000円の買掛金残高があることが示されている。中央商事，慶應商店ともに買掛金残高が月初より増えている。これは買掛

金の返済が翌月に当月より多くなることを示しており，資金管理上の注意が必要となる。

一方，売掛金についても，**得意先元帳**（または**売掛金元帳**）が作成され，売掛金（総勘定元帳）の取引先別明細が表示される。

このように総勘定元帳の特定の勘定の明細を示す元帳を「補助元帳」という。なお，売掛金と買掛金については「月末締め（月末に有高を計算し），翌月25日払い（決済する）」というように，取引先毎に決済条件が決められている。

【例題2】

次の取引を仕訳し，売掛金勘定と売掛金元帳を作成しなさい。

森山商事の6月の売掛金の取引（月末締め，翌25日払い）は次のようであった。

月初残高	創価商事に対する売掛金残高	100,000円	300,000円
	南山商店に対する売掛金残高	200,000円	
6月15日	創価商事への掛売上	200,000円	500,000円
	南山商店への掛売上	300,000円	
25日	創価商事から掛代金の現金入金	100,000円	300,000円
	南山商店から掛代金の当座預金入金	200,000円	

（三分法による）

仕　訳　帳　〈6〉

日	付	摘　　要	元丁	借　方	貸　方
6	15	（売　掛　金）	2/得2	200,000	
		（売　　上）	10		200,000
	〃	（売　掛　金）	2/得3	300,000	
		（売　　上）	10		300,000
	25	（現　　金）	1	100,000	
		（売　掛　金）	2/得2		100,000
	〃	（当 座 預 金）	4	200,000	
		（売　掛　金）	2/得3		200,000

（注）売上 a/c は元帳10ページ（10番口座，丁合番号10），現金 a/c は元帳1ページ（1番口座，丁合番号1），当座預金 a/c は元帳4ページ（4番口座，丁合番号4）にある。

〈総勘定元帳〉（省略形）

売　掛　金　〈2〉

6. 1.	前月繰越	✓	300,000	6. 25.		6	100,000
15.		6	200,000	〃		〃	200,000
〃		〃	300,000				

〈売掛金（得意先）元帳〉

創価商事　〈2〉

日付		摘　要	丁数	借　方	貸　方	借/貸	残　高
6	1	前月繰越	✓	100,000		借	100,000
	15		6	200,000		〃	300,000
	25		〃		100,000	〃	200,000

南山商店　〈3〉

日付		摘　要	丁数	借　方	貸　方	借/貸	残　高
6	1	前月繰越	✓	200,000		借	200,000
	15		6	300,000		〃	500,000
	25		〃		200,000	〃	300,000

（注）丁数欄「6」は仕訳帳6ページからの転記を示す。

売掛金の残高が月初より増えている。これは，それだけ信用販売が増え，その分，営業上の資金の手当てが必要になることを示している。つまり，売上が増加しても，掛け販売であれば，現金預金に結びつかない限り，それを給料や広告宣伝費など営業活動を支える活動に使うことができない。さらに，掛取引には，次のような資金繰りの問題が生じる。

いま，買掛金（【例題1－1】）と売掛金（【例題2】）勘定について，これ以降，仕入と売上取引がなかったと仮定すると，当月末の残高は，それぞれ 450,000円と 500,000円となる。これには，50,000円の余裕があり，資産の面で有利になったといえる。しかし，資金繰りの視点からみると，必ずしも，そうとはいえない。そこで，当月の資金繰りをみると，買掛金の支払期日が20日，一方，売掛金の入金日が25日であるから，この間の資金的手当てが必要になる。つまり，20日には，５日後に，500,000円の入金が予定されているものの，450,000円以上の現金預金の残高が必要になる。このように，買掛金，売掛金および仕入先，得意先ごとの管理は営業上の資金管理の上で重要である。これに関連して，次の「仕入割引」と「売上割引」の処理を学習する必要がある。

仕入割引・売上割引〈発展〉

掛代金（売掛金・買掛金）を約定の期日前に決済した場合，代金の一部が免除（割引き）されることがある。これを**現金割引**という。これは，売り手が買い手に与える特典の１つであり，掛代金の実際支払日と約定期日の間の利息の払戻しである。このような取引が生じた場合，売り手は「売上割引」勘定（売上勘定の評価勘定）もしくは「売上」勘定の借方に，買い手は「仕入割引」勘定（収益）の貸方に記入する。買い手の「仕入割引」は，掛代金の早期決済による金融上の収益であると考え，損益計算書上，営業外収益として計上する。（⇨第20章４節）

【例題３】

森山商事はかねてより南山商店に15日以内に代金を支払えば，代金の５％を割り引くという条件で商品を販売している。割引有効期限内の本日，南山商店から同店振出しの小切手（額面金額 304,000円）で 320,000円の掛代金の決済を受けた。このとき，５％の割引に応じる。

	借方科目	金額	貸方科目	金額
森山商事：	（現　　　　金）	304,000	（売　　掛　　金）	320,000
	（売　上　割　引）	※16,000		
	ないし（売　上）			
南山商店：	（買　　掛　　金）	320,000	（当　座　預　金）	304,000
			（仕　入　割　引）	※16,000

※320,000×0.05

なお森山商事が売上割引勘定を使用していた場合，決算において売上割引勘定の残高を売上勘定に振替えて，期中に生じた売上割引額を売上高から控除する。

[注] 収益認識基準によれば，売上割引に関して，財またはサービスの顧客への移転に係る信用供与についての重要な便益が顧客に提供されるものとみなされば，顧客との契約は重要な金融要素を含むものとされる。この場合，取引価格（財またはサービスの顧客への移転と交換に企業が権利を得ると見込む対価の額）の算定にあたっては，約束された対価の額に含まれる金利相当分の影響を調整することになる。そのため，販売した時点で，予想される売上割引額を控除した純額（つまり，即時現金販売価額）で，売上勘定の貸方に記入することになる。ただし，顧客による支払時点までが1年以内であると見込まれるため，重要な金融要素の影響について約束した対価の額を調整しないことができ，契約価格で売上勘定の貸方に記入しておき，売上割引を行ったときに，売上勘定の借方にその割引額を記入することも認められる。例えば，【例題3】の森山商事は，売上割引が重要な金融要素に該当し，金利相当分の影響を調整するとすれば，商品の販売時に，

（売　掛　金）	304,000	（売　　　上）	※304,000

※320,000－（320,000×0.05）

という仕訳を行うことになる。
その後，15日以内に決済された場合は，

（現　　　金）	304,000	（売　掛　金）	304,000

となるが，もし割引有効期限が過ぎてから決済された場合は，

（売　掛　金）	16,000	（売　　　上）	16,000
（現　　　金）	320,000	（売　掛　金）	320,000

という仕訳を行うことになる。

〈基本〉

3　貸倒れの処理（⇨第9章6節，第14章2，6節）

得意先の倒産や営業不振などにより売掛金などの金銭債権が回収できなくなることを**貸倒れ**という（⇨第９章６節）。貸倒れの処理は２種類に分けられる。

① 売掛金発生年度の貸倒れ

② 売掛金発生の翌年度以降の貸倒れ

【例題４】（売掛金発生年度の貸倒れ）

森山商事の次の取引を仕訳しなさい。

４月１日　大蔵商事に商品 200,000円を掛で販売した。三分法による。

９月５日　大蔵商事が倒産し，売掛金 200,000円は全額貸倒れとなった。

４．１．	（売　　掛　　金）	200,000	（売　　　　上）	200,000
９．５．	（貸　倒　損　失）	200,000	（売　　掛　　金）	200,000

【注】一旦貸倒れ処理した（9月5日）償却債権（売掛金）が，回収されたときは，次の処理を行う。翌期の4月3日に，200,000円のうち，50,000円が現金で回収された。

4．3．　（現　　金）　50,000　（償却債権取立益）　50,000

9月5日の仕訳では，売掛金という資産が回収不能になり減少したという事実が貸方に記され，それにより，損失（費用）が生じたことが借方に記載される。このときの損失（費用）を**貸倒損失**（貸倒費）という。

売掛金発生の翌年度以降の貸倒れの場合，間に決算が入る。この場合，次の手順で仕訳をする。

1．決算時　貸倒引当金の設定

2．翌年度　貸倒引当金の取崩し

経営状態に重大な問題が生じていない債務者に対する債権を「一般債権」という（⇨第20章2節）。決算時に，一般債権である売掛金については，過去の実績等から貸倒見積高を算定する。そして同額の貸倒引当金（売掛金のマイナス）を設定し，貸方に記入する。借方は貸倒引当金繰入額（費用）とする。

翌年以降，売掛金が実際に貸倒れとなったとき，貸倒引当金を取崩し，借方に記入する。貸方には貸倒れとなった売掛金を記入する。

【例題5】（翌期の貸倒れ）

次の取引を仕訳しなさい。

1．森山商事の第21期の決算に当たり，売掛金残高 1,100,000円に対して1％（貸倒率）が次期以降回収できなくなる可能性が高いと判断された。そこで，同額の貸倒引当金を設定することにした。

2．第22期（7月25日）に，第21期決算日に存在した売掛金のうち 8,000円が貸倒れとなった。

1．（貸倒引当金繰入(額)）　11,000　（〈売掛金〉貸倒引当金）　11,000

2．（〈売掛金〉貸倒引当金）　8,000　（売　　掛　　金）　8,000

（注）2．の時点で貸倒れとなった売掛金が 13,000円であった場合には，貸倒引当金がなくなり，損失（費用）を追加する次の仕訳が必要となる。

（〈売掛金〉貸倒引当金） 11,000 （売　　掛　　金） 13,000
（貸　倒　損　失） 2,000

［注］簿記検定では，貸倒引当金繰入額a/cは，**貸倒引当金繰入**とされることが多い。また，売掛金貸倒引当金a/cも単に「貸倒引当金」とされる。
理論的には，評価勘定であるから，売掛金貸倒引当金とすべきである。しかし，検定簿記では，厳密さを問われない。

決算時に，回収不能見込額（1,100,000円×0.01＝11,000円）を貸倒引当金とし，貸倒れに関する見込みの費用（貸倒引当金繰入額）を計上する（1.）。翌期に実際に貸倒れが生じたときには，すでに前期の決算時に，11,000円を費用計上している。そのため，貸倒れの時点で費用計上が行われると，二重の費用計上となってしまう。したがって，この時点での費用計上は行われない。その代わり，次のように考えて仕訳をする。貸倒れの発生により売掛金は減少する（2.）一方で，貸倒引当金は，売掛金の間接的な控除項目（評価勘定）であり，本体の売掛金が貸倒れにより減少したので，間接的に控除しておく必要がなくなる。そのため，取崩す(消す)形で，借方に計上し消去する（2.）。

〈基本〉

4 貸倒引当金の処理 ⇨第9章6節，第14章2節

決算整理前の段階で貸倒引当金が貸方に残っている場合がある。これは，前期に見積もられた貸倒引当金より，実際の貸倒れが少なかったときに生じる。この場合の処理方法には，① **差額補充法**（差額計上法，差額法ともいう）と ② **洗替法**がある。なお，検定簿記では，洗替法は使用されなくなりつつある。

【例題6－1】（差額補充法）

次の取引を仕訳しなさい。（差額補充法による）〈基本〉

第22期の決算整理前の貸倒引当金残高は 3,000円であった。第22期決算日の売掛金残高は 1,000,000円であり，これに対して，10,000円の貸倒引当金を設定する（貸倒率：１％）。

（貸倒引当金繰入(額)） ※7,000 （〈売掛金〉貸倒引当金） 7,000

※(1,000,000×0.01)－3,000

第22期決算日に，貸倒引当金は10,000円必要であるが，すでに3,000円の貸倒引当金が存在している。したがって，追加で必要な貸倒引当金の金額は7,000円である。そこで，これを費用として計上する。【例題５】と【例題６－１】の第22期の元帳記録は，次のようになる。

売掛金貸倒引当金　〈９〉

7.25.	8,000	1．1．前期繰越	11,000
12.31.次期繰越	10,000	12.31.	7,000
	18,000		18,000
		1．1．前期繰越	10,000

貸倒引当金繰入額（費用）　〈30〉

12.31.	7,000	12.31.損　益	7,000

費用の面からみると，第21期に，貸倒引当金繰入額（貸倒引当費）として11,000円計上した（【例題５】）が，実際の貸倒れは8,000円にとどまった。すなわち，第21期は，3,000円の費用を過大に計上したことになる。第22期には，10,000円（1,000,000×１％）の貸倒引当金繰入が必要であるが，第21期に費用が過大であった分だけ，第22期は費用を少なく計上する。つまり，第22期の費用は，10,000円ではなくて，7,000円とする。

> 貸倒引当金は，売掛金のみならず受取手形，電子記録債権，貸付金，未収金などすべての金銭債権に対して計上される。売掛金，受取手形，電子記録債権の貸倒引当金繰入額は「販売費」，貸付金，未収金などのそれは「営業外費用」とされる（⇨第20章４節）。
>
> なお，「貸倒引当金」勘定のみの表示では，どの債権のものか区別できない。そこで，評価勘定として，売掛金貸倒引当金，貸付金貸倒引当金などとすべきである（⇨【例題５】［注］）。

洗替法（⇨第７章３節（７））

> 日商検定では，差額補充法および洗替法の用語が出題範囲から削除され，差額補充法に統一された。
>
> **【例題６－２】**
>
> **【例題６－１】**を洗替法により処理しなさい。〈発展〉
>
> （売掛金貸倒引当金）　3,000　（貸倒引当金戻入益）　3,000
>
> （貸倒引当金繰入額）　10,000　（売掛金貸倒引当金）　10,000

洗替法は，前期に設定された貸倒引当金（前期の損益）と，当期の貸倒引当金の設定（当期の損益計算）を区分する方法である。すなわち，第21期に設定した貸倒引当金は取崩し，費用の過大計上に相当する金額は前期損益の修正と考える。つまり，第22期の貸倒引当金の設定および費用の計上は，前期の設定額とは独立に計算する。ただし，当期純利益（最終利益）に与える影響は同じである。売掛金の貸倒引当金繰入額（「販売費及び一般管理費」）は 10,000円であるけれども，上の貸倒引当金戻入益 3,000円が営業費用（対象が営業上の取引により生じる債権の場合）または営業外費用（対象が営業外の取引により生じる債権の場合）に（費用の減少として）計上されるか，営業外収益となるので，当期に収益から控除される総額は差額補充法と同じ7,000円となる。営業外収益とした場合は，営業利益が前期の影響（3,000円）を受けず妥当な金額となる（⇨第20章４節）。なお，売掛金貸倒引当金の金額は同じである。

売掛金貸倒引当金 〈9〉

7. 25.	8,000	1．1．前期繰越	11,000
12. 31.	3,000	12. 31.	10,000
〃 次期繰越	10,000		
	21,000		21,000
		1．1．前期繰越	10,000

貸倒引当金戻入益 〈31〉

12. 31. 損　益	3,000	12. 31.	3,000

貸倒引当金繰入額（費用） 〈32〉

12. 31.	10,000	12. 31. 損　益	10,000

[練習問題]〈基本〉

問題　次の諸取引を仕訳し，各勘定に転記しなさい。また，売掛金（得意先）元帳に記入しなさい。三分法による。

×1 年３月31日　決算にあたり，売掛金残高 2,400,000円（内訳は【資料】）に対し，２％の金額が将来回収できないと予想されたため，同額の貸倒引当金を設定した。（この仕訳のみ，仕訳帳の１ページに記入する。）

×1 年４月21日　A社に商品 370,000円を販売し，代金のうち 110,000円は現金で受取り，残額は掛とした。

×1 年５月30日　前期末に計上されていた売掛金のうち 1,800,000円（内訳は【資料】）が，小切手によって回収された。

×1 年７月９日　B社に商品 590,000円を，C社に商品 160,000円をそれぞれ販売し，代金は掛とした。なお，当方負担の発送費5,000円は現金で支払った。

×1 年８月15日　前期末に計上していたD社に対する売掛金 36,000円が，D社の倒産により，回収不能（貸倒れ）となった。

×1年９月20日　A社に対する売掛金のうち 250,000円を，同社が振出した小切手で受取った。

×1年10月13日　C社が倒産し，C社に対する売掛金 160,000円が回収不能となった。

×1年10月27日　A社に商品 320,000円を販売し，代金は掛とした。

×1年11月５日　10月27日に販売した商品 10,000円が品違いであり，返品された。

×2年１月16日　B社に対する売掛金の一部 350,000円が，現金で回収された。

×2年２月10日　前期末に計上していたE社に対する売掛金 24,000円が，E社の倒産により，回収不能（貸倒れ）となった。

×2年３月31日　決算にあたり，売掛金残高（各自算定）に対し，２％の金額が将来回収できないと予想されたため，同額の貸倒引当金を設定した。

【資料】

前期売掛金残高の内訳	
A　社	1,340,000
B　社	750,000
C　社	250,000
D　社	36,000
E　社	24,000
合計	2,400,000

×1年５月30日に回収された売掛金の内訳	
A　社	900,000
B　社	650,000
C　社	250,000
合計	1,800,000

〔注〕貸倒れ処理について，当期の貸倒れは「貸倒損失a/c」，前期のもののうち貸倒引当金a/cを超えた分は「前期貸倒損失a/c」，つまり，当期と前期を使い分け，また，決算整理では「貸倒引当金繰入額a/c」を使用すること。

仕　訳　帳　〈1ページ〉

日	付	摘　　要	元丁	借　方	貸　方
3	31				

仕　訳　帳　〈2ページ〉

日	付	摘　　要	元丁	借　方	貸　方

［総勘定元帳］

売　掛　金　〈7ページ〉

（売掛金）貸倒引当金　〈9ページ〉

※なお，各勘定の元帳のページ数（口座番号）は以下の通りである。
現金１ページ，売上12ページ，発送費24ページ，貸倒引当金繰入額25ページ，貸倒損失26ページ，前期貸倒損失27ページ
また，元帳の記帳について相手勘定は示さなくてよい。

［売掛金（得意先）元帳］

A　社　〈1ページ〉

日付		摘　要	仕丁	借方	貸方	借／貸	残高
4	1	前期繰越	✓	1,340,000		借	1,340,000

B　社　〈2ページ〉

日付		摘　要	仕丁	借方	貸方	借／貸	残高
4	1	前期繰越	✓	750,000		借	750,000

C　社　〈3ページ〉

日付		摘　要	仕丁	借方	貸方	借／貸	残高
4	1	前期繰越	✓	250,000		借	250,000

D　社　〈4ページ〉

日付		摘　要	仕丁	借方	貸方	借／貸	残高
4	1	前期繰越	✓	36,000		借	36,000

E　社　〈5ページ〉

日付		摘　要	仕丁	借方	貸方	借／貸	残高
4	1	前期繰越	✓	24,000		借	24,000

〈解答〉

仕 訳 帳 〈1ページ〉

日	付	摘 要	元丁	借 方	貸 方
3	31	(貸倒引当金繰入額)	25	48,000	
		(売掛金貸倒引当金)	9		48,000

仕 訳 帳 〈2ページ〉

日	付	摘 要	元丁	借 方	貸 方
		: :	:	:	:
4	21	(現 金)	1	110,000	
		(売 掛 金)	7/売1	260,000	
		(売 上)	12		370,000
5	30	(現 金)	1	1,800,000	
		(売 掛 金)	7/売1		900,000
		(売 掛 金)	7/売2		650,000
		(売 掛 金)	7/売3		250,000
7	9	(売 掛 金)	7/売2	590,000	
		(売 掛 金)	7/売3	160,000	
		(発 送 費)	24	5,000	
		(売 上)	12		750,000
		(現 金)	1		5,000
8	15	(売掛金貸倒引当金)	9	36,000	
		(売 掛 金)	7/売4		36,000
9	20	(現 金)	1	250,000	
		(売 掛 金)	7/売1		250,000
10	13	(貸 倒 損 失)	26	160,000	
		(売 掛 金)	7/売3		160,000
	27	(売 掛 金)	7/売1	320,000	
		(売 上)	12		320,000
11	5	(売 上)	12	10,000	
		(売 掛 金)	7/売1		10,000
1	16	(現 金)	1	350,000	
		(売 掛 金)	7/売2		350,000
2	10	(売掛金貸倒引当金)	9	12,000	
		(前期貸倒損失)	27	12,000	
		(売 掛 金)	7/売5		24,000
				4,075,000	4,075,000
3	31	本日決算			
		(貸倒引当金繰入額)	25	22,000	
		(売掛金貸倒引当金)	9		22,000

※ここでは，仕訳帳において次ページに繰越す際に必要となる記入を考慮していない。

［総勘定元帳］

売　掛　金　〈7ページ〉

日付	摘要	仕丁	借方	日付	摘要	仕丁	貸方
4．1．	前期繰越	［1］	2,400,000	5．30．		［2］	900,000
21．		［2］	260,000	〃		［〃］	650,000
7．9．		［〃］	590,000	〃		［〃］	250,000
〃			160,000	8．15．		［〃］	36,000
10．27．		［〃］	320,000	9．20．		［〃］	250,000
				10．13．		［〃］	160,000
				11．5．		［〃］	10,000
				1．6．		［〃］	350,000
				2．10．		［〃］	24,000
				3．31．	次期繰越	［〃］	1,100,000
			3,730,000				3,730,0000
4．1．	前期繰越	［3］	1,100,000				

（注）［　］内の数字は，仕訳帳のページを示す。

（売掛金）貸倒引当金　〈9ページ〉

日付	摘要	仕丁	借方	日付	摘要	仕丁	貸方
8．15．		［2］	36,000	4．1．	前期繰越	［1］	48,000
2．10．		［〃］	12,000	3．31．		［2］	22,000
3．31．	次期繰越	［〃］	22,000				
			70,000				70,000
				4．1．	前期繰越	［3］	22,000

［売掛金（得意先）元帳］

A　　社　〈1ページ〉

日付		摘　要	仕丁	借　方	貸　方	借／貸	残　高
4	1	前期繰越	✓	1,340,000		借	1,340,000
	21	売　　上	2	260,000		〃	1,600,000
5	30	小切手により回収	〃		900,000	〃	700,000
9	20	〃	〃		250,000	〃	450,000
10	27	売　　上	〃	320,000		〃	770,000
11	5	売上戻り	〃		10,000	〃	760,000
3	31	次期繰越	✓		760,000	〃	
				1,920,000	1,920,000		
4	1	前期繰越	✓	760,000		借	760,000

B　社　〈2ページ〉

日付		摘　要	仕丁	借　方	貸　方	借／貸	残　高
4	1	前期繰越	✓	750,000		借	750,000
5	30	小切手により回収	2		650,000	〃	100,000
7	9	売　　上	〃	590,000		〃	690,000
1	6	現金により回収	〃		350,000	〃	340,000
3	31	次期繰越	✓		340,000	〃	
				1,340,000	1,340,000		
4	1	前期繰越	✓	340,000		借	340,000

C　社　〈3ページ〉

日付		摘　要	仕丁	借　方	貸　方	借／貸	残　高
4	1	前期繰越	✓	250,000		借	250,000
5	30	小切手により回収	2		250,000		0
7	9	売　　上	〃	160,000		借	160,000
10	13	貸 倒 れ	〃		160,000		0
				410,000	410,000		

D　社　〈4ページ〉

日付		摘　要	仕丁	借　方	貸　方	借／貸	残　高
4	1	前期繰越	✓	36,000		借	36,000
8	15	貸 倒 れ	2		36,000		0
				36,000	36,000		

E　社　〈5ページ〉

日付		摘　要	仕丁	借　方	貸　方	借／貸	残　高
4	1	前期繰越	✓	24,000		借	24,000
2	10	貸 倒 れ	2		24,000		0
				24,000	24,000		

第９章　手形取引の記録と資金の管理

本章は，営業取引に利用される手形取引を扱う。したがって，資産としての手形（受取手形勘定）と負債としての手形（支払手形勘定）の処理を説明する。

なお，手形は，経済産業省の通達により，2026年を目途に廃止される方向であることを付記しておく。ただし，現行の簿記検定の出題範囲に入っている。手形に変わるもの（決済手段）として，電子記録債権・債務が導入されている（第10章９節）。

1　本章で勉強すること

本章で学ぶ基本的な記録					
①約束手形の振出					
振出人：P/L・費用	⇦（仕　　　入）	150,000	（支　払　手　形）	150,000	⇨B/S・負債
名宛人：B/S・資産	⇦（受　取　手　形）	150,000	（売　　　上）	150,000	⇨P/L・収益
②約束手形の決済					
振出人：B/S・負債減少	⇦（支　払　手　形）	150,000	（当　座　預　金）	150,000	⇨B/S・資産減少
名宛人：B/S・資産	⇦（当　座　預　金）	150,000	（受　取　手　形）	150,000	⇨B/S・資産減少
③為替手形の振出					
振出人：B/S・負債減少	⇦（買　　掛　　金）	200,000	（売　　掛　　金）	200,000	⇨B/S・資産減少
名宛人：B/S・負債減少	⇦（買　　掛　　金）	200,000	（支　払　手　形）	200,000	⇨B/S・負債
名指人：B/S・資産	⇦（受　取　手　形）	200,000	（売　　掛　　金）	200,000	⇨B/S・資産減少
④為替手形の決済					
名宛人：B/S・負債減少	⇦（支　払　手　形）	200,000	（当　座　預　金）	200,000	⇨B/S・資産減少
名指人：B/S・資産	⇦（当　座　預　金）	200,000	（受　取　手　形）	200,000	⇨B/S・資産減少
⑤手形の裏書譲渡					
B/S・負債減少	⇦（買　　掛　　金）	50,000	（受　取　手　形）	50,000	⇨B/S・資産減少
その他複雑な処理（なお，手形の保証債務の処理は第13章４－２節をみること）					
・自己宛為替手形					
振出人：P/L・費用	⇦（仕　　　入）	120,000	（支　払　手　形）	120,000	⇨B/S・負債
名指人：B/S・資産	⇦（受　取　手　形）	120,000	（売　　　上）	120,000	⇨P/L・収益

・自己受為替手形					
振出人：B/S・資産	⇦（受取手形）	160,000	（売掛金）	160,000	⇨B/S・資産減少
名宛人：B/S・負債減少	⇦（買掛金）	160,000	（支払手形）	160,000	⇨B/S・負債
・手形の貸倒れ					
P/L・費用	⇦（貸倒引当金繰入）	3,000	（受取手形貸倒引当金）	3,000	⇨B/S・資産評価
・手形の不渡り					
①不渡りの発生					
B/S・資産	⇦（不渡手形）	250,000	（受取手形）	250,000	⇨B/S・資産減少
②不渡手形の貸倒れ					
(a) 貸倒引当金が設定されていない場合					
P/L・費用	⇦（貸倒損失）	250,000	（不渡手形）	250,000	⇨B/S・資産減少
(b) 貸倒引当金（150,000円）が設定されている場合					
B/S・資産評価の消却	⇦（受取手形貸倒引当金）	150,000	（不渡手形）	250,000	⇨B/S・資産減少
P/L・費用	⇦（貸倒損失）	100,000			
(c) 貸倒引当金（300,000円）が設定されている場合					
B/S・資産評価の消却	⇦（受取手形貸倒引当金）	250,000	（不渡手形）	250,000	⇨B/S・資産減少
・手形の更改（利息を直接支払う方法）					
支払人：B/S・負債減少	⇦（支払手形）	500,000	（支払手形）	500,000	⇨B/S・負債
P/L・費用	⇦（支払利息）	3,000	（現金）	3,000	⇨B/S・資産減少
受取人：B/S・資産	⇦（受取手形）	500,000	（受取手形）	500,000	⇨B/S・資産減少
B/S・資産	⇦（現金）	3,000	（受取利息）	3,000	⇨B/S・収益

本章のワークブック

【課題1】〈基本〉 次の取引を仕訳しなさい。⇦**【例題3】**

1. A商店より商品50,000円を仕入れ，代金は同店宛ての約束手形を振出して支払った。
2. 上の約束手形の支払期日が到来し，当座預金口座を開設している取引銀行を通じ，決済された。

1．（　　　　　）［　　　　　］（　　　　　）［　　　　　］
2．（　　　　　）［　　　　　］（　　　　　）［　　　　　］

【課題2】〈発展〉 B商店より商品80,000円を仕入れ，代金として得意先C商店宛てに為替手形を振出し，C商店の引き受けを得てB商店に渡した。なお，C商店に80,000円以上の売掛金がある。⇦**【例題4－1】**

（　　　　　）［　　　　　］（　　　　　）［　　　　　］

【課題3】〈基本〉 次の取引を以下の形式の受取手形記入帳に記入しなさい。**【例題6－1】**

6月6日　D商店に商品80,000円を売渡し，代金として同店振出の約束手形#14（振出日6月6日，支払期日8月6日，支払場所X銀行）を受取った。
　10日　得意先E商店より，売掛金100,000円の支払として，次の約束手形#9（F商店振出，G商店宛て，振出日5月15日，支払期日6月15日，支払場所Y銀行）の裏書譲渡を受けた。
　15日　約束手形#9について，X銀行に取立を依頼した。
　17日　上の約束手形#9を取立て，当座預金口座に入金した旨の連絡があった。

受取手形記入帳　〈9〉

××年		摘要	丁数	金額	手形種類	手形番号	支払人	振出人または裏書人	振出日		満期日		支払場所	てん末		
月	日								月	日	月	日		月	日	摘要
			※													

※丁数欄は帳簿と帳簿の転記関係を示すために使われる。

【課題4】〈**発展**〉支払期日のため，得意先H商店に対し，同店振出しの約束手形300,000円の支払いを求めたところ，その支払いを拒絶された（手形が不渡りとなった）。なお，拒絶証書の作成などの費用5,000円を現金で支払った。⇦**【例題11－1】**，**【例題11－2】**

（　　　　　）［　　　　　］（　　　　　）［　　　　　］
　　　　　　　　　　　　　　（　　　　　）［　　　　　］

【課題5】〈**発展**〉⇦**【課題4】**の不渡手形を，法定利息9,000円も含めて，全額現金で回収した。**【例題11－3】**

（　　　　　）［　　　　　］（　　　　　）［　　　　　］
　　　　　　　　　　　　　　（　　　　　）［　　　　　］

【課題6】〈**発展**〉**【課題4】**の不渡手形が取立不能となり，債権を放棄した。なお，この不渡り手形の貸倒引当金は280,000円である。⇦**【例題11－3】**

（　　　　　）［　　　　　］（　　　　　）［　　　　　］
（　　　　　）［　　　　　］

【課題7】〈**発展**〉約束手形#41（受取手形，額面額480,000円，支払期日1月30日）について延期分の利息6,000円を手形金額に含めて更改を行った。⇦**【例題12】**

（　　　　　）［　　　　　］（　　　　　）［　　　　　］
　　　　　　　　　　　　　　（　　　　　）［　　　　　］

〈基本〉

2　手形の利用―資金の管理

手形は，支払いの約束をした証文（文書）で，証文には，支払う金額と支払日（支払期日）および支払場所（銀行）ならびにこれら支払いに関わる事項が記載される。手形は，例えば掛け取引により発生した私的な債権債務を客観的な文書（手形）の形にし，これを取引の決済手段として使用するために作成される。加えて，この取引を円滑・確実にするために，銀行が利用される。したがって，手形を利用する場合（とくに手形を作成する場合）には，次のように，銀行に口座，当座預金口座を持つことが求められる。

【例題1】

常磐銀行小岩支店に，当座預金口座を開設する。開設時の入金は，500,000円とし，当支店の普通預金口座から振り替える（⇨第10章4節も参照）。

（当　座　預　金）　500,000（普　通　預　金）　500,000

手形は「統一用紙」が定められており，銀行から入手する。

また，手形作成に際して，手形の額面金額に応じて定められた印紙を貼り（金額により非課税の場合もある），**印紙税**（⇨第21章1節）を支払わなければならない。

【例題２】

郵便局で，収入印紙 1,000円を現金により購入する。

(租 税　公 課)	1,000	(現　　　金)	1,000

それでは，企業は，なぜ手形を利用するのであろうか。それは，手形が支払期日（決済日）を決めていることにある。つまり，手形債務者は，この日に債務の支払いをすればよく，それまでに資金の手当てをする準備つまり余裕ができる。さらには，交渉により支払日を延長することもできる（⇨８節)。

一方，手形の債権者の側では，手形により債権が確定しているので，これを第三者に譲渡することにより支払手段としてできる（⇨（４））し，また，この証文を担保に銀行などからの借り入れも可能となる。

〈基本〉 3　手形の種類と仕組みおよび営業取引の手形の処理

手形は，約束手形と為替手形に分けられる。それぞれの仕組みと処理を示すと，次のようになる。

(1) 約束手形

約束手形は，振出人（手形の作成者）が，名宛人（手形代金の受取人）に対し，将来の一定期日（支払期日）に，一定の金額を，一定の場所で支払うことを約束した証券である。約束手形の様式はp.139の図で示した。

ここでは，手形の表面に，金額（800,000円），支払日（××年9月30日），支払場所（株式会社　宇宙銀行　東京支店），振出人として手形の作成者・債務者つまり支払人（森山商事株式会社）と，名宛人として手形の受取人・債権者（株式会社　駿河台商事）が記載されている。手形の振出しから決済までの仕組みは，**約束手形の関係図**に示した。手形債権（800,000円）の受取人Bは，自分の取引

約束手形の関係図

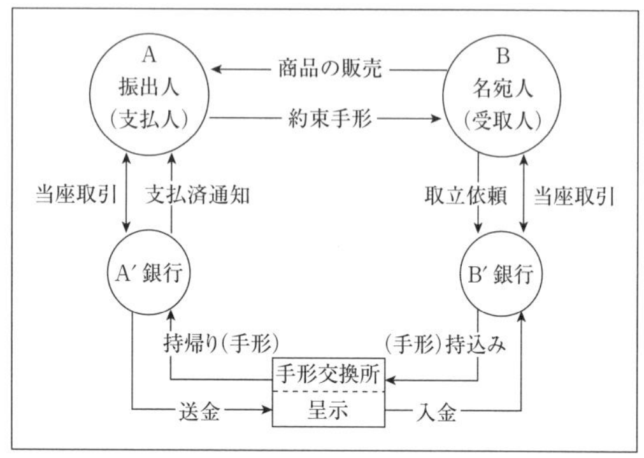

銀行であるB´銀行の当座預金口座を開設しておき（入金し），B´銀行は，支払期日に振出人Aの銀行（A´銀行の当座預金口座）から手形金額が引き落されるよう手形交換所に持ち込み（注1），引き落とされた金額を，受取人の預金口座に入金する。

（注１）なお，2022年11月以降は，「電子交換所」によって金融機関間の手形の交換業務が手形のイメージデータの送受信によって行われている。

この手形取引を，営業上の取引で処理すると，**【例題３】**となる。

【例題３】

商品150,000円を仕入れ，取引先（名宛人）に同額の約束手形を振出した。

振出人（支払人）：（仕　　入）150,000（支払手形）150,000
名宛人（受取人）：（受取手形）150,000（売　　上）150,000

満期日が到来し，取引銀行を通じ，上の手形の決済が行われた。

振出人（支払人）：（支払手形）150,000（当座預金）150,000
名宛人（受取人）：（当座預金）150,000（受取手形）150,000

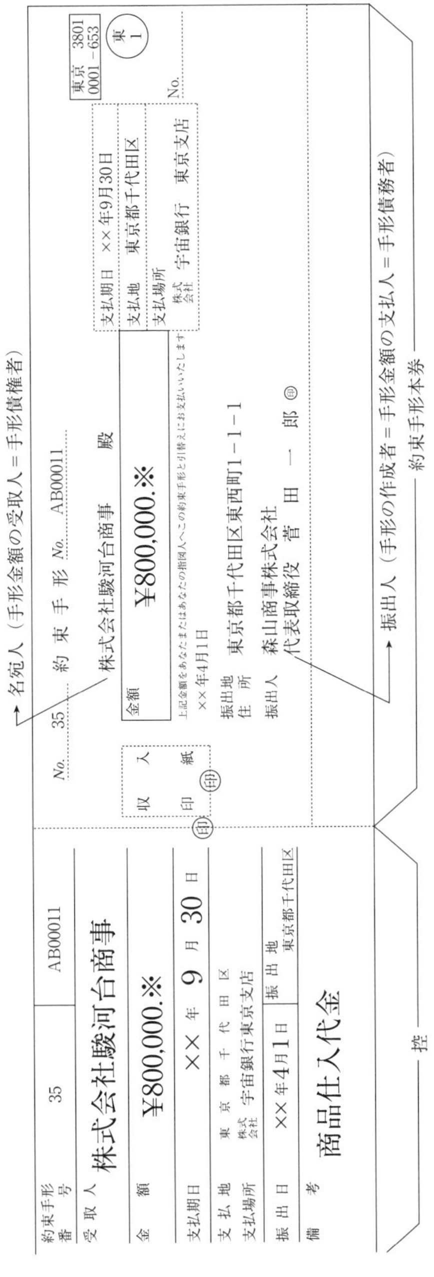

→名宛人（手形金額の受取人＝手形債権者）

約束手形番号	35	AB00011
受取人	株式会社駿河台商事	
金額	¥800,000.※	
支払期日	××年9月30日	
支払地 支払場所	東京都千代田区 株式会社 宇宙銀行東京支店	
振出日	××年4月1日	振出地 東京都千代田区
備考	商品仕入代金	

控

No. 35　約束手形　No. AB00011

東京 3801
0001－653

東 1

株式会社駿河台商事　殿

金額　¥800,000.※

支払期日　××年9月30日
支払地　東京都千代田区
支払場所　株式会社 宇宙銀行　東京支店

No.

収入印紙 印

上記金額をあなたまたはあなたの指図人へこの約束手形と引替えにお支払いいたします
××年4月1日

振出地 住所　東京都千代田区東西町1－1－1
振出人　森山商事株式会社
代表取締役　菅田一郎 ㊞

→振出人（手形の作成者＝手形金額の支払人＝手形債務者）

約束手形本券

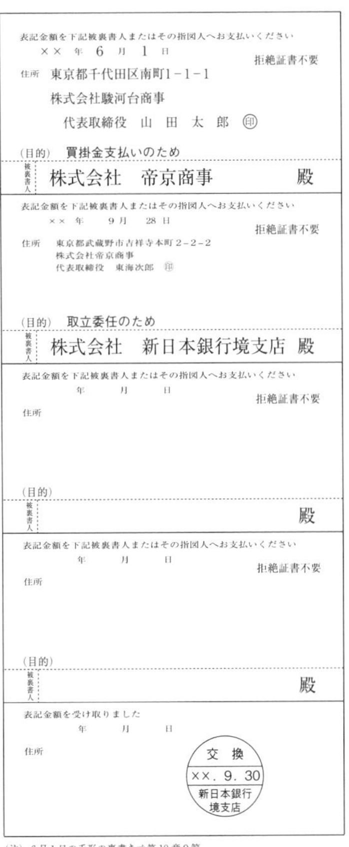

表記金額を下記被裏書人またはその指図人へお支払いください
××年6月1日
拒絶証書不要
住所　東京都千代田区南町1－1－1
株式会社駿河台商事
代表取締役　山田太郎 ㊞
(目的)　買掛金支払いのため
被裏書人　株式会社　帝京商事　殿

表記金額を下記被裏書人またはその指図人へお支払いください
××年9月28日
拒絶証書不要
住所　東京都武蔵野市吉祥寺本町2－2－2
株式会社帝京商事
代表取締役　東海次郎 ㊞
(目的)　取立委任のため
被裏書人　株式会社　新日本銀行境支店　殿

表記金額を下記被裏書人またはその指図人へお支払いください
年　月　日
拒絶証書不要
住所
(目的)
被裏書人　殿

表記金額を下記被裏書人またはその指図人へお支払いください
年　月　日
拒絶証書不要
住所
(目的)
被裏書人　殿

表記金額を受け取りました
年　月　日
住所

(注)　6月1日の手形の裏書き⇨第10章9節

⑵ 為替手形

為替手形は，振出人（手形の作成者）が，名宛人（手形代金の支払人）に対し，名指人に，将来の一定期日に，一定の金額を，一定の場所で支払うことを委託した証券である。為替手形の様式は次の図で示した。手形の表面に，金額（250,000円），支払日（××年9月30日），支払場所（株式会社新日本銀行　東京支店），振出人として手形の作成者（森山商事株式会社），名宛人として手形の支払人，約束手形と違い債務者（創価株式会社）が記載されているのに加えて，名指人，手形金額の受取人・債権者（株式会社　駿河台商事）が記載され，手形関係者が３人になっている点，とくに，手形の作成者・振出人と支払人・債務者が異なる点が約束手形との大きな相違点であり，さらに，手形の受取人・債権者が名宛人となっている。これは，手形の振出人・作成者が，名宛人（振出人の債務者）に名指人（振出人の債権者）に対し，振出人の債務（手形金額）の支払いを依頼する形になっている。これを示したのが，**為替手形の関係図**であり，手形では「引受」欄が設けられ，名指人Cが振出人Aに変わって，振出

為替手形の関係図

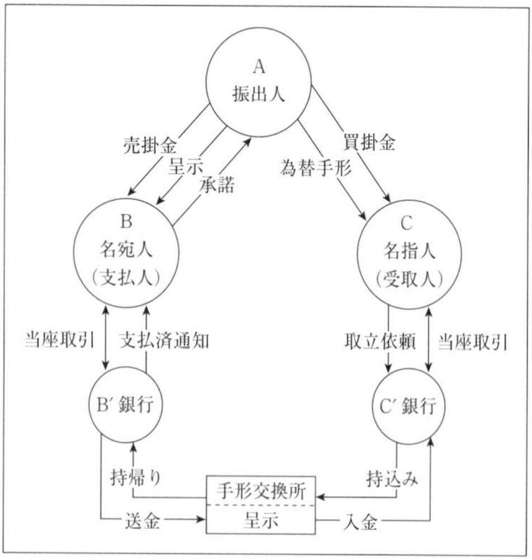

A 振出人
売掛金
呈示
承諾
買掛金
為替手形
B 名宛人（支払人）
C 名指人（受取人）
当座取引
支払済通知
取立依頼
当座取引
B′銀行
C′銀行
持帰り
持込み
手形交換所
呈示
送金
入金

名指人（手形金額の受取人＝手形債権者）
名宛人（手形金額の支払人＝手形債務者）

控

為替手形番号	15	AA00011
振出日	××年４月１日	振出地　東京都千代田区
受取人	株式会社駿河台商事	
金額	¥250,000.※	
支払期日	××年　９月　30日	
支払地	東京都千代田区	
支払場所	株式会社　新日本銀行東京支店	
備考	商品仕入代金	

為替手形本券

No. 15　為替手形　No. AA00011

収入印紙　㊞

支払人（引受人名）　創価商事株式会社殿

金額　¥250,000.※

受取人　株式会社駿河台商事　殿またはその指図人へこの為替手形と引替えに上記金額をお支払いください　拒絶証書不要

××年4月1日

振出地　東京都千代田区東西町
住所　1-1-1
振出人　森山商事株式会社
代表取締役　菅田一郎　㊞

支払期日　××年9月30日
支払地　東京都千代田区
支払場所　株式会社　新日本銀行東京支店

No.

引受　××年４月１日
東京都港区西町１－１－１
創価商事株式会社
代表取締役　松下三郎　㊞

用紙交付　新日本銀行

振出人（手形の作成者）
名宛人による支払の承諾

（裏面）

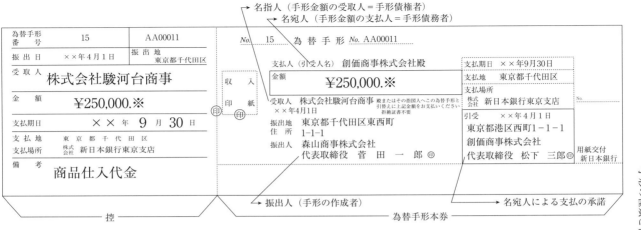

表記金額を下記被裏書人またはその指図人へお支払いください
××年　7月　20日　　拒絶証書不要
住所　東京都千代田区南町1－1－1
株式会社駿河台商事
代表取締役　山田太郎　㊞
（目的）　割引きのため
被裏書人　株式会社　全日本銀行本店　殿

表記金額を下記被裏書人またはその指図人へお支払いください
年　月　日　　拒絶証書不要
住所
（目的）
被裏書人　殿

表記金額を下記被裏書人またはその指図人へお支払いください
年　月　日　　拒絶証書不要
住所
（目的）
被裏書人　殿

表記金額を下記被裏書人またはその指図人へお支払いください
年　月　日　　拒絶証書不要
住所
（目的）
被裏書人　殿

表記金額を受け取りました
年　月　日
住所
交換　××.９.30　全日本銀行本店

（注）７月20日の手形の割引き⇨第13章４

人の債務を名宛人Bに支払うことを了解したことを確認させている。この関係においては，依頼する振出人が支払いを依頼する名指人（債務者）に対して支払いを依頼する手形金額の債権を持っていることが（通常，）前提となる。

この手形取引を，営業上の取引で処理すると，**【例題４－１】**となる。

【例題４－１】

商品150,000円を仕入れ，取引先（名指人）に名宛人の引き受け承諾を得た為替手形を振出した。なお，当店は，名宛人に対して，150,000円以上の売掛金がある。

振出人	：（仕　　入）	150,000	（売　掛　金）	150,000
名宛人（支払人）	：（買　掛　金）	150,000	（支払手形）	150,000
名指人（受取人）	：（受取手形）	150,000	（売　　上）	150,000

手形作成（振出）人の仕訳に手形勘定が出てこない点に注意する。売掛金の減少は，振出人の名宛人への売掛金（債権）の決済を受けたことを示している。支払いを委託された名宛人では，振出人への買掛金が支払手形に変わっている。

【例題４－２】

満期日が到来し，取引銀行を通じ，**【例題４－１】**の為替手形が決済された。

振出人	：　仕訳なし			
名宛人（支払人）	：（支払手形）	150,000	（当座預金）	150,000
名指人（受取人）	：（当座預金）	150,000	（受取手形）	150,000

この取引では，振出人の売掛金は決済されているので，振出人の記録は必要ない。

(3) 受取手形勘定と支払手形勘定の使用法

受取手形勘定と支払手形勘定は，営業上の取引において手形を使用した場合にのみ用いられ，営業外の取引では使用されない。

例えば，固定資産を売却したときに対価を手形で受け取った場合には，**営業外受取手形勘定**，固定資産を購入した時に手形を振出し決済した場合には，**営業外支払手形勘定**が使用される（⇨第12章２節）。さらに，手形により貸し付けをした場合には，**手形貸付金勘定**が（⇨第14章２節），借り入れをした場合には，**手形借入金勘定**が使用される（⇨第13章２節）。このように，簿記上の処理においては，企業活動が分かるように，取引の性質により勘定が使い分けられる。

(4) 手形の裏書譲渡

約束手形と為替手形の例示を見ると，手形の裏面には，裏書の記載欄が設けられ，手形債権を第三者に譲渡することができる。（１）の約束手形の例示では，××年６月１日に手形債権者である株式会社　駿河台商事が株式会社　帝京商事に手形債権を譲渡したことが示されている。そして，最終的に，帝京商事が新日本銀行境支店の口座に入金し，それを銀行が手形交換所に持ち込み，支払いの請求をした（**約束手形の関係図**を見よ）ことが記載されている。

裏書の例を，約束手形と為替手形により示す。

【例題５】

次の取引の仕訳をしなさい。なお，偶発（保証）債務は記帳しない。
（⇨保証債務については，第13章４－２節）

(1) 高崎商会より商品200,000円を仕入れ，先に西武商店から受け取った約束手形を裏書譲渡することで支払った。なお，商品売買は三分法により処理する。

(2) 東経商事に対する買掛金70,000円を支払うため，常盤商店振出・武蔵野商会宛て・当店名指（受取り）の為替手形を裏書譲渡した。

(1)（仕　　　入）　200,000（受 取 手 形）　200,000
(2)（買　掛　金）　70,000（受 取 手 形）　70,000

ここでは，手形債権者（裏書人）が手形を資金決済のために利用している。

〈基本〉
4 手 形 記 入 帳 ⇨第16章2節

手形にかかわる債権・債務の内容を詳細に把握するため，受取手形および支払手形記入帳が作成される。まず，それぞれの手形記入帳には，手形の受取日・振出日・満期日の日付が記入される。さらに，手形の種類（約束手形か為替手形か）とその番号も記入される。てん末には，その手形が消滅したときの日付とその原因（入金や支払）が記入される。

(1) 受取手形記入帳

【例題6－1】（取引金額は小さくしている。）

4月3日　創価商事に商品 3,500円を売渡し，代金は創価商事振出し，当店宛の約束手形（手形番号）#4（振出日4月3日，満期日7月3日，支払場所X銀行A店）を受取った。

10日　得意先西武商会から，売掛金 5,200円の支払いとして湘北商会振出，西武商会宛の約束手形#2（振出日1月11日，満期日4月12日，支払場所Y銀行B店）の裏書譲渡を受けた。

11日　約束手形#2について，X銀行に取立を依頼した。

12日　約束手形#2について，当座預金に入金した旨の連絡があった。

20日　西武商会へ売掛金 4,000円の支払請求をしたところ，東海商事2月3日振出し，帝京商事宛（満期日5月31日）の為替手形#90を（支払場所Z銀行C店）受取った。

受取手形記入帳

〈4〉

××年		摘要（勘定）	金額	手形種類	手形番号	支払人	振出人または裏書人	振出日		満期日		支払場所	てん末		
月	日							月	日	月	日		月	日	摘要
4	3	売上	3,500	約	4	創価商事	創価商事	4	3	7	3	X銀行A店			
	10	売掛金	5,200	約	2	湘北商会	西武商会	1	11	4	12	Y銀行B店	4	12	取立済
	20	売掛金	4,000	為	90	帝京商事	東海商事	2	3	5	31	Z銀行C店	5	10	裏書き

（注）受取手形記入帳の記入を仕訳できることが必要であり，その仕訳を行うと，次のようになる。

4．3．（受取手形）　3,500　（売　　上）　3,500
　　10．（受取手形）　5,200　（売 掛 金）　5,200
　　12．（当座預金）　5,200　（受取手形）　5,200
　　20．（受取手形）　4,000　（売 掛 金）　4,000
5．10．（買 掛 金）　4,000　（受取手形）　4,000　⇨裏書きは第10章9節で説明する

なお，4月11日の取立委任は簿記の取引ではない。また，5月10日には，買掛金の返済のために受取手形#90を裏書き譲渡したが，この仕訳では，この保証債務（⇨第13章5節）は考えない。

(2) 支払手形記入帳

【例題6－2】（取引金額は小さくしている。）

5月6日　駿河商事から商品1,500円を仕入れ，代金は約束手形#12（振出日5月6日，満期日6月6日，支払場所Y銀行D店）を振出した。

13日　仕入先慶応商店から，高崎商会受取りの為替手形#20（振出日5月12日，満期日8月10日，支払場所Y銀行E店）2,000円の引受けを求められ，引受けた。

6月6日　約束手形#12について，当座預金から手形代金を引落された。

支払手形記入帳

〈5〉

××年		摘要（勘定）	金額	手形種類	手形番号	受取人	振出人	振出日		満期日		支払場所	てん末		
月	日							月	日	月	日		月	日	摘要
5	6	仕入	1,500	約	12	駿河商事	当店	5	6	6	6	Y銀行D店	6	6	支払済
	13	買掛金	2,000	為	20	高崎商会	慶応商店	5	12	8	10	Y銀行E店			

（注）上の支払手形記入帳の記入の仕訳を行うと，次のようになる。

5．6．（仕　　入）　1,500　（支払手形）　1,500

13.	(買　掛　金)	2,000	(支払手形)	2,000
6．6．	(支払手形)	1,500	(当座預金)	1,500

(注) 手形記入帳には様々な形式があり，本文は一例である。他は，第10章章末問題を見ること。

〈発展〉

5　特殊な為替手形

既に述べたように，為替手形は，手形振出人・作成者が他者に支払いを依頼する形になっている。この形を利用した手形取引が存在する。それが，自己宛為替手形と自己受為替手形および荷為替手形である。

⑴ 自己宛為替手形と自己受為替手形

これらの手形は，同じ法人が自己の業務のために使用するものであり，その法的効果は，約束手形と変わらないことに注意しなければならない。

①　自己宛為替手形

この手形は，振出人が同じ法人の中の組織を名宛人・支払人とした手形であり，次のような取引で使用される。

【例題7】

森山商事の支店が帝京商店から150,000円の商品を仕入れ，本店を名宛人とした自己宛為替手形を振出し，帝京商店へ渡した。

振出人（支払人，森山商事）：	(仕　　　入)	150,000	(支払手形)	150,000
名指人（受取人，帝京商店）：	(受 取 手 形)	150,000	(売　　上)	150,000

手形を作成した支店と名宛人である本店は同じ組織（森山商事）であり，組織としては（法的には），名指人（帝京商店）に約束手形を振り出した取引と同じである。

②　自己受為替手形

この手形は，振出人が自分を名指人とした手形を名宛人に渡し，その引き受けをさせた手形であり，次のような取引例が挙げられる。

【例題８】

帝京商店は，売掛金が150,000円ある森山商事に対し，同額の自己受為替手形を振出し，森山商事の引き受けを得た。

振出人（受取人，帝京商店）：（受取手形）150,000　（売　掛　金）150,000
名宛人（支払人，森山商事）：（買　掛　金）150,000　（支払手形）150,000

振出人にとって，名宛人から約束手形を受け取った取引と法的には同じ効果がある。

(2) 荷為替手形

荷為替手形の‘荷’とは，運送業者に運送を依頼した貨物いわゆる荷物のことである。売主と買主が遠く離れている場合（とりわけ船を使う場合），商品の運送を運送業者に頼まなければならないうえに買主に貨物が到着するまでに時間がかかる。このような場合，運送業者は，荷物を受け取ったという証拠（これを「貨物代表証券」，「貨物引換証」あるいは「船荷証券」ともいう）を売主に発行する。一方，売主は，貨物が到着するまで，代金を受け取ることはできない。つまり，代金を受け取るまで時間がかかる。そこで，売主は，名宛人（支払人）を買主，名指人を銀行とする為替手形を作成し，貨物代表証券を担保として添え，銀行に持ち込み，資金を得ようとする（つまり，荷為替手形はただちに銀行で割り引かれる）。このようなシステムのために作成した為替手形を荷為替手形という。この場合，銀行は手形金額から割引料を取る（⇨第13章４－１節）。

【例題９】

森山商事は，西武商店へ商品150,000円を発送し，120,000円の荷為替を取り組み，これを取引銀行で割引くとともに，残額は掛けとした。なお，割引料4,000円が差引かれ，手取金116,000円は当座預金に預入れた。

（当　座　預　金）	116,000	（売　　　　上）	150,000
（手 形 売 却 損）	4,000		
（売　　掛　　金）	30,000		

買い主は、銀行から呈示された為替手形の引受けをすることにより、貨物代表証券を受け取り、運送業者から貨物（商品）を受け取る。（⇨第７章３節（1））

〈基本〉

6　手形の貸倒引当金の計上

手形債権つまり受取手形にも，売掛金と同じように（⇨第８章４節），決算において貸倒引当金を設定しなければならない。

【例題10】

期末に300,000円の受取手形勘定の残高があり，これに５％の貸倒れを見積った。受取手形貸倒引当金勘定に残高はない。（ある場合⇨第８章**【例題６－１】**）

（貸倒引当金繰入額）	15,000	（（受取手形）貸倒引当金）	15,000

（注）貸倒引当金繰入（額）は「貸倒引当費（損）」としてもよい。また，貸借対照表を作成するためには，貸方を「受取手形貸倒引当金」（評価勘定）とするのが望ましい。

〈発展〉

7　手形の不渡り

手形が手形債務者（支払者）の資金不足により（当座預金口座に資金（残高）がないため），決済されない場合が生じる。このような事態を「手形の不渡り」といい，不渡りの生じた手形を**不渡手形**という。不渡手形は不良債権として営業サイクルからはずれるため，受取手形勘定から不渡手形勘定に振り替えられる。

【例題11－1】

先に受け取っていた約束手形200,000円が不渡りになった。

（不渡手形）	200,000	（受取手形）	200,000

不渡手形は債権として存在し，手形保有者は手形の振出人または裏書人に手形金額の償還の請求ができる。これを手形の「遡求」という。遡求にあたっては，支払拒絶証明書（手形金額の全額あるいは一部が支払われなかったことを証明する書類）の提示が求められ，この作成費用およびこれにともなう付属費用（例えば，通信費など）も請求できるので，これらも不渡手形の金額に算入する。

【例題11－2】

【例題11－1】手形の不渡りにおいて，支払拒絶証書作成のための費用5,000円が発生し，これを現金で支払った。

（不渡手形）	205,000	（受取手形）	200,000
		（現金）	5,000

また，不渡手形の回収にあたっては，満期日から実際に決済される日まで日数がかかるので，その間の法定利息が手形の振出人または裏書人から支払われる。

【例題11－3】

【例題11－2】の不渡手形に，8,000円の法定利息が発生し，この法定利息も含めて，全額を現金で回収した。

（現　　　　　金）213,000　　（不　渡　手　形）205,000
　　　　　　　　　　　　　　（受　取　利　息）　8,000

この手続きにもかかわらず，不渡手形が回収できない場合，設定しておいた貸倒引当金を取り崩す。この場合，貸倒引当金の金額で不渡手形の金額を消去できる場合**【例題11－4】**と貸倒引当金の金額が不渡手形の金額をまかなえない場合**【例題11－5】**がある。

【例題11－4】

【例題11－2】の不渡手形が回収不能になった。貸倒引当金の残高が250,000円ある。

（貸 倒 引 当 金）205,000　　（不　渡　手　形）205,000

【例題11－5】

【例題11－2】の不渡手形が回収不能になった。貸倒引当金の残高が80,000円ある。

（貸 倒 引 当 金）　80,000　　（不　渡　手　形）205,000
（貸　倒　損　失）125,000

貸倒引当金の不足分は，貸倒損失とする。これは当期の損失となる。

【注】回収不能となった不渡手形（償却済債権）が後日，回収されたときには，次の仕訳を行う。

【例題11－6】（⇦第８章**【例題４】【注】**）
上の回収不能となった不渡手形205,000円のうち，２割が現金で回収された。

（現　　　　　金）　41,000　　（償却債権取立益）　41,000

〈発展〉

8　手形の更改

手形の更改とは，手形の満期日になって，手形債務者が決済できず不渡りとなってしまう場合，手形債務者が手形債権者に申し入れ，支払いの延期をしてもらうことである。その方法には二つあり，一つは，今の手形を廃棄し，新しい支払日の手形を作成する方法であり，もう一つは，今の手形の支払日を訂正する方法である。いずれにせよ，支払日を変えるので，手形の更改は手形の「書換」とも言われる。

手形を不渡りにすることは，不渡りを出した会社の信用が落ちるため，更改は，この会社を助けることになる(注)。

（注）具体的には，不渡りを出した企業は銀行との取引ができなくなる。

更改においては，支払期日が先延ばしされるので，この期間の利息が発生する。この利息は，１．直接，手形債権者に支払う方法，と，２．新しい手形の金額に加算する方法　とがある。

【例題12】

満期日が３月31日の手形500,000円について，６月30日まで支払期限を延長したところ，延長分の利息が3,000円発生した。

１．利息を直接，手形債権者に払う方法（現金によるものとする）

支払人：	（支払手形）《元の手形》	500,000	（支払手形）《書換手形》	500,000
	（支払利息）	3,000	（現　　金）	3,000
受取人：	（受取手形）《書換手形》	500,000	（受取手形）《元の手形》	500,000
	（現　　金）	3,000	（受取利息）	3,000

２．利息を新手形の金額に加算する方法

支払人：	（支払手形）《元の手形》	500,000	（支払手形）《書換手形》	503,000
	（支払利息）	3,000		
受取人：	（受取手形）《書換手形》	503,000	（受取手形）《元の手形》	500,000
			（受取利息）	3,000

（注）1．の場合は新しい手形を作成しなくても支払日を訂正するだけでもよい。

[練習問題1]〈基本・発展〉

次の取引の仕訳をしなさい。

1　国立商店から商品 50,000円を仕入れ，同店宛に同額の約束手形を振出した。

2　青梅商店に対する買掛金 150,000円の支払いのために，小切手 100,000円と約束手形 50,000円を振出した。

3　三鷹商店に商品250,000円を販売し，代金のうち，150,000円は先方振出しの約束手形で受取り，残額は掛けとした。

4　東京商店は，神戸商店に対する買掛金 500,000円を支払うため，同額の売掛金のある大阪商店宛の為替手形を振出し，同店の引受けを得て，神戸商店に渡した（東京商店，大阪商店，神戸商店，のそれぞれの仕訳）。

5　上記4の為替手形の決済が行われた。

6　先に新宿商店から受取っていた受取手形 180,000円が不渡りとなったが，その支払拒絶証書を作成するのに，6,000円かかり，現金で支払った。

[練習問題2]〈基本〉

当社の次の取引について，関係する会社ごとに仕訳し，各社の売上債権，仕入債務に関する勘定に転記しなさい。なお，仕訳不要の場合は，「仕訳不要」と記入する。（為替手形を振出す際の保証債務は考えない。）

7月1日　湘北商会に，商品 600,000円を売渡し（湘北商会にとっては仕入れ），代金として同社振出しの約束手形（#10）で受取った。振出日7月1日，支払期日8月25日，支払場所，国分寺銀行本店。

7月7日　西武商店に，商品 780,000円を売渡し，代金のうち 250,000円は同社振出しの小切手で受取り，残額は掛とした。

8月23日　湘北商事振出しの約束手形（#10）を，取引銀行・小金井銀行へ，取立て依頼に出した。

8月25日　取引銀行から約束手形（#10）の取立済の旨の通知があった。

9月23日　東北商事から商品 550,000円を仕入れ（東北商事にとっては売上げ），代金のうち 400,000円は，西武商店宛の為替手形（#28）を振出し，同店の引受けを得て，東北商事に渡し，残額は小切手を振出し支払った。当社振出，西武商店宛，東北商事名指，振出日9月23日，支払期日10月31日，支払場所，八王子銀行本店。

10月28日　東北商事は西武商店宛の為替手形（#28）を取引銀行・武蔵野銀行へ取立

て依頼に出した。

10月31日　取引銀行から，為替手形（#28）が決済された旨の通知があった。

［当　　社］

当座預金　〈3〉

借方	貸方
200,000	

売 掛 金　〈6〉

借方	貸方

受取手形　〈8〉

借方	貸方

［湘北商会］

当座預金　〈4〉

借方	貸方
720,000	

支払手形　〈17〉

借方	貸方

［西武商店］

当座預金　〈3〉

借方	貸方
800,000	

買 掛 金　〈15〉

借方	貸方

	支払手形	〈18〉

[東北商事]

	受取手形	〈9〉

〈解答〉

練習問題1

1	(仕　入)	50,000	(支払手形)	50,000
2	(買掛金)	150,000	(当座預金)	100,000
			(支払手形)	50,000
3	(受取手形)	150,000	(売　上)	250,000
	(売掛金)	100,000		
4	東京商店：(買掛金)	500,000	(売掛金)	500,000
	大阪商店：(買掛金)	500,000	(支払手形)	500,000
	神戸商店：(受取手形)	500,000	(売掛金)	500,000
5	大阪商店：(支払手形)	500,000	(当座預金)	500,000
	神戸商店：(当座預金)	500,000	(受取手形)	500,000
6	(不渡手形)	186,000	(受取手形)	180,000
			(現　金)	6,000

練習問題2

7.1.

[当　社]	(受取手形)	600,000	(売　上)	600,000
[湘北商会]	(仕　入)	600,000	(支払手形)	600,000

7.7.

[当　社]	(現　金)	250,000	(売　上)	780,000
	(売掛金)	530,000		
[西武商店]	(仕　入)	780,000	(当座預金)	250,000
			(買掛金)	530,000

8.23.

[当　社]	仕訳不要
[湘北商会]	仕訳不要

8.25.

[当　　社]	(当座預金)	600,000	(受取手形)	600,000
[湘北商会]	(支払手形)	600,000	(当座預金)	600,000

9.23.

[当　　社]	(仕　　入)	550,000	(売　掛　金)	400,000
			(当座預金)	150,000
[西武商店]	(買　掛　金)	400,000	(支払手形)	400,000
[東北商事]	(受取手形)	400,000	(売　　上)	550,000
	(現　　金)	150,000		

10.28.

[当　　社]	仕訳不要
[西武商店]	仕訳不要
[東北商事]	仕訳不要

10.31.

[当　　社]	仕訳不要			
[西武商店]	(支払手形)	400,000	(当座預金)	400,000
[東北商事]	(当座預金)	400,000	(受取手形)	400,000

[総勘定元帳]
[当　　社]

当座預金　〈3〉

	200,000	9.23.	150,000
8.25.	600,000		

売掛金　〈6〉

7.7.	530,000	9.23.	400,000

受取手形　〈8〉

7.1.	600,000	8.25.	600,000

［湘北商会］

当座預金　〈４〉

	720,000	8．25.	600,000

支払手形　〈17〉

8．25.	600,000	7．1．	600,000

［西武商店］

当座預金　〈３〉

	800,000	7．7．	250,000
		10．31.	400,000

買　掛　金　〈15〉

9．23.	400,000	7．7．	530,000

支払手形　〈18〉

10．31.	400,000	9．23.	400,000

［東北商事］

受取手形　〈9〉

9．23.	400,000	10．31.	400,000

第10章　支払資金の記録と管理

〔追加〕電子記録債権債務 ⇨ 9節

1　本章で勉強すること

本章で学ぶ基本的な記録

① 通貨代用証券の受取り（売上による）

	借方	金額	貸方	金額	
B/S・資産⇦	（現　　金）	100,000	（売　　上）	100,000	⇨P/L・収益

② 現金過不足の処理（金額不明の場合）

	借方	金額	貸方	金額	
仮勘定⇦	（現金過不足）	5,000	（現　　金）	5,000	⇨B/S・資産減少
P/L・費用⇦	（雑　　損）	5,000	（現金過不足）	5,000	⇨仮勘定精算

③ 小切手振出し（預金残高不足の場合―当座借越契約あり―）

	借方	金額	貸方	金額	
P/L・費用⇦	（仕　　入）	120,000	（当座預金）	100,000	⇨B/S・資産減少
			（当座借越）	20,000	⇨B/S・負債

④ 小口現金（支払報告を受けた時）

	借方	金額	貸方	金額	
P/L・費用⇦	（通 信 費）	8,000	（小口現金）	30,000	⇨B/S・資産減少
P/L・費用⇦	（交 通 費）	22,000			

本章のワークブック

【課題1】〈基本〉次の取引を仕訳しなさい。三分法による。⇦**【例題1】**

(1) 商品 240,000円を販売し，代金は他店振出しの小切手で受取った。
(2) 売掛金の代金として，郵便為替証書 180,000円を受取った。
(3) 買掛金 100,000円を，他店振出しの小切手で支払った。
(4) 手持株式の配当金領収書 12,000円を受取った。
(5) 手持国債の利札 9,000円の利払日が到来した。

(1)（　　　　　）[　　　　　]（　　　　　）[　　　　　]
(2)（　　　　　）[　　　　　]（　　　　　）[　　　　　]
(3)（　　　　　）[　　　　　]（　　　　　）[　　　　　]
(4)（　　　　　）[　　　　　]（　　　　　）[　　　　　]
(5)（　　　　　）[　　　　　]（　　　　　）[　　　　　]

【課題2】〈基本〉次の取引を仕訳しなさい。⇦【例題2−1】

(1)　現金の実際有高を調べたところ，帳簿残高よりも 13,000円不足していた。

(2)　現金不足額のうち9,800円は，交通費の記入洩れであることがわかった。

(3)　残り3,200円は，決算になっても原因がわからなかった。

(1)　(　　　　　　　)［　　　　　　　］(　　　　　　　)［　　　　　　　］
(2)　(　　　　　　　)［　　　　　　　］(　　　　　　　)［　　　　　　　］
(3)　(　　　　　　　)［　　　　　　　］(　　　　　　　)［　　　　　　　］

【課題3】〈基本〉次の取引を，当座預金勘定と当座借越勘定を用いる方法により，仕訳するとともに，それらの勘定に転記しなさい。⇦【例題5】

4月1日　当座預金口座を開設し，現金 1,800,000円を預入れた。なお，借越限度額 2,000,000円の当座借越契約を銀行と結んだ。

4月8日　備品 1,020,000円を購入し，代金は小切手を振出して支払った。

4月15日　買掛金 520,000円を小切手を振出して支払った。

4月24日　A商店宛に振出した約束手形 680,000円の支払期日が到来し，当座預金口座から決済した旨の通知を銀行から受けた。

4月30日　売掛金 800,000円が当座預金口座に振込まれた。

4. 1.　(　　　　　　　)［　　　　　　　］(　　　　　　　)［　　　　　　　］
8.　(　　　　　　　)［　　　　　　　］(　　　　　　　)［　　　　　　　］
15.　(　　　　　　　)［　　　　　　　］(　　　　　　　)［　　　　　　　］
24.　(　　　　　　　)［　　　　　　　］(　　　　　　　)［　　　　　　　］
　　　　　　　　　　　　　　　　　　　(　　　　　　　)［　　　　　　　］
30.　(　　　　　　　)［　　　　　　　］(　　　　　　　)［　　　　　　　］
　　　(　　　　　　　)［　　　　　　　］

当座預金　〈2〉

4. 1.	［　　　］	4. 8.	［　　　］
30.	［　　　］	15.	［　　　］
		24.	［　　　］

当座借越　〈3〉

4. 30.	［　　　］	4. 24.	［　　　］

【課題4】〈発展〉取引銀行に当座預金勘定残高を問合わせたところ，銀行の預金残高は 5,860,000円であった。企業の帳簿残高は 5,100,000円である。不一致の原因を調査した結果，以下の①〜⑤の取引であったことが判明した。この資料に基づき，銀行勘定調整表を作成するとともに修正すべき仕訳を行いなさい。⇦【例題7】

① 得意先B商店から売掛金の支払いとして 380,000円が銀行に振込まれていたが，当店への通知が未達であった。

② 借入金の利息 20,000円が引落されていたが，未記入であった。

③ 販売手数料による入金 400,000円を，440,000円と誤記していた。

④ 買掛金の支払いとして仕入先に振出した小切手 620,000円の支払いが行われていなかった。

⑤ 得意先C商店から売掛金の支払いとして 180,000円の振込み通知があったが，これが銀行に届いていなかった。

銀行勘定調整表

×4年3月31日　　　　(単位：円)

		当座預金勘定残高	銀行残高
3月31日現在の残高		5,100,000	5,860,000
加算：	(　　　　　　)	［　　　　　］	
	(　　　　　　)		［　　　　　］
減算：	(　　　　　　)	［　　　　　］	
	(　　　　　　)	［　　　　　］	
	(　　　　　　)		［　　　　　］
		［　　　　　］	［　　　　　］

(　　　　　)［　　　　　］(　　　　　)［　　　　　］
(　　　　　)［　　　　　］(　　　　　)［　　　　　］
(　　　　　)［　　　　　］(　　　　　)［　　　　　］

【課題5】〈基本〉次の取引の総勘定元帳に記入するための仕訳をしなさい。⇦**【例題9－1】**

6月1日　用度係に小口現金資金として 100,000円の小切手を渡し，小口現金制度を開始した。なお，1週間ごとの定額資金前渡制度を採用している。
6月7日　1週間が経ち，用度係から次の支払報告があった。
　通信費 16,000円，交通費 42,000円，消耗品費 28,000円，雑費 6,000円
〃　上の支払額と同額の小切手を振出し，用度係に渡した。

6.1. (　　　　　)［　　　　　］(　　　　　)［　　　　　］
6.7. (　　　　　)［　　　　　］(　　　　　)［　　　　　］
(　　　　　)［　　　　　］
(　　　　　)［　　　　　］
(　　　　　)［　　　　　］
〃 (　　　　　)［　　　　　］(　　　　　)［　　　　　］

〈基本〉

2 現 金 勘 定

最もポピュラーな支払資金は現金である。日常生活で現金といえば紙幣や硬貨（通貨）を意味するが，企業では通貨以外にも次の**通貨代用証券**が広く利用される。これらは，形は通貨でないが，いつでも通貨と交換できるか支払手段として利用できるため，すべて現金として処理する。

通貨代用証券：他人振出の小切手　普通為替証書　定額小為替証書　送金小切手
配当金領収証（第14章7節）　期日の到来した公社債の利札*（第14章5－2節）

図表1

現 金 出 納 帳

〈2ページ〉

×× 年		摘　　要	収 入	支 出	残 高
5	1	前 月 繰 越	258,000		258,000
	6	創価商事から売掛金回収，他店小切手受取	150,000		408,000
	7	西武商店に売上	320,000		728,000
	16	高崎商会から仕入		260,000	468,000
	27	本月分給料支払		168,000	300,000
	31	次 月 繰 越		300,000	
			728,000	728,000	
6	1	前 月 繰 越	300,000		300,000

＊実務において，公社債は電子化（ペーパーレス化）され不発行が原則であり，利札そのものが使われておらず，期日に預金口座への振込みなどが行われる。

これらを受取れば「現金勘定」（資産）の増加として借方に記録し，逆に支払手段として利用すれば，現金勘定の貸方に記録する。また，現金取引に関しては管理を徹底するために，前の**図表1**のような「現金出納帳」を補助記入帳として利用する（⇨第16章2節）。

【例題1】

次の取引の仕訳をしなさい。三分法による。

(1) 現金 5,000,000円を元入れし，会社を設立した。(⇦第3章3節【例題1】)

(2) 商品 200,000円を仕入れ，代金は現金で支払った。(⇦第5章【例題1】)

(3) 商品 750,000円を創価商事に販売し，代金は同商事振出しの小切手で受取った。(⇦第5章【例題1】)

(4) 遠隔地の西武商店から売掛金の代金として 150,000円分の普通為替証書が郵送されてきた。(⇦第8章【例題2】)

(5) 石巻商事に対する買掛金 750,000円を支払うため，さきに受取った創価商事振出しの小切手を使用した。(⇦第8章【例題1】)

(6) 手持の株式の配当金領収証 5,000円分が届いた。(⇨第14章5節)

(7) 手持の国債利札（クーポン）1,200円の利払日となった。(⇨第14章5-2節)

(1)	(現　　　金)	5,000,000	(資　本　金)	5,000,000
(2)	(仕　　　入)	200,000	(現　　　金)	200,000
(3)	(現　　　金)	750,000	(売　　　上)	750,000
(4)	(現　　　金)	150,000	(売　掛　金)	150,000
(5)	(買　掛　金)	750,000	(現　　　金)	750,000
(6)	(現　　　金)	5,000	(受取配当金)	5,000
(7)	(現　　　金)	1,200	(有価証券利息)	1,200

〈基本〉

3　現金過不足勘定

現金による取引が頻繁に行われると，間違ってお釣りを渡したり，金額を間違えて記帳したり，記帳を忘れたりと様々なトラブルが生じる。そのため現金の実際有高が帳簿残高（あるべき金額）と一致しなくなる。この場合，まず，帳簿残高を実際有高に修正し，次に，不一致の原因を調査する手続きをふむ。不一致の原因が判明するまでの間は，一時的に**現金過不足**勘定で処理しておく。不一致には現金不足のケースと，現金過剰のケースがある。

1．現金不足のケース（現金が2,000円不足している場合）

①「帳簿残高＞実際有高」となるので，現金勘定を減少させる。

（現 金 過 不 足） 2,000　　（現　　　　　金） 2,000

② 2,000円のうち通信費(1,500円)の記帳洩れが判明した場合，現金過不足勘定から当該勘定(通信費)に振替える。

（通　　信　　費） 1,500　　（現 金 過 不 足） 1,500

③ 決算になっても原因が不明な場合，雑損あるいは雑損失とする。

（雑　　　　　損） 500　　（現 金 過 不 足） 500

2．現金過剰のケース（現金が7,000円余っている場合）

①「帳簿残高＜実際有高」となるので，現金勘定を増加させる。

（現　　　　　金） 7,000　　（現 金 過 不 足） 7,000

② 7,000円のうち受取家賃(6,000円)の記帳洩れが判明した場合，現金過不足勘定から当該勘定(受取家賃)に振替える。

（現 金 過 不 足） 6,000　　（受　取　家　賃） 6,000

③ 決算になっても原因が不明な場合，雑益あるいは雑収益とする。

（現 金 過 不 足） 1,000　　（雑　　　　　益） 1,000

「現金過不足」勘定は，借方残になったり貸方残になったりする。この勘定は原因が判明するまで一時的に用いる**仮勘定**であり，最終的に決算において精算される。

【例題２−１】

次の取引の仕訳をしなさい。

⑴ 現金の実際有高を調べたところ，帳簿残高よりも 20,000円不足していることが判明した。

⑵ 原因を調査した結果，交通費 13,000円の記帳洩れが判明した。

⑶ 決算になっても残り 7,000円の原因は判明しなかった。

⑴	（現 金 過 不 足）	20,000	（現　　　　金）	20,000
⑵	（交　通　費）	13,000	（現 金 過 不 足）	13,000
⑶	（雑　　　　損）	7,000	（現 金 過 不 足）	7,000

【例題２−２】

次の取引の仕訳をしなさい。

⑴ 現金の実際有高を調べたところ，帳簿残高よりも 82,000円多いことが判明した。

⑵ 原因を調査した結果，湘北商会に対する売掛金 80,000円の回収が未記帳であることが判明した。

⑶ 決算になっても残り 2,000円の原因は判明しなかった。

⑴	（現　　　　金）	82,000	（現 金 過 不 足）	82,000
⑵	（現 金 過 不 足）	80,000	（売　掛　金）	80,000
⑶	（現 金 過 不 足）	2,000	（雑　　　　益）	2,000

〈基本〉　4　小切手の振出しと当座預金勘定

当座預金は銀行との「当座取引契約」に基づき，いつでも預入れ・引出しができる無利息の預金である。企業は ①銀行に行く必要がなく，「小切手」を用いて決済（引出し）できる利便性，②多額の現金を手許に置く必要がない安全性，③記録が銀行に残る確実性から，当座預金口座を持つ。**小切手**は，振出人

（作成者）が所持人に記載した金額を支払うことを銀行に委託した証書である。小切手（**図表2**）には支払日と名宛人（受取人）の記載がない。これは，いつでも小切手を持参した人に支払うことを意味する（⇨第9章3節）。

当座預金の増減は「当座預金」勘定（資産）に記録する。現金を預けたり振込みがあった場合は，当座預金の増加であり借方に記入する。自己の振り出した小切手（自己振出小切手）を受け取ったときも当座預金の増加として借方に記入する。また，小切手を振出したり口座引落しや口座から振込みを行った場合は，減少・貸方に記入する。

図表2　小切手の見本

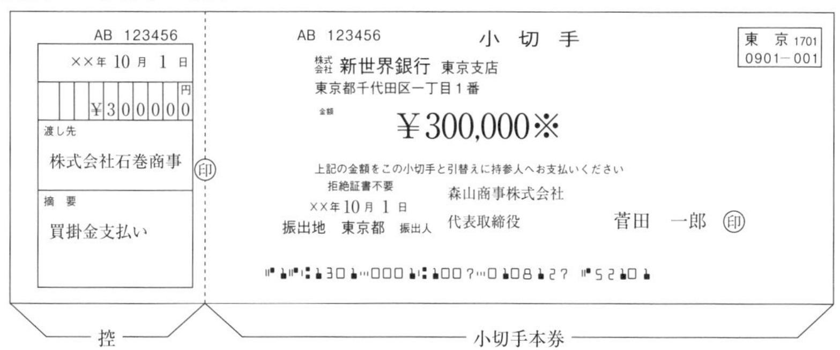
AB 123456
××年 10 月 1 日
¥300000 円
渡し先
株式会社石巻商事
摘 要
買掛金支払い
印
AB 123456
小　切　手
東　京 1701
0901−001
株式会社 新世界銀行 東京支店
東京都千代田区一丁目1番
金額
¥300,000※
上記の金額をこの小切手と引替えに持参人へお支払いください
拒絶証書不要
××年 10 月 1 日
振出地　東京都　振出人
森山商事株式会社
代表取締役
菅田　一郎 印
控
小切手本券

図表3

当座預金出納帳

〈6ページ〉

××年		摘　　要	預　入	引　出	借／貸	残　高
6	1	前 月 繰 越	550,000		借	550,000
※	6	東北商事に買掛金支払　小切手 #601		210,000	〃	340,000
※※	13	創価商事から売掛金回収	380,000		〃	720,000
	25	慶應商店から仕入　　小切手 #602		275,000	〃	445,000
	30	次 月 繰 越		445,000		
			930,000	930,000		
7	1	前 月 繰 越	445,000		借	445,000

※　この取引を仕訳で示すと，（買 掛 金）210,000（当座預金）210,000

※※　この取引を仕訳で示すと，（当座預金）380,000（売 掛 金）380,000

管理を徹底するためには，「当座預金出納帳」（**図表３**）を補助記入帳として使用する（⇨第16章２節）。

【例題３】

次の取引の仕訳をしなさい。三分法による。

(1) 手許の他店振出小切手 400,000円を当座預金口座に預入れた。

(2) 商品 550,000円を仕入れ，小切手を振出して支払った。

(3) 商品 680,000円を創価商事に販売し，代金を同店振出しの小切手で受取り，ただちに当座預金に預入れた。（⇦第５章）

(4) 水道料金 29,000円が当座預金口座から引落された。（⇦第11章）

(5) 取立てを依頼していた約束手形 900,000円が当座預金に入金された旨の通知を銀行から受けた。（⇦第９章）

	借方	金額	貸方	金額
(1)	（当座預金）	400,000	（現金）	400,000
(2)	（仕入）	550,000	（当座預金）	550,000
(3)	（当座預金）	680,000	（売上）	680,000
(4)	（水道光熱費）	29,000	（当座預金）	29,000
(5)	（当座預金）	900,000	（受取手形）	900,000

複数の金融機関において各種の預金口座を開設し，管理のために口座ごとに勘定を設定する場合，口座種別や銀行名などを付した人名勘定を使用することがある※。（⇨第８章２節）※仕組みは，売掛金元帳・買掛金元帳と同じ。

【例題４】

次の取引を仕訳しなさい。当社では関東銀行と名古屋銀行に当座預金口座を開設し，銀行名と口座種別を組み合わせた勘定科目を使用する。

(1) 得意先の創価商事から，売掛金 200,000円が，関東銀行当座預金口座に振込まれた。

(2) 仕入先南山商会への買掛金 350,000円の支払いを，名古屋銀行の当座預金口座から口座振替えにより行った。

⑴（関東銀行当座預金）　200,000　（売　　掛　　金）　200,000
⑵（買　　掛　　金）　350,000　（名古屋銀行当座預金）　350,000

〈基本〉
5　当座借越勘定と当座勘定

小切手による支払いは便利ではあるが，常に当座預金残高を把握しているわけではないので，その振出しが預金残高を超えてしまうことがある。その場合，銀行は支払いをしてくれないから，一定範囲内（借越限度額）で，残高を超えても振出した小切手の支払いが行われるように銀行とあらかじめ**当座借越契約**を結ぶ。こうすれば，残高を超えた分は「当座借越」という一時的な銀行借入れとして扱われ，支払いが行われる。

当座借越は「当座借越」勘定（負債）を用いて記帳する。これは，預金残高がプラスの状態である限りは「当座預金」勘定で処理し，残高を超え，マイナス分が生じた場合に，その分を当座借越勘定の貸方に記帳する方法である。当座借越が生じた後の入金は，まず当座借越の返済を最優先に行い，これを超えた時に当座預金勘定の借方に記帳する。この方法は当座借越分を把握しやすいが，預金残高を常に確認しなければならない。

これに対し，当座預金と当座借越をひとつにまとめた「当座」勘定だけで処理する方法もある。この方法では残高が借方残高であれば当座預金(資産)を意味し，貸方残高であれば当座借越(負債)を意味する。

【例題５】

次の取引銀行との当座取引の仕訳を ①当座預金勘定と当座借越勘定を用いる方法と ②当座勘定を用いる方法に分けて行い，転記も行いなさい。

６月１日　東海銀行新宿支店に当座預金口座を開設し，現金 800,000円を預入れた。なお，同時に借越限度額 700,000円の当座借越契約を結んだ（この契約は仕訳されない)。

６月５日　備品 500,000円を購入し，代金は小切手を振出して支払った。

6月11日　買掛金 200,000円を小切手を振出して支払った。

6月25日　高崎商会宛に振出した約束手形 630,000円の支払期日が到来し，当座預金口座から決済した旨の通知を銀行から受けた。

6月26日　売掛金 600,000円が当座預金口座に振込まれた。

①　当座預金勘定と当座借越勘定を用いる方法

6.1.	(当座預金)	800,000	(現金)	800,000
6.5.	(備品)	500,000	(当座預金)	500,000
6.11.	(買掛金)	200,000	(当座預金)	200,000
6.25.	(支払手形)	630,000	(当座預金)	100,000
			(当座借越)	530,000
6.26.	(当座借越)	530,000	(売掛金)	600,000
	(当座預金)	70,000		

当座預金

6.1.	800,000	6.5.	500,000
26.	70,000	11.	200,000
		25.	100,000

当座借越

6.26.	530,000	6.25.	530,000

②　当座勘定を用いる方法

6.1.	(当座)	800,000	(現金)	800,000
6.5.	(備品)	500,000	(当座)	500,000
6.11.	(買掛金)	200,000	(当座)	200,000
6.25.	(支払手形)	630,000	(当座)	630,000
6.26.	(当座)	600,000	(売掛金)	600,000

当座

6.1.	800,000	6.5.	500,000
26.	600,000	11.	200,000
		25.	630,000

(注) 当座勘定は，資産(借方残)(6/1, 6/11, 6/26)にも負債(貸方残)(6/25)にもなる。

「当座勘定出納帳」を次ページに，例示する（**図表4**）。（⇨第13章2節）

図表4

東海銀行新宿支店　　当座勘定出納帳

〈1ページ〉

××年		勘定科目	摘要	丁数	借方	貸方	借/貸	残高
6	1	現金	新規	1	800,000		借	800,000
	5	備品	机5脚	15		500,000	〃	300,000
	11	買掛金	慶應商店	7/仕2		200,000	〃	100,000
	25	支払手形	高崎商会	6/仕4		630,000	貸	530,000
	26	売掛金	西武商店	2/得3	600,000		借	70,000
	30		期中変動		1,400,000	1,330,000		
	〃		次月繰越	✓		70,000		
					1,400,000	1,400,000		
7	1		前月繰越	✓	70,000		借	70,000

(注) 丁数欄は，仕訳帳(普通仕訳帳)を通さず,この帳簿から直接,元帳に転記するとき,使用する(⇨第16章2，3節)。このとき,元帳の丁号番号を記入する。総勘定元帳：現金は「1」，備品は「15」，買掛金は「7」，支払手形は「6」，売掛金は「2」である。「仕」は仕入先元帳,「得」は得意先元帳である。

当座借越の処理として，期中の当座借越は「当座預金」勘定の貸方残高として処理しておき，決算時までに貸方残高が残っていた場合に，決算整理で「当座借越」（もしくは「借入金」）勘定などの適切な負債勘定へ振替える方法もある。なお，決算整理において「当座借越」（借入金）勘定に振替えられた金額は，翌期首の再振替（⇨第4章4節(4)）によって，当座預金勘定へ振替えられる。

【例題6】

次の取引を仕訳をしなさい。

(1) 決算において，当座預金勘定の残高が450,000円（貸方）となっていたが，これは全額が当座借越によるものであった。

(2) 翌期首に，再振替仕訳を行う。

(1)（当　座　預　金） 450,000 （当　座　借　越） 450,000

(2)（当　座　借　越） 450,000 （当　座　預　金） 450,000

〈発展〉
6　銀行勘定調整表

企業の取引銀行毎の当座（預金）勘定は，取引銀行の口座残高と次にあげる場合に一致しない。そこで，決算にあたって，銀行の口座残高の金額と当座（預金）勘定の残高との不一致の原因となっている項目の金額を調整する**銀行勘定調整表**が作成される。以下が不一致の原因である。

① 企業が預入の記録をしたが，銀行では未記入
② 企業が引出の記録をしたが，銀行では未記入
③ 銀行では預入の記録をしたが，企業では未記帳
④ 銀行では引出の記録をしたが，企業では未記帳
⑤ 企業側の誤記

企業は，③，④，⑤の修正仕訳を行う必要がある。ただし，②のうち，未渡小切手（企業が小切手の振出しの記帳をしたが，相手方に渡していない）については，（企業が保有しているので）修正仕訳を行う必要がある。

【例題７】

銀行勘定調整表を作成し，修正仕訳を行いなさい。

企業の当座預金勘定の残高：　880,000円
銀行残高証明書の残高　　：1,230,000円

不一致の原因は次の通りであった。

① 得意先創価商事から売掛金 930,000円を当座振込みした旨の通知があり，入金処理したが，まだ当該振込みは，銀行に届いていなかった。
② 仕入先東北商事に仕入代金の支払いとして振出した小切手 700,000円が，まだ取立てられていなかった（これを「取付未済」という）。
③ 得意先西武商店から売掛金 660,000円がすでに当座預金に振込まれて

いたが，その通知が来ていなかった。

④ 借入金の利息 50,000円が引落されていたが，未記入であった。

⑤ 販売手数料の当座入金 520,000円を，550,000円と誤記していた。

(1) 銀行勘定調整表

東海銀行新宿支店　　銀行勘定調整表

××年３月31日　（単位：円）

	当座預金勘定残高	銀行残高
３月31日現在の残高	880,000	1,230,000
加算：振込翌日処理分（当店にとって正しい）		930,000
預入未記入分（③）	660,000	
減算：振出小切手未払分（当店にとって正しい）		700,000
借入利息引落未記入分（④）	50,000	
販売手数料誤記分（⑤）	30,000	
	1,460,000	1,460,000

（注）この方法を*両者区分調整法という。 *両者とは企業と取引銀行の２つの残高のこと

(2) 修正仕訳

③	（当 座 預 金）	660,000	（売　掛　金）	660,000
④	（支 払 利 息）	50,000	（当 座 預 金）	50,000
⑤	（受取手数料）	30,000	（当 座 預 金）	30,000

振り出したが取引相手に未渡しであった小切手（未渡小切手）について，費用の支払いのために振出した小切手が未渡しだった場合は，費用は当期にすでに発生しており取り消せないので，当座預金を増加させる仕訳の相手勘定は未払金勘定で処理する。例えば，広告宣伝費20,000円の支払いのために小切手を作成していたが，未渡しであったことが判明した場合は次の処理を行う。

（当　座　預　金）20,000　　（未　　払　　金）20,000

企業残高基準法と銀行残高基準法

本文では，企業の当座預金残高と銀行の残高を別々に調整し，調整時点の正確な残高を示す方法（**両者区分調整法**）によって，銀行勘定調整表を作成している。これに対して，検定試験では，(a) 当座預金残高を基礎とする方法（**企業残高基準法**），(b) 銀行残高を基礎とする方法（**銀行残高基準法**）も求められることがある。それぞれは次のようになる。

(a) によった場合

銀行勘定調整表

（単位：円）

当座預金勘定残高		880,000
加算：②振出小切手未払分	700,000	
③預入未記入分	660,000	1,360,000
減算：①振込翌日処理分	930,000	
④借入利息引落未記入分	50,000	
⑤販売手数料誤記分	30,000	1,010,000
銀行残高証明書残高		1,230,000

(b) によった場合

銀行勘定調整表

（単位：円）

銀行残高証明書残高		1,230,000
加算：①振込翌日処理分	930,000	
④借入利息引落未記入分	50,000	
⑤販売手数料誤記分	30,000	1,010,000
減算：②振出小切手未払分	700,000	
③預入未記入分	660,000	1,360,000
当座預金勘定残高		880,000

なお，修正仕訳（【例題７】(2)）は，どの方法でも同じである。

〈基本〉

7　その他の預貯金勘定

当座預金以外に必要性に応じ，企業は，定期預金，普通預金，郵便貯金等を持つ。この場合，預貯金名を科目名とした勘定を設定し，増加すれば借方に，減少すれば貸方に記入する。

【例題8】

次の取引の仕訳をしなさい。

(1) 普通預金 1,000,000円を定期預金に預替えた。

(2) 先に受取った普通為替証書 40,000円を郵便貯金に預入れた。

(3) (1)の定期預金が満期を迎え，元金 1,000,000円は再び定期預金とし，利息 2,000円は普通預金に入金した。

	借方	金額	貸方	金額
(1)	(定 期 預 金)	1,000,000	(普 通 預 金)	1,000,000
(2)	(郵 便 貯 金)	40,000	(現 金)	40,000
(3)	(定 期 預 金)	1,000,000	(定 期 預 金)	1,000,000
	(普 通 預 金)	2,000	(受 取 利 息)	2,000

〈基本〉

8 小口現金勘定

支払手段として小切手は便利だが，どんな取引にも小切手を使えるとは限らない。例えば，タクシーを利用する場合や金額の安いもの（文房具類や切手，来客用のお茶菓子等）を購入する場合は，現金を使用するのが普通である。

そこで，少額の経費用に一定額を現金の形で用意しておき，必要に応じて使用する。この資金を**小口現金**といい，実際の業務は経理部・会計係ではなく，各部門（部署）の「用度係(小口現金係，小払係)」が行う（⇨序章２節，図表１)。小口現金の管理をしやすくするために，**定額資金前渡制度**(インプレスト・システム)を採用する。これは「用度係に資金を補給した後は常に小口現金の残高が一定額になる」という考え方によるものであり，(支出額を一定額（予算額）に押さえる点で）予算管理にも有用である。小口現金に関する流れは次のようにまとめられる。

① 一定額の小切手を用度係に前渡しする。

② 用度係は小切手を現金に換え，保管する。

③ 実際に請求が用度係になされると，用度係は請求者に対し支払業務を行い，同時に，会計係への報告用に**図表５**のような「小口現金出納帳」という補助記入帳に記録する（⇨第16章２節）。

④ 一定期間（１週間が多い）が経過すると，用度係は会計係に小口現金の支払状況を小口現金出納帳の提出により報告する。

⑤ 会計係は支払報告を受けた後，使った金額分の小切手を振出して用度係に渡す。この資金補給後は，常に最初の一定額が小口現金残高となる。なお，資金補給を行うタイミングには，支払報告直後の時点と翌日ないし翌週の最初の営業日の時点との２通りがある。

会計係は支払報告を受けた時点(④)と資金補給を行った時点（①と⑤）に「小口現金」勘定（資産）に記帳する。

図表５

人事部用度係

小口現金出納帳

〈12ページ〉

受入	××年		摘要	支払	内訳				残高
					交通費	通信費	光熱費	雑費	
20,000	10	15	前週繰越						20,000
		〃	郵便切手	2,200		2,200			17,800
		16	接待用菓子	3,700				3,700	14,100
		17	バスカード	5,000	5,000				9,100
		18	電灯料	2,800			2,800		6,300
			合計	13,700	5,000	2,200	2,800	3,700	
13,700		20	本日補給						20,000
		〃	次週繰越	20,000					
33,700				33,700					
20,000	10	22	前週繰越						20,000

（注）上の例は，支払報告時点で資金を補給する制度の例である。なお，日曜日（21日）は休日とし，土曜日（20日）に補給し，月曜日（15日，22日）から営業を行っている。

【例題９－１】

次の取引の仕訳をしなさい。

⑴ 人事部の用度係に小口現金資金として 20,000円の小切手を渡し，小口現金制度を開始した。なお，１週間ごとの定額資金前渡制度を採用する。

⑵ １週間が経ち，用度係から次の支払報告があった。

交通費 5,000円，通信費 2,200円，光熱費 2,800円，雑費 3,700円

⑶ 上の支払額と同額の小切手を振出し，用度係に渡した。

	借方	金額	貸方	金額
⑴	(小口現金)	20,000	(当座預金)	20,000
⑵	(交通費)	5,000	(小口現金)	13,700
	(通信費)	2,200		
	(光熱費)	2,800		
	(雑費)	3,700		
⑶	(小口現金)	13,700	(当座預金)	13,700

【例題９－２】

【例題９－１】について，⑵の支払報告と⑶の資金補給を同時に行った場合の仕訳をしなさい。

借方	金額	貸方	金額
(交通費)	5,000	(当座預金)	13,700
(通信費)	2,200		
(光熱費)	2,800		
(雑費)	3,700		

〈基本〉

9　電子記録債権・債務 ⇦第９章【例題1】

電子記録債権・債務とは，売掛金や買掛金など取引相手同士でしか決済されない私的な債権債務を「電子債権記録機関」という公的機関に登録し，この機関に管理させることにより，債権債務を客観化し広く流通させるようにしたも

のである。つまり，売掛金を保有している企業は機関での記録により，売掛金に基づく債権を第三者に移転することもできる。機関への登録は，債権債務の当事者企業のいずれか一方の取引金融機関への登録依頼により行われる。

【例題10】

森山商事は聖学商事に対し 100,000円の売掛金がある。これを取引銀行を通じ電子債権記録機関に登録した。聖学商事はその連絡を受けた。

	借方		貸方	
森山商事：	（電子記録債権）	100,000	（売掛金）	100,000
聖学商事：	（買掛金）	100,000	（電子記録債務）	100,000

〔注〕電子記録債権にも，貸倒引当金の設定が行われる。⇨第８章４節

電子記録債権（一方では債務）が，当座預金口座を通じ決済されたとき：

	借方		貸方	
森山商事：	（当座預金）	100,000	（電子記録債権）	100,000
聖学商事：	（電子記録債務）	100,000	（当座預金）	100,000

・森山商事が上記債権を買掛金 100,000円の決済に使用した場合：

借方		貸方	
（買掛金）	100,000	（電子記録債権）	100,000

通常の営業取引以外の取引に関する債権債務（たとえば，未収金や未払金）も，電子債権記録機関へ記録することができる。この場合，営業外電子記録債権勘定（資産）・営業外電子記録債務勘定（負債）を用いて記録する。

なお，電子記録債権・債務は，手形と同様，譲渡や金融機関に売却することができるが，譲渡は手形の裏書き，売却は手形の割引と同じように考えて処理すればよい。(⇨第10章９節，第13章４−１節)

[練習問題１]〈基本〉

次の各取引の仕訳を示しなさい。商品取引は三分法による。

1　新宿商店より商品 100,000円を仕入れ，引取運賃 5,000円とともに，手持ちの目黒商店振出の小切手で支払った。

2　川崎商店に，商品 500,000円を販売し，代金は同店振出しの小切手で受取り，ただちに当座預金口座に預け入れた。

3 株式会社ケイセイより株式配当金領収証 27,000円が送付されてきたので，ただちに郵便貯金口座に預入れた。

4 先に，現金過不足勘定で処理しておいた現金過剰額 130,000円の原因を調査したところ，90,000円は得意先新橋商店に対する売上の記帳洩れ，23,000円は手数料の受取額の記帳洩れであることが判明したが，残りは，原因不明として処理した。

5 品川商店に商品 900,000円を販売し，代金のうち，300,000円は同店振出しの小切手で受取り，残額は掛けとした。

6 藤沢商店宛てに振出した約束手形 280,000円の支払期日が到来し，当座預金口座から決済した旨の通知を銀行から受けた。

7 六本木商店に対する売掛金 450,000円が当店の当座預金口座に振込まれた旨の連絡を受けた。

8 厚木商店から商品 700,000円を仕入れ，代金は小切手を振出して支払った。なお，当座預金口座の残高は 550,000円であるが，取引銀行と借越限度額 2,000,000円の当座借越契約を結んである。記帳は当座借越勘定を用いる方法による。

9 本日，用度係より今週分の小口現金使用状況報告を以下のように受け，同時に使用額分の小切手を振出して資金補給をした。

交通費 26,000円　　　消耗品費 31,000円

10 町田商店から商品 600,000円を仕入れ，代金のうち，400,000円については手持ちの渋谷商店振出しの約束手形を裏書譲渡し，残額は月末払いとした。偶発債務は考えない。

[練習問題２]〈基本・発展〉

問１〈基本・発展〉 以下の取引について，当社の仕訳を行いなさい。三分法による。
※本問は支払資金取引についての総括を意識している。したがって，債権の保証債務の処理も入れている。*斜体*の設問がこれである。保証債務の処理は第13章４－２節で扱うので，この段階の仕訳ではこれを考えないで仕訳しておくこと。そして，学習後，これを取り入れること。

５月２日　A社に対して商品 500,000円（売価）を販売し，代金として，M社振出し，N社宛（引受済）の為替手形（#16）を受取った。振出日５月２日，支払日６月６日，支払場所，吉祥寺銀行本店。なお，運送費用 21,000円は当方負担で支払った。

５月６日　B社から商品 500,000円を仕入れ，代金として先に受取った為替手形（#16）を裏書譲渡した。*裏書に関する保証債務の時価評価額は手形額面金額の１％とする。*

６月10日　A社に対して商品 800,000円（売価）を販売し，代金は掛とした。

6月24日　C社に対して商品 720,000円（売価）を販売し，代金のうち，470,000円は，同社振出し，L社宛，当社受取りの為替手形（#29）で受取り，残額は掛とした。振出日6月24日，支払日7月31日，支払場所，三鷹銀行。

6月25日　C社振出しの約束手形（#29）を立川銀行で割引した。手数料 15,000円を差引かれ，手取金が当座預金に振込まれた。*割引に関する保証債務の時価評価額は手形額面金額の1％とする。*

7月13日　D社から商品340,000円を仕入れ，代金のうち，250,000円はC社宛の為替手形（#45）を振出し，同社の引受けを得て，D社に渡した。C社には 250,000円以上の売掛金があり，残額は小切手を振出して支払った。名宛人C社，名指人D社，振出日7月13日，支払期日8月15日，支払場所はC社の指定により，三鷹銀行。*なお，振出しに関する保証債務の時価評価額は手形額面金額の1％とする。*

8月10日　E社に対して商品 480,000円（売価）を販売し，代金として同社振出しの約束手形（#53）を受取った。振出日8月10日，支払日11月14日，支払場所，吉祥寺銀行本店。

9月8日　A社への売掛金 800,000円の支払請求をしたところ，同社振出しの約束手形（#19）を受取った。振出日9月8日，支払期日10月10日，支払場所，八王子銀行。

10月9日　A社から当社に約束手形（#19）の支払期日を12月9日とする支払延期の申入れがあり，これを承諾した。なお，延期分の利息 12,000円は，新しく受取る手形（#57）の金額に加算するものとした。

11月14日　E社振出しの約束手形（#53）の支払期日であるが，支払いを拒絶された（不渡りとなった）。

11月15日　E社振出しの約束手形（#53）について支払拒絶証書の作成などの費用2,000円を現金で支払った。

12月9日　A社振出しの約束手形（#57）の取引銀行から決済された旨の通知があった。

12月22日　E社振出しの約束手形（#53）は取立不能になり，債権を放棄した。

問2〈発展〉　問1の取引に関して，当社の受取手形記入帳に記入しなさい。

受取手形記入帳

14ページ

日付		手形種類	手形番号	摘要	支払人	振出人（裏書人）	振出日		満期日		支払場所	金額	てん末		
													日付		摘要

〔練習問題３〕〈発展〉 決算日にあたり，銀行から当座預金の残高証明書を取り寄せたところ，その残高は 1,790,000円であり，企業側の当座預金勘定残高は 1,793,500円であった。その不一致の原因を調査した結果，次の事実が明らかとなった。

① 仕入先に振出した小切手 35,000円が取付未済であった。

② 取引先から売掛金 15,000円の当座振込の通知を受取ったが，銀行に未だに振込まれていない。

③ 期日を迎えた手形代金 19,000円が引落とされていたが，企業側では未記帳であった。

④ 当座預金に預け入れた他人振出小切手の金額 10,500円を 15,000円と誤記していた。

(1) 修正後の当座預金残高を求めなさい。

(2) 判明した原因について決算における企業側の修正仕訳を示しなさい。なお，修正仕訳の不要な場合には，借方科目欄に「仕訳なし」と記入すること。

(1)	円			
(2)	借方科目	金額	貸方科目	金額
1				
2				
3				
4				

〔練習問題４〕〈基本〉 定額資金前渡制（インプレスト・システム）を採用している，小口現金出納帳に次の取引を記入し締切りなさい。なお，小口現金係は毎週金曜日（23日）の営業時間の終了時にその週の支払いを報告し，資金の補給を受けている。

1月19日（月） 郵便切手・はがき代 12,350円
20日（火） タクシー代 6,920円
21日（水） 伝票・帳簿代 11,240円
22日（木） バス回数券 8,000円
23日（金） 茶菓コーヒー代 2,520円

小口現金出納帳

3ページ

受入	××年		摘要	支払	内訳				残高
					通信費	交通費	消耗品費	雑費	
50,000	1	19	前週繰越						50,000
			合計						
		23	本日補給						
		〃	次週繰越						
			前週繰越						

〈解答〉

練習問題１

問１

	借方	金額	貸方	金額
1	(仕入)	105,000	(現金)	105,000
2	(当座預金)	500,000	(売上)	500,000
3	(郵便貯金)	27,000	(受取配当金)	27,000
4	(現金過不足)	130,000	(売上)	90,000
			(受取手数料)	23,000
			(雑益)	17,000
5	(現金)	300,000	(売上)	900,000
	(売掛金)	600,000		
6	(支払手形)	280,000	(当座預金)	280,000
7	(当座預金)	450,000	(売掛金)	450,000
8	(仕入)	700,000	(当座預金)	550,000
			(当座借越)	150,000
9	(交通費)	26,000	(当座預金)	57,000
	(消耗品費)	31,000		
10	(仕入)	600,000	(受取手形)	400,000
			(買掛金)	200,000

練習問題2

問1

日付	借方科目	金額	貸方科目	金額
5. 2.	(受取手形)	500,000	(売上)	500,000
	(発送費)	21,000	(現金)	21,000
5. 6.	(仕入)	500,000	(受取手形)	500,000
	(手形保証債務費)	*5,000*	*(裏書手形保証債務)*	*5,000*
6. 10.	(売掛金)	800,000	(売上)	800,000
6. 24.	(受取手形)	470,000	(売上)	720,000
	(売掛金)	250,000		
6. 25.	(当座預金)	455,000	(受取手形)	470,000
	(手形売却損)	15,000		
	(手形保証債務費)	*4,700*	*(割引手形保証債務)*	*4,700*
7. 13.	(仕入)	340,000	(売掛金)	250,000
			(当座預金)	90,000
	(手形保証債務費)	*2,500*	*(為替手形振出保証債務)*	*2,500*
8. 10.	(受取手形)	480,000	(売上)	480,000
9. 8.	(受取手形)	800,000	(売掛金)	800,000
10. 9.	(受取手形)	812,000	(受取手形)	800,000
			(受取利息)	12,000
11. 14.	(不渡手形)	480,000	(受取手形)	480,000
11. 15.	(不渡手形)	2,000	(現金)	2,000
12. 9.	(当座預金)	812,000	(受取手形)	812,000
12. 22.	(貸倒損失)	482,000	(不渡手形)	482,000

※斜体の学習は，第13章4－2節。学習後，採点すること。

問２

受取手形記入帳　14ページ

日付		手形種類	手形番号	摘要	支払人	振出人(裏書人)	振出日		満期日		支払場所	金額	てん末 日付		てん末 摘要
5	2	為手	16	売　上	N社	M社	5	2	6	6	吉祥寺銀行	500,000	5	6	裏書譲渡
6	24	為手	29	売　上	L社	C社	6	24	7	31	三鷹銀行	470,000	6	25	割 引
8	10	約手	53	売　上	E社	E社	8	10	11	14	吉祥寺銀行	480,000	11	14	不渡り
9	8	約手	19	売掛金	A社	A社	9	8	10	10	八王子銀行	800,000	10	9	更 改
10	9	約手	57	受取手形	A社	A社	10	9	12	9	八王子銀行	812,000	12	9	入 金

練習問題３

(1)	1,770,000円			
(2)	借方科目	金額	貸方科目	金額
1	仕訳なし			
2	仕訳なし			
3	支払手形	19,000	当座預金	19,000
4	現金	4,500	当座預金	4,500

練習問題４

小口現金出納帳　3ページ

受入	××年		摘要	支払	内訳 通信費	交通費	消耗品費	雑費	残高
50,000	1	19	前週繰越						50,000
		〃	郵便切手・はがき代	12,350	12,350				37,650
		20	タクシー代	6,920		6,920			30,730
		21	伝票・帳簿代	11,240			11,240		19,490
		22	バス回数券	8,000		8,000			11,490
		23	茶菓コーヒー代	2,520				2,520	8,970
			合計	41,030	12,350	14,920	11,240	2,520	
41,030		23	本日補給						50,000
		〃	次週繰越	50,000					
91,030				91,030					
50,000	1	26	前週繰越						50,000

第11章　営業費の記録と管理

1　本章で勉強すること

本章で学ぶ基本的な記録

① 給料の支払い，立替払いの精算と源泉徴収等の処理

	借方	金額	貸方	金額	
P/L・費用⇦	（給　　料）	900,000	（立　替　金）	20,000	⇨B/S・資産減少
			（所得税預り金）	90,000	⇨B/S・負債
			（当 座 預 金）	790,000	⇨B/S・資産減少

② 仮払金の精算

	借方	金額	貸方	金額	
P/L・費用⇦	（旅費交通費）	98,000	（仮　払　金）	100,000	⇨B/S・資産減少
B/S・資産⇦	（現　　金）	2,000			

③ 仮受金の精算

	借方	金額	貸方	金額	
B/S・負債減少⇦	（仮　受　金）	50,000	（売　掛　金）	50,000	⇨B/S・資産減少

④ 費用の繰延べ（収益は，第14章３節）

	借方	金額	貸方	金額	
B/S・資産⇦	（前払保険料）	30,000	（保　険　料）	30,000	⇨P/L・費用修正
翌期首再振替	（保　険　料）	30,000	（前払保険料）	30,000	

⑤ 費用の見越し

	借方	金額	貸方	金額	
P/L・費用⇦	（支 払 家 賃）	60,000	（未 払 家 賃）	60,000	⇨B/S・負債
翌期首再振替	（未 払 家 賃）	60,000	（支 払 家 賃）	60,000	

本章のワークブック

【課題１】〈基本〉次の一連の取引を仕訳しなさい。⇦**【例題２】**

(1)　従業員向けに開催した即売会で，従業員が購入した代金 460,000円を当店が現金で立替払いした。

(2)　今月分の従業員全体の給料総額 10,000,000円を支給する際に，所得税源泉徴収分 740,000円と社会保険料分 500,000円および上記立替分 460,000円を差引き，残額を当座預金から従業員の振込口座に振込んだ。

(3)　従業員から預かった上記の所得税源泉徴収分と社会保険料分及び社会保険料会社負担分（福利厚生費）220,000円を，所定の手続にしたがい，現金で納付した。

(1)　（　　　　　　）［　　　　　　］（　　　　　　）［　　　　　　］

(2)　（　　　　　　）［　　　　　　］（　　　　　　）［　　　　　　］

　　　　　　　　　　　　　　　　　（　　　　　　）［　　　　　　］

　　　　　　　　　　　　　　　　　（　　　　　　）［　　　　　　］

　　　　　　　　　　　　　　　　　（　　　　　　）［　　　　　　］

(3)　(　　　　)［　　　　］(　　　　)［　　　　］
(　　　　)［　　　　］
(福利厚生費)［　220,000］

【課題2】〈基本〉次の一連の取引を仕訳しなさい。⇦**【例題3】**

(1)　従業員吉田が出張することになり，旅費の概算額 220,000円を現金で支給した。
(2)　出張中の従業員吉田から当座預金口座に 1,200,000円の振込みがあったが，その内容は不明であった。
(3)　従業員吉田が出張から戻り，上記振込みは得意先A商店の売掛金の回収額であることが判明した。
(4)　従業員吉田の出張報告書によると，今回の出張で旅費交通費に196,000円，雑費に 9,400円かかったことが判明したので，差額を現金にて精算した。

(1)　(　　　　)［　　　　］(　　　　)［　　　　］
(2)　(　　　　)［　　　　］(　　　　)［　　　　］
(3)　(　　　　)［　　　　］(　　　　)［　　　　］
(4)　(　　　　)［　　　　］(　　　　)［　　　　］
(　　　　)［　　　　］
(　　　　)［　　　　］

【課題3】〈基本〉次の一連の取引を仕訳しなさい。会計期間は4月1日から翌年3月31日までとする。⇦**【例題4－1】**

×1年9月1日　店舗の火災保険契約を新たに結び，向こう1年分の保険料 480,000円を現金で支払った。
×2年3月31日　決算に当たり，保険料の前払分を次期に繰延べた。
×2年4月1日　保険料の繰延べ分に関して再振替を行った。

9.1.　(　　　　)［　　　　］(　　　　)［　　　　］
3.31.　(　　　　)［　　　　］(　　　　)［　　　　］
4.1.　(　　　　)［　　　　］(　　　　)［　　　　］

【課題4】〈基本〉次の一連の取引を仕訳しなさい。会計期間は4月1日から翌年3月31日までとする。仕訳不要の場合は仕訳不要と書く。⇦**【例題5】**

×2年2月1日　「月々の家賃 160,000円，3ヶ月ごとの後払い」という内容の賃貸借契約を結んだ。
×2年3月31日　決算に当たり，上記家賃の未払分を見越し計上した。
×2年4月1日　家賃の見越し分に関して再振替を行った。
×2年4月30日　契約により3ヶ月分の家賃を現金で支払った。

2.1.　(　　　　)［　　　　］(　　　　)［　　　　］(注)
3.31.　(　　　　)［　　　　］(　　　　)［　　　　］
4.1.　(　　　　)［　　　　］(　　　　)［　　　　］
4.30.　(　　　　)［　　　　］(　　　　)［　　　　］

(注) 契約が成立して，権利が確定しているので，将来，会計基準が改訂されたとき，仕訳を要求される可能性がある。しかし，現段階では「仕訳不要」が正解。(⇨第4章2節(2))

【課題5】〈発展〉消耗品に関する次の一連の取引を仕訳しなさい。なお，購入時に費用処理する方法（費用法）によること。⇦**【例題6】**

×1年7月23日　事務用の文房具類 240,000円分を一括して現金で購入した。
×2年3月31日　決算に当たり，文房具の未使用分 80,000円があったので，必要な処理を行った。
×2年4月1日　再振替を行った。

7.23.　(　　　　)［　　　　］(　　　　)［　　　　］
3.31.　(　　　　)［　　　　］(　　　　)［　　　　］
4.1.　(　　　　)［　　　　］(　　　　)［　　　　］

【課題6】〈発展〉**【課題5】**の取引を，購入時に資産処理する方法（資産法）により，仕訳しなさい。仕訳不要の場合は仕訳不要と書く。⇦**【例題7】**

7.23.　(　　　　)［　　　　］(　　　　)［　　　　］
3.31.　(　　　　)［　　　　］(　　　　)［　　　　］
4.1.　(　　　　)［　　　　］(　　　　)［　　　　］

〈基本〉
2　営業費とは何か

営業費とは，営業活動に関連して発生する，売上原価以外の営業上の費用をいう。内容は，販売活動に直接関連して発生する**販売費**と，販売に直接関連が認められない，企業全体の管理にかかわる**一般管理費**とからなる。

なお，売上原価と営業費はまとめて，**営業費用**といわれる。

営業費(「販売費及び一般管理費」(⇨第20章４節))の具体例：

発送費，保管費，給料，退職給付費用，法定福利費，広告宣伝費，交際費，旅費，交通費，通信費，保険料，水道光熱費，消耗品費，修繕費(⇨第12章５節)，租税公課，減価償却費（⇨第12章４節)，支払地代，支払家賃，雑費，貸倒引当金繰入(額)（⇨第８章３,４節，第９章６節)

【例題１】

次の取引の仕訳をしなさい。

⑴ 電話代 6,000円を現金で支払った。
⑵ 従業員に給料 320,000円を現金で支払った。
⑶ 固定資産税 150,000円の納税通知書が送付されてきたので，小切手を振出して支払った。
⑷ 今月分の電気料金 20,000円が普通預金口座から引落された。

	借方	金額	貸方	金額
⑴	(通信費)	6,000	(現金)	6,000
⑵	(給料)	320,000	(現金)	320,000
⑶	(租税公課)	150,000	(当座預金)	150,000
⑷	(水道光熱費)	20,000	(普通預金)	20,000

〈基本〉

3　立替金勘定，預り金勘定

従業員や役員，取引先などに対し立替払いをしたときは，一時的な短期債権をあらわす**立替金**勘定（資産）の借方に記入する。また立替払いした債権が返済された時には，貸方に記入する。さらに，立替金はその内容に応じて，「従業員立替金」「役員立替金」などと区分される。

逆に，従業員や役員，取引先などから一時的に金銭を預かったとき（例えば，従業員の社内預金や財形貯蓄など）は，**預り金**勘定（負債）の貸方に記入する。預り金の中でとくに重要なのは，給与所得者について「源泉徴収制度」を採用している企業が，給与から天引きした源泉徴収税額の預り金や社会保険料の預り金がある。これは他の預り金とは異なり，納付期限までに必ず国に支払わなければならない。このため**所得税預り金**勘定や**社会保険料預り金**勘定等，内容が明らかになる勘定科目名を用い，他の預り金勘定とは明確に区別して処理すべきである。なお，企業が自ら負担する社会保険料は，**法定福利費**勘定（費用）を用いて処理する。

【例題2】

次の取引の仕訳をしなさい。

(1)　従業員中村が会社の接待に使用している料理店において私的に飲食した代金20,000円の支払請求がきたので，給料から天引きする約束で，現金で立替払いした。

(2)　従業員中村の給料 290,000円を支給する際，所得税の源泉徴収分29,000円，従業員負担の健康保険料15,000円および厚生年金保険料21,000円を差引くとともに，上の立替金 20,000円を精算した差額 205,000円を，当座預金から中村の口座へ振込んだ。

(3)　上記，所得税の源泉徴収額を税務署へ現金で納入した。

(4)　上記の健康保険料および厚生年金保険料について，従業員負担額に会社負担額（従業員負担額と同額の 36,000円）を加えて現金で納付した。

	借方	金額	貸方	金額
(1)	(立　替　金)	20,000	(現　　金)	20,000
(2)	(給　　料)	290,000	(所得税預り金)	29,000
			(社会保険料預り金)	36,000
			(立　替　金)	20,000
			(当　座　預　金)	205,000
(3)	(所得税預り金)	29,000	(現　　金)	29,000
(4)	(社会保険料預り金)	36,000	(現　　金)	72,000
	(法定福利費)	36,000		

〈基本〉

4　仮払金勘定，仮受金勘定

現金などの支出があったものの，その段階では，相手勘定科目または金額が確定しない場合がある。例えば，出張する従業員に対して旅費交通費を一時的に概算払いしたときなどである。このような場合，**仮払金**勘定（資産）を用いて処理する。そして後日，正しい勘定科目または金額が確定したとき，速やかにその勘定へ振替える。

他方，仮払金勘定の対照をなすものに**仮受金**勘定（負債）がある。仮受金勘定は，現金などの収入があったものの相手勘定が決まらない場合または金額が未確定な場合などの債務をあらわす一時的な勘定である。仮払金勘定の処理と同様，正しい勘定科目または金額が確定したとき，速やかにその勘定へ振替えなければならない。仮払金勘定と仮受金勘定はいずれも「仮勘定」（一時的な勘定—将来，消去される勘定—）であり，決算において精算される。

【例題３】

次の取引の仕訳をしなさい。

10月30日　従業員西舘が出張するにあたり，旅費を概算で 10,000円，現金で支給した。

10月31日　西舘が出張から戻り，旅費の精算を行った。確定した旅費は，8,000円であり，残金は現金で受入れた。

11月10日　出張していた従業員西山から，当座預金に30,000円の振込みがあった。

11月13日　西山からの10日の入金は，得意先慶應商事の売掛金を回収したものであるとの報告を受けた。

10. 30.	（仮　払　金）	10,000	（現　　　金）	10,000
10. 31.	（旅　　　費）	8,000	（仮　払　金）	10,000
	（現　　　金）	2,000		
11. 10.	（当 座 預 金）	30,000	（仮　受　金）	30,000
11. 13.	（仮　受　金）	30,000	（売　掛　金）	30,000

【注】事業用ICカードの処理

企業が，事業用のICカードの処理に，仮払金勘定を用いることもある。即ち，チャージ（入金）したときに借方記入し，カードを使用したときには貸方記入する。貸方記入により，仮払金勘定から該当する勘定（例えば交通費勘定）に振替えることになる。

〈基本〉　5　費用の発生原因と期間損益計算

営業費は通常，支払いがあった時点で仕訳され，帳簿に記録される。しかし，費用そのものは，支払いの有無にかかわらず，サービス（役務ともいう）の提供を受けた時点で発生している（**発生主義**）。

サービスの提供を受けた時点と対価の支払時点とが同じ会計期間内に行われていれば，帳簿に記入されている費用が,「当期」の費用となる。しかし，費用には，サービス提供を受けた時点と支払（期中の記録）時点とが一致しないことが多い。具体的には，①支払いは完了しているが，それに見合うサービスの提供を受けていない場合（**前払の場合**）と，②サービスの提供は受けているが，それに見合う対価の支払いが完了していない場合（**未払の場合**）の２つがある。これらを放置しておけば，正しい期間損益計算を行えない。そこで，簿記では，決算において，すべての勘定が損益計算上正しい金額になるように修正を行う（⇨第４章２節(3)）。この修正のうち，①を**費用の繰延べ**，②を**費用の見越し**という。

次に，決算整理事項としての①と②の処理を説明する。

〈基本〉

6　費用の繰延べと見越し ⇨第15章３節，７節(決算)

〈 **注意！**　収益の繰延べと見越しは，第14章３節をみよ。 〉

(1) 費用の繰延べ

当期の費用として支払った金額のうち，次期以降の費用とすべき分は，その費用の勘定から控除すると同時に，新しく，資産勘定，通常，**前払費用**勘定を設けて，次期に繰越す。（⇦第４章４節(3)）これを「費用の繰延べ」という。

前払費用は，一定の契約に従い，時間の経過とともに継続してサービスの提供を受ける場合，まだ提供されていないサービスに対して支払われた対価をいう。前払費用には，例えば前払地代，前払利息などがある。

なお，前払費用は，商品仕入などの際，代金の一部または全額を支払った，手付金のような継続したサービス提供契約以外の契約などで用いられる「前払金」勘定とは異なる（⇨第５章６節）。

【例題４－１】（仕訳帳の記入⇨第４章４節）

次の取引の仕訳をしなさい。

×1年11月30日　12月から翌年５月末までの家賃６か月分 60,000円を現金で支払った。

×2年３月31日　決算を行う。（当期分 40,000円，翌期分 20,000円）

×2年４月１日　翌期が開始した。（再振替を行う⇦第４章４節（４））

11. 30.	（支　払　家　賃）	60,000	（現　　　　　金）	60,000
3 . 31.	（前　払　家　賃）	20,000	（支　払　家　賃）	20,000
4 . 1 .	（支　払　家　賃）	20,000	（前　払　家　賃）	20,000

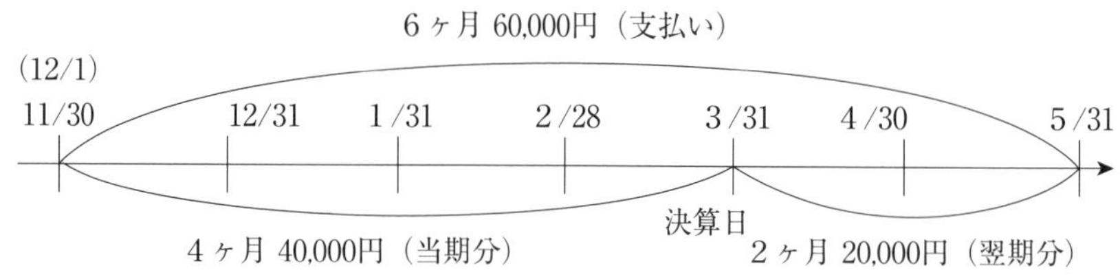

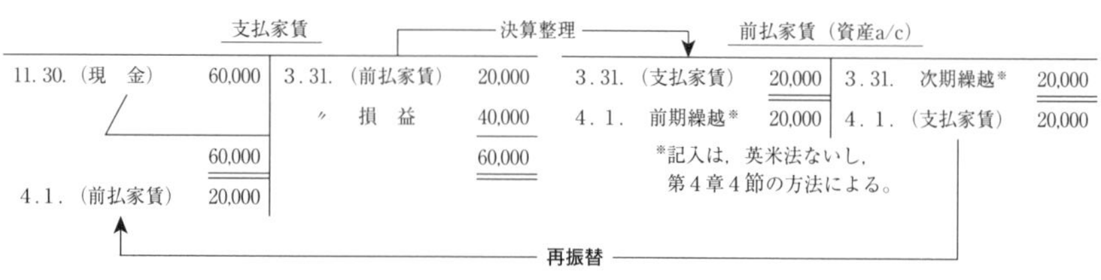

［注］上図は，同じ元帳で繰越される場合である。実際には新元帳となるので，第14章3節の〈元帳記入〉の図が正しい。

【例題４－１】では，11月30日に6か月分の家賃 60,000円を前払いしたとき，支払家賃勘定の借方に 60,000円が記入される。決算において，当期の支払家賃は4か月分 40,000円とされ，当期の費用とならなかった金額（20,000円）が，前払家賃として次期に繰延べられる。この金額 20,000円は，次の期にはその期の費用になるので，翌期首に前払家賃勘定から支払家賃勘定に振替える必要が生じる。この仕訳を**再振替仕訳**という。再振替により正しい費用の期間配分が行われる。

長期前払費用

１年を超える期間に関する費用を前払いした場合には，**長期前払費用**勘定を設けて，次期以降に繰越す。

【例題４－２】

1月1日に，事務所として使用する建物を月額 120,000円で賃借する契約を結び，２年分の家賃として 2,880,000円を小切手を振出して支払っていた（当期費用：120,000×３ヶ月）が，決算にあたり，前払分を繰延べた。決算日は3月31日。

（前　払　家　賃）	※1,440,000	（支　払　家　賃）	2,520,000
（長 期 前 払 家 賃）	※※1,080,000		

※120,000×12ヶ月＝1,440,000（翌期分）　※※120,000×９ヶ月＝1,080,000（翌期以降）

長期前払家賃は，貸借対照表上「長期前払費用」として，固定資産の「投資その他の資産」の部に計上される。⇨第20章３節

⑵ 費用の見越し

前払費用とは反対に，支払いが行われておらず帳簿に記入されていないが，当期の費用とすべきものがある。この場合，費用の勘定に記入すると同時に，支払うべき負債を表す**未払費用**勘定を設けて（⇦第４章４節⑶），その勘定に計上する。これを「費用の見越し」という。

未払費用は，一定の契約に従い，時の経過により継続してサービスの提供を受ける場合，すでに提供されたサービスに対していまだその対価の支払いが終わらないものである。未払費用には，例えば，未払地代，未払利息などがある。

なお，継続したサービス提供契約以外の契約による未決済項目である「未払金」とは異なる（⇨第12章３節）。

【例題５】（仕訳帳の記入⇨第４章４節）

次の取引を仕訳しなさい。

３月31日　決算において，確認したところ，（一定期間使用する）賃借契約により借りていた土地の当月分の地代 6,000円が未払いであることが分かった。

４月１日　翌期が開始した。（再振替を行う⇦第４章４節（４））

４月30日　３月分と４月分の地代 12,000円を現金で支払った。

3.31.	（支払地代）	6,000	（未払地代）	6,000
4.1.	（未払地代）	6,000	（支払地代）	6,000
4.30.	（支払地代）	12,000	（現　　金）	12,000

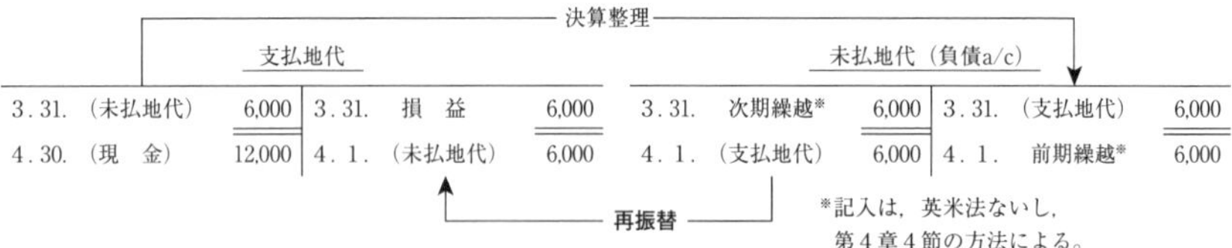

決算の行われた３月には，土地を使用しているにも関わらず，当期分の地代を払っていない。そこで，決算において，費用を計上するとともに，未払いの負債（未払地代）を計上する。

翌期首には，再振替を行う。これにより，翌期に２ヶ月分を支払ったとき，この金額全額が費用とはならず，翌期の1ヶ月分 6,000円のみが費用の金額になる。再振替により，前払いの時と同様に正しい費用の期間配分が行われる。

〈発展〉 7　消耗品の処理　－費用法と資産法－

費用の繰延べは,「前払」という名称を使用しない場合であっても，消耗品などの資産を処理する際にも行われる。消耗品は，例えば，事務用品（帳簿やボールペンなど）に代表される短期消費の物品をいうが，通常，これらは，購入時に「消耗品費」勘定（費用）に記入される。そして期末に未使用分があれば，その部分を「消耗品」（**【例題4－1】**前払家賃勘定に相当する。）とし，次期に繰越す。

【例題6】（費用法）

次の取引を仕訳しなさい。なお，購入時に費用とする処理する方法（**費用法**という）によること。

×1年9月20日　事務用文具 100,000円を，現金で購入した。

×2年3月31日　決算を行った。上記消耗品の未使用分が 20,000円あった。つまり，当期に使用した消耗品は 80,000円である。

×2年4月1日　翌期が開始した。（再振替を行う。⇨第4章4節（4））

9.20.	（消耗品費）	100,000	（現　金）	100,000
3.31.	（消耗品）	20,000	（消耗品費）	20,000
4.1.	（消耗品費）	20,000	（消耗品）	20,000

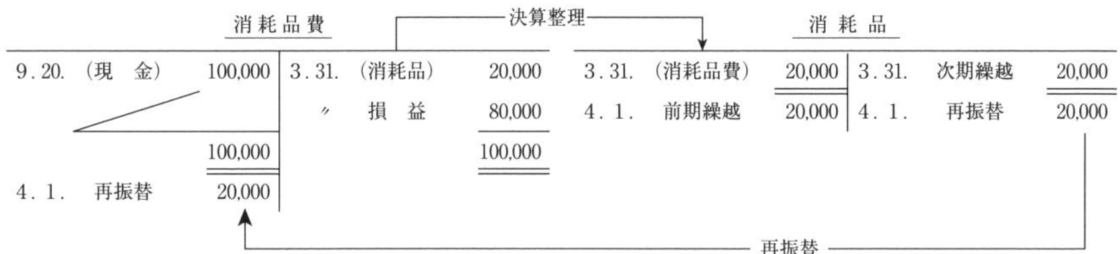

消耗品費
決算整理
消耗品
9.20.（現　金）100,000
3.31.（消耗品）20,000
〃　損　益　80,000
100,000
100,000
4.1.　再振替　20,000
3.31.（消耗品費）20,000
3.31.　次期繰越　20,000
4.1.　前期繰越　20,000
4.1.　再振替　20,000
再振替

消耗品が重要であるときは，「消耗品」勘定（資産）で処理し，消費分を，消費時あるいは決算時に一括して「消耗品費」勘定に振替える方法が取られる。

【例題７】（資産法）

【例題６】の取引を仕訳しなさい。なお，購入時に資産として処理する方法（**資産法**という）によること。

9.20.	（消　耗　品）	100,000	（現　　　金）	100,000
3.31.	（消 耗 品 費）	80,000	（消　耗　品）	80,000
4.1.	仕訳不要（再振替は不要）			

【例題７】の仕訳を元帳に記入すると，次のようになる。翌期の決算において，消耗品の消費が確認されたとき，**【例題６】**と同じく，消耗品勘定の20,000円が費用となる。

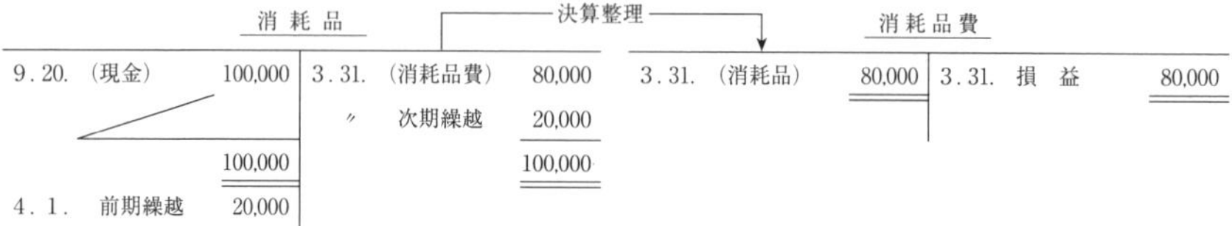

消耗品
決算整理
消耗品費
9.20.（現金） 100,000
3.31.（消耗品費） 80,000
〃 次期繰越 20,000
100,000
100,000
4.1. 前期繰越 20,000
3.31.（消耗品） 80,000
3.31. 損益 80,000

最初の仕訳で，**費用法**を採り，消耗品費勘定で処理しても，**資産法**を採り，消耗品勘定で処理しても，当期の費用の金額 80,000円と資産の金額 20,000円は同じになる。このように費用法と資産法の違いは，形式的にみると，再振替が行われるかどうかにある。

どちらの方法で処理を行うかについては，一般に，次のようにいわれている。すなわち，取引時において当期に費用になる可能性が高く，管理上，重要性がない場合には，費用法が採られ，資産として管理する必要上，資産として残る可能性が高い場合には，資産法が採られる。

（注）日商簿記においては，消耗品はすべて購入時に費用処理（「消耗品費」勘定で処理）し，期末に物品が残っていても資産計上を行わないこととなった。（結果として「簿外資産」が生じることになる。）

貯蔵品の処理〈基本〉

郵便切手や収入印紙などの換金性の高い資産については，財産管理や税務申告のために，厳密な資産計上が求められることがある。そのため，購入時には費用勘定で処理して（費用法），決算において，未使用分を費用勘定から「貯蔵品」勘定へ振替え，期末の資産として確認する。次期には元の費用へ振替える。

【例題８】

(1)　収入印紙 20,000円と郵便切手 8,000円を購入し，代金は現金で支払った。

(2)　決算において，未使用の収入印紙が 6,000円，未使用の郵便切手が 1,500円あった。

(3)　翌期首に，未使用の収入印紙 6,000円と郵便切手 2,000円を再振替した。

	借方	金額	貸方	金額
(1)	(租税公課)	20,000	(現金)	28,000
	(通信費)	8,000		
(2)	(貯蔵品)	7,500	(租税公課)	6,000
			(通信費)	1,500
(3)	(租税公課)	6,000	(貯蔵品)	7,500
	(通信費)	1,500		

各種の引当金の処理〈発展〉

上の級の検定試験に出題される引当金について説明しておく。これらは，役務（ここでは労働役務）の提供を受けたが，まだ，支払っていないという点で未払費用と同じである。ただし，時の経過とともに役務の提供を受けるわけではないので，再振替は行われない。

ここでは，例として，賞与引当金と退職給付引当金を取り上げる。(⇨商品保証引当金：第７章３節(7)，修繕引当金：第12章５節)

Ⅰ．賞 与 引 当 金

賞与支給規定等に基づいて支払われる従業員賞与の見積り額に対し「賞与引当金」を設定する。この引当費用は，販売費及び一般管理費である。取締役や監査役に対する役員賞与（役員賞与引当金）の簿記処理も同様である。

【例題９】

森山商事は決算（×２年３月31日）にあたり，従業員賞与（６月12月の年２回支給）を支給対象期間にもとづいて引当計上する。なお，×２年６月20日支給日の賞与の支払対象期間は，×1年12月1日から×2年5月31日までであり，当該支給見込額は 6,000,000円である。

(賞与引当金繰入(額))	*4,000,000	(賞与引当金)	4,000,000

*6,000,000× 4ヶ月/6ヶ月＝4,000,000

×2年6月20日に，予定どおり賞与6,000,000円が当座預金口座から支払われた。

(賞与引当金)	4,000,000	(当座預金)	6,000,000
(賞与)	2,000,000		

Ⅱ．退職給付引当金

企業は従業員を雇用している以上，退職金（一時金および年金）の手当てをする必要がある。金額の決定方法は，本書の範囲を超えるため触れないが，金額の処理のみを説明する。将来支払われる退職金のうち，当期に負担すべき金額を「退職給付引当金」勘定（負債）に繰入れるとともに，「退職給付費用」（もしくは「退職給付引当金繰入額」，「退職給付引当費」）勘定（費用）の借方に記入する。退職給付費用は，販売費及び一般管理費である。

また，退職金が従業員に支払われた際および適格退職年金（または厚生年金基金）に掛金を支払った際は，（退職給付債務を）引当てておく必要がなくなるため，「退職給付引当金」勘定の借方に記入して取崩す。

なお，支払われた退職金に当期負担分が含まれていた場合には，その分を「退職給付費用」（もしくは「退職金」）勘定の借方に記入し，当期の負担分とする。

【例題10-1】

退職給付引当金の当期の繰入額は 120,000円である。

(退職給付費用)	120,000	(退職給付引当金)	120,000

【例題10-2】　定年退職した従業員に労働協約に基づいて，退職金 1,000,000円を現金で支払った。なお，退職給付引当金は従業員全体に対して 6,000,000円が設定されている。

(退職給付引当金)	1,000,000	(現金)	1,000,000

【例題10-3】　適格退職年金に掛金 200,000円を当座預金口座より振込んだ。

(退職給付引当金)	200,000	(当座預金)	200,000

第12章　営業を支える固定資産の記録と管理

1　本章で勉強すること

本章で学ぶ基本的な記録

①固定資産の取得（小切手を振出し購入）→３節

B/S・資産⇦	（備　　　品）	1,000,000	（当　座　預　金）	1,000,000	⇨B/S・資産減少

②固定資産の費用化（減価償却）→４節

［直接法］

P/L・費用⇦	（減　価　償　却　費）	90,000	（備　　　品）	90,000	⇨B/S・資産減少

［間接法］

P/L・費用⇦	（減　価　償　却　費）	90,000	（備品減価償却累計額）	90,000	⇨B/S・資産評価

③固定資産の現金での売却（［間接法］で処理している）→６節

B/S・資産⇦	（現　　　金）	140,000	（備　　　品）	1,000,000	⇨B/S・資産減少
資産評価の消去⇦	（備品減価償却累計額）	900,000	（固定資産売却益）	40,000	⇨P/L・収益

その他，複雑な処理（主なもの）

・固定資産の修繕の処理 →５節

P/L・費用⇦	（修繕引当金繰入額）	2,000	（修　繕　引　当　金）	2,000	⇨B/S・負債

・建設仮勘定 →７節

B/S・資産⇦	（建　設　仮　勘　定）	600,000	（当　座　預　金）	600,000	⇨B/S・資産減少
B/S・資産⇦	（建　　　物）	10,000,000	（建　設　仮　勘　定）	600,000	⇨B/S・資産減少
			（当　座　預　金）	9,400,000	⇨B/S・資産減少

本章のワークブック

【課題１】〈基本〉 備品を 2,800,000円で購入し，代金のうち 800,000円は小切手を振出して支払い，残額については，購入の際に要した引取運賃 80,000円，据付費 120,000円とともに，後日支払うこととした。⇦**【例題１－１】**

（　　　　　）［　　　　　］（　　　　　）［　　　　　］
（　　　　　）［　　　　　］

【課題２】〈基本〉 【課題１】の備品の減価償却を，次の条件で行った。⇦**【例題２】**

残存価額：300,000円，耐用年数：10年，定額法，間接法。

（　　　　　）［　　　　　］（　　　　　）［　　　　　］

【課題３】〈発展〉建物の修繕と改良を行い，代金 1,200,000円を小切手を振出して支払った。支出額のうち，700,000円は建物の価値を増加させる支出と認められた。⇦【例題５−１】

（　　　　　）［　　　　　］（　　　　　）［　　　　　］
（　　　　　）［　　　　　］

【課題４】〈発展〉次の取引を仕訳しなさい。⇦【例題６】

(1) 決算に際し，次期に行う機械設備の修繕の当期負担費用 300,000円を見積り計上した。

（　　　　　）［　　　　　］（　　　　　）［　　　　　］

(2) 上の修繕を実施し，修繕費 500,000円を小切手を振出して支払った。

（　　　　　）［　　　　　］（　　　　　）［　　　　　］
（　　　　　）［　　　　　］

【課題５】〈基本〉車両（取得原価 5,000,000円，減価償却累計額 3,600,000円）を 2,000,000円で売却し，代金は月末に受取ることとした（なお，間接法によって記帳している）。⇦【例題７】

（　　　　　）［　　　　　］（　　　　　）［　　　　　］
（　　　　　）［　　　　　］（　　　　　）［　　　　　］

【課題６】〈発展〉次の取引を仕訳しなさい。⇦【例題12】

(1) 建設会社に社屋の建設を依頼し，建設請負価額 100,000,000円のうち，40,000,000円を小切手を振出して支払った。

（　　　　　）［　　　　　］（　　　　　）［　　　　　］

(2) 上記の社屋が完成し，引渡しを受けて，建設請負価額の未払分を小切手を振出して支払った。

（　　　　　）［　　　　　］（　　　　　）［　　　　　］
　　　　　　　　　　　　　　（　　　　　）［　　　　　］

〈基本〉　2　営業を支える固定資産とは何か　⇨第20章３節

営業を支える固定資産は，土地や店（建物）やショーケース（備品）などのように，商売を行っていくうえで必要な資産である。これらの資産は１年以上の長期にわたって使用される。つまり，企業内に長く留まっている。したがって，販売を目的とした商品などの資産とは，はっきりと区別される。

建物や備品には，減価償却という費用配分（支出の配分）の手続きを行う。ただし，土地は減価償却を行わない。なお，金額の小さい営業資産は，購入したときに，費用とする処理が行われる（⇨第11章７節）。

〈基本〉　3　固定資産の取得

固定資産を取得したときは，その資産の購入に要した価額（取得原価）によって記録する(注)(⇦第５章４節(注)：**取得原価主義**)。資産を購入する場合，買入代金以外に，仲介手数料，引取運賃，据付費用などの諸費用が発生する。これらの諸費用を**付随費用**という。固定資産の「取得原価」は，買入代金に付随費用を含めて計算し（つまり，固定資産の取得原価＝買入代金＋付随費用となる。⇦第５章４節），固定資産の勘定の借方に記入する。

（注）実務上，金額が 100,000円未満の物品は，税法に従い，当期の費用として処理される。このように取得したときにすべて消費されたとみなした（物として存在するが，帳簿には計上されない）資産を特に「**簿外資産**」という。

【例題１－１】

事務用機器を 700,000円で購入した。代金のうち 300,000円は小切手を振出し支払い，残額は未払いとなっている。なお，購入の際に要する引取運賃5,000円は現金で支払い，据付費 35,000円の代金は未払いとなっている。この取引を仕訳しなさい。

（備　　品）	740,000	（当　座　預　金）	300,000
		（現　　金）	5,000
		（未　払　金）(注)	435,000

（注）固定資産を購入したが，その代金をまだ支払っていない場合には，買掛金勘定ではなく，「**未払金**」勘定（負債）を用いる。商品売買取引における未払いの金額（買掛金）と勘定科目のうえで区別し，債務を管理するためである（⇨第８章２節）。
また，代金のうち小切手を振出して支払った残額を手形を振出して支払いにあてた場合には，次のように処理する。

（備　　品）	740,000	（当　座　預　金）	300,000
		（現　　金）	5,000
		（営業外支払手形）	400,000
		（未　払　金）	35,000

なお，営業外支払手形（⇦第９章３節（３））を「備品購入支払手形」と明細を示す方法もある。

割賦購入〈発展〉

固定資産の購入代金を分割払い（割賦購入）したさい，支払総額に利息が含まれていることがあり，この利息相当額を分離計算できる場合には，固定資産の取得原価は現金購入価額で記録し，支払総額に含まれる利息相当額を別記する。利息相当額の処理としては，次の２つの方法が考えられる。

「費用勘定（支払利息）として計上する方法」

・購入時に，利息相当額を支払利息勘定に記録する。

・決算時に，次期以降に帰属する利息を前払利息勘定（または長期前払利息勘定）に記録して繰延べる。

・翌期首に，繰延べた前払利息について，再振替を行う。

「資産勘定（前払利息）として計上する方法」

・購入時に，利息相当額を前払利息勘定に記録する。

・決算時に，当期に帰属する利息相当額を前払利息勘定から支払利息勘定に振替える。（割賦金の支払時に，利息相当額を支払利息勘定に振替える場合もある。）

【例題１−２】

次の取引を，利息相当額を「費用勘定として計上する方法」により仕訳しなさい。

×1年12月１日　営業用の車両（現金販売価額 4,800,000円）を割賦契約で購入した。代金は，頭金として 960,000円を小切手を振出して支払い，残額は，月末毎に支払期限が順次到来する額面 340,000円の約束手形12枚（¥340,000×12＝¥4,080,000）を振出した。

×2年３月31日　支払期限の到来した約束手形が当座預金口座から引落とされた。決算にあたり，必要な決算整理を行った。車両運搬具は，残存価額を取得原価の10%，耐用年数５年の定額法で減価償却を行う。減価償却費は月割計算する。前払利息：(240,000÷12)×８ヶ月(⇨第11章６節)

×2年４月１日　翌期首が開始した。(必要な再振替を行う。)

×1.12.1.	（車両運搬具）	4,800,000	（当座預金）	960,000
	（支払利息）	240,000	（営業外支払手形）	4,080,000
×2.3.31.	（営業外支払手形）	340,000	（当座預金）	340,000
	（前払利息）	160,000	（支払利息）	160,000
	（減価償却費）	288,000※	（車両運搬具減価償却累計額）	288,000
×2.4.1.	（支払利息）	160,000	（前払利息）	160,000

※ $(4{,}800{,}000 - 480{,}000) \div 5 \times \frac{4}{12}$

(注) 月末毎に次の仕訳が行われる。【例題1−２】も同じ。

（営業外支払手形）	340,000	（当座預金）	340,000

【例題１－３】

【例題１－２】の取引を，利息相当額を「資産勘定として計上する方法」で仕訳しなさい。

×1.12.1.	（車両運搬具）	4,800,000	（当座預金）	960,000
	（前払利息）	240,000	（営業外支払手形）	4,080,000
×2.3.31.	（営業外支払手形）	340,000	（当座預金）	340,000
	（支払利息）	80,000	（前払利息）	80,000
	（減価償却費）	288,000	（車両運搬具減価償却累計額）	288,000
×2.4.1.	再振替は，不要。			

固定資産の圧縮記帳　〈発展〉

国庫補助金や工事負担金などの交付を受けて固定資産を取得した際は，補助金などに相当する金額を取得原価から控除することができる。減額（圧縮）された補助金相当額（固定資産圧縮損）は，税法上，損金として扱われ，益金としての補助金の額と相殺され，補助金を受けた期の課税所得は減額される。ただし，取得した資産が償却性の固定資産であった場合，取得原価（要償却額）が減額されることで当該固定資産の各期の減価償却費が減少し，課税所得がその分だけ増加する。つまり，圧縮記帳は（補助された期の補助金収入への）課税の繰延べの効果をもつ。

【例題１－４】

小切手を振出して取得した建物10,000,000円について，国庫補助金として4,000,000円を受入れ（当座預金に預入れ），国庫補助金の圧縮記帳を行う。

（建物）	10,000,000	（当座預金）	10,000,000
（当座預金）	4,000,000	（国庫補助金）(注)	4,000,000
（建物圧縮損）(注)	4,000,000	（建物）	4,000,000

（注）建物の価額は，6,000,000円となり，減価償却費（毎期の費用(損金)）は少なくなり，利益を高める。なお，国庫補助金(益金)4,000,000－建物圧縮損(損金) 4,000,000＝0　となる。

〈基本〉

4　固定資産の償却

(1) 減価償却の意義と目的

土地や後述する建設仮勘定を除いて，固定資産は，通常，使用または時の経過に伴って価値が減少し，やがては使用できなくなる。しかし，固定資産の価値の減少を，それが使用できなくなったときに一度に費用としてしまうことは正しくない。つまり，資産を使用した各会計期間に費用として配分すべきであり，徐々に固定資産の帳簿価額を減額していく必要がある。

減価償却は，固定資産の価値の減少を一定の方法で計算し，各会計期間の費用として計上するとともに，その金額だけ固定資産の帳簿価額を減少させる手続きである。この手続きに従って帳簿に記録される費用を**減価償却費**（費用）という。減価償却は，資産の価値を評価しているのではなく，適正な損益計算を行うことを目的として，各会計期間に費用（支出）を配分する手続きである。

(2) 減価償却費の計算要素

減価償却費の計算には，**取得原価**，**残存価額**，**耐用年数**の３つの要素を必要とする。

「残存価額」とは固定資産が使用できなくなり,処分するときにいくらで売却できるかを見積った額である。簿記検定では，残存価額は（かつての税法の規定に従い）取得原価の10％とすることもある(注)。

「耐用年数」とは，固定資産を使用できると見積られた年数であり，固定資産の利用寿命を意味する。耐用年数を決定するためには，物として古くなったり（「物理的減価」という），時代遅れになり,陳腐化する（使用しなくなる）こと（「機能的減価」という）を十分に考慮する必要もある。

減価償却費の計算にはこのように見積りの要素が含まれ，**定額法**や**定率法**などの複数の会計処理方法がいずれも正しい方法として認められている。

（注）税法では，平成19年４月１日以降の取得した有形固定資産について，残存価額を廃止し，備忘価額（１円）まで償却することとなっている。

(3) 減価償却の記帳方法

減価償却の記帳方法には，**直接法**（実務上，特許権など無形固定資産に適用される―ただし，簿記検定の基本的な級ではこの方法が問われる―）と**間接法**（備品など有形固定資産に適用される）の２つの方法がある。

「直接法」は，減価償却費を「減価償却費」勘定の借方に記入し，同額を固定資産の勘定の貸方に記入して，減価償却した金額を毎期固定資産の価額から直接的に減額する方法である。直接法を採用すると，期末時に固定資産の帳簿価額のみが表示され，その取得原価および減価償却の累計額は表示されない。

「間接法」は，減価償却費を，減価償却費勘定の借方に記入するとともに，「減価償却累計額」勘定の貸方に記入し，帳簿価額を，固定資産の勘定から償却した金額を差引き間接的に求める方法である。間接法では，固定資産は取得原価のまま繰越され，減価償却累計額は毎期減価償却の計算を行うごとに増加していく。これにより，固定資産の取得原価とこれまでの減価償却費の累計額が表示される。「減価償却累計額」勘定は，固定資産ごとに設けられ，その価額を評価する役割を果たす**評価勘定**である（⇨第８章４節）。つまり，この勘定は，相手勘定のマイナスを意味する勘定である（⇨第20章３節）。取得原価を維持するのは，その資産の形が見た目では変らないためであるとされる。

期末時における備品の減価償却費が５万円と計算される場合，間接法と，これを無形固定資産に採用される直接法による仕訳で示すと，次のようになる。

《間接法》	（減　価　償　却　費）	50,000	（備品減価償却累計額）	50,000
《直接法》	（減　価　償　却　費）	50,000	（備　　　　　　品）	50,000

(4) 定額法による減価償却の計算

定額法は，取得原価から残存価額（処分価額）を差引いた金額を耐用年数で割り，毎期の減価償却費を計算する方法である。

$$\text{減価償却費} = \frac{\text{取得原価} - \text{残存価額}}{\text{耐用年数}}$$

定額法では，**図表１**のように毎期一定金額の減価償却費が計上される。

【例題2】

（期首に取得した）取得原価 1,000,000円，残存価額（処分価額）100,000円，耐用年数8年の備品の毎期の減価償却費を計算するとともに，決算整理仕訳を行いなさい。決算は年1回である。間接法によること。

$$減価償却費 = \frac{1,000,000円 - 100,000円}{8年} = 112,500円$$

仕訳：（減　価　償　却　費）　112,500　（備品減価償却累計額）※　112,500

※備品勘定は減らない。

（注）直接法による場合は，（減価償却費）　112,500　（備　品）　112,500　となり，備品勘定が直接減る（⇨**無形固定資産**（本章6節末尾）；第20章3節）。

図表1　定額法による減価償却

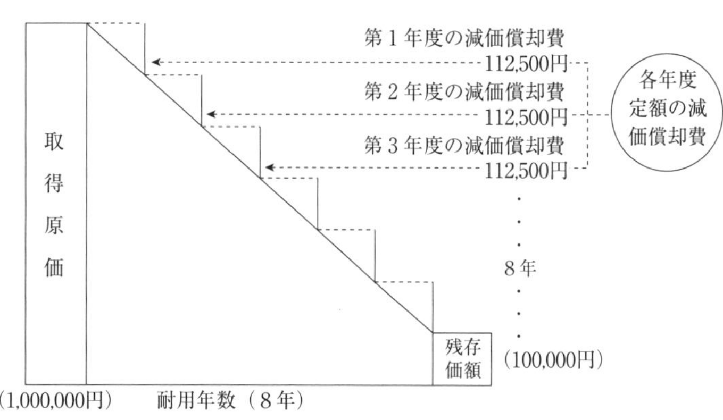

（注）112,500×8年+100,000=1,000,000

第1年から第3年度までの備品勘定と備品減価償却累計額勘定の記入を示す。なお，同じ元帳で繰り越される場合である。実際には会計期間ごとに新帳簿に記帳する。

備　品　〈50〉

4. 1.		1,000,000	3. 31.	次期繰越	1,000,000
4. 1.	前期繰越	1,000,000	3. 31.	次期繰越	1,000,000
4. 1.	前期繰越	1,000,000	3. 31.	次期繰越	1,000,000

備品減価償却累計額　〈51〉

3. 31.	次期繰越	112,500	3. 31.		112,500
3. 31.	次期繰越	225,000	4. 1.	前期繰越	112,500
			3. 31.		112,500
		225,000			225,000
3. 31.	次期繰越	337,500	4. 1.	前期繰越	225,000
			3. 31.		112,500
		337,500			337,500

（注）3年度末の帳簿価額：662,500
帳簿価額は毎期 112,500円ずつ減少していく。

(5) 定率法による減価償却の計算

①旧定率法

定率法（ここでは，旧定率法による）は，固定資産の帳簿価額（初年度は取得原価）に一定率を掛けた金額を毎期の減価償却費とする方法である。

減価償却費＝未償却残高×償却率

未償却残高は，取得原価から減価償却累計額を差引いた金額である。この計算式における償却率は，以下の算式によって計算する。

$$\text{償却率} = 1 - \sqrt[\text{耐用年数}]{\frac{\text{残存価額}}{\text{取得原価}}}$$

備品の取得原価を1,000,000円，残存価額を100,000円，耐用年数を８年とすると，その償却率，毎期の減価償却費および期末の帳簿価額は次のようになる。

$$\text{償却率} = 1 - \sqrt[8]{\frac{¥100{,}000}{¥1{,}000{,}000}} = 0.25$$

第１年目：1,000,000円×0.25＝250,000円　期末の帳簿価額：750,000円
第２年目：　750,000円×0.25＝187,500円　期末の帳簿価額：562,500円
第３年目：　562,500円×0.25＝140,625円　期末の帳簿価額：421,875円

定率法を採用すれば，**図表２**のように，減価償却費が当初は多くなり，年数の経過に従って徐々に減少していく(注)。これに対し，定額法では，毎決算期の減価償却費は一定額である。

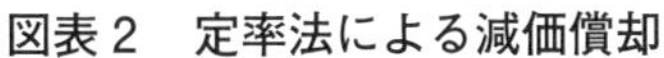

図表２　定率法による減価償却

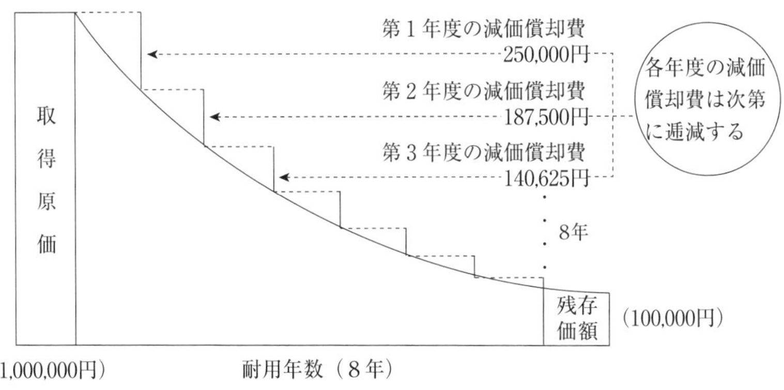

（注）後の会計期間に修繕のための支出（⇨５節）が増加していくような固定資産に対しては，定率法を用いることによって毎期の費用負担を平準化することができる。

②新定率法

平成19年度税制改正を受けて，平成19年4月1日以降，残存価額をゼロとする新定率法が開始されており，平成19年4月1日から平成24年3月31日までに取得した有形固定資産に対しては「250％定率法」が適用され，平成24年4月1日以降に取得した有形固定資産に対しては，「200％定率法」が適用される。前述の「旧定率法」も含め，有形固定資産の取得時期と適用される償却方法をまとめると，次のようになる。

平成19年3月31日以前に取得	旧定率法
平成19年4月1日から平成24年3月31日までに取得	250％定率法
平成24年4月1日以降に取得	200％定率法

ここでは，「200％定率法」のみ，ごく平易に説明する（⇨第21章2節（2）③参照）。200％定率法は，定額法の償却率に200％を乗じた率を償却率とする。つまり，次の式で通常償却率ｒは計算される。なお，ｎは耐用年数である。

$$\text{通常償却率}\ r = \frac{1}{n} \times 200\%$$

例えば，備品（取得原価1,000,000円，残存価額０円，耐用年数８年）を「200％定率法」により減価償却を行った場合は，「１÷８年×200％」となり，ｒは0.25となる。また，通常償却額（未償却残高に通常償却率ｒを乗じた金額）が，償却保証額（取得原価に償却保証率（上記の備品では0.07909）を乗じた金額）を下回る会計年度から残存耐用年数による均等償却に変更される。当該年度以降の減価償却費は，通常償却額が償却保証額を下回った会計年度の帳簿価額（改定取得価額）に改定償却率（上記の備品では0.334）を乗じた金額となる。

	1	2	3	4	5	6	7	8
期首簿価	1,000,000	750,000	562,500	421,875	316,406	237,304	158,044	78,784
減価償却費	250,000	187,500	140,625	105,469	79,102	79,260	79,260	78,783
期末簿価	750,000	562,500	421,875	316,406	237,304	158,044	78,784	1

※第6年度の通常償却額59,326(=237,304×0.25)が償却保証額79,090(=1,000,000×0.07909)を下回るため，第6年度から改定償却率を用いる。また，最終年度は備忘価額1円を残すように償却する。なお，償却保証率と改定償却率は『減価償却資産の耐用年数等に関する省令』に規定されている。

固定資産の費用化：生産高比例法と取替法〈発展〉

固定資産費用の計算法には，本文以外に，「生産高比例法」や「取替法」などがある。検定試験のために，(1)生産高比例法と(2)取替法を説明する。

(1) 生産高比例法

固定資産のなかには，自動車や航空機のように，経済的に使用可能な総量を見積ることができ，当期の使用量も把握することができるものがある。このような固定資産は，総使用可能量に対する当期使用量の割合に基づいて，減価償却費を計算する。

$$減価償却費 = (取得原価 - 残存価額) \times \left(\frac{当期使用量}{総使用可能量}\right)$$

【例題３】

取得原価 3,000,000円，残存価額 300,000円，見積総走行距離 6,000kmのタクシーの当期の実際走行距離は 500kmであった。生産高比例法により減価償却費を計算し，間接法で記帳する。

(減価償却費)	225,000	(車両運搬具減価償却累計額)	225,000

(2) 取替法

取替法は，同種の物品が多数集まって１つの全体を構成し，老朽品の部分的な取替えを繰返すことによって全体が維持される固定資産に対して，取替えた費用を当期の費用（収益的支出）とする方法である。これが適用される資産は，鉄道業におけるレール，枕木，信号機，電力業における送電線，ガス事業における需要者用ガス計量器などである。なお，取替えが行われても固定資産の帳簿価額には影響しない。

【例題４】

枕木 50本(@￥20,000)を取替え，代金は小切手を振出し支払った。

(取替費)	1,000,000	(当座預金)	1,000,000

取替法においては，最初に取得したときの固定資産の帳簿価額がそのまま維持される。今，新路線付設に要した枕木の取得原価総計が 90,000,000円であったとする（小切手を振出し支払ったとする）と，次のように仕訳され，軌道設備勘定は，その後，枕木が取り替えられても（上のように費用処理され），不変のままとなる。

(軌道設備)	90,000,000	(当座預金)	90,000,000

〈発展〉

5　改良と修繕および修繕引当金

所有している固定資産について，付属設備の取付けや建物の改築などの改良によって資産の価値を高めるか，または耐用年数を延ばすような支出を**資本的支出**という。この場合，その支出額は，固定資産の取得原価に含め，固定資産の勘定に記入する。その後，減価償却により耐用年数（使用期間）に配分される。

これに対し，単に固定資産の現状を回復または維持するための支出を行った場合，これを**収益的支出**という。その支出額は，資本的支出とは区別して，「修繕費」勘定（費用）で処理し，当期の費用とする。

資本的支出と収益的支出を区分することは，適正な損益計算にかかわる重要な問題である。

【例題５－１】

建物の改良と修繕を行い，その代金 2,500,000円を小切手を振出して支払った。支出額のうち，1,800,000円は建物の価値を増加させる支出と認められた。この取引を仕訳しなさい。

（建　　物）	1,800,000	（当 座 預 金）	2,500,000
（修 繕 費）	700,000		

資本的支出の計算法

固定資産への支出額が，資本的支出と収益的支出の両方に該当する場合，次の算式によって，資本的支出の金額を計算する。

① 支出が耐用年数を延長させる場合

$$支出額 \times \frac{耐用年数の延長期間}{支出後の耐用年数} = 資本的支出$$

② 支出が価値を増価させる場合

支出後の価額－支出時の予想価額＝資本的支出

【例題５−２】

森山商事は，建物（耐用年数45年，取得後20年経過）について大規模な改修を行い，小切手 6,000,000円を振出し支払った。この改修の結果，耐用年数が5年延長した。①の方法による。

（建　　物）	※1,000,000	（当 座 預 金）	6,000,000
（修 繕 費）	5,000,000		

※$6{,}000{,}000 \times \frac{5}{25+5}$

固定資産を耐用年数にわたって使用するためには，固定資産の修繕を行う必要がある。営業活動の都合で，当期中に行う予定の修繕を次期に回した場合，その費用は当期が負担すべきである。したがって，決算時に，当期の費用として「修繕引当金繰入額」勘定または「修繕引当費」勘定（費用）で処理するとともに，この支出予定額を「修繕引当金」勘定（負債）の貸方に記入する。

【例題６】（⇦第８章**【例題５】**）

次の取引を仕訳しなさい。

(1) 決算に際して，次期に行う機械設備の修繕の当期負担分 250,000円を見積り計上した。

（修繕引当金繰入額）	250,000	（修 繕 引 当 金）	250,000

(2) (1)の修繕を実施し，修繕費 286,000円を小切手を振出して支払った。

（修 繕 引 当 金）	250,000	（当 座 預 金）	286,000
（修 繕 費）	36,000		

〈基本〉
6　固定資産の売却と除却

(1) 固定資産の売却

固定資産が不要になり，売却した場合には，固定資産の帳簿価額と売却額との差額を，「固定資産売却益」勘定（収益）または「固定資産売却損」勘定（費用）で処理する。なお，間接法によって記帳していれば，固定資産の帳簿価額は，取得原価から，その評価勘定である減価償却累計額を差引いた金額となる。

【例題７】

取得原価 1,800,000円，減価償却累計額 1,500,000円の備品を 400,000円で売却し，代金は月末に受取ることにした（なお，間接法によって記帳している）。この取引を仕訳しなさい。

（備品減価償却累計額）	1,500,000	（備　　　品）	1,800,000
（未　収　金）	400,000	（固定資産売却益）	100,000

（注）固定資産を売却したが，その代金をまだ受取っていない場合には，売掛金勘定ではなく，「**未収金**」勘定（資産）を用いる。商品売買取引における未収の金額（売掛金）と勘定科目のうえで区別して，債権を管理するためである（⇨第８章２節，なお，売掛金は毎月一定日に入金される）。
手形で受取ったときには，「営業外受取手形」勘定を使用する（⇦第９章３節(3)）。

(2) 固定資産の除却・廃棄

耐用年数の経過などにより，固定資産が使用できなくなり廃棄するときには，固定資産を帳簿から除外する必要がある。これを**除却**という。固定資産の除却も，売却の場合と同様に，固定資産勘定の貸方にその取得原価を記入し，減価償却累計額を「減価償却累計額」勘定の借方に記入する。固定資産が売却も再使用もできず，廃棄処分する場合には，固定資産の帳簿価額を「固定資産除却損」勘定（費用）の借方に記入する。

除却した固定資産に処分価値があり，廃品などとして売却できるときには，その売却額を見積もり，その額を「貯蔵品」勘定（資産）の借方に記入する。固定資産の帳簿価額と貯蔵品の金額との差額は，「固定資産除却損」勘定または「固定資産除却益」勘定（収益）に記入する。

【例題８】

取得原価 300,000円，減価償却累計額 252,000円の備品を除却することにしたが，まだ使用可能なため，倉庫に保管した。なお，その処分価値の評価額は 30,000円と見積もられた。この取引を仕訳しなさい。

（備品減価償却累計額）	252,000	（備　品）	300,000
（貯　蔵　品）	30,000		
（固定資産除却損）	18,000		

固定資産の買換え〈発展〉

使用して古くなった固定資産を下取りに出し，新しい固定資産に買い替える場合がある。このような取引については，いったん古い資産を公正な市場で売却・換金し，その上で新しい資産を購入したと考えて記録を行う（ただし，現金の動きは記録されない）。

【例題９】

期首に，新車両（定価 2,000,000円）に買い替えるため，使用中の車両（取得原価 2,000,000円，減価償却累計額 1,560,000円）を 540,000円で下取りに出し，小切手 1,460,000円を振出して支払った。なお，旧車両の売却時価（予想）は 500,000円であった。

（車両運搬具減価償却累計額）	1,560,000	（車両運搬具）	2,000,000
（車両運搬具）	※1,960,000	（固定資産売却益）	60,000
		（当座預金）	1,460,000

※2,000,000－(540,000－500,000)

これは，実際に現金のやり取りは行われていないが，次のように仕訳したものと同じである（現金を相殺すれば，上の仕訳と同じになる。）。

旧車両の売却：	（車両運搬具減価償却累計額）	1,560,000	（車両運搬具）	2,000,000
	（現　金）	500,000	（固定資産売却益）	60,000
新車両の購入：	（車両運搬具）	1,960,000	（現　金）	500,000
			（当座預金）	1,460,000

下取価格のうち，売却時価を上回る40,000円は，事実上，新車両購入代金の値引き分となる。

固定資産の滅失と未決算〈発展〉

企業が営業活動を続けていく中で，固定資産が火災，盗難などの被害（実体の滅失）を被ることがある。このような場合，減少した資産の価値に相当する

額を該当する固定資産の勘定の貸方に記入して帳簿価額を切下げ，借方は臨時損失として処理する。(⇨第20章４節)

企業は，そのような危険に対し，あらかじめ資産に損害保険をかけて，毎期一定額の保険料を支払う。そして，実際に，焼失・盗難などの被害にあえば，保険金を請求するが，この時点では保険会社から受取ることのできる保険金の金額は確定していない。この場合に，一時的に使用する勘定科目を**未決算勘定**(「火災未決算」勘定や「盗難未決算」勘定）という。

受取ることのできる保険金の額が確定したら，未決算勘定を取消し，未収金などの勘定に振替える。保険金額が被害にあった資産の帳簿価額を上回るときは，その差額を「保険差益」勘定（収益）の貸方に記入し，下回るときは「火災損失」勘定(損失)もしくは「盗難損失」勘定(損失)の借方に記入する。

【例題10】

次の取引の仕訳を示しなさい。

(1)　聖学商事は，火災により保険付の倉庫（取得原価 5,000,000円，火災直前の減価償却累計額 2,880,000円）を焼失したので，保険会社に保険金の請求を行った。なお，倉庫には商品（取得原価 120,000円）も保管されていた。三分法による。

借方	金額	貸方	金額
(建物減価償却累計額)	2,880,000	(建　　　　物)	5,000,000
(火　災　未　決　算)	2,240,000	(仕　　　　入)	120,000

(2)　保険会社より，上記の倉庫及び商品に関する保険金 2,400,000円を普通預金に振込んだ旨の通知を受けた。

借方	金額	貸方	金額
(普　通　預　金)	2,400,000	(火　災　未　決　算)	2,240,000
		(保　険　差　益)	160,000

無形固定資産：商標権，のれん，ソフトウェア（自社使用のもの）〈発展〉

企業は，土地や建物などの有形の営業資産だけでなく，商標権や意匠権，特許権などのような無形の固定資産も営業活動に利用している。無形固定資産は，⑴法律上の権利・契約上の使用権，⑵のれん，⑶ソフトウェア（自社使用のもの，なお，販売目的のものは，本書の範囲外）の３つに分類することができる。

無形固定資産の取得原価は，他の固定資産と同様に，その取得に要した全額であり，当該資産の「有効期間」にわたり，一定の償却方法により，取得原価を各事業年度に配分する。ただし，無形固定資産は使用し尽すと価値が無いのが一般的であり，残存価額はゼロとして計算する。(販売目的の）ソフトウェアを除けば，その償却方法は「定額法」，表示法は「直接法」(⇦**【例題２】**(注))

が適用される。なお，償却の際の費用の勘定科目名も「減価償却費」ではなく，例えば「商標権償却」といった表現が採られる。

「のれん」とは，企業もしくは事業（以下，企業等とする）の買収時に，その企業等の収益力が大きいこと等の理由から，取得した企業等の取得原価が，取得した資産及び引受けた負債に配分された純額を超過する場合に計上される無形固定資産をいう。のれんは，20年以内のその効果が及ぶ期間にわたって，定額法その他の合理的な方法により規則的に償却しなければならない。

「(自社使用の）ソフトウェア」とは，社内の作業のために使用するコンピュータのソフトウェアであり，その購入費と制作費が取得原価となる。その耐用年数は、税法により5年と定められている。

以下では，(1)商標権の償却法　(2)のれんの償却法　(3)ソフトウェアの処理を示す。

【例題11】

次の取引の仕訳を示しなさい。

(1)　取得価額 200,000円，有効期間10年の商標権を定額法により償却する。

（商標権償却）　20,000　（商標権）　20,000

(2)　他の企業を事業買収した際に，のれん 30,000円が生じている。当該のれんを，期間20年で定額法により償却する。

（のれん償却）　1,500　（のれん）　1,500

(3)　4月1日(期首)に，ソフトウェア 240,000円を取得し，同日より事業の用に供した。代金は当座預金から支払った。当該ソフトウェアは自社使用のものであり，その使用により将来の費用削減が確実であると認められたため，資産として計上する。

（ソフトウェア）　240,000　（当座預金）　240,000

3月31日(決算日）に，上記のソフトウェアを償却する。償却方法は，税法に従い取得時における当該ソフトウェアの見込使用可能期間5年に基づく定額法による。

（ソフトウェア償却）　48,000　（ソフトウェア）　48,000

〈基本〉　7 固定資産台帳

固定資産台帳は，固定資産の管理のために，資産の種類や用途別に口座を設けて，その明細を記録する補助簿（補助簿：商品有高帳⇨第6章2節，または補助元帳⇨第８章２節）である。固定資産台帳は，建物台帳，備品台帳，機械台帳，土地台帳のように所有する資産の種類ごとに作成する（⇨第16章２節）。

建　物　台　帳

所在地	駿大200番地	耐用年数	10 年
面　積	3,000m^2	残存価額	ゼロ
用　途	店舗	償却方法	新定率法（償却率 0.2）

年	月	日	摘　要	取得原価	減価償却費	処分額	現在高	備　考
×1	4	1	購　入	1,000,000			1,000,000	
×2	3	31	減価償却		200,000		800,000	
×3	3	31	減価償却		160,000		640,000	
×4	3	31	減価償却		128,000		512,000	

〈発展〉

8　建設仮勘定

建物などのように建設工事が長期にわたる場合，工事代金を一部支払ったとしても，工事が未完成ならば建物などの勘定に計上できない。そこで建設に要した支出額を完成までの間，一時的に記録する勘定を「建設仮勘定」(資産）という。建設仮勘定に記録された金額は，建設工事が完成し，依頼主に引渡されたときに，「建物」などの勘定に振替える。

【例題12】

次の取引を仕訳しなさい。

(1) 建設会社に社屋の建設を依頼し，建設請負価額 45,000,000円のうち，15,000,000円を小切手を振出して支払った。

（建設仮勘定）	15,000,000	（当座預金）	15,000,000

(2) (1)の社屋が完成し，引渡しを受けて，建設請負価額のうち未払分30,000,000円を小切手を振出して支払った。

（建　物）	45,000,000	（建設仮勘定）	15,000,000
		（当座預金）	30,000,000

[練習問題]〈基本・発展〉

問１〈基本〉第１期期首（×１年４月１日）に，定価 1,950,000円の備品を10回払いの割賦で購入し，そのうち頭金として 50,000円は小切手を振出して支払った。また，据付費用 50,000円は現金で支払った。この取引を仕訳しなさい。

問２〈基本〉上記の備品（残存価額は取得原価の10％とし，200,000円となる，耐用年数８年）(決算日×２年３月31日）について，以下のそれぞれの方法で，当期(第１期)の減価償却費の計算を行いなさい。

ただし，定率（r）$= 1 - \sqrt[8]{\frac{1}{10}} = 0.25$とする。

1）定額法
2）定率法

問３〈基本〉問２の定額法による場合の仕訳を，直接法および間接法のそれぞれの方法で行い，各勘定に記入しなさい（なお，問１の仕訳も勘定に反映させ，各勘定を締切ること)。

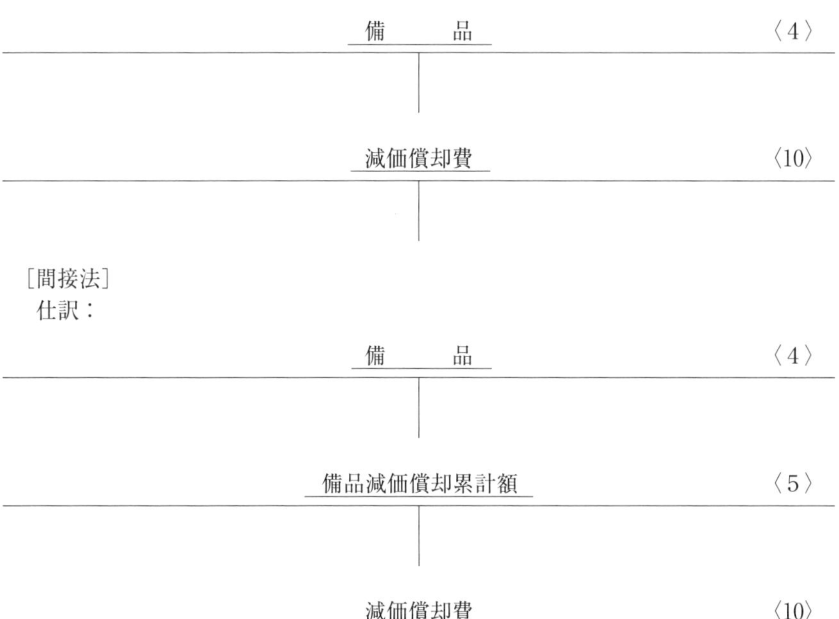

問4 〈発展〉第5期期首に，当該備品を修理し，修理費用 25,000円は現金で支払った。

問5 〈基本〉第8期期末に，当該備品（減価償却は定額法，間接法で処理）を210,000円で売却し，代金は次月末に受取ることとした（なお，第8期の減価償却は未だ行っていない）。

問6 〈発展〉第8期期末に，当該備品を売却せずに倉庫に保管することにしたが，その処分価値は 180,000円と見積もられた際の仕訳を行いなさい（なお，第8期の減価償却はすでに行われたものとする）。

〈解答〉

問1	×1. 4. 1.（備　　品）	2,000,000	（当座預金）	50,000
			（未 払 金）	1,900,000
			（現　　金）	50,000

問2　1）定額法（2,000,000 − 2,000,000×0.1）÷ 8 ＝ 225,000

　　　2）定率法　2,000,000 × 0.25 ＝ 500,000

問3

［直接法］

仕訳：×2. 3. 31.（減価償却費）	225,000	（備　　品）	225,000

備　　品　〈4〉

×1. 4. 1.		2,000,000	×2. 3. 31.		225,000
			〃	次期繰越	1,775,000
		2,000,000			2,000,000
×2. 4. 1.	前期繰越	1,775,000			

減価償却費　〈10〉

×2. 3. 31.		225,000	×2. 3. 31.	損　　益	225,000

[間接法]

仕訳：×2. 3. 31.　（減価償却費）　225,000　（備品減価償却累計額）　225,000

備　　品　〈4〉

×1. 4. 1.		2,000,000	×2. 3. 31.	次期繰越	2,000,000
×1. 4. 1.	前期繰越	2,000,000			

備品減価償却累計額　〈5〉

×2. 3. 31.	次期繰越	225,000	×2. 3. 31.		225,000
			×2. 4. 1.	前期繰越	225,000

減価償却費　〈10〉

×2. 3. 31.		225,000	×2. 3. 31.	損　　益	225,000

問4	×5. 4. 1.	（修　繕　費）	25,000	（現　　金）	25,000
問5	×9. 3. 31.	（減価償却費）	225,000	（備　　品）	2,000,000
		（備品減価償却累計額）	1,575,000	（固定資産売却益）	10,000
		（未　収　金）	210,000		
問6	×9. 3. 31.	（備品減価償却累計額）	1,800,000	（備　　品）	2,000,000
		（貯　蔵　品）	180,000		
		（固定資産除却損）	20,000		

リース会計〈発展〉

リース取引とは，特定の物件の所有者である貸し手（レッサー）が，その物件の借り手（レッシー）に対して，リース期間にわたり，これを使用する権利を与え，借り手はリース料を貸し手に支払う取引である。実質的に売買とみなされる一定の条件を満たしたリース取引を**ファイナンス・リース取引**といい，賃貸借とみなされるリース取引を**オペレーティング・リース取引**という。

「ファイナンス・リース」取引の場合，借り手である会社は，原則としてリース取引開始日に，通常の売買処理に準じた処理を行い，リース物件を**リース資産**勘定（資産），これにかかる債務を**リース債務**勘定（負債）に記帳する。なお，リース資産は，他の固定資産と同様，減価償却の対象となる。

通常，リース期間は長期にわたるため，借り手が支払うリース料の総額は，当該リース物件を現金で購入した際に支払うであろう金額（見積現金購入価額）よりも高くなる。この支払リース料総額と見積現金購入価額との差額は，リース期間にわたる利息としての性格をもっている。この利息相当額の処理については，**利子込み法**と**利子抜き法**がある。

(1)「利子込み法」による処理

利子込み法は，借り手が支払うリース料総額に含まれている利息相当額を利息として区分せず，リース取引開始日に，支払リース料総額の金額でリース資産・リース債務を計上する。また，リース料の支払日に，当期のリース料支払額でリース債務を減額する。

(2)「利子抜き法」による処理

利子抜き法は，借り手が支払うリース料総額に含まれている利息相当額を利息として区分して計上するため，リース取引開始日には，当該リース物件の見積現金購入価額（リース料総額に含まれている利息相当額を控除した金額）で，リース資産・リース債務を計上する。また，リース料の支払日には，リース料支払額から，利息相当額をリース期間にわたり毎期一定の方法で配分した金額を控除した金額でリース債務を減額し，利息相当額の配分額を支払利息として計上する。なお，利息相当額は，原則として，リース期間にわたり利息法（本書の対象外）により配分するが，ここでは簡便法としての「定額法（リース期間にわたり均等額で配分する方法）」により配分するものとする。

「オペレーティング・リース」取引の場合（⇨第11章２節）には，通常の賃貸借取引に準じた会計処理を行い，支払リース料を当期の費用として計上する。例えば，当月の備品のリース料150,000円を現金で支払った場合には，次の仕訳を行う。

（支払リース料）　150,000　（現　　金）　150,000

【例題13】

以下の条件に基づいて，①リース取引開始日（４月１日），②リース料の支払日（３月31日），③決算日（３月31日）の簿記処理を，⑴ 利子込み法，⑵ 利子抜き法（利息は定額法で処理すること）で示しなさい。

［条件］

×１年４月１日（×1年度）に，リース会社と機械装置のリース契約を結び，リース取引を開始し，同日，リース資産（機械装置）の引き渡しを受けた。このリース取引は「ファイナンス・リース取引」と判定した。

リース期間：５年（リース物件の経済的耐用年数もこれに等しいものとする）

借手の見積現金購入価額：2,400,000円

リース料：年額 500,000円（支払いは３月31日に当座預金から行う）

→リース料総額 2,500,000円（¥500,000×５年）

リース資産の減価償却法：定額法(残存価額 0円，耐用年数５年)，記帳法は間接法

⑴ 利子込み法

①	4．1．	（リース資産）	2,500,000	（リース債務）	2,500,000
②	3．31．	（リース債務）	500,000	（当座預金）	500,000
③	3．31．	（減価償却費）	500,000	（リース資産減価償却累計額）	500,000

⑵ 利子抜き法（定額法）

①	4．1．	（リース資産）	2,400,000	（リース債務）	2,400,000
②	3．31．	（リース債務）	480,000	（当座預金）	500,000
		（支払利息）	※20,000		
③	3．31．	（減価償却費）	480,000	（リース資産減価償却累計額）	480,000

※(2,5000,000－2,400,000)÷５年

（注）利子込み法による減価償却費500,000円＝利子抜き法による減価償却費480,000円＋支払利息20,000円

※2023年５月に企業会計基準公開草案第73号「リースに関する会計基準（案）」が公開されたため，今後，リース取引に関する会計処理が変更される可能性がある。

第13章　資金調達活動の記録と管理

1　本章で勉強すること

本章で学ぶ基本的な記録

①証書借入れ

B/S・資産⇦	（当 座 預 金）	1,500,000	（短期借入金）	1,500,000	⇨B/S・負債

②手形による借入れ

B/S・資産⇦	（当 座 預 金）	1,500,000	（手形借入金）	1,500,000	⇨B/S・負債

③手形の割引き

B/S・資産⇦	（当 座 預 金）	900,000	（受 取 手 形）	1,000,000	⇨B/S・資産減少
P/L・費用⇦	（手形売却損）	100,000			

本章のワークブック

【課題1】〈基本〉　次の一連の取引を仕訳しなさい。⇦**【例題1】**

1．1,000,000円を，期間６ヶ月，利率年１％で借用証書により借入れ，当座預金口座に入金を受けた。

（　　　　　　）［　　　　　　］（　　　　　　）［　　　　　　］

2．６ヶ月後，上の借入金を，利息とともに当座預金から返済した。

（　　　　　　）［　　　　　　］（　　　　　　）［　　　　　　］
（　　　　　　）［　　　　　　］

【課題2】〈基本〉　次の一連の取引を仕訳しなさい。⇦**【例題2】**

1．取引銀行に対し，同行宛の約束手形を振出して1,000,000円を借入れ，当座預金口座に入金を受けた。

（　　　　　　）［　　　　　　］（　　　　　　）［　　　　　　］

2．上の借入金の支払期日が到来し，利息 10,000円とともに，当座預金口座から引落された。

（　　　　　　）［　　　　　　］（　　　　　　）［　　　　　　］
（　　　　　　）［　　　　　　］

【課題3】〈発展〉　次の一連の取引を仕訳しなさい。⇦**【例題3】**

1．2,000,000円を借用証書によって借入れ，利息が差引かれ，手取金が当座預金口座に入金された。期間９ヶ月，利率年１％。なお，担保としてＡ株式会社の株式（帳簿価額 @¥1,000，時価 @¥980）を2,000株差入れた。

（　　　　　　）［　　　　　　］（　　　　　　）［　　　　　　］

(　　　　　)［　　　　　］
(　　　　　)［　　　　　］(　　　　　)［　　　　　］

2．9ヶ月後，上の借入金を当座預金から返済し，担保としていた有価証券の返還を受けた。

(　　　　　)［　　　　　］(　　　　　)［　　　　　］
(　　　　　)［　　　　　］(　　　　　)［　　　　　］

【課題4】〈発展〉次の一連の取引を仕訳しなさい。⇦**【例題5-1】**

1．C商店より受入れた約束手形 2,000,000円を，取引銀行で割引いた。割引料 20,000円を差引かれ，手取金が当座預金口座に入金された。保証債務の時価評価額は手形額面金額の1％である。

(　　　　　)［　　　　　］(　　　　　)［　　　　　］
(　　　　　)［　　　　　］
(　　　　　)［　　　　　］(　　　　　)［　　　　　］

2．上記手形が支払期日に決済されたため，保証債務を取崩す。

(　　　　　)［　　　　　］(　　　　　)［　　　　　］

【課題5】〈発展〉【課題4】1．の割引手形について，支払人の支払拒絶のため遡求を受け，拒絶証書作成費その他費用計 46,000円とともに，全額を当座預金から支払った。⇦**【例題6】**

(　　　　　)［　　　　　］(　　　　　)［　　　　　］
(　　　　　)［　　　　　］(　　　　　)［　　　　　］

【課題6】〈発展〉社債について，次の一連の取引を仕訳しなさい。

1．4月1日に，額面総額 10,000,000円の社債を1口（@￥100円当たり）@￥98，利率年1％，利払年2回（9月，3月の各末日），償還期限5年の条件で発行し，払込金は当座預金とした。なお，発行に要した諸費用 500,000円は小切手を振出して支払った。⇦**【例題8】**

4．1 (　　　　　)［　　　　　］(　　　　　)［　　　　　］
(　　　　　)［　　　　　］(　　　　　)［　　　　　］

2．決算日（3月31日）の仕訳を行いなさい。払込金額と額面金額の差額は償却原価法（定額法）にもとづいた金額で処理する。発行費の償却は償還期限までの定額法で行う。⇦**【例題10】**

3．31 (　　　　　)［　　　　　］(　　　　　)［　　　　　］
(　　　　　)［　　　　　］(　　　　　)［　　　　　］
(　　　　　)［　　　　　］(　　　　　)［　　　　　］

3．満期償還日の仕訳を行いなさい。なお，支払いは当座預金から行う。⇦**【例題11】**

3．31 (　　　　　)［　　　　　］(　　　　　)［　　　　　］
(　　　　　)［　　　　　］(　　　　　)［　　　　　］
(　　　　　)［　　　　　］(　　　　　)［　　　　　］
(　　　　　)［　　　　　］(　　　　　)［　　　　　］

【課題7】〈発展〉　増資に関する次の一連の取引を仕訳しなさい。⇦**【例題12】**（⇨第3章）

1．1,000,000株を1,000株（1単位）当たり 50,000円で発行することとなり，発行価額の1/2の申込金が払込まれた。払込まれた金額は別段預金とする。

(　　　　　)［　　　　　］(　　　　　)［　　　　　］

2．新株の発行のためにかかった諸費用 500,000円を当座預金から支払った。

(　　　　　)［　　　　　］(　　　　　)［　　　　　］

3．残りの1/2の申込金が払込まれた。

(　　　　　)［　　　　　］(　　　　　)［　　　　　］

4．増資手続が完了した。なお，別段預金も当座預金に預け替える。

①資本金の金額を会社法が定める原則的な金額とする場合

(　　　　　)［　　　　　］(　　　　　)［　　　　　］
(　　　　　)［　　　　　］(　　　　　)［　　　　　］

②資本金の金額を会社法が定める最低額とする場合

(　　　　　)［　　　　　］(　　　　　)［　　　　　］
(　　　　　)［　　　　　］
(　　　　　)［　　　　　］(　　　　　)［　　　　　］

〈基本〉　2 資金の借入れ　⇦第14章2節 貸付け

(1) 証書借入れ

会社の運営においては営業資金や設備資金が必要である。その際，銀行や取引先など(注)から，借用証書を用いて資金を調達する。これを「証書借入れ」という。銀行から借入れを行った時には，銀行口座に資金が入金され，預金が増加し，返済する義務が発生する。このような資金を借入れた場合に生じた債務額は「借入金」勘定（負債）を用いて表示する。

(注)会社の役員（取締役，会計参与および監査役）からの借入金は，通常の借入金と区別し**役員借入金**勘定（負債）を用いる。

【例題1】

森山商事は，取引銀行から，1,000,000円を，期間9ヶ月，利率年3％で，借用証書により借入れ，その資金が当座預金に入金された。

（当座預金）	1,000,000	※（短期借入金）	1,000,000

9ヵ月後に，利息とともに当座預金から返済したときは，次の仕訳となる。

（短期借入金）	1,000,000	（当座預金）	1,022,500
（支払利息）	22,500		

※貸借対照表作成のためには，借入金を短期と長期（支払期日が1年を超えるもの）に分ける。

(注)銀行からの借入れの場合，予め利息が差し引かれるのが一般的である。この場合，上の仕訳は次のようになる。利息分，使える資金が少なくなる。

借入時：	（当座預金）	977,500	（短期借入金）	1,000,000
	（支払利息）	22,500		
返済時：	（短期借入金）	1,000,000	（当座預金）	1,000,000

(2) 手形による借入れ

会社は銀行や取引先などから資金を借入れる際に，借用証書の代わりに，手形（一般には，約束手形）を利用する。というのも，手形の不渡りは会社の信用を著しく損なうため貸倒れのリスクが低くなるのはもちろん，貸付先の企業が倒産したとき，裁判上，債権の回収手続きが容易になるからである。簿記では，このような資金の借入れのために振出される手形債務は,「手形借入金」勘定（負債）を用いて表示する。(⇦第９章３節(3))

【例題２】

森山商事は，取引銀行から，同行宛の約束手形を振出し，1,000,000円を借入れ，その資金が当座預金に入金された。(⇦第９章３節)

（当　座　預　金）1,000,000　（手 形 借 入 金）1,000,000

上の借入金 1,000,000円の支払期日が到来し，利息 22,500円とともに，当座預金口座から引落された。

（手 形 借 入 金）1,000,000　（当　座　預　金）1,022,500
（支　払　利　息）　22,500

〈発展〉

3　有価証券の差入れ　⇦第14章４，５，６，７，８節

手形による借入れと同様に，会社は資金を借入れる際に，有価証券を担保として差入れることで返済を保証し，資金調達を円滑に行うことができる。差入れた有価証券の所有権は移転しないが，貸付先が管理しているので，手持ちの有価証券のように自由に処分できない。したがって，両者を区別するために，(1) 差入れた有価証券を帳簿価額で（該当する）「有価証券」勘定（売買目的有価証券やその他有価証券など）から「差入有価証券」勘定（資産）に振替え，(2) 返済時には，有価証券が返却されるので，差入れ時の反対仕訳を行う。

【例題３】

森山商事は，帝京商店から 1,000,000円を借用証書によって借入れた。利息を差引かれ，手取金が当座預金に入金された。期間６ヶ月，利率年５％。なお，担保として武蔵野商事株式会社の株式（帳簿価額@￥900，時価@￥1,000，その他有価証券（⇦第14章８節）として保有）を1,000株差入れた。

（当　座　預　金）　975,000　（短　期　借　入　金）　1,000,000
（支　払　利　息）　25,000
（差 入 有 価 証 券）　900,000　（投 資 有 価 証 券）　900,000

6ヶ月後に，森山商事は，帝京商店に借入金 1,000,000円を当座預金から支払い，担保の有価証券の返済を受けた。

（短 期 借 入 金）　1,000,000　（当　座　預　金）　1,000,000
（投 資 有 価 証 券）　900,000　（差 入 有 価 証 券）　900,000

保管有価証券と預り有価証券〈発展〉

金銭貸付け（資金融資）の担保もしくは営業保証金の代用として，その企業から有価証券を預かる場合がある。この場合，有価証券を預かった企業は，手元にある自己所有の有価証券と区別するために，「保管有価証券」（資産）勘定の借方と「預り有価証券」（負債）勘定の貸方に，そのときの時価（または額面金額）で記入する。なお，この二つの勘定は**対照勘定**であり，返却したときには逆仕訳を行う。（※対照勘定とは，借方・貸方とも同一金額で発生し，同時に消滅する貸借一対の勘定をいう。⇦第7章3節(3)）

【例題】　次の取引の仕訳をしなさい。

帝京商店は，東経商事から営業保証金の代用として高崎商会の株式2,000株（東経商事における1株当たり帳簿価額￥320，時価￥330）を預かった。

（保 管 有 価 証 券）　660,000　（預 り 有 価 証 券）　660,000

〈発展〉　4－1　債権の割引きと譲渡 （⇨4－2 保証債務）

会社は，決済資金をはじめとする運営資金など資金が必要になったとき，手持ちの債権（通常は，売掛金と受取手形，営業外受取手形や手形貸付金などの場合もある。）を取引銀行に売却（割引）して資金を得るか，権利を取引先に譲渡することにより決済を行う。ここでは，この取引の例として，売掛金の売却ないし譲渡および手形の割引を説明する。

【例題4－1】

(1) 取引銀行へ得意先南山商事に対する売掛金 2,000,000円を1,950,000円で売却し，代金が普通預金口座に振込まれた。

（普通預金）	1,950,000	（売掛金）	2,000,000
（債権売却損）	50,000		

(2) 仕入先駿河台商事に対する買掛金の支払いにあたり，得意先西武商店に対する売掛金（残高 1,400,000円）のうち，600,000円を譲渡することにつき，駿河台商事と西武商店の双方から同意を得たため，これを駿河台商事へ譲渡した。（⇦第9章3節）

（買掛金）	600,000	（売掛金）	600,000

売掛金の売却ないし譲渡の場合は，「保証債務」の計上が必要であるが，これについては，次の4－2節（【例題5－1】）をみること。

【例題4－2】

森山商事が，売上代金の決済のために受取っていた創価商事振出しの約束手形 1,000,000円を取引銀行で割引いた。割引料 20,000円が差引かれ，手取金が当座預金に入金された。

（当座預金）	980,000	（受取手形）	1,000,000
（手形売却損）	20,000		

手形を割引いた場合は，「保証債務」の計上が必要であるが，これについては，次の4－2節（【例題5－1】）をみること。

［注意！］日商2級では，割引日数と年利率を示して割引料を計算させる問題が出題されることがある。その際，割引料（売却損）は「債権金額×年利率×割引日数／365日」で計算される。

〈発展〉

4－2　債権の保証債務

債権の割引きや譲渡（4－1節の取引）は，その債権が決済されなかったときに，債権の売却（割引）ないし譲渡人が，債権の支払人にかわって，債権代金を支払わなければならない義務を伴う。これを債権の「遡求義務」という。簿記上，割引ないし譲渡時には，この遡求義務に伴う将来損失の見込み（偶発債務）を計上する記録が必要となる。この見込み負債を時価評価により「保証債務」勘定（負債）を用いて記録する。そのときの相手勘定は「保証債務費」勘定（費用）を用いる。例えば，割引手形保証債務費勘定（費用）は，割引いた手形が，将来，不渡りになるかもしれない確率上の損失（危険）を，手形割引ないし譲渡時点で時価評価したときの相手勘定である。

【例題5－1】

得意先創価商事から受取っていた同商事振出しの約束手形 1,000,000円を取引銀行で割引き，割引料 20,000円が差引かれ，手取金は当座預金に入金された。保証債務の時価評価額は手形額面金額の1％とする。

（当座預金）	980,000	（受取手形）	1,000,000
（手形売却損）	20,000		
（割引手形保証債務費）	10,000	（割引手形保証債務）	10,000

【例題5－2】

上記手形が支払期日に決済された。

（割引手形保証債務）	10,000	（割引手形保証債務費） または（割引手形保証債務取崩益）	10,000

（注）決済時に，貸方を「割引手形保証債務費」勘定とするのは，決済が割引と同一期間に生じたとき，保証債務の消滅の記入（借方）とともに保証債務費の相殺消去を行うためである。一方，前期に発生した保証債務が決済された場合には，論理上は，割引手形保証債務取崩益勘定を用いるのが正しい。しかし，簿記検定では，厳密な区分は行わず，前期・当期を問わずに「保証債務取崩益」勘定を使用することが多い。

割引手形が，支払期日に不渡りとなった場合には，手形代金のほか，償還請求するための費用を含めた金額を，「不渡手形」勘定（資産）の借方に記録するとともに，割引手形保証債務勘定を取崩す。

【例題６】（⇨第９章７節）

【例題５－１】の割引手形が不渡りとなった旨を銀行より通知され，拒絶証書作成費とその他諸費用の合計 30,000円とともに全額，当座預金から引落された。手形は銀行から返還され，得意先創価商事に償還請求した。

（不渡手形）	1,030,000	（当座預金）	1,030,000
（割引手形保証債務）	10,000	（割引手形保証債務費）	10,000

その後，この不渡手形が回収不能となったため，貸倒れ処理した（⇨第９章７節）。

（貸倒損失）	1,030,000	（不渡手形）	1,030,000

遡求義務に伴う将来損失の見込み（偶発債務）を計上する方法としては，対照勘定を用いて備忘的に記録する方法もある。債権の割引きや譲渡以外にも，他者が債務を返済できなくなったときにその債務者に代わって債権者に支払うことを約束した債務の保証の場合にも，その偶発債務を記録しておく必要がある。この場合，偶発債務は，「保証債務見返」勘定と「保証債務」勘定という一対の対照勘定を用いて，債務額で計上する。

【例題７】

森山商店から同店の借入金2,000,000円の保証人となることを求められ，これを引き受けた。偶発債務は対照勘定を用いて備忘記録を行う。

（保証債務見返）	2,000,000	（保証債務）	2,000,000

森山商店が支払不能となり，債権者より債務の支払いを延滞利息32,000円とともに請求されたので，小切手を振出して支払った。

（未収金）	2,032,000	（当座預金）	2,032,000
（保証債務）	2,000,000	（保証債務見返）	2,000,000

債務者が債務を返済した場合，あるいは債務者が返済不能になり代わりにその債務を支払うことが確定した場合は，偶発債務は消滅する。偶発債務の記録を取り消すためには，備忘記録を行った際の反対仕訳を行う。なお，債務者の代わりに支払った場合，債務者に対する債権を，支払った延滞利息の金額も含めて「未収金」勘定で処理する。

〈発展〉

5 社　　債

会社は，広く一般大衆に社債を発行することで，銀行等からの借入れ（【例題１】）よりも比較的柔軟な条件設定で大量の資金調達を行うことができる。社債の所有者に対して，会社は一定の利息（社債利息―通常「利札」による―）を支払い，額面金額を返済（償還）する。この借入れを「社債」勘定（負債）に記録する。以下，(1) 社債発行時，(2) 社債利息支払時，(3) 決算時，および(4) 社債償還時のそれぞれの時点における記録を示す。

(1) 社債の発行

社債の発行には，発行価額と額面金額の関係から次の３つの形態がある。

① 平価（へいか）発行 … 額面金額で発行する方法

② 割引発行 … 額面金額より低い価額で発行する方法

③ 打歩（うちぶ）発行 … 額面金額より高い価額で発行する方法

いずれの場合にも，払込額（受取額）を社債勘定の貸方に記入する。

社債の発行のためには，募集のための広告費，金融機関等の取扱手数料，印刷費，登録免許税などの支出が必要となる。こうした費用は「社債発行費」勘定（費用）を用いて，原則，支出時に営業外費用として処理する。ただし，繰延資産として繰延べ経理をすることもできる（⇨【例題９】）。

【例題８】

森山商事（決算日３月31日）が，４月１日に，社債額面総額10,000,000円

（償還期間5年，利率年1％，利払日9月と3月の各末日の年2回）を，@¥100あたり@¥98で発行し，手取金を当座預金とし，社債の発行に要した支出額300,000円を，小切手を振出して支払った。

4.1.	(当座預金)	9,800,000	(社　　債)	※9,800,000
	(社債発行費)	300,000	(当座預金)	300,000

※@¥98×100,000単位

⑵ **社債利息の支払い**（社債券に付いている利札により行われる（⇨第10章2節）。）

社債を発行している会社は，一定日（通常年2回）に利息を支払わなければならない。利息の金額は，額面金額に契約利率を乗じて算定する。利息の支払いには，「社債利息」勘定（費用）を用いる。

【例題9】

【例題8】の社債について，9月30日に利息を当座預金から支払った。

9.30.	(社債利息)	※50,000	(当座預金)	50,000

※$(10{,}000{,}000 \times 0.01) \times \frac{6}{12}$

（注）「利札」による支払いの場合には，利札を預入れられた金融機関から社債の事務を委託された銀行（信託銀行）への請求により，当該会社の預金口座から引落される。なお，利札の受取側の仕訳は，第10章2節【例題1】(7)（⇨第14章6節【例題6】）。

⑶ **決算時の処理**

① **社債の評価（償却原価法の適用）**（⇨第14章6節）

社債を額面金額と異なる金額で発行（割引発行または打歩発行）した場合，当該差額を償還期にいたるまで毎期一定の方法で社債の帳簿価額に加減する（「償却原価法」の適用）。加減額は社債利息勘定で処理する。

② **社債発行費の償却**

社債発行費を，繰延資産とした場合は，社債の償還までの期間にわたり「利息法」（本書の対象外）により償却しなければならない。ただし，継続して適用することを条件にして，「定額法」を採用することができる。

【例題10】

【例題８】の社債について，３月31日に利払日と決算日の仕訳を行う。なお，払込金額と額面金額の差額は償却原価法（定額法）にもとづき償却する。社債発行費も同様に償還期間にわたり定額法で償却する。

3.31.	（社債利息）	50,000	（当座預金）	50,000
	（社債利息）	※40,000	（社債）	40,000
	（社債発行費償却）	※※60,000	（社債発行費）	60,000

※(10,000,000 − 9,800,000) ÷ 5年　　※※ 300,000 ÷ 5年

(4) 社債の償還

社債を返済することを社債の償還といい，償還方法には次の３つがある。

① 満期償還 … 満期日に全額を一度に償還する方法。

② 抽選償還 … 期日前に分割して償還する方法。抽選により償還する社債を決める。

③ 買入償還（買入消却） … 償還日前に，自己の社債を市場で買入れて消却する（債券を消滅させる）方法。

【例題11】

【例題８】の社債について，満期償還時の仕訳を行う(注)。

3.31.	（社債利息）	40,000	（社債）	40,000
	（社債）	10,000,000	（当座預金）	10,000,000

(注)同時に，社債の利息も決済され（支払われ），社債発行費も償却される。

（社債利息）	50,000	（当座預金）	50,000
（社債発行費償却）	60,000	（社債発行費）	60,000

なお，社債の買入償還（買入消却）の場合には，買入価額と社債の帳簿価額との差額は，「社債償還益」勘定（収益）もしくは「社債償還損」勘定（費用）として処理する（⇨第20章4節）。

〈発展〉

6 増　資 ⇦第3章3節（設立の場合）

株式会社は，借入れのほかに，新たに株式を発行して資金を調達することができる。これを**増資**という。増資に際しても，会社法は原則として払込まれた全額を「資本金」とするように定めているが，払込まれた金額の2分の1までを資本金とせず，「資本準備金」とすることが認められている（⇨第3章3節）。

なお，新株式の払込みの期日は，株式の申込みの期日より後になるのが普通で，会社は払込まれた金額「新株式申込証拠金」（日商簿記では「株式申込証拠金」勘定で処理）をしばらく預かる。この金額は「別段預金」勘定に記録される。

新株式申込証拠金は，増資が完了したときに，「資本金」（および「資本準備金」）となる。

新株の発行に支払われた諸費用は,「株式交付費」勘定に計上され，原則として，支出時に営業外費用として処理する。ただし，企業規模の拡大のためにする資金調達などの財務活動に係る株式交付費は繰延資産として計上することができる。この場合，株式発行後3年以内のその効果の及ぶ期間にわたって，定額法により償却を行う。

【例題12】

増資について次の仕訳を行いなさい。

(1) 1,000,000株を 1,000株(1単位)あたり 100,000円の価額で発行することとなり，発行価額全額の1/2の申込金が払込まれた。

(別　段　預　金)	50,000,000	(新株式申込証拠金)	50,000,000

(2) 新株の発行のために，募集のための広告費，金融機関等の取扱手数料，

印刷費，登録免許税など計 600,000円を当座預金から支払った。

（株式交付費）	600,000	（当座預金）	600,000

(3) 上記増資について，残りの1/2の払込みが行われた。

（別段預金）	50,000,000	（新株式申込証拠金）	50,000,000

(4) 増資が完了し，別段預金を当座預金に預け替える。

① 資本金の金額を会社法が定める原則的な金額とする場合（⇨第３章３節）

（新株式申込証拠金）	100,000,000	（資本金）	100,000,000
（当座預金）	100,000,000	（別段預金）	100,000,000

② 資本金の金額を会社法が認める最低額とする場合（⇨第３章３節）

（新株式申込証拠金）	100,000,000	（資本金）	50,000,000
		（資本準備金）	50,000,000
（当座預金）	100,000,000	（別段預金）	100,000,000

(注) 通常の検定簿記の問題では，以上の過程が次のようにまとめられる。

例えば，全額を資本金とする場合，(1)と(3)と(4)①の仕訳が整理され，

（当座預金）	100,000,000	（資本金）	100,000,000

とされる。

なお，別段預金勘定は，資金を株主から預っており，会社が自由に処理できないときに用いる勘定である。

株式交付費は，例えば，３年間で定額法により償却する場合，

（株式交付費償却）	200,000	（株式交付費）	200,000

と処理され，償却額は営業外費用となり，繰延資産としての株式交付費（資産）が 400,000円となる（⇨第20章３，４節）。

[練習問題１]〈基本〉 次の取引の仕訳をしなさい。

1　森山商事（決算日３月31日）は，８月１日に，上武商事から1,500,000円を借用証書によって借入れた。利息は先に差引かれ，手取金を当座預金とした。期間１年４ヶ月，利率年６％。

2　決算日に，上の長期借入金を短期借入金に表示しなおす。

3　上の借入金の支払期日が到来したので，1,500,000円を当座預金から支払った。

[練習問題２]〈発展〉 次の取引の仕訳をしなさい。

森山商事は聖学商事に営業保証金の代わりとして手持ちの常磐産業の株式（帳簿価額 3,000,000円，時価 5,000,000円，売買目的有価証券として保有）を差入れた。

[練習問題３]〈基本・発展〉 次の取引の仕訳をしなさい。

1　創価商事に商品￥4,000,000を売渡し，代金のうち半額を同商事振出し，当社宛の約束手形で受取り，残りは掛とした。手形は直ちに銀行で割引き，割引料160,000円を差引いた，残額を同行当座預金とした。保証債務の時価は額面の１％とする。

2　上記の手形が，満期日に不渡りとなり，銀行より償還請求を受け，小切手を振出して支払った。当社では直ちに拒絶証書を作成し，作成料15,000円を現金で支払った。なお，この取引は，同じ期間に生じている。

3　上記債権の，回収につとめ，200,000円を現金で受入れたが，これ以上の回収は困難なため，残額は貸倒処理した。

[練習問題４]〈発展〉 次の社債取引を仕訳しなさい。

1　×1年４月１日　森山商事は，社債を次の条件で発行し，払込期日に全額払込みが完了し当座預金とした。額面総額10,000,000円，利率年８％，利払日年２回（３月と９月の各末日），期限５年，@￥96の割引発行。なお，社債発行のための諸経費300,000円は，小切手を振出し支払った。

2　×1年９月30日（社債の利払日）　利息が全額当座預金口座から自動引落とされた。

3　×1年12月31日（決算日）　払込金額と額面金額の差額は償却原価法（定額法）をもちいて処理する。社債発行費は社債の償還期限にわたり定額法により償却をする。

4　×4年12月31日　社債を全額買入消却した（買入時市場時価9,930,000円）。端数利息は別途，現金で支払った。

[練習問題５]〈発展〉 第10章［練習問題２］(175ページ）の５月６日，６月25日，７月13日の取引を仕訳しなさい。

〈解答〉

練習問題１

	借方	金額	貸方	金額
1	（当　座　預　金）	1,380,000	（長　期　借　入　金）	1,500,000
	（支　払　利　息）	120,000		
2	（長　期　借　入　金）	1,500,000	（短　期　借　入　金）	1,500,000

	（前払利息）	60,000	（支払利息）	60,000	
	（支払利息）	60,000	（前払利息）	60,000	：再振替
3	（短期借入金）	1,500,000	（当座預金）	1,500,000	

〔注〕借入期間１年４ヶ月に対する利息は，1,500,000円（借入元本）×６％（年利率）×16ヶ月/12ヶ月（借入期間）＝120,000円

借入期間が１年を超える場合には長期借入金勘定で表示する。また，返済期限が翌期に到来するものについては，（１年基準により）長期借入金から短期借入金に表示しなおす。

練習問題２

	（差入有価証券）	3,000,000	（有価証券）	3,000,000

〔注〕差入有価証券は，預けているだけで，約束を果せば返してもらえるので，森山商事の資産である。

練習問題３

1	（売掛金）	2,000,000	（売上）	4,000,000
	（受取手形）	2,000,000		
	（当座預金）	1,840,000	（受取手形）	2,000,000
	（手形売却損）	160,000		
	（割引手形保証債務費）	20,000	（割引手形保証債務）	20,000
2	（不渡手形）	2,015,000	（当座預金）	2,000,000
			（現金）	15,000
	（割引手形保証債務）	20,000	（割引手形保証債務費）	20,000
3	（現金）	200,000	（不渡手形）	2,015,000
	（貸倒損失）	1,815,000		

練習問題４

1	（当座預金）	9,600,000	（社債）	9,600,000
	（社債発行費）	300,000	（当座預金）	300,000
2	（社債利息）	400,000	（当座預金）	400,000
3	（社債利息）	200,000	（未払社債利息）	200,000
	（社債利息）	60,000	（社債）	60,000
	（社債発行費償却）	45,000	（社債発行費）	45,000
4	（社債利息）	200,000	（現金）	200,000
	（社債利息）	80,000	（社債）	80,000
	（社債発行費償却）	60,000	（社債発行費）	60,000
	（社債）	9,900,000	（当座預金）	9,930,000
	（社債償還損）	105,000	（社債発行費）	75,000

練習問題５

第10章［練習問題２］の解答を見て下さい。

減資〈発展〉

減資とは，資本金を減らすことである。会社法上，資本金が減少するのは，①資本金を減少させて資本準備金を増加させる場合，②資本金を減少させてその他資本剰余金を増加させる場合のいずれかである。多額の損失が生じた際に損失を填補するために，いわゆる無償減資（形式的減資）を行うことがある。その場合，資本金または資本準備金を減少させてその他資本剰余金を増加させたのち，その他資本剰余金の金額で損失の填補を行うことになる。

【例題12】

森山商事株式会社は，株主総会の決議に基づき，資本準備金14,000,000円を減少させて，その他資本剰余金を同額増加させたうえで，繰越利益剰余金借方14,000,000円（繰越損失）を補填した。

（資 本 準 備 金）	14,000,000	（その他資本剰余金）	14,000,000
（その他資本剰余金）	14,000,000	（繰 越 利 益 剰 余 金）	14,000,000

第13章補章　株式会社の設立

株式会社を設立する手順（なお，会社法によって決まっている）を簡略化して説明すると，以下の①から⑥の手続きとなる。これを順に説明する。

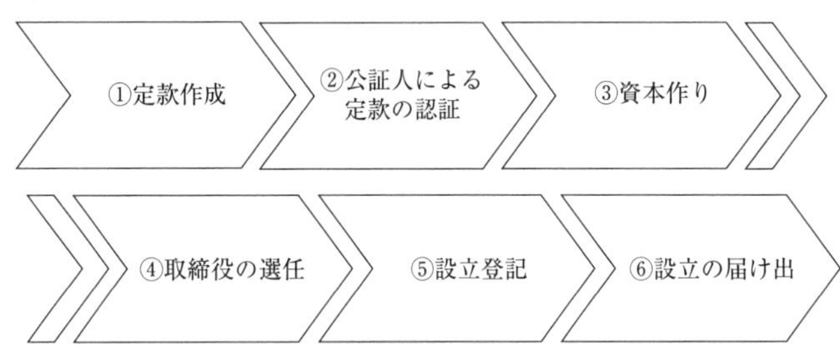

会社を設立するためには，まず，会社を作ろうと企画する人（この人を「発起人」という）が，①「定款」を作成しなければならない。定款とは，会社の組織や活動の基本的な事項を定めたルールブックであり，いわば会社の憲法である。

定款には，必ず書かなければならない内容である「絶対的記載事項」として，1）目的，2）商号（会社の正式名称），3）本店の所在地，4）設立に際して出資される財産の価額またはその最低額，5）発起人の氏名または名称および住所の5つがある。なお，発行可能な株式総数は，絶対的記載事項ではなく，会社の設立前に（または創立総会の決議で）定めればよいが，設立登記申請までに定款に定めて記載しておくことが一般的である。

また，そのほかに，記載しておかないとその事項の法的効力が生じない「相対的記載事項」（設立などにより発起人が会社から受け取る報酬，設立費用，株券の種類，株式の譲渡制限，取締役会・監査役（会）などの機関設計，総会の決議事項，取締役の報酬）や，定款で定めることで法的拘束力を持つ「任意的記載事項」（株式の名義書換，株主総会の招集，株主総会の議長，取締役および監査役の選任方法，公告の方法など）がある。

定款が作成されたならば，公証役場へ行き，②公証人による定款の認証を受けなければならない。定款は，公証人による認証を受けて，はじめて法的な効力が生まれる。

定款の認証を受けたならば，次に，③「資本作り」を行う。資本作りとは，会社の設立にあたって，会社の「資本金」となる資金を集めることである。会社設立の方法として，発起人のみが設立に際して発行する株式の全部を引き受ける「発起設立」の場合[注]，発起人は株式引受証を発行し（定款において，すでに引受けがなされている場合は不要），すべての株式が発起人によって引き受けられたならば，発起人の代表は，銀行などの払込取扱金融機関に出資金の払込みを行う。

（注）後述するように，発起人以外にも株主となる者を募集（一般募集もしくは縁故募集）する「募集設立」もある。

ここで，株式の引受けについて，発起人が行う備忘記録を，複式簿記の形で示してみよう。

【例題１】（会社の帳簿記録ではない）
会社が発行する株式の総数を6,000株とする。そのうち，設立にあたり１株あたり発行価額20,000円で1,000株を発行する。これについて，発起人が株式総数の引受けを行った。
（株　式　引　受）　20,000,000　　（引受済資本金）　20,000,000

株式の引受けは，まだ会社ができていないので，会社の簿記上の取引ではなく，会社の記録ではない。ここでは，後に入金される金額の請求権を「株式引受」勘定（一種の資産の勘定）で処理しておくとともに，後に資本金となる金額を「引受済資本金」勘定（一種の純資産の勘定）で処理している。

【例題２】（会社の帳簿記録ではない）
発起人による株式の引受けが終わった後，発起人はただちに株式の発行価額全体を銀行の預金口座に払込んだ。
（別　段　預　金）　20,000,000　　（株　式　引　受）　20,000,000

発行価額の払込みも，発起人の行為であり，上の記録も会社の記録ではない。なお，会社が成立するまでの間，払込まれた金額は，銀行で臨時に預かるので，それを表す「別段預金」勘定で処理する。

すべての株式の払込みがなされた時点で，引受けた株式の議決権の過半数をもって，④設立時の取締役等を選任する。（ただし，定款で定めておくこともできる。）取締役は，原則として３名以上必要であり（取締役会を設置しない株式譲渡制限会社においては１名でよい。），取締役会を設置する会社は代表取締役を１名以上選任しなければならない。なお，設立時の取締役は，発起人の設立手続きが適法に行われたかを調査し，調査報告書を作成する。

選任された取締役は，発起人から払込金の引継ぎを行う。ここではじめて会社としての記録が行われることになる。

【例題３】
先の**【例題２】**までの結果を受け，発起人から取締役へ払込金の引継ぎを行った。
発起人の処理（会社の記録ではない）：
（引受済資本金）　20,000,000　　（別　段　預　金）　20,000,000
会社の処理：
（当　座　預　金）　20,000,000　　（資　　本　　金）　20,000,000

引受済資本金が資本金に，別段預金が当座預金に振替えられる。

設立時の取締役による調査報告書の作成後２週間以内に，本店所在地の法務局で，登記申請に必要な登録免許税を支払い，「株式会社設立登記申請書」を法務局の窓口に提出する。これは，会社それ自体は実体のない概念に過ぎないため，誰からも認知できる客観的存在として，法律上の権利・義務の主体となる「法人」にするための行為であり，⑤「設立登記」と呼ばれる。登記する事項としては，会社の目的，商号，本店（および支店）の所在地，資本金の額，発行可能株式数，発行する株式の内容，取締役の氏名などである。

さらに，会社の設立後，⑥公官庁へ設立の届け出をおこなう。なお，設立登記後，発起人は，設立手続きにかかった諸費用および発起人としての報酬（ただし，発起人としての報酬は定款の相対的記載事項である）を，会社に請求する。会社はこれを受け，「創立費」の支出に関する，次の処理をおこなう。

【例題４】

設立に要した登録免許税150,000円，通信費6,000円，発起人への報酬100,000円を，小切手を振り出して支払った。

（創　　立　　費）　256,000　（当　座　預　金）　256,000

創立費は，原則として，支出時に営業外費用として処理する（⇨第20章４節）。ただし，「繰延資産」とすることもでき，その場合，会社成立後５年以内のその効果が及ぶ期間にわたって，定額法により償却し，費用化しなければならない。（なお，創立費の償却額は，創立費償却勘定で処理され，営業外費用となる。）

なお，【例題４】の創立費256,000円を繰延資産として計上し，５年間にわたり，定額法により償却するための決算整理仕訳は次のとおりである。

（創 立 費 償 却）　51,200　（創　　立　　費）　51,200

③の「資本作り」について，発起人以外にも株主を募集する「募集設立」における処理も確認しておく。なお，募集設立の場合であっても，発起人は最低１株以上の株式を引き受けなければならない。

募集設立にあたり，株主募集に関心をもった人は，書面を通じて株式の申し込みを行うが，この際に，申込みを確実にするため，株式への払込金と同額の申込証拠金を添えなければならない。具体的には，増資時における「新株式申込証拠金」の扱いと同様であるが，会社としての記録を行わない点が異なる（⇨第13章**【例題11】**参照）。

【例題５】（会社の記録ではない）

会社が発行する株式の総数を6,000株とする。そのうち，設立にあたり１株あたり発行価額20,000円で1,000株を発行する。このうち，200株は発起人が引受け，残り800株は株主を募集することにした。

（株　式　引　受）　4,000,000　（引 受 済 資 本 金）　4,000,000

この段階では，発起人の引受ける株式に関する備忘記録のみを行う。

【例題６】（会社の記録ではない）
募集株式数800株につき，850株の申込みがあり，申込証拠金として１株につき20,000円を銀行に払込ませた。

（別　段　預　金）	17,000,000	（株式申込証拠金）	17,000,000

この段階では，申込人（応募者）は株主として確定していないため，「株式申込証拠金」は一種の預り金（負債）としての性格をもっている。

【例題７】（会社の記録ではない）
発起人は株式の割当てを行い，引受人に割当ての通知をするとともに，割当てにもれた申込人（応募者）に申込証拠金を返還した。

（株　式　引　受）	16,000,000	（引受済資本金）	16,000,000
（株式申込証拠金）	1,000,000	（別　段　預　金）	1,000,000

確定した株主の出資相当額16,000,000円のみが「引受済資本金」となり，割当てにもれた申込証拠金1,000,000円は払戻される。

【例題８】（会社の記録ではない）
全株の引受けが確定したので，発起人が銀行に引受け分の払込み（200株×20,000円）を行った。また，募集した株式についての申込証拠金を払込金に充当した。

（別　段　預　金）	4,000,000	（株　式　引　受）	4,000,000
（株式申込証拠金）	16,000,000	（株　式　引　受）	16,000,000

募集設立の場合，すべての払込みがなされた後，発起人の招集により，創立総会が開催される。そして創立総会の決議により，④設立時の取締役等を選任する。なお，設立時の取締役が，発起人の設立手続きが適法に行われたかを調査し，調査報告書を作成する点は，発起設立の場合と同様である。また，選任された取締役は，発起人から払込金の引継ぎを行う。ここではじめて会社としての記録が行われることになる。

【例題９】
先の**【例題８】**までの結果を受け，発起人から取締役へ払込金の引継ぎを行った。

発起人の処理（会社の記録ではない）：

（引受済資本金）	20,000,000	（別　段　預　金）	20,000,000

会社の処理：

（当　座　預　金）	20,000,000	（資　　本　　金）	20,000,000

なお，成立した株式会社は，ただちに営業を開始できるとは限らない。そのため，会社が営業を開始するまでに支出した開業準備のための費用（例えば，土地・建物の賃借料，広告宣伝費，通信費，水道光熱費，従業員の給料など）は，「開業費」勘定で計上する。

【例題10】

森山商事株式会社は，開業準備中の事務所の家賃200,000円と事務員給料250,000円を現金で支払った。

（開　　業　　費）　450,000　（現　　　　　金）　450,000

開業費は，原則として，支出時に営業外費用（または販売費及び一般管理費）として処理する（⇨第20章4節）。ただし，「繰延資産」とすることもでき，その場合，開業のときから5年以内のその効果が及ぶ期間にわたって，定額法により償却し，費用化しなければならない。（なお，開業費の償却額は，開業費償却勘定で処理され，営業外費用（または販売費及び一般管理費）となる。）

なお，**【例題10】**の開業費450,000円を繰延資産として計上し，5年間にわたり，定額法により償却するための決算整理仕訳は次のとおりである。

（開 業 費 償 却）　90,000　（開　　業　　費）　90,000

第14章　資金運用活動の記録と管理

1　本章で勉強すること

企業は本業以外にも資金を投資し，利益をえる。本章ではこれらの活動の簿記を扱う。

本章で学ぶ基本的な記録

①借用証書による貸付け
B/S・資産　⇦（貸　付　金）1,500,000（当　座　預　金）1,500,000　⇨B/S・資産減少
②手形による貸付け
B/S・資産　⇦（手形貸付金）3,000,000（当　座　預　金）3,000,000　⇨B/S・資産減少
③収益の見越しと繰延べ（費用は，第11章6節）
1.収益の見越し
B/S・資産　⇦（未　収　利　息）100,000（受　取　利　息）100,000　⇨P/L・収益
翌期首：再振替（受　取　利　息）100,000（未　収　利　息）100,000
2.収益の繰延べ
P/L・収益修正　⇦（受　取　地　代）500,000（前　受　地　代）500,000　⇨B/S・負債
翌期首：再振替（前　受　地　代）500,000（受　取　地　代）500,000
④売買目的有価証券の購入
B/S・資産　⇦（売買目的有価証券）5,000,000（未　払　金）5,000,000　⇨B/S・負債
⑤売買目的有価証券の評価
B/S・資産　⇦（売買目的有価証券）200,000（有価証券運用損益）200,000　⇨P/L・収益
⑥売買目的有価証券の売却
B/S・資産　⇦（未　収　金）6,000,000（売買目的有価証券）5,200,000　⇨B/S・資産減少
（有価証券運用損益）800,000　⇨P/L・収益
（注）（売買目的）有価証券運用損益勘定により，全社的な有価証券投機活動の成果が示される。

本章のワークブック

【課題１】〈基本〉次の一連の取引を仕訳しなさい。⇦**【例題１】**
１．2,000,000円を借用証書（期間６ヶ月，年利率５％）によって貸付け，利息 50,000円を差引き，小切手を振

出し手渡した。

(　　　　　　) [　　　　　　] (　　　　　　) [　　　　　　]
(　　　　　　) [　　　　　　]

2．6ヵ月後，貸付金の返済金を取引先振出の小切手で受取り，ただちに当座預金に預入れた。

(　　　　　　) [　　　　　　] (　　　　　　) [　　　　　　]

【課題2】〈基本〉 次の一連の取引を仕訳しなさい。会計期間は4月1日から翌年3月31日までとする。
⇦**【例題2】，【例題3】**

×1年2月1日　次の条件で，1,000,000円を小切手を振出して貸付け，同社振出しの約束手形を受取った。
貸出し期間6ヶ月，利息は年利3％，返済時に受取る。
×1年3月31日　決算に当たり，利息を見越計上した。
×1年4月1日　利息の見越計上に関して再振替を行った。

2．1．(　　　　　　) [　　　　　　] (　　　　　　) [　　　　　　]
3．31．(　　　　　　) [　　　　　　] (　　　　　　) [　　　　　　]
4．1．(　　　　　　) [　　　　　　] (　　　　　　) [　　　　　　]

【課題3】〈基本〉 次の一連の取引を仕訳しなさい。会計期間は4月1日から翌年3月31日までとする。
⇦**【例題4】**

×1年3月1日　家賃2か月分 1,500,000円を現金で受取った。
×1年3月31日　決算に当たり，家賃の前受分を繰延べた。
×1年4月1日　家賃の前受分に関して再振替を行った。

3．1．(　　　　　　) [　　　　　　] (　　　　　　) [　　　　　　]
3．31．(　　　　　　) [　　　　　　] (　　　　　　) [　　　　　　]
4．1．(　　　　　　) [　　　　　　] (　　　　　　) [　　　　　　]

【課題4】〈発展〉 売買目的で，株式1,000株を1株につき450円で購入し，代金は購入手数料 50,000円とともに後日支払うこととした。⇦**【例題5－1】**

(　　　　　　) [　　　　　　] (　　　　　　) [　　　　　　]

【課題5】〈発展〉 売買目的で購入した簿価 3,350,000円の株式を，3,280,000円で売却し，代金は後日受取ることとした。⇦**【例題5－3】**

(　　　　　　) [　　　　　　] (　　　　　　) [　　　　　　]
(　　　　　　) [　　　　　　]

【課題6】〈発展〉 決算に当たり，売買目的で購入したB社株式（1,000株，@¥500で購入）の評価替えを行う。決算日のB社株式の時価は@¥440であった。⇦**【例題5－4】**

(　　　　　　) [　　　　　　] (　　　　　　) [　　　　　　]

【課題7】〈発展〉 次の取引を仕訳しなさい。⇦**【例題6】**

1．満期保有目的で，C社の社債券 5,000,000円を，額面¥100につき¥98で購入し，代金は後日支払うこととした。

(　　　　　　) [　　　　　　] (　　　　　　) [　　　　　　]

2．決算に当たり，上の社債券の取得差額が金利調整によるものと認められるので，その当期分 10,000円を認識し，貸借対照表価額に加える。

(　　　　　　) [　　　　　　] (　　　　　　) [　　　　　　]

【課題8】〈発展〉 次の一連の取引を仕訳しなさい。⇦**【例題7，9】**

1．子会社の株式10,000株を1株あたり700円で取得した。代金は後日支払うこととした。

(　　　　　　) [　　　　　　] (　　　　　　) [　　　　　　]

2．決算に当たり，上の子会社株式の時価が著しく下落し，回復の見込みがないと判断されたので，減損処理を行う。子会社株式の時価は，1株当たり300円である。

(　　　　　　) [　　　　　　] (　　　　　　) [　　　　　　]

3．上の子会社から株式の配当金(領収証)を受取った。配当額は1株あたり9.5円である。

(　　　　　　) [　　　　　　] (　　　　　　) [　　　　　　]

【課題9】〈発展〉 次の一連の取引を仕訳しなさい。⇦**【例題8】**

1．次の有価証券を長期投資目的（ただし，売買もしくは満期保有目的外で，関係会社以外の株式）で，

@￥2,000で 1,000株取得し，代金は後日支払うこととした。

(　　　　) [　　　　] (　　　　) [　　　　]

2．決算に当たり，1．の有価証券の評価替えを，全部純資産直入法により行う。決算日の時価は@￥1,950である（税効果は考えない)。

(　　　　) [　　　　] (　　　　) [　　　　]

【課題10】〈発展〉【課題９】の２．の仕訳を，部分純資産直入法により行いなさい。⇦**【例題８】**

(　　　　) [　　　　] (　　　　) [　　　　]

〈基本〉

2　資金の貸付け　⇨第13章２節(借入れ)

企業は，子会社，関連会社または取引先，従業員等の他者に対して，営業補助の一環で金銭を貸付けることがある。金銭の貸付け方法には (1) 借用証書による貸付けと，(2) 手形による貸付けがある。

なお，資金の貸付けに係る取引には，貸倒れ処理が行われる（⇨第８章３，４節)。この貸倒損失や貸倒引当金繰入額は営業外費用になる。資金運用活動による利益は，損益計算書の営業外収益に計上される。また資金運用活動による費用と損失は損益計算書の営業外費用に計上される（⇨第20章４節)。

(1) 借用証書による貸付け

企業は取引先や従業員など(注)に対して，借用証書（金銭消費貸借証書）を取り交して金銭を貸付けることがある。これを「証書貸付」という。貸付けを行えば，将来に現金などの返済を受ける権利（債権）が発生し,「貸付金」勘定の借方に記録する。貸付金を回収したときは，債権が消滅するので，回収額を貸付金勘定の貸方に記録する。

通常，金銭の貸し借りには利息（金利）が発生する。つまり，資金運用活動による利益を受取ったときには,「受取利息」勘定（収益）の貸方に記録する。

(注) 会社の役員（取締役，会計参与および監査役）への貸付金は，通常の貸付金と区別し，**役員貸付金**勘定（資産）を用いる。

【例題１】

目白商事株式会社は，得意先の森山商店に 5,000,000円を，借用証書によって貸付け（期間：半年間，年利率：３％），利息を差し引き，小切手を振出して手渡した。

（貸　付　金）	5,000,000	（当　座　預　金）	4,925,000
		（受　取　利　息）	※75,000

※受取利息の金額＝(5,000,000×３％(年利率))×(６ヶ月(貸付期間)÷12ヶ月)＝75,000

半年後，貸付金 5,000,000円を森山商店振出しの小切手で返済を受けた。

（現　　　金）	5,000,000	（貸　付　金）	5,000,000

なお，貸付金は貸借対照表作成のために，一年基準を適用し長期と短期に分ける。一年以内の貸付けは「短期貸付金」，一年を超える貸付けは「長期貸付金」として表示する（⇨第20章３節）。

(2) 手形による貸付け

手形による貸付けは，借用証書を交わすのではなく，手形（約束手形）を受取り，金銭を貸付けることである。これを証書貸付（貸付金）や営業取引に伴う手形（受取手形）などと区別するために，「手形貸付金」勘定を設けて記録する。

手形貸付は，法的に手形の効力をもち，支払期日（回収期日）の明確化を行うのである。また手形を利用すれば，受取った手形を銀行で割引きしたり（⇨第13章４節），第三者へ譲渡したり（⇨第10章９節）することができる。さらに，貸付け先の企業が倒産したときには手形に基づき差押えなどの法的手続きをとることが可能である。証書貸付の場合には，債権が回収不能や企業の倒産が生じたとき，権利の行使のために裁判所で債権を確定する手続きが必要であり，手続きが複雑で時間を要する。

【例題２】

目白商事株式会社は，森山運輸株式会社に，現金 800,000円を貸付け，同社振出しの約束手形を受取った。貸付条件は，貸付期間：４ヶ月，年利率：3.6％である。

（手形貸付金）	800,000	（現　　　金）	800,000

さきの貸付金 800,000円の回収期日が到来し，森山運輸株式会社から貸付金を利息とともに，同社振出しの小切手で返済を受けた。小切手はただちに当座預金に預入れた。

（当座預金）	809,600	（手形貸付金）	800,000
		（受取利息）	※9,600

※受取利息の金額＝(800,000×3.6％(年利率))×(４ヶ月(貸付期間)÷12ヶ月) ＝9,600

〈基本〉

3　収益の見越しと繰延べ　⇨第15章３節，７節(決算)

企業の取引によって生じる費用や収益には，土地や建物の賃貸借や現金の貸借などのように事前に締結された契約に基づいて継続的な役務・サービスの授受に基づくものがある。これらに基づく収益や費用には，サービスの利用と対価の授受との間に，時間的なギャップが発生し，期間損益計算上に食い違いが生じる。その期間的食い違いを決算に際して修正する必要がある。これを**見越し**や**繰延べ**という。

なお，「費用」の見越しと繰延べの処理は，第11章 営業費の記録と管理ですでに学んでいる（⇨第11章６節）。

⑴ 収益の見越し

企業が一定の契約により継続して役務・サービスの提供を行っているものの，金銭の受取りが翌期の時点であるために，決算日時点で役務・サービスの対価を受取っていない場合には，これを当期の収益（例えば，受取家賃，受取地代，受取利息など）として計上する。決算において，当期の収益として効果が実現しているが，その対価である金銭を受取っていないため収益の未収分は，収益勘定の貸方に記録すると同時に，相手勘定として**未収収益**勘定（経過的な資産勘定）を設け，その借方に記録する。これを「収益の見越し」という。なお，翌期に繰越された未収収益は，翌期の期首時点で，もとの勘定（収益勘定）へ振替えられ，再振替により翌期に受取った未収収益相当額はその期の収益にはならない（⇨第15章7節）。

未収収益は，収益に関する収入は当期にはないが，翌期においてその金額を受取る権利を有しているため，資産として計上される。

【例題３】

次の取引を仕訳しなさい。会計期間は１月１日から12月31日である。

10月１日　当社は，駿河台システム株式会社に対し現金 1,000,000円を貸付けた。貸付条件は，貸付期間：１年間，年利率：1.46％で，１年後に元利合計を受取ることにした。貸付金は貸借対照表作成のため，短期と長期に分ける（⇦第13章２節）

12月31日　決算に際して未収利息 3,650円を計上した（小数点，円未満，四捨五入）。

翌１月１日　翌期が開始した。（再振替を行う⇦第４章４節（４））

翌９月30日　駿河台システム株式会社から，貸付金 1,000,000円と利息を現金で受取った。

10. 1.	（短期貸付金）	1,000,000	（現　　金）	1,000,000
12. 31.	（未収利息）	3,650	（受取利息）	※3,650

※利息の未収分＝(1,000,000×1.46％×３ヶ月(経過分))÷12ヶ月

（翌期）

1. 1.	（受取利息）	3,650	（未収利息）	3,650

9．30．（現　　　金）	1,014,600	（短期貸付金）	1,000,000
		（受取利息）	14,600

〈元帳記入〉 英米法または第４章の方法による。

受取利息 〈40〉

12. 31.	損　益	3,650	12. 31.	（未収利息）	3,650

（新元帳） 受取利息 〈40〉

1. 1.	再振替	3,650	9. 30.	（現　金）	14,6000

未収利息 〈41〉

12. 31.	（受取利息）	3,650	12. 31.	次期繰越	3,650

（新元帳） 未収利息 〈41〉

1. 1.	前期繰越	3,650	1. 1.	再振替	3,650

（注）元帳記入の仕方は，第15章５節，６節を参照。

(2) 収益の繰延べ

企業は一定の契約により継続して役務・サービスの提供を行っているが，当期に収益として受取った金額のうち，翌期以降の収益とすべき分は，当期の収益から控除して繰延べる。決算において，当期中に収益として受取った額のうち，翌期以降の収益となる額（前受分）は，収益勘定の借方に記録し差引くと同時に，相手勘定として**前受収益**勘定（経過的な負債勘定）を設け，その貸方に記録する。これを「収益の繰延べ」という。なお，翌期首の日付で再振替を行う。再振替により前受収益は時の経過に応じてその期の収益となる。

前受収益は，収益に関する収入が当期にあるが，翌期においてその効果（サービスの提供）を果たす義務があるため，負債として計上される。

【例題４】

次の取引を仕訳しなさい。会計期間は１月１日から12月31日である。

９月１日　当社（商業を営む）は，土地を月額 300,000円で賃貸借契約を結び，その地代１年分 3,600,000円を現金で受取った。

12月31日　決算に際し，さきの地代のうち前受分を次期に繰延べた。

翌１月１日　翌期が開始した（再振替を行う⇨第４章４節（４））

9．1．	（現　　　金）	3,600,000	（受 取 地 代）	3,600,000
12．31．	（受 取 地 代）	2,400,000	（前 受 地 代）	※2,400,000

※地代の前受分＝3,600,000×（8ヶ月（未経過分）÷12ヶ月）＝2,400,000

（翌期）

1．1．	（前 受 地 代）	2,400,000	（受 取 地 代）	2,400,000

〈元帳記入〉 英米法または第4章の方法による。

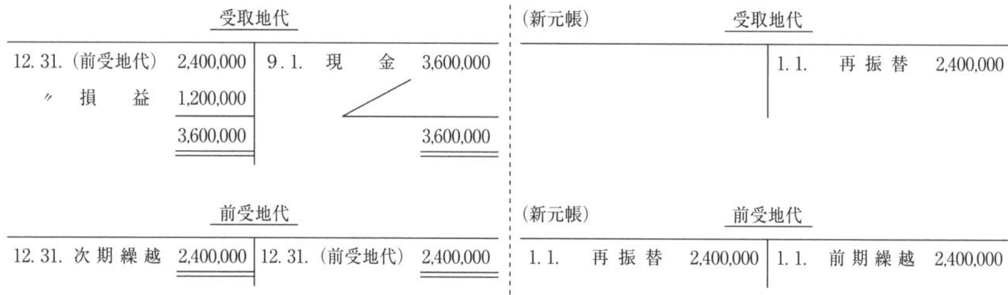

受取地代

12. 31.	（前受地代）	2,400,000	9．1．	現　　金	3,600,000
〃	損　　益	1,200,000			
		3,600,000			3,600,000

（新元帳）　受取地代

			1. 1.	再 振 替	2,400,000

前受地代

12. 31.	次 期 繰 越	2,400,000	12. 31.	（前受地代）	2,400,000

（新元帳）　前受地代

1. 1.	再 振 替	2,400,000	1. 1.	前 期 繰 越	2,400,000

〈発展〉　4　余裕資金の運用先としての有価証券

企業の保有する資産は，生産や販売などの本来の営業活動に用いる「事業用資産」と，余裕資金の運用として保有する「金融資産」とに分けることができる。企業は購入市場および売却（販売）市場という二つの市場と関係をもち経営活動を行っており，それぞれの資産には異なった評価基準が適用される。資産を評価するためには，これらの市場で成立する価格に基づいて評価を行う必要がある。事業用資産と金融資産にそれぞれ異なった評価基準が適用されるのは，資産の保有，利用目的の違いのためで，建物や機械装置，工場のような事業用資産は事業に利用して産み出した製品やサービスが市場で販売されることで利益獲得を行うのであるから，それらの資産を転売してしまうと経営活動に大きな支障を与える。このため事業用資産は，企業が目的とした価値が実現するまで取得原価で評価することが目的にあっている。

一方，有価証券のような金融資産は一般に利殖を目的とすることから，市場での売却によって投資の目的を達成する。金融資産は市場価格での売却が容易で換金可能であるから，市場価格を中心とした時価（「時価の算定に関する会計基準」Ⅲ.1.5.及び「金融商品に関する会計基準」Ⅱ.2.6.を参照）で評価することが適当とされる（⇨第20章３節）。

なお，有価証券とは，財産権を示す証券をいい，簿記上の有価証券は，国債証券，地方債証券，社債券，株券などである(注1)。企業は資金運用活動の一環で，余裕資金を運用するために有価証券への投資を行う。

有価証券は，運用保有目的に応じて分類し，それぞれ貸借対照表価額及び評価差額等の処理方法が定められている。これにより有価証券を分類すると，次のようになる(注2)。

(1)　売買目的有価証券

(2)　満期保有目的の債券（以下，満期保有目的債券という）

(3)　子会社株式，関連会社株式

(4)　その他有価証券

(注1) その他にも，新株予約権，証券投資信託または貸付信託の受益証券などの金融商品取引法第２条に定義される有価証券が含まれる。このように有価証券とは，発行主体が資金調達目的で発行する株式（株券）や社債，国や地方自治体が発行する国債，地方債の証券などの資本証券のことである。ここでは，証券市場で売買され，市場価格がある有価証券を取り扱う。

(注2) (1)～(4)に加えて，(5)「市場価格のない株式等」がある。ただし，本書では「市場価格のない株式等」の説明を割愛する。

有価証券は，売買が約定（契約締結）する日に取引を記録する「約定日基準」で処理することが原則である(注)。一般的には商品・サービスの売買の契約を交わしただけでは取引とはせず，実際に受渡しまたは役務提供が完了し，相手方側の検収(注)を経てその発生を認識する。しかし，有価証券の売買においては，契約(注文)した段階で，価額が決定し，その後，時価の変動が起こる可能性があるため，契約締結時においてその発生を認識することとしている。

(注) なお，「修正受渡日基準」では，有価証券の移転は約定日ではなく，後の(実際の)受渡日

に仕訳するが，契約締結日から決算日までの時価変動による損益だけを先に認識する会計処理が認められている。

次に，有価証券の分類別に，取得と売却，期末評価の処理を説明する(注)。

(注) 有価証券の処理は「金融商品に関する会計基準」Ⅳ.2.(5)に記載されているので，参照のこと。

〈発展〉

5　売買目的有価証券

売買目的有価証券とは，企業が時価の変動からの利益獲得を目的に保有する市場性のある有価証券（株式や債券）である。換言すれば，市場があり，時価が変動しており，短期間のうちに売却して利益を得る有価証券である。

まず，売買目的有価証券を取得した時は，売買目的有価証券勘定の借方に，取得原価(注)で記録する。また保有している売買目的有価証券は，株式であれば配当が行われ，債券であれば利払いがなされる。そのため，保有している期間中に，収益を獲得する。その処理は，受取配当金勘定や有価証券利息勘定（もしくは，あわせて受取利息・配当金勘定）で収益を計上し，借方は現金の増加とする（⇨第10章２節）。

(注) 取得原価は，購入代価に売買手数料（買入手数料）等の付随費用を加えた額である（⇨第５章４節（注），第12章３節）。株式の取得原価は，１株あたりの買入単価（株価）に買入株数を掛けて，売買手数料（買入手数料）を加えた金額により取得原価を計算する。債券の取得原価は，１口あたりの買入単価に額面金額を掛け，100円（１口100円を前提）で割り，それに売買手数料を加えた金額である。

【例題５－１】

売買目的で目白商事株式会社の株式 3,000株を１株 1,500円で証券会社に買い注文を行った。その取引手数料は 30,000円であった。代金は３営業日後に当座預金より支払った。

注文時：(売買目的有価証券)　※4,530,000　(未　　払　　金)　4,530,000

決済時：(未　払　金) 4,530,000　(当　座　預　金) 4,530,000

※帳簿価額：(3000株×@¥1,500)＋¥30,000＝4,530,000　取得単価が変化するので注意すること。取得単価：4,530,000÷3,000＝@¥1,510

さらに，売買目的で保有する有価証券は，同じ銘柄の株式や債券などを数回に分けて購入する場合がある。その時は，売買目的有価証券の払出単価が変化することに注意を要する。払出単価の計算には，移動平均法または総平均法の平均原価法を適用して計算する(注)。

(注) 平均原価法は，取得した資産の平均原価を算出し，資産価額を算定する方法である。そのうち「移動平均法」は受入れの都度，平均単価を随時計算し，払出単価とする方法であり，「総平均法」はある一定期間（例えば，1週間，1ヶ月，3ヶ月などの単位で）に受入総額を，受入数量の合計で割って求めた総平均単価をその期間の払出単価とする方法である（⇨第6章2節(2)　移動平均法，第6章章末 総平均法）。これらは「企業会計原則」第三・五・Bに規定されている。

【例題5-2】

さきに購入していた目白商事株式会社の株式を追加で 3,000株を1株1,600円で証券会社に買い注文を行った。取引手数料 30,000円であった。代金は3営業日後に普通預金より口座振込みにより支払った。

注文時：(売買目的有価証券) ※4,830,000　(未　払　金) 4,830,000
決済時：(未　払　金) 4,830,000　(普　通　預　金) 4,830,000

※帳簿価額：(3000株×@¥1,600)＋¥30,000＝4,830,000
取得単価：4,830,000÷3,000＝@¥1,610

次に，売買目的有価証券の売却である。保有している売買目的有価証券は常に時価が変動しているため，利益を確保するために売却を行う。また，損失拡大を抑えるために売却を行う場合もある。売却処理は，売却価額と帳簿価額と比較して，売却価額が帳簿価額よりも高く売却した時は，「(売買目的）有価証券売却益」勘定で収益（利益）計上，売却価額が帳簿価額より低い時は，「(売買目的）有価証券売却損」勘定で費用（損失）計上する。

【例題5－3】

前の**【例題5－1】【例題5－2】**の売買目的で所有している目白商事株式会社の株式 6,000株のうち 3,000株を１株 1,700円で証券会社に売り注文を行い約定した。なお，取引手数料 30,000円は当座預金から差引かれた。売却代金は３営業日後に当座預金へ振込まれた。株式の払出単価は平均原価法により求める。

注文時：	（未収金）	5,100,000	（売買目的有価証券）	※4,680,000
			（売買目的有価証券売却益）	※420,000
	（支払手数料）	30,000	（当座預金）	30,000
決済時：	（当座預金）	5,100,000	（未収金）	5,100,000

※平均原価（移動平均法）：¥9,360,000÷6,000株＝@¥1,560
売却差額：（@¥1,700－@¥1,560）×3,000株＝420,000円

（注）未収金は，貸借対照表では，「未収入金」と表示される。

最後に，売買目的有価証券の期末評価である。売買目的有価証券は余裕資金の運用として保有しており，市場価格で容易に売買が可能であることから，期末時点の時価をもって貸借対照表価額とする。その評価差額は，有価証券評価損益勘定として，当期の損益に計上する。これは，企業が当期の投資活動の成果を明らかにするために時価によって評価するものである。その処理は，取得原価と比べて時価が高ければ，有価証券の時価を貸借対照表価額とし（差額分，増加させる），その差額を「（売買目的）有価証券評価益」勘定（収益）に貸方記入し，取得原価と比べて時価が低ければ，有価証券の時価を貸借対照表価額とし（差額分，減少させる），その差額を「（売買目的）有価証券評価損」勘定（費用）に借方記入する。

【例題5－4】

売買目的で所有している目白商事株式会社の株式 3,000株（取得単価は１

株当たり1,560円）を，決算日の時価１株当たり1,550円に評価替えした。

（売買目的有価証券評価損）	30,000	（売買目的有価証券）	※30,000

※評価差額：（@￥1,550－@￥1,560）×3,000株＝－30,000円

売買目的有価証券は，貸借対照表の資産の部・流動資産の区分に「有価証券」と表示する。有価証券評価損益の金額は，評価損益を相殺して，純額で表示する。損益計算書においては，売買目的有価証券にかかる売却損益，評価損益，受取配当金，有価証券利息などの収益・費用がまとめて**有価証券運用損益**として表示される（⇨第20章４節）。これは，有価証券への投機活動の成果をまとめて表示しようとするためである。(注)

（注）有価証券の「評価差額」の処理は洗替法（⇨８節，第８章４節）も認められている。

〈発展〉 5－2 公社債の売買・端数利息

公社債などの債券は，この取得者はある一定期日（利払日）に利息を受取ることができる。しかしながら，公社債を利払日と次の利払日の間で売買した場合，前利払日の翌日から売買日までの経過期間に発生した利息の取扱いが問題になる。このような利息を「端数利息」といい，買い主が売り主に支払わなければならないものである。通常，公社債の売買取引において，端数利息を含まない債券価額（いわゆる裸相場(注)という）で取引すれば，端数利息を含めて代金の授受を行う。

(注) 債券の売買価格には裸相場のほかにもあり，有価証券の売買価格にすでに端数利息が含まれている価格を「利付相場」という。

具体的にいえば，買い主は次の利払日が到来したらその期間の利息を受取り，収益として計上する。そのため，売買時において，買い主は売却した日に前利払日の翌日から売買日までの売り主に帰属する利息を「有価証券利息」勘定の借方（つまり，買い主に帰属しない分の利息で収益のマイナスになる。）に記

入する。一方，売り主は，売買日までの利息を受取り，有価証券利息勘定の貸方に記入する。これによって，買い主は売買日の翌日から利払日までの利息を受取ることになる。

【例題5－5】

6月12日に，目白商事株式会社が発行する売買目的の社債（額面10,000,000円）を100円につき@￥98（裸相場）で買い入れ，代金は端数利息を含めて小切手を振出して支払った。なお，社債の利率は年1.46％で，利払日は3月末と9月末である。端数利息は1年，365日として日割計算すること。会計期間は4月1日から翌3月31日である。

9月30日になり，目白商事株式会社の社債の利札（⇨第10章2節）の期限が到来した。

6．12.	（売買目的有価証券）	※9,800,000	（当　座　預　金）	9,829,200
	（有 価 証 券 利 息）	※※29,200		

※取得原価：(10,000,000×@￥98)÷100＝9,800,000

※※端数利息：(10,000,000×1.46％)×(73日(4/1～6/12)÷365日)＝29,200→端数利息は，売り主が受取る利息分である。

9．30.	（現　　　　金）	73,200	（有 価 証 券 利 息）	※73,200

＊利息 日割計算：(10,000,000×1.46％)×(183(4/1～9/30)÷365)＝73,200円

買い主は，6月12日に支払った端数利息を除いて，9月30日に，受取った利息との差額 44,000円（73,200－29,200）が取り分（収益）になる。

なお，翌3月31日の利払日における金額は以下となる。

日割計算：(10,000,000円×1.46％)×(182日(10/1～3/31)÷365日)＝72,800円

〈発展〉

6　満期保有目的債券

満期保有目的債券は，債券のうち，償還日が定められており，かつ額面金額による償還が予定されている公社債その他の債券について満期まで保有するこ

とを目的としている有価証券である。売買目的有価証券は売買することで短期的に利益獲得を狙うものに対し，満期保有目的債券は満期日まで保有することでその間の利息獲得と満期日の額面金額（元本）の受取りを目的とするものである。

満期保有目的債券を取得した場合，「満期保有目的債券」勘定の借方に，取得原価をもって計上する。次に，利払日による利息の受取りの処理である。半年ごとの利払い，１年ごとの利払いがあるが，利息金額を求めるには，債券の額面金額に利子率（クーポン利子率）を乗じて，利息期間で按分計算する。求めた金額を有価証券利息勘定の貸方に収益として計上する。

満期保有目的債券の期末評価は，原則として，取得原価をもって貸借対照表価額とする。しかし，債券の取得原価が債券の額面金額よりも低い価額または高い価額で取得した場合で，額面金額と取得原価の差額が金利の調整と認められるとき（以下，金利調整差額）は，当該差額に相当する金額を償還期間に至るまで，毎期一定の償却方法（「利息法」もしくは「定額法」⇨第13章５節）(注)で帳簿価額に加減する「償却原価法」に基づいて算定された価額を貸借対照表価額としなければならない。

満期保有目的債券の期末評価において時価評価を採用しない理由は，満期保有目的債券は満期まで保有することで，満期までの約定利息と元本の受取りを目的としているので，満期までの間の金利変動による価格変動のリスクを考慮する必要がないからである。

(注)「金融商品に関する会計基準」Ⅳ.2.(2)。償却原価法は有価証券利息をその利息期間（受渡日から償還日）に渡って期間配分する方法である。償却原価法の適用は，原則として「利息法」によることとしており，継続的を条件に簡便法として「定額法」を採用することができる。利息法は債券のクーポン受取総額と金利調整差額の合計額を債券の帳簿価額に対して一定率（以下，実効利子率）となるように，複利をもって各期の損益に配分する方法である。当該配分差額とクーポン計上額（つまり，クーポンの現金受取額およびその経過分の未収計上額の増減額の合計額）との差額を帳簿価額に加減する。他方，定額法は，債券の金利調整差額を取得日（または受渡日）から償還日までの期間で除して各期の損益に配分する方法である。当該配分額を帳簿価額に加減する。

「償却原価法」（定額法）の会計処理は，金利調整差額を，期間に応じた一定額で帳簿価額に毎期期間配分すると同時に，その差額分を有価証券利息勘定として処理する。これにより，毎期償却分を積み増すことで，償還日には額面金額となる。

【例題６】

×１年４月１日に償還日（×６年３月31日）まで保有する目的で目白商事株式会社の社債（額面金額 1,000,000円，年利率２％，利払日９月末，３月末　社債券には，利札（クーポン）がついている（⇨第13章５節）。）を額面100円につき 97円で購入し，代金は小切手を振出して支払った。

なお，取得価額と額面金額との差額はすべて金利の調整と認められる。またクーポン利息は適正に処理されている。会計期間は４月１日から３月31日までである。計算上，端数が生じた場合には円未満を四捨五入すること。

×２年３月31日の決算に際して，上記社債に償却原価法（定額法）を適用する。

×1. 4. 1.	（満期保有目的債券）	970,000	（当　座　預　金）	970,000
×1. 9. 30.	（現　　　　金）	10,000	（有価証券利息）	※10,000

＊月割計算：(1,000,000×２％)×(６ヶ月÷12ヶ月)＝10,000　日割計算した場合には，(1,000,000×２％)×(183(4/1～9/30)÷365)＝10,027 が受取金額になる。

×2. 3. 31.	（現　　　　金）	10,000	（有価証券利息）	※10,000

＊月割計算：(1,000,000×２％)×(６ヶ月÷12ヶ月)＝10,000　日割計算：(1,000,000×２％)×(182(10/1～3/31)÷365)＝9,972.60…≒9,973　有価証券利息の年間総額（額面金額1,000,000×年利率２％）は 20,000円なので，前回分 10,027円との差額で 9,973円を求めることもできる。

（社債券の決算整理）

×2. 3. 31.	（満期保有目的債券）	6,000	（有価証券利息）	※6,000

＊当期償却額：(1,000,000－970,000)×(12ヶ月÷60ヶ月)＝6,000　当期末の貸借対照表価額＝970,000＋6,000＝976,000円

〈発展〉 7　子会社株式，関連会社株式

株式のうち，親会社が遂行するグループ経営の一環として，他社を支配する目的で保有する株式は「子会社株式」勘定，他社への影響力を及ぼす目的で保有する株式は「関連会社株式」勘定で処理する。

子会社株式および関連会社株式を取得した場合，取得原価をもって貸借対照表価額で計上する。具体的にいえば，それらの株式を取得したとき，「子会社株式」勘定および「関連会社株式」勘定の借方に取得原価で記入する。

また，期末評価は，原則として取得原価をもって貸借対照表価額とする。子会社および関連会社の株式が上場しており市場価格がある場合でも時価ではなく取得原価で評価される(注)。これらの株式は，貸借対照表の固定資産の部，投資その他の資産に「関係会社株式」として表示される（⇨第20章３節）。

(注) 取得原価評価を行う理由は，子会社株式について，事業投資と同じく時価の変動を財務活動の成果とは捉えないこと，関連会社株式について，他社への影響力行使を目的として保有していることから事業投資と同じく処理することが適しているからである。

【例題７】

目白商事株式会社は，子会社化に当たり目白物流株式会社の株式10,000株を１株当たり980円で取得した。代金の支払いは３営業日後とする。

（子会社株式）	9,800,000	（未払金）	9,800,000

期末における目白物流株式会社の時価は１株当たり1,000円である。

—仕訳不要※—

※子会社株式は，時価変動の認識する必要がないので，期末評価は行わない。それゆえ，貸借対照表価額は取得時の取得原価となる。

目白商事株式会社は，目白物流株式会社から1株当たり9.75円の配当金領収証を受領した（⇨第10章２節）。なお，目白物流株式会社の保有株数は10,000株である。

（現金）	97,500	（子会社配当金）	※97,500

※@￥9.75×10,000株

〈発展〉

8　その他有価証券

その他有価証券は，売買目的有価証券，満期保有目的債券，子会社株式，関連会社株式に属さない有価証券である。この有価証券には，子会社や関連会社ほど持株比率は高くないが取引先との事業・業務上の関係から長期保有する株式（持ち合い株式），長期的な利殖目的で保有する株式が含まれ，将来的に売却することも想定されているものでもある。

その他有価証券を取得したときは，「投資有価証券」勘定の借方に，その取得原価をもって計上する。また決算時には，時価評価しなければならない。決算時の時価評価によって生じた評価差額（時価評価差額）は２つの方法で処理する。

一つは，「全部純資産直入法」といい，その他有価証券は時価をもって貸借対照表価額とし，評価差額は洗替法（⇨第8章４節）にもとづき，評価差額の合計額を，その他有価証券評価差額金勘定の貸方もしくは借方に記録し，純資産の部の評価・換算差額等に計上する方法である(注)。

もう一つは，「部分純資産直入法」といい，その他有価証券の時価が取得原価を上回る場合，評価差額は純資産の部の評価・換算差額等に計上する。一方，時価が取得原価を下回る場合，その評価差額は当期の損失（投資有価証券評価損）として処理するものである。

評価差額の処理は，原則として，全部純資産直入法を適用するが，継続適用を条件に，部分純資産直入法を適用することもできる。

(注) 時価評価差額について，売買目的有価証券は収益・費用として認識し，損益計算書に計上するが，その他有価証券は，全部純資産直入法の場合，貸借対照表の純資産の部に計上され，損益計算書には計上されないことが相違点である。⇨第20章３，４節

　なお，その他有価証券のうち債券については，額面金額と取得原価の差額が金利の調整と認められる場合には，まず償却原価法（⇨６節）を適用し，取得原価と償却原価との差額を有価証券利息の修正として処理する。そのうえで，時価のある債券については，償却原価と時価との差額を評価差額として処理する。

なお，いずれの方法においても，評価差額を翌期首に再振替をしなければな

らない（⇨第15章7節，第4章4節）。翌期首の再振替で，投資有価証券勘定の金額は決算前の状態，つまり投資有価証券の帳簿価額を取得原価に振戻すことになる。税効果会計（⇨第21章2節）が適用されるが，ここでは考慮しない。

その他有価証券は，貸借対照表の固定資産の部の投資その他の資産の区分に「投資有価証券」として表示する（⇨第20章3節）。

【例題8】

次の一連の取引を仕訳しなさい。評価差額（⇨第17章3節）の会計処理は，全部純資産直入法と部分純資産直入法に分けて示すこと。

×1年4月1日　長期投資目的で，目白建設株式会社の株式10,000株を1株当たり375円で取得した。代金は小切手を振出し支払った。

×2年3月31日　決算において，目白建設株式会社の株式の時価の総額は4,000,000円であった。

×2年4月1日　翌期首になり，目白建設株式会社の株式について洗替処理し，帳簿価額を取得原価に振戻した。

×3年3月31日　決算において，目白建設株式会社の株式の時価の総額は3,450,000円であった。

×3年4月1日　翌期首になり，目白建設株式会社の株式について洗替処理し，帳簿価額を取得原価に振戻した。

〈**全部純資産直入法**による処理〉

×1. 4. 1.	（投資有価証券）	※3,750,000	（当座預金）	3,750,000

※取得原価＝10000株×@￥375＝3,750,000

×2. 3. 31.	（投資有価証券）	※250,000	（その他有価証券評価差額金）	250,000

※取得原価 3,750,000円＜時価 4,000,000円で時価が上回っているため，投資有価証券勘定を増額させ，評価差額 250,000円をその他有価証券評価差額金勘定（⇨第20章3節）の貸方に記入する。

×2. 4. 1.	（その他有価証券評価差額金）	250,000	（投資有価証券）	※250,000

※期首に，洗替処理により，帳簿価額を取得原価 3,750,000円に戻す（⇨３節：再振替）。

×3. 3. 31.　（その他有価証券評価差額金）　300,000　（投 資 有 価 証 券）　※300,000

※取得原価 3,750,000円＞時価 3,450,000円で時価が下回っているため，投資有価証券勘定を減額し，評価差額 300,000円はその他有価証券評価差額金勘定の借方に記入する。

×3. 4. 1.　（投 資 有 価 証 券）　※300,000　（その他有価証券評価差額金）　300,000

※期首に，洗替処理により，帳簿価額を取得原価 3,750,000円に戻す（再振替）。

〈**部分純資産直入法**による処理〉

×1. 4. 1.　（投 資 有 価 証 券）　※3,750,000　（当　座　預　金）　3,750,000

※取得原価＝10000株×@￥375＝3,750,000

×2. 3. 31.　（投 資 有 価 証 券）　※250,000　（その他有価証券評価差額金）　250,000

※取得原価 3,750,000円＜時価 4,000,000円で時価が上回っているため，投資有価証券勘定を増額させ，評価差額 250,000円をその他有価証券評価差額金勘定の貸方に記入する。

×2. 4. 1.　（その他有価証券評価差額金）　250,000　（投 資 有 価 証 券）　※250,000

※期首に，洗替処理により，帳簿価額は取得原価 3,750,000円に戻す。

×3. 3. 31.　（投資有価証券評価損）　300,000　（投 資 有 価 証 券）　※300,000

※取得原価 3,750,000円＞時価 3,450,000円で時価が下回っているため，投資有価証券勘定を減額し，評価差額 300,000円は投資有価証券評価損勘定の借方に記入する（⇨第20章４節）。

×3. 4. 1.　（投 資 有 価 証 券）　※300,000　（投資有価証券評価損）　300,000

※期首に，洗替処理により，帳簿価額は取得原価 3,750,000円に戻す。

〈発展〉

9　有価証券の減損

決算時において，保有している売買目的有価証券以外の有価証券のうち時価のあるものについて，その時価が著しく下落し，かつ回復する見込みがあると認められない場合は，その帳簿価額を時価まで切り下げるとともに，帳簿価額との差額を「有価証券評価損」または「有価証券減損損失」勘定に記録しなければならない(注1)(注2)。これを有価証券の減損といい，減損処理にともなう評価差額は，その他有価証券の処理と異なり，再振替してはならない。なぜならば，減損による損失は，単なる時価変動と違い，回復の可能性がないからである。それゆえ，期末時点の時価が翌期首の帳簿価額となる。

(注1)「金融商品に関する会計基準」Ⅳ.2.(6)の時価のある有価証券の時価が「著しく下落した」ときとは，個々の銘柄の有価証券の時価が取得原価に比べて50％以上の下落した場合に該当する。

(注2) 市場価格のない株式等については，発行会社の財政状態の悪化により実質価額が著しく低下したときは，相当の減額をなし，評価差額は当期の損失として処理しなければならない（「金融商品に関する会計基準」Ⅳ.2.(6)）。

【例題9】

目白商事株式会社が支配目的で保有している目白物流株式会社の株式の時価が著しく下落し，かつ回復する見込みがないため，決算において帳簿価額を時価まで切下げる減損処理を行う。なお，同株式の取得原価は9,800,000円であり，決算時の時価は 2,940,000円である。

（子会社株式評価損）	※6,860,000	（子　会　社　株　式）	6,860,000

※9,8000,000－2,940,000

(注) 子会社株式評価損は，損益計算書の特別損失になる（⇨第20章４節）。

［練習問題１］

次の取引を仕訳しなさい。

9月1日　取引先島根商店に 3,000,000円を借用証書により貸付け（期間1年，利率年 5.5%），利息を差引き小切手を振出して手渡した。

3月31日　決算につき，5ヶ月分の利息を繰延べる。

4月1日　再振替を行う。

［練習問題２］

次の取引を仕訳しなさい。

1　売買目的で鹿児島商事の株式2,000株を1株につき550円で買入れる契約を結び，代金は買入手数料 3,000円とともに3営業日後に支払うことにした。

2　上記1の株式1,000株を，1株につき620円で売却する契約を結び，代金は3営業日後に受取ることにした。

3　決算に際して，1の有価証券（1,000株）を時価評価した（期末時価@￥530）。

4　売買目的で額面 100円につき97.5円で購入した額面総額 3,000,000円の鳥取産業の社債のうち半分を 97円で売却する契約を結び，代金は3営業日後に受取ることにした。

5　売買目的で所有している群馬興業の株式について，同社から配当金領収書 12,000円が郵送されてきた。

［練習問題３］

次の有価証券明細書の内容と①から③までの指示により，各有価証券に対する必要な決算時の仕訳（3月31日）をしなさい。なお，税効果会計は考慮しない。

有価証券明細書

銘柄	保有目的	取得日	保有数	取得価額	期末評価額
A社株式	売買目的	×7年10月10日	1000株	500,000円	600,000円
B社社債	満期保有目的	×5年4月1日	10000口	960,000円	−
C社株式	支配目的	×0年5月16日	20000株	1,500,000円	1,260,000円
D社株式	長期保有	×6年9月25日	100株	800,000円	750,000円

①　B社社債は額面の総額 1,000,000円を額面 100円につき 96円で購入したものである。なお，償還日は×10年3月31日，年利率 2.19%，利払日は9月末，3月末の条件である。なお，取得価額と額面金額との差額は償却原価法（定額法）を適用する。クーポン利息は適正に処理されている。

②　当社はC社株式を55%保有している。

③ D社株式は，長期保有を目的としており，評価差額は全部純資産直入法を適用する。

〈解答〉

練習問題1

9. 1	(貸付金)	3,000,000	(当座預金)	2,835,000
			(受取利息)	165,000
3.31	(受取利息)	68,750	(前受利息)	68,750
4. 1	(前受利息)	68,750	(受取利息)	68,750

練習問題2

1	(売買目的有価証券)	1,103,000	(未払金)	1,103,000
2	(未収金)	620,000	(売買目的有価証券)	551,500
			(売買目的有価証券売却益)	68,500
3	(売買目的有価証券評価損)	21,500	(売買目的有価証券)	21,500
4	(未収金)	1,455,000	(売買目的有価証券)	1,462,500
	(売買目的有価証券売却損)	7,500		
5	(現金)	12,000	(売買目的有価証券受取配当金)	12,000

〈別解〉投資活動全体の成果を示すために，損益計算書作成では次の方法がすすめられる。

2	(未収金)	620,000	(売買目的有価証券)	551,500
			(有価証券運用損益)	68,500
3	(有価証券運用損益)	21,500	(売買目的有価証券)	21,500
4	(未収金)	1,455,000	(売買目的有価証券)	1,462,500
	(有価証券運用損益)	7,500		
5	(現金)	12,000	(有価証券運用損益)	12,000

練習問題3

A社株式の仕訳：	(売買目的有価証券)	100,000	(有価証券評価益)	100,000
B社社債の仕訳：	(現金)	10,950	(有価証券利息)	10,950
	(満期保有目的債券)	8,000	(有価証券利息)	8,000
C社株式の仕訳：	なし（仕訳不要）			
D社株式の仕訳：	(その他有価証券評価差額金)	50,000	(投資有価証券)	50,000

［解説］

・A社株式は，売買目的有価証券のため，時価評価を行う。

・B社社債は，満期保有目的債券であり，取得価額と額面金額との差額について償却原価法（定額法）を適用している。また3月末は利払日でもあるので，利息の処理を行う。

・C社株式は，株式（議決権）55%を保有し，支配を目的としているので，子会社株式である。よって期末評価は取得原価で評価する。つまり評価の必要はない。

・D社株式は，長期保有により利益獲得を目的とする有価証券で，時価評価の対象になる。時価が取得原価を下回っているが，期末処理は指示にあるように，全部純資産直入法を適用して処理する。

第15章　決算時の処理

―決算手続きと開始記入，再振替―

〔注〕第４章もみよ。(⇦第４章４節)

1　本章で勉強すること

本章で学ぶ基本的な内容

①決算手続き（第４章の方法ないし「大陸法」による）
　(1) 試算表の作成→２節
　(2) 棚卸表の作成と決算整理→３節
　(3) 精算表の作成→４節
　(4) 損益勘定と残高勘定の作成→５節
　(5) 損益計算書と貸借対照表の作成→第20章
②開始記入と再振替
　(1) 開始仕訳と開始記入→６節
　(2) 再振替→７節

検定試験受験に向けた学習

・決算手続き→「英米法」　検定簿記では，残高勘定を作成しない英米法が採られる。

本章のワークブック

ここでは，〈基本〉レベルの復習問題（解答は章末）を掲げておく。

【課題】個人商店である帝京商店（会計期間は１月１日～12月31日）の決算整理前の残高試算表は，次ページのとおりである。次の〈付記事項〉と〈決算整理事項〉に基づいて，精算表を作成しなさい。なお，解答は本章の最後に付けてあるので参考にしてほしい。

〈付記事項〉

仮払金の55,000円は，買掛金の支払分であった。(⇨第11章４節)

〈決算整理事項〉

1　期末商品棚卸高　333,000円（⇨第６章３節）
2　貸倒引当金　売掛金残高の1.5％貸倒れを見積る。差額補充法により処理する。(⇨第８章４節)
3　建物の減価償却　定額法により計算を行い，ここでは，間接法により記帳している。なお，建物の取得原価は 7,000,000円であり，耐用年数は10年，残存価額はゼロとする。(⇨第12章４節)
4　利息の前払分が 5,000円分ある。(⇨第11章６節)

8 桁 精 算 表

（解答→271ページ）

勘定科目	残高試算表		整理記入		損益計算書		貸借対照表	
	借方	貸方	借方	貸方	借方	貸方	借方	貸方
現金	1,156,000						1,156,000	
当座預金	1,129,000						[ ]	
売掛金	1,123,000						[ ]	
貸倒引当金		2,700		[ ]				[ ]
仮払金	55,000			[ ]				
繰越商品	350,000		[ ]	[ ]			[ ]	
建物	7,000,000						[ ]	
減価償却累計額		1,400,000		[ ]				[ ]
買掛金		1,178,000	[ ]					[ ]
短期借入金		1,150,000						1,150,000
資本金		6,000,000						[ ]
売上		7,356,000				[ ]		
仕入	4,120,000		[ ]	[ ]	[ ]			
給料	1,456,000				1,456,000			
広告宣伝費	685,700				[ ]			
支払利息	12,000			[ ]	[ ]			
	17,086,700	17,086,700						
貸倒引当金繰入(額)			[ ]		[ ]			
減価償却費			[ ]		[ ]			
(　　　)			[ ]				[ ]	
(　　　)					[ ]			[ ]
					7356,000	7,356,000		

（注） 簿記では，損益計算書は損益勘定，貸借対照表は残高勘定である。ここでは，検定簿記で見られる表示をしている。

〈基本〉

2　合計試算表・残高試算表の作成

—これまでの記録の正しさの確認と決算の準備—

決算手続きの第一段階では，日常取引（営業取引）記録の正しさが確認される。このために作成されるのが**合計試算表**である。合計試算表は，各元帳勘定の借方合計および貸方合計を集めた表である。

この確認段階では，すべての勘定の借方合計と貸方合計とは必ず一致するという複式記入の利点が利用される。まず，1つの取引について複式に仕訳されているので，仕訳帳の貸借の合計額は一致する。さらに，仕訳帳の仕訳はすべて元帳に転記されているから，元帳すべての借方合計と貸方合計が一致するので，合計試算表を作ると，貸借が必ず一致する。そのうえ，この元帳の合計は仕訳帳の合計とも一致する（⇨第４章２節）。

試算表を作成して，この借方合計と貸方合計が一致したときは，形式上，勘定記録の正確さが証明される。反対に，それが一致しないときは，勘定記録に誤りがあることが明らかにされる。例えば，１つの仕訳の借方だけを元帳に転記し，貸方の転記を忘れた場合である。一方，勘定科目を誤って転記した場合，貸借反対の転記をした場合には，誤りは明らかにされない。このように，試算表は，元帳記録について金額的な記入間違いがあるかどうかを指摘するのみで，それがどこにあるのかは示すことはできない。また，１つの取引自体の仕訳の転記を忘れてしまった場合，合計試算表の（借方貸方）合計と仕訳帳の（借方貸方）合計は一致しない。このように合計試算表は，仕訳帳と元帳の記入および仕訳帳から元帳への転記が正しく行われていることを確認するために作成される。

一方，各元帳勘定の合計額が等しいときは，各勘定の貸借差額である残高の貸借合計額も一致することになる。そこで，各元帳勘定の残高を集めた表も作成する。これが**残高試算表**である。残高試算表は，各元帳勘定残高の貸借合計の一致を確認することによって転記の正確性を確認するものであるが，この作成には，あとで説明する精算表作成のための準備という意味もある。これらの試算表は，決算整理を行う前の試算表であることから「（決算）整理前試算表」といわれる。

合計試算表と残高試算表それぞれに長所があるため，これらを結合して，作成した表を**合計残高試算表**という。ここでは，森山商事の合計残高試算表が次の**図表１**のようになったとする。

図表 1

合 計 残 高 試 算 表
×1年4月1日～×2年3月31日

借方		勘定科目	元丁	貸方	
残高	合計			合計	残高
2,500	7,000	現金	1	4,500	
1,000	2,000	当座預金	2	1,000	
1,000	1,400	受取手形	3	400	
		受取手形貸倒引当金	18	5	5
2,000	2,100	売掛金	4	100	
		売掛金貸倒引当金	19	15	15
1,000	1,000	繰越商品	17		
10,000	10,000	建物	5		
		建物減価償却累計額	9	600	600
18,000	18,000	土地	6		
	800	買掛金	7	3,200	2,400
	500	借入金	8	8,000	7,500
		資本金	10	20,000	20,000
	220	繰越利益剰余金	12	3,220	3,000
	400	売上	13	11,400	11,000
6,000	6,500	仕入	11	500	
2,000	2,000	給料	14		
720	720	保険料	15		
300	350	支払利息	16	50	
44,520	52,990			52,990	44,520

追記

試算表は，営業の概況を示すという利点もある。試算表が，一定期間における取引総額を示したり，あるいは経営成績と財政状態の概要を示すために，その時々の営業の概況を把握するのに役立つからである。このため，試算表は決算時に限らず，週末や月末などに作成されることがある。このような作成時期から，これらの試算表は「週計表」，「月計表」などと呼ばれることがある。

〈基本〉　3　棚卸表の作成と決算整理　—日常記録の修正—

試算表の作成により勘定記録が計算的に正確であることが検証されたとしても，そのことは，ただちに勘定記録が内容的に正しいことを意味するわけではない。それは，会計期間中における取引の記帳は，通常（掛取引や手形取引以外)，現金や当座預金，普通預金などの増減をもたらす取引に基づいて行われるが，期間計算においては，これら収支は必ずしも損益の発生と一致しないからである。そこで，決算においては，現物または事実関係を調査して，資産・負債については主に実際有高を，損益については発生高を確定し，それにもとづいて元帳の勘定記録を修正する。これを**決算整理**という。決算整理事項の主なものをあげると次のようになる。これらはカッコ書きで表示した各章で学んでいる。

① 売上原価の計算（第６章３節）

② 売掛金，受取手形等，債権に対する貸倒れの見積もり（第８章３，４節）

③ 固定資産の減価償却（第12章４節）

④ 費用・収益の見越しと繰延べ（第11章５，６節，第14章３節）

追記

〈発展〉した決算整理事項として，棚卸減耗費・商品評価損を含む売上原価の計算（第６章４節)，現金過不足の整理（第10章３節)，当座借越の振替（第10章５節)，有価証券の評価替え（第14章５節)，満期保有目的債券の償却原価法の適用（第14章６節)，消耗品・貯蔵品の処理（第11章７節)，繰延資産の償却（第13章６節，第13章補章)，社債の償却原価法の適用（第13章６節)，その他有価証券の処理（第14章８節)，引出金の整理（第３章３節)，法人税等の計上（第21章１節）などがある。

決算整理では，必要な修正事項をまとめた表が作成される。これが**棚卸表**である。もともとは商品の実地棚卸の結果をまとめた一覧表だった。「実地棚卸」とは，商品の現物にあたって数量と価格の両面からその実際有高を調査・確定する手続きのことであった。

しかし，今日では，商品の期末棚卸高だけではなく，広く決算整理を必要とする諸事項について，帳簿を離れて，事実関係を調査し，資産・負債項目についてはその実際有高を，損益項目については実際発生高を確定し，その結果を一覧表の形にまとめたものをいうようになっている。このように，棚卸表は，決算整理のために必要な基礎資料となるものである。森山商事の棚卸表が，**図表2**のようになったとする。

図表2

棚　卸　表

×2年3月31日

	整理科目	摘　　要	金額
①	繰越商品	商品期末有高　100個　@¥20	2,000
②	受取手形貸倒引当金(注)	受取手形1,000円の2％の貸倒れを見積る。差額補充法による。1,000×2％－5（当期末残高）＝15	15
	売掛金貸倒引当金(注)	売掛金2,000円の2％の貸倒れを見積る。差額補充法による。2,000×2％－15（当期末残高）＝25	25
③	建物減価償却累計額	減価償却費　定額法:30年　残存価額:取得原価の10％ (10,000－10,000×10％)÷30年＝300	300
④	前払保険料	2か月分	200
⑤	未払利息	1か月分	25

(注) 財務諸表を作成するためには，売掛金貸倒引当金，受取手形貸倒引当金と分けるが，簿記検定では，税法（⇨第21章2節(3)）の影響もあり，まとめて単に貸倒引当金とされることが多い。

棚卸表に基づき，日常記録の修正つまり元帳記録の修正が行われる。この修正仕訳を「決算整理仕訳」という。①～⑤の決算整理仕訳は次のようになる。

	借方		貸方	
①	（仕入）	1,000	（繰越商品）	1,000
	（繰越商品）	2,000	（仕入）	2,000
②	（貸倒引当金繰入額）	40	（受取手形貸倒引当金）	15
			（売掛金貸倒引当金）	25
③	（減価償却費）	300	（建物減価償却累計額）	300
④	（前払保険料）	200	（保険料）	200
⑤	（支払利息）	25	（未払利息）	25

日常取引の仕訳と同様に，これらの仕訳も仕訳帳に記入され元帳に転記される（⇨第4章4節）。

〈基本〉　4　精算表の作成　—決算の概観—

精算表は，１つの表のなかに残高試算表，整理記入（棚卸表），損益計算書，貸借対照表などを含み，決算手続きのすべてを網羅したものである。これにより決算を概観することができ，企業の経営内容の概観を把握することが可能となる。また，精算表という主要簿ではない帳簿外の計算書で試算的に決算を行うことで，正規の帳簿決算の正確性を期することができる。

精算表には，金額欄の桁数により，６桁式，８桁式，10桁式などの形式がある。６桁式は，残高試算表，損益計算書（損益勘定），貸借対照表（残高勘定）の３表から構成され，それぞれ貸借２欄計６桁の表（決算整理のない場合⇨第４章１節）である。これに整理記入の２欄を付け加えたものが８桁式，さらに整理後試算表の２欄を付け加えたものが10桁式である（⇨第４章２節）。もっとも一般的に利用されているのは「８桁精算表」である。これは，次の１）～５）の順序で作成する。

１）総勘定元帳の勘定残高を，（整理前）残高試算表欄に書き移す。

２）決算整理仕訳を整理記入欄に記入して締め切る。このとき，残高試算表にはない勘定科目が現れるが，これを順次追加する。

３）各勘定について，残高試算表欄の数値と整理記入欄の数値の貸借が同じ側の時はプラスし，反対の時はマイナスして，収益・費用の勘定は損益計算書（損益勘定）欄に，資産・負債・純資産の勘定は貸借対照表（残高勘定）欄に記入する。

４）損益計算書欄の借方・貸方をそれぞれ合計し，その差額を当期純利益または当期純損失として，その少ない側に記入し，締め切る。

５）残高試算表の繰越利益剰余金の金額に，利益獲得活動による当期の繰越利益剰余金の増減額を示す，損益計算書の収益の金額を加え費用の金額を控除した金額を，貸借対照表の繰越利益剰余金の金額とし，この金額を入れた貸方の金額の合計と借方金額合計の金額の一致（貸借均衡）を確認する。これまでの計算の正しさを確認して，貸借対照表（貸借均衡表）を締め切る。これが理論的なやり方である。

しかし，検定簿記ならびに一般にみられる慣行では，このような締切りは行われず，損益計算書で計算された当期純利益の金額を，貸借対照表では，損益計算書の反対側に記入し（⇨本章1節や第4章1節の精算表），これにより貸借対照表の貸借均衡を確認し締切られる。

森山商事の8桁精算表は次の**図表3**のようになる。理解を促すために，整理記入欄の各数値に決算整理仕訳の番号をつけている（実際には，このような番号はつけない。また，貸倒引当金繰入(額)–簿記では「繰入」，損益計算書では「繰入額」と表示される–や前払保険料など決算整理において追加した科目については，残高試算表の数値が，借方・貸方ともに0と考えればわかりやすい。）

図表3

精　　算　　表

×2年3月31日現在

勘定科目	元丁	残高試算表		整理記入		損益計算書		貸借対照表	
		借方	貸方	借方	貸方	借方	貸方	借方	貸方
現金	1	2,500						2,500	
当座預金	2	1,000						1,000	
受取手形	3	1,000						1,000	
受取手形貸倒引当金	18		5		② 15				20
売掛金	4	2,000						2,000	
売掛金貸倒引当金	19		15		② 25				40
繰越商品	17	1,000		① 2,000	① 1,000			2,000	
建物	5	10,000						10,000	
建物減価償却累計額	9		600		③ 300				900
土地	6	18,000						18,000	
買掛金	7		2,400						2,400
借入金	8		7,500						7,500
資本金	10		20,000						20,000
売上	13		11,000				11,000		
仕入	11	6,000		① 1,000	① 2,000	5,000			
給料	14	2,000				2,000			
保険料	15	720			④ 200	520			
支払利息	16	300		⑤ 25		325			
貸倒引当金繰入(額)	20			② 40		40			
減価償却費	21			③ 300		300			
前払保険料	22			④ 200				200	
未払利息	23				⑤ 25				25
繰越利益剰余金	12		3,000			8,185	11,000		5,815
（当期純利益）						2,815			
		44,520	44,520	3,565	3,565	11,000	11,000	36,700	36,700

〈基本・発展〉

5　損益勘定と残高勘定の作成
―期間損益の確定と帳簿の締切り―

精算表を作成することにより，決算のやり方の目途が立つ。しかし，簿記処理上，正式な決算としては，次の４段階の手続きが必要である。

⑴ **損益勘定**を設定し，そこに収益・費用の諸勘定残高を振替える。このとき，損益勘定の残高は当期純損益を表している。

⑵ 損益勘定残高（**図表３**では，11,000－8,185＝2,815）を繰越利益剰余金勘定（個人企業の場合は，資本金勘定）に振替える。（⇨個人企業：第３章３節，株式会社：第17章２節）。

【注】簿記検定では，この過程は行われず，損益勘定（損益計算書）の当期純利益（2,815円）がそのまま残高勘定（貸借対照表）の貸方に記入される（⇨本章のワークブックの８桁精算表）。つまり，残高勘定では，当期純利益 2,815円がそのまま記入される。

⑶ **残高勘定**を設定し，そこに資産・負債・純資産の諸勘定残高を振替える。このとき，残高勘定が貸借平均(貸借均衡)し一致していること，すなわち「残高勘定に残高なし」という事実を確認する。

⑷ 上の⑴～⑶の処理が終了した時点で，決算過程記入の仕訳帳と，各元帳勘定を締切る。このとき，各元帳勘定（総勘定元帳）はすべて貸借平均(均衡)していずれも残高が残っていないことを確認する。

以上の過程を仕訳（仕訳帳に記入）で示すと，以下のようになる。

⑴ 損益勘定の作成

仕訳帳で，決算整理後の収益・費用の勘定残高を損益勘定の貸方に振替える。この仕訳を「(損益の) 振替仕訳」という。

まず，貸方・収益勘定の残高を損益勘定の貸方に振替える。

（売　上）	11,000	（損　益）	11,000

次に，借方・費用勘定の残高を損益勘定の借方に振替える。(次ページに記入)

（損　　　益）	8,185	（仕　　　入）	5,000
		（給　　　料）	2,000
		（保　険　料）	520
		（支 払 利 息）	325
		（貸倒引当金繰入(額)）	40
		（減 価 償 却 費）	300

(2) 損益勘定残高の振替え

作成した損益勘定の貸借を比較すると，貸方が 2,815円大きい。これは当期純利益を示している。この差額を繰越利益剰余金勘定に振替える（⇨第３章３節【例題２】)。なお，借方が大きければ，当期純損失を示す。

（損　　　益）	2,815	（繰越利益剰余金）	2,815

以上の処理により，損益勘定の元帳記録は次のようになる。仕訳帳では「損益」の金額はまとめられているが，損益勘定には相手勘定とその金額を個々に記入する。これにより損益計算書作成のもとになる情報がえられる。

損　　益　　〈24 ページ〉

日付		摘　要	仕丁	借　方	日付		摘　要	仕丁	貸　方
3	31	仕　　　入	3	5,000	3	31	売　　　上	3	11,000
		給　　　料	〃	2,000					
		保　険　料	〃	520					
		支 払 利 息	〃	325					
		貸倒引当金繰入(額)	〃	40					
		減 価 償 却 費	〃	300					
		当 期 純 利 益 （繰越利益剰余金へ）	〃	2,815					
				11,000					11,000

(3) 残高勘定の作成

決算整理後の資産，負債・純資産の諸勘定残高を残高勘定に振替える。

まず，借方・資産勘定の残高を残高勘定の借方に振替える。

（残　　　高）※ ※大陸法では，閉鎖残高	36,700	（現　　　金）	2,500
		（当 座 預 金）	1,000

		(受取手形)	1,000
		(売掛金)	2,000
		(繰越商品)	2,000
		(前払保険料)	200
		(建物)	10,000
		(土地)	18,000

（注）一つの仕訳をページをまたがって記入してはいけないが，ここでは，印刷の都合で切っている。

次に，貸方・負債（貸倒引当金，減価償却累計額―評価勘定―も含む），純資産勘定の残高を残高勘定の貸方に振替える。仕訳帳では「残高　36,700」とされているが，残高勘定には相手勘定とその金額を個別に記入する。これにより貸借対照表のもとになる情報がえられる。

(受取手形貸倒引当金)	20	(残高)※	36,700
(売掛金貸倒引当金)	40	※大陸法では，閉鎖残高	
(建物減価償却累計額)	900		
(買掛金)	2,400		
(借入金)	7,500		
(未払利息)	25		
(資本金)	20,000		
(繰越利益剰余金)	5,815		

この一連の処理により，残高勘定（大陸法では，閉鎖残高勘定）の元帳記録は次のようになる。

残　高（閉鎖残高）　〈25ページ〉

日付		摘要	仕丁	借方	日付		摘要	仕丁	貸方
3	31	現金	3	2,500	3	31	受取手形貸倒引当金	3	20
		当座預金	〃	1,000			売掛金貸倒引当金	〃	40
		受取手形	〃	1,000			建物減価償却累計額	〃	900
		売掛金	〃	2,000			買掛金	〃	2,400
		繰越商品	〃	2,000			借入金	〃	7,500
		前払保険料	〃	200			未払利息	〃	25
		建物	〃	10,000			資本金	〃	20,000
		土地	〃	18,000			繰越利益剰余金	〃	5,815
				36,700					36,700

(4) 仕訳帳・元帳の締切り⇨第４章４節もみよ。

最終段階の処理として仕訳帳および各元帳勘定の締切りを行う。

注意！ 仕訳帳に仕訳を記入するとき，一組の仕訳をページを渡って記入してはならないが，ここでは，印刷の関係上，ページを渡って記入している。なお，ページ繰越の仕方は，第４章４節参照。

〈3ページ〉

				⋮	⋮
				44,520	44,520
3	31	本日決算			
		（仕　　入）	11	1,000	
		（繰越商品）	17		1,000
		（繰越商品）	17	2,000	
		（仕　　入）	11		2,000
		（貸倒引当金繰入(額)）	20	40	
		（受取手形貸倒引当金）	18		15
		（売掛金貸倒引当金）	19		25
		（減価償却費）	21	300	
		（建物減価償却累計額）	9		300
		（前払保険料）	22	200	
		（保険料）	15		200
		（支払利息）	16	25	
		（未払利息）	23		25
		（売　　上）	13	11,000	
		（損　　益）	24		11,000
		（損　　益）	24	8,185	
		（仕　　入）	11		5,000
		（給　　料）	14		2,000
		（保険料）	15		520
		（支払利息）	16		325
		（貸倒引当金繰入(額)）	20		40
		（減価償却費）	21		300
		（損　　益）	24	2,815	
		（繰越利益剰余金）	12		2,815
		（残　　高）	25	36,700	
		（現　　金）	1		2,500
		（当座預金）	2		1,000
		（受取手形）	3		1,000

		摘要	元丁	借方	貸方
		（売　掛　金）	4		2,000
		（繰越商品）	17		2,000
		（前払保険料）	22		200
		（建　物）	5		10,000
		（土　地）	6		18,000
		（建物減価償却累計額）	9	900	
		（受取手形貸倒引当金）	18	20	
		（売掛金貸倒引当金）	19	40	
		（買　掛　金）	7	2,400	
		（借　入　金）	8	7,500	
		（未払利息）	23	25	
		（資　本　金）	10	20,000	
		（繰越利益剰余金）	12	5,815	
		（残　高）	25		36,700
				98,965	98,965

仕訳帳は，日常取引（営業取引）が終了した時点つまり決算手続きを開始する前の時点でいったん締切り，合計（例では，44,520円）を求める。決算整理仕訳および決算仕訳つまり損益と残高振替仕訳はそのあとに記入し，これらについて合計（例では，98,965円）を求め，貸借の一致を確認した上で仕訳帳を締切る。

次に元帳の締切りであるが，これについては，いくつかの勘定を例として示すこととし，まず，費用・収益勘定のうち，仕入勘定，売上勘定を示す。これらの勘定は，損益振替仕訳により，損益勘定へそれらの残高が振替えられる。

仕　入　〈11ページ〉

日付		摘　要	仕丁	借　方	日付		摘　要	仕丁	貸　方
:	:		:	:	:	:		:	:
:	:		:	:	3	31	（繰越商品）	3	2,000
3	31	（繰越商品）	3	1,000		〃	損　益	〃	5,000
				※7,500					7,500

※決算整理以外の金額，借方：6,500円と貸方：500円（日常取引の金額(総額)）は，仕訳帳の日常取引からえられるが，この期中の数値（動き）は合計試算表から分かる。

売　上　〈13ページ〉

日付		摘　要	仕丁	借　方	日付		摘　要	仕丁	貸　方
:	:		:	:	:	:		:	:
3	31	損　益	3	※※11,000	:	:		:	:
				11,400					※11,400

※この合計数値は，仕訳帳の日常取引貸方の転記からえられるが，合計試算表からも分かる。
※※この純売上高は，仕訳帳の日常取引の転記からえられ，貸方合計－借方合計である。なお，この数値は合計試算表からも分かる。

次に，資産・負債・純資産勘定のうち，繰越商品，未払利息，繰越利益剰余金を示す。これらの勘定は，振替仕訳により，残高勘定へ残高が振替られている。その際，「摘要」欄には「残高」ではなく，「次期繰越」と記入するのが一般的である。

繰越商品　〈17ページ〉

日付		摘　要	仕丁	借　方	日付		摘　要	仕丁	貸　方
4	1	前期繰越	1	1,000	3	31	(仕　入)	3	1,000
3	31	(仕　入)	3	2,000		〃	次期繰越	3	2,000
				3,000					3,000

未払利息　〈23ページ〉

日付		摘　要	仕丁	借　方	日付		摘　要	仕丁	貸　方
3	31	次期繰越	3	25	3	31	(支払利息)	3	25

繰越利益剰余金　〈12ページ〉

日付		摘　要	仕丁	借　方	日付		摘　要	仕丁	貸　方
:	:	(※この数値は合計試算表より)	:	※220	4	1	前期繰越	1	3,220
3	31	次期繰越	3	5,815	3	31	損　益	3	2,815
				6,035					6,035

英米法

日商簿記検定では，主にイギリス，アメリカで行われていたとされる「英米法」で出題される。

英米法の特徴としては，①残高勘定を作成しない，②各勘定を独自に締切り，**繰越試算表**を作成する，ことがあげられる。つまり，費用・収益勘定を，損益振替仕訳により，損益勘定へ，その貸借差額を振替える。そして，損益勘定の貸借差額を繰越利益剰余金勘定に振替えれば終了である。あとは，資産，負債，純資産の期末残高を各勘定上，直接に「次期繰越」と記入し，勘定を締切り，次期への引き継ぎを直接に「前期繰越」と記入し，翌期の記入の準備をする。仕訳帳に開始記入はしない。つまり，繰越手続を元帳上で直接行うのが英米法である。

英米法では，繰越記入が正しく行われたかどうかを確認するために，正規の簿記手続きとは別に，各勘定の繰越高を集めて「繰越試算表」を作成する。本文中の森山商事の繰越試算表は，次のようになる。これは残高勘定（大陸法では，閉鎖残高勘定）と同じである。

繰越試算表

×2年3月31日

借　方	勘定科目	元丁	貸　方
2,500	現金	1	
1,000	当座預金	2	
1,000	受取手形	3	
2,000	売掛金	4	
2,000	繰越商品	17	
200	前払保険料	22	
10,000	建物	5	
18,000	土地	6	
	受取手形貸倒引当金	18	20
	売掛金貸倒引当金	19	40
	建物減価償却累計額	9	900
	買掛金	7	2,400
	未払利息	23	25
	借入金	8	7,500
	資本金	10	20,000
	繰越利益剰余金	12	5,815
36,700			36,700

ところで，既述の大陸法の利点として，仕訳帳合計と合計試算表の合計が一致し，これにより，転記の正しさが確認される（⇨第4章2節）。これに対し，英米法ではこの確認ができない。しかしながら，仕訳帳の摘要欄に下のように「前期繰越高」と記入し，金額欄に（前期の）繰越試算表の合計額を貸借それぞれ記入することにより，合計試算表の貸借合計額と仕訳帳の日常取引終了後の貸借合計額の一致を確認することができる。⇨2節

仕　訳　帳　〈1ページ〉

日付		摘　　要	元丁	借　方	貸　方
4	1	前　期　繰　越　高	✓	36,700	36,700

〈基本〉6　開始仕訳と開始記入　―新しい仕訳帳と元帳の記入―

前節で学んだように，収益・費用の諸勘定は，損益勘定に振替えられて消滅する。しかし，資産・負債・純資産の諸勘定は消滅しないので，残額が翌期に繰越される。そこで諸勘定について，繰越されてきたことを示すため前期繰越の記入を行う。これを**開始記入**という。そのための仕訳を**開始仕訳**という。これは翌期の仕訳帳の最初に，翌期首の日付で記入される。⇨第4章4節(4)

森山商事の翌年度の開始仕訳は次ページのようになる。

このように，前年度期末の振替仕訳によって，残高勘定に振替えられた資産・負債・純資産勘定のうち，資産勘定を借方に，負債・純資産勘定（貸倒引当金，減価償却累計額―評価勘定―も含む）を貸方に記入する。これと同時に，各元帳勘定に転記し，転記の際に，摘要欄に「前期繰越」と記入する。この一連の記入が開始記入である。いくつかの勘定について示すと，次ページのようになる。

仕　訳　帳　〈1ページ〉

日付		摘要	元丁	借方	貸方
4	1	(現金)	1	2,500	
		(当座預金)	2	1,000	
		(受取手形)	3	1,000	
		(売掛金)	4	2,000	
		(繰越商品)	17	2,000	
		(前払保険料)	22	200	
		(建物)	5	10,000	
		(土地)	6	18,000	
		(受取手形貸倒引当金)	18		20
		(売掛金貸倒引当金)	19		40
		(建物減価償却累計額)	9		900
		(買掛金)	7		2,400
		(未払利息)	23		25
		(借入金)	8		7,500
		(資本金)	10		20,000
		(繰越利益剰余金)	12		5,815
		前期繰越			

現　金　〈1ページ〉

日付		摘要	仕丁	借方	日付		摘要	仕丁	貸方
4	1	前期繰越	1	2,500					

買　掛　金　〈7ページ〉

日付		摘要	仕丁	借方	日付		摘要	仕丁	貸方
					4	1	前期繰越	1	2,400

資　本　金　〈10ページ〉

日付		摘要	仕丁	借方	日付		摘要	仕丁	貸方
					4	1	前期繰越	1	20,000

［参考］大陸法

ヨーロッパ大陸で行われてきた決算の方法である大陸法では，決算において，既述のように，閉鎖残高勘定（本書では，残高勘定）を作成するとともに，期首に，「開始残高勘定」を作成する。それを開始仕訳とともに示すと，次のようになる。

仕　訳　帳　〈1ページ〉

日付		摘	要	元丁	借方	貸方
4	1	諸　口	（開始残高）	1		36,700
		（現　金）		2	2,500	
		（当座預金）		3	1,000	
		（受取手形）		4	1,000	
		（売掛金）		5	2,000	
		（繰越商品）		18	2,000	
		（前払保険料）		23	200	
		（建　物）		6	10,000	
		（土　地）		7	18,000	
	〃	（開始残高）	諸　口	1	36,700	
			（受取手形貸倒引当金）	19		20
			（売掛金貸倒引当金）	20		40
			（建物減価償却累計額）	10		900
			（買掛金）	8		2,400
			（未払利息）	24		25
			（借入金）	9		7,500
			（資本金）	11		20,000
			（繰越利益剰余金）	13		5,815

開始残高勘定は，前期の閉鎖残高勘定（残高勘定）と貸借が反対である。

なお，現金勘定等元帳の期首の摘要欄には，前期繰越ではなく「開始残高」と記入する。一方，前期の締切りにおいても「次期繰越」ではなく「閉鎖残高」と記入する。これは，'閉鎖' 残高勘定にまとめた（閉鎖(錠)した）こと，一方，期首に '開始' 残高勘定から各勘定を出した（開錠(始)した）ことを意味する。

開始残高

〈1ページ〉

日付		摘要	仕丁	借方	日付		摘要	仕丁	貸方
4	1	受取手形貸倒引当金	1	20	4	1	現金	1	2,500
		売掛金貸倒引当金	〃	40			当座預金	〃	1,000
		建物減価償却累計額	〃	900			受取手形	〃	1,000
		買掛金	〃	2,400			売掛金	〃	2,000
		未払利息	〃	25			繰越商品	〃	2,000
		借入金	〃	7,500			前払保険料	〃	200
		資本金	〃	20,000			建物	〃	10,000
		繰越利益剰余金	〃	5,815			土地	〃	18,000
				36,700					36,700

〈基本〉

7　再振替 ⇨第11章6節，第14章3節

開始記入ののち，この記入に続けて前払費用・未払費用・前受収益・未収収益勘定といった経過勘定の再振替記入を行う（⇨第4章4節(4)）。本例でいえば，前払保険料，未払利息がこれにあたる。再振替により，経過勘定が相応する費用・収益の勘定に振替えられる。この仕訳それ自体は単純であり，決算整理時に経過勘定を設定したときと逆の仕訳を行えばよい。

仕訳帳

〈1ページ〉

日付		摘要	元丁	借方	貸方
4	1	⋮		⋮	⋮
	〃	（保険料）	15	200	
		（前払保険料）	22		200
		再振替			
		（未払利息）	23	25	
		（支払利息）	16		25
		再振替			

それでは，再振替が行われるのはなぜだろうか。

前払保険料を取り上げると，再振替をせずに，この費用が支払われたときの

処理を考えてみることにしよう。例えば，×2年5月29日に，1年分の保険料1,000円を当座預金口座から振込んだとする。その際に，前期に既に支払っていた当期の2ヶ月分の保険料200円もあわせて保険料勘定に振替えるとすると，次のように記録することとなる。

5月29日	（保　険　料）	1,200	（当　座　預　金）	1,000
			（前 払 保 険 料）	200

しかしながら，前払費用の場合には，時の経過とともに，これが当期の費用になることは確実である。そこで，再振替をしておけば，次のように支出額を記録するだけでよい。ここでは，残りの当期分 1,000円のみを支払ったとしている。勘定で，当期の費用として 1,200円が計上される。

5月29日	（保　険　料）	1,000	（当　座　預　金）	1,000

このとき，保険料の元帳記録は次のようになる。

前払保険料　〈22ページ〉

日付		摘　要	仕丁	借　方	日付		摘　要	仕丁	貸　方
4	1	前期繰越	1	200	4	1	再　振　替	1	200

保　険　料　〈15ページ〉

日付		摘　要	仕丁	借　方	日付		摘　要	仕丁	貸　方
4	1	再　振　替	1	200					
5	29	（当 座 預 金）	〃	1,000					

なお，支出による費用 1,200円が当期の費用として正当かどうかは，決算整理であらためて考えることになる。

次に，未払利息を取り上げる。再振替をせず，実際にこの費用が支払われたときの処理はどうなるだろうか。いま，×2年12月25日に前期の未払分 25円と当期分 275円がまとめて請求され，これを当座預金口座から支払ったとする。この場合，支払利息を前期分と当期分に分けて記録しなければならない。

12月25日	（未　払　利　息）	25	（当　座　預　金）	300
	（支　払　利　息）	275		

ところが，再振替をしておけば，次のように支出した金額を全額費用として記録すればよい。

12月25日	（支　払　利　息）	300	（当　座　預　金）	300

これは，次の支払利息勘定から明らかになるだろう（未払利息勘定は省略－第11章６節(2)をみよ）。残高が当期分の金額になっている。

支払利息　　〈16ページ〉

日付		摘　要	仕丁	借　方	日付		摘　要	仕丁	貸　方
12	25	（当　座　預　金）	1	300	4	1	再　振　替	1	25

再振替により，支払利息勘定は期首の時点で，マイナス 25円からスタートしている。ここに12月25日の記録が追加されることにより，当期の費用が，支払利息勘定の差額から自動的に 275円となる。

[ワークブックの解答]

勘定科目	残高試算表		整理記入		損益計算書		貸借対照表	
	借方	貸方	借方	貸方	借方	貸方	借方	貸方
現　　　金	1,156,000						1,156,000	
当 座 預 金	1,129,000						1,129,000	
売　掛　金	1,123,000						1,123,000	
貸倒引当金		2,700		14,145				16,845
仮　払　金	55,000			55,000				
繰 越 商 品	350,000		333,000	350,000			333,000	
建　　　物	7,000,000						7,000,000	
減価償却累計額		1,400,000		700,000				2,100,000
買　掛　金		1,178,000	55,000					1,123,000
短期借入金		1,150,000						1,150,000
資　本　金		6,000,000						6,000,000
売　　　上		7,356,000				7,356,000		
仕　　　入	4,120,000		350,000	333,000	4,137,000			
給　　　料	1,456,000				1,456,000			
広告宣伝費	685,700				685,700			
支 払 利 息	12,000			5,000	7,000			
	17,086,700	17,086,700						
貸倒引当金繰入(額)			14,145		14,145			
減価償却費			700,000		700,000			
(前払利息)			5,000				5,000	
(当期純利益)					356,155			356,155
			1,457,145	1,457,145	7,356,000	7,356,000	10,746,000	10,746,000

[練習問題1]〈基本〉

次の決算整理事項（1～5）によって解答用紙の精算表を完成しなさい。ただし，会計期間は×7年1月1日から×7年12月31日までの1年である。

1　売掛金の期末残高に対して2％の貸倒れを見積る。貸倒引当金の設定は差額補充法によること。

2　期末商品棚卸高は 60,000円である。売上原価は「仕入」の行で計算する。

3　建物と備品について定額法により減価償却を行う。ただし，建物の耐用年数は30年，備品の耐用年数は10年とする。残存価額はいずれも取得原価の10％とする。

4　保険料のうち 4,000円は前払い分である。

5　受取手数料の未収分が 5,400円ある。

精　算　表

(単位：円)

勘定科目	残高試算表		決算整理		損益計算書		貸借対照表	
	借方	貸方	借方	貸方	借方	貸方	借方	貸方
現金	180,000							
売掛金	320,000							
有価証券	80,000							
繰越商品	55,000							
建物	1,000,000							
備品	100,000							
支払手形		75,000						
買掛金		141,400						
借入金		100,000						
貸倒引当金		5,000						
建物減価償却累計額		150,000						
備品減価償却累計額		45,000						
資本金		900,000						
売上		870,000						
受取手数料		21,600						
仕入	365,000							
給料	195,000							
保険料	8,000							
支払利息	5,000							
	2,308,000	2,308,000						
(　　　　)(額)								
(　　　　)費								
(　　　)手数料								
(　　　)保険料								
(　　　　)								(　　)※

※繰越利益剰余金

[練習問題２]〈基本〉

新潟商店の×８年度期首（×７年度期末）の経過勘定は次のようになっていた。なお，同商店の決算日は毎年12月31日である。

未払給料 40,000円　前払家賃 20,000円　未収利息 60,000円　前受地代 210,000円

1　×8年度期首の再振替仕訳を示しなさい。

2　×8年度中，次の取引が行なわれた。⑴再振替仕訳とあわせて，該当する各勘定を作成しなさい。

３月20日　×８年４月から×９年３月までの家賃 120,000円が，当座預金口座から支払われた。

６月30日　貸付けた 2,400,000円に対する半年分（利払日到来時）の利息 120,000円が当座預金口座に入金された。なお，貸付期間は１年間であり，利率年３％，利息は月割り計算する。

８月１日　土地（駐車場）の賃貸料12か月分として 360,000円受取り，当座預金口座に入金した。

12月30日　決算前までの給料 2,400,000円を，小切手を振出して支払った。

1　未払給料：
　　前払家賃：
　　未収利息：
　　前受地代：

2

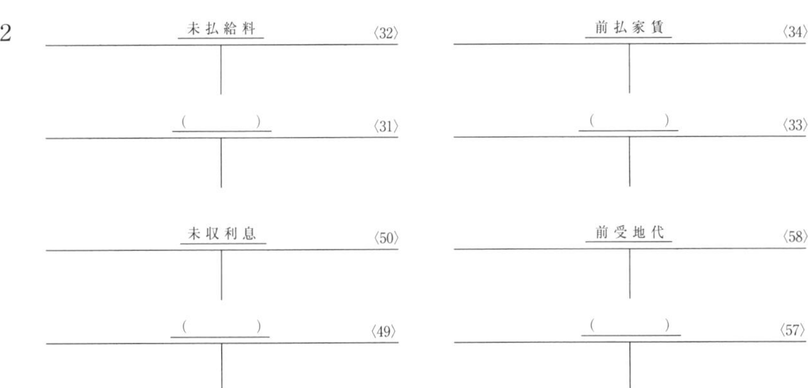

〈解答〉

[練習問題１]

精 算 表

（単位：円）

勘定科目	残高試算表		決算整理		損益計算書		貸借対照表	
	借方	貸方	借方	貸方	借方	貸方	借方	貸方
現金	180,000						180,000	
売掛金	320,000						320,000	
有価証券	80,000						90,000	
繰越商品	55,000		60,000	55,000			60,000	
建物	1,000,000						1,000,000	
備品	100,000						100,000	
支払手形		75,000						75,000
買掛金		141,400						141,400
借入金		100,000						100,000
貸倒引当金		5,000		1,400				6,400
建物減価償却累計額		150,000		30,000				180,000
備品減価償却累計額		45,000		9,000				54,000
資本金		900,000						900,000
売上		870,000				870,000		
受取手数料		21,600		5,400		27,000		
仕入	365,000		55,000	60,000	360,000			
給料	195,000				195,000			
保険料	8,000			4,000	4,000			
支払利息	5,000				5,000			
	2,308,000	2,308,000						
(貸倒引当金繰入)(額)			1,400		1,400			
(減価償却)費			39,000		39,000			
(未収)手数料			5,400				5,400	
(前払)保険料			4,000				4,000	
(当期純利益)					292,600			※292,600
			164,800	164,800	897,000	897,000	1,759,400	1,749,400

※当期純利益は繰越利益剰余金に振替える（５節(2)をみよ）。

[練習問題２]

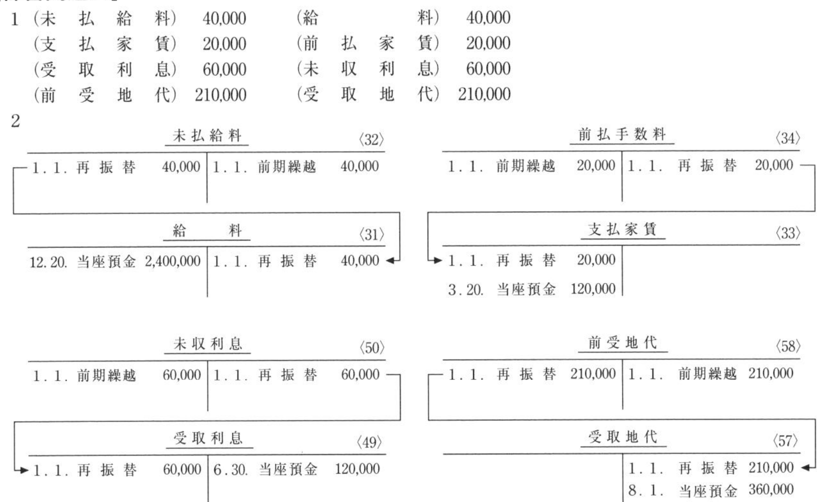

1

借方	金額	貸方	金額
(未 払 給 料)	40,000	(給　　　料)	40,000
(支 払 家 賃)	20,000	(前 払 家 賃)	20,000
(受 取 利 息)	60,000	(未 収 利 息)	60,000
(前 受 地 代)	210,000	(受 取 地 代)	210,000

2

未払給料 〈32〉

1.1. 再 振 替	40,000	1.1. 前期繰越	40,000

給　　料 〈31〉

12.20. 当座預金	2,400,000	1.1. 再 振 替	40,000

前払手数料 〈34〉

1.1. 前期繰越	20,000	1.1. 再 振 替	20,000

支払家賃 〈33〉

1.1. 再 振 替	20,000		
3.20. 当座預金	120,000		

未収利息 〈50〉

1.1. 前期繰越	60,000	1.1. 再 振 替	60,000

受取利息 〈49〉

1.1. 再 振 替	60,000	6.30. 当座預金	120,000

前受地代 〈58〉

1.1. 再 振 替	210,000	1.1. 前期繰越	210,000

受取地代 〈57〉

		1.1. 再 振 替	210,000
		8.1. 当座預金	360,000

(注)　前期繰越以外，摘要欄に何も書かなくてもよい。仕訳帳から分かる。

第16章　帳簿組織と伝票制

1　本章で勉強すること

本章で学ぶ基本的な内容
①帳簿組織→2節 主要簿（仕訳帳，元帳）と補助簿（補助記入帳，補助元帳） ②伝票制→4節 (1) 1伝票制…仕訳伝票 (2) 3伝票制…入金伝票，出金伝票，振替伝票 (3) 5伝票制…入金伝票，出金伝票，仕入伝票，売上伝票，振替伝票
その他，発展的内容
・特殊仕訳帳→3節 合計仕訳と合計転記 ・仕訳集計表→4節

本章のワークブック

【課題1】〈基本〉次の取引を入金伝票に記入するとともに，元帳に転記しなさい。⇦**【例題2】**

7月10日　売掛金 200,000円を現金で回収した。

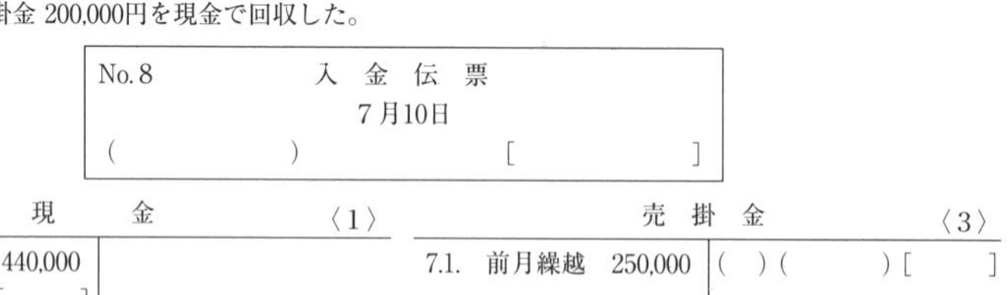

No. 8　入　金　伝　票
7月10日
(　　　)　[　　　]

現　金　〈1〉

7.1.　前月繰越　440,000	
(　)(　　　)[　　　]	

売　掛　金　〈3〉

7.1.　前月繰越　250,000	(　)(　　　)[　　　]

【課題2】〈基本〉次の取引を出金伝票に記入するとともに，元帳に転記しなさい。⇦**【例題3】**

8月21日　買掛金 420,000円を現金で支払った。

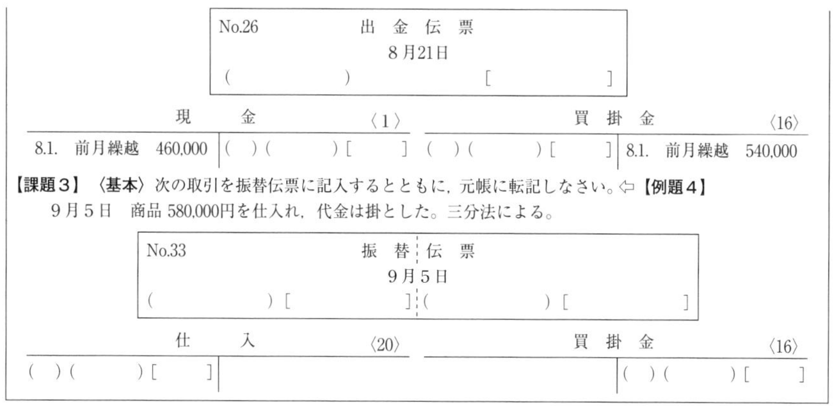

No.26 出金伝票
8月21日
(　　　　) [　　　　]

現金		〈1〉
8.1. 前月繰越 460,000	(　)(　　　)[　　　]	

買掛金		〈16〉
(　)(　　　)[　　　]	8.1. 前月繰越 540,000	

【課題3】 〈基本〉次の取引を振替伝票に記入するとともに，元帳に転記しなさい。⇦**【例題4】**

9月5日　商品 580,000円を仕入れ，代金は掛とした。三分法による。

No.33 振替伝票
9月5日
(　　　　)[　　　　] | (　　　　)[　　　　]

仕入		〈20〉
(　)(　　　)[　　　]		

買掛金		〈16〉
	(　)(　　　)[　　　]	

〈基本〉

2　帳簿組織　—簿記における記録の仕組み—

これまで学んできた帳簿を示すと，次のようになる。損益勘定，残高勘定の作成に関わる帳簿を「主要簿」(第15章)，これ以外の帳簿を「補助簿」という。

(1)　主要簿…仕訳帳，元帳（総勘定元帳）(第4章4節)

(2)　補助簿 …
- 補助記入帳…現金出納帳（第10章2節　**図表1**），
  - 当座預金出納帳（第10章4節　**図表3**），
  - 仕入帳（第5章7節**【例題8】**），
  - 売上帳（第5章7節**【例題9】**）など(注)
- 補助元帳…仕入先元帳（買掛金元帳）(第8章2節**【例題1-2】**)，
  - 得意先元帳（売掛金元帳）(第8章2節**【例題2】**)など

(注) これら以外にも，補助記入帳として，受取手形記入帳（第9章4節**【例題3-1】**)，支払手形記入帳（第9章4節**【例題3-2】**)，などがある。

以上の諸帳簿は，一体となって会社財産の管理に貢献している。このような諸帳簿の仕組みを**帳簿組織**という。これを図で示せば，次のようになる。

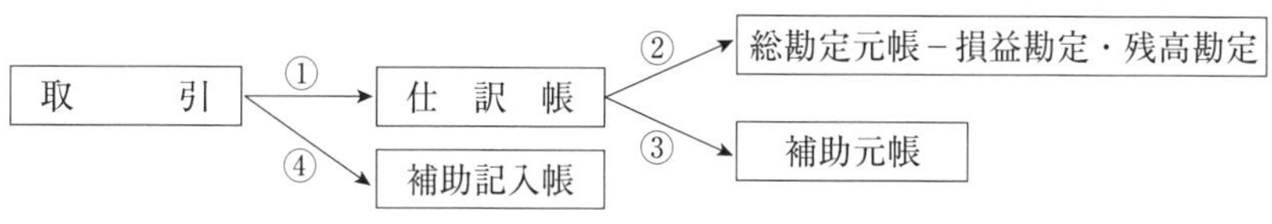

取引が発生すると仕訳帳と補助記入帳に記録され，仕訳帳から総勘定元帳に転記されるとともに，補助元帳にもその明細が記録される。例えば，商品100,000円を掛で仕入れた場合には，仕訳帳にこの記録（仕訳）が記入され（①），総勘定元帳の買掛金勘定および仕入勘定に転記される（②）。同時に，各仕入先ごとに設けられた買掛金元帳（補助元帳）に買掛金発生の事実・理由が記録される（③）。一方，仕入帳（補助記入帳）には仕入の相手先，商品の種類・数量・単価・合計といった，より細かい情報が記録される（④）。また，商品有高帳（補助記入帳）（⇨第６章２節【例題１】）には，商品の種類ごとに，受入数量・単価・金額といった詳細な情報が記録される（④）。

このように，補助簿を使用することにより，会社財産の細かい管理が可能になる長所がある。しかし反面，同じ取引を主要簿と補助簿の両方に記録するために，記帳の手数がかかる。この欠点をおぎなうために補助簿とくに補助記入帳が仕訳帳として利用される。つまり，仕訳帳の分割が行われるのである。このような仕訳帳の機能を備えた補助記入帳を**特殊仕訳帳**という。これと区別するために，ここまでの仕訳帳を**普通仕訳帳**という。

ところで，これまで説明してきた，普通仕訳帳のみをもつ帳簿組織のもとでは，個々の取引ごとに普通仕訳帳から総勘定元帳への転記が行われていた。これを**個別転記**という。しかし特殊仕訳帳を導入した場合，一週間，10日，１ヶ月といった一定期間に発生した取引の合計額を，一括して転記することができるようになる。これを**合計転記**という。

以上の帳簿組織を図で示せば，次のようになる。

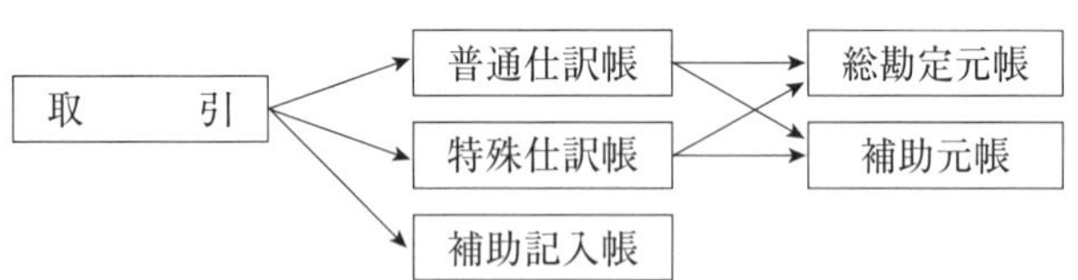

取引は，その内容に応じて，普通仕訳帳もしくは特殊仕訳帳に記録される。そして，これら２種類の仕訳帳から総勘定元帳に転記されるとともに，各種補助元帳にも転記される。

〈発展〉

3 特殊仕訳帳

特殊仕訳帳を設けた場合，決算に至る日々の取引を記録するために，普通仕訳帳，特殊仕訳帳，総勘定元帳の３種類の帳簿が使用される。ここでは次の例を用いて，このような帳簿組織における帳簿記入の流れを説明する。

次の①～⑥は，いずれも森山商事の取引である。同社は現金出納帳を特殊仕訳帳としている。現金出納帳は毎月末に締め切り，総勘定元帳の現金勘定に合計転記している。なお，４月末時点における，同社の当座預金勘定の残高は300,000円，売掛金勘定の残高は100,000円であった。

① ５月１日　現金勘定の前月繰越高は200,000円であった。
② ５月３日　西武商店に商品100,000円を販売し，代金は掛とした。
③ ５月10日　湘北商会から売掛金50,000円を現金で回収した。
④ ５月15日　従業員の給料55,000円を現金で支払った。
⑤ ５月20日　湘北商会に商品70,000円を販売し，代金は現金で30,000円受取り，残額は掛とした。
⑥ ５月23日　高崎商会から商品23,000円を仕入れ，代金は小切手を振出して支払った。

この例における特殊仕訳帳すなわち現金出納帳は，次のような帳簿である。

現金出納帳

〈1ページ〉

日付		相手勘定		摘要	元丁	収入（借方）	支出（貸方）	残高
		借方勘定	貸方勘定					

本例では，普通仕訳帳，現金出納帳（特殊仕訳帳），総勘定元帳の３種類の帳簿を使用する。各取引の帳簿記入は次のようになる。

① 前月繰越高200,000円を現金出納帳の残高欄に記入し，摘要欄には「前月繰越」と記入する。この記録は，前の出納帳から繰越されてきたので，元丁欄には同じ帳簿間での転記を示す「✓」を記入する。

② この取引には現金勘定が関係していない。したがって，普通仕訳帳の借方に「売掛金」100,000円，貸方に「売上」100,000円を記入し，元帳にそれぞれ個別転記する。

③ これは入金取引である。したがって，この取引は次のように現金出納帳に記入する。収入欄に入金額 50,000円を記入するとともに，相手勘定科目「売掛金」を相手勘定の貸方勘定欄に記入する。そして，この記録を元帳の売掛金勘定に転記する。

④ これは出金取引である。したがって，この取引も現金出納帳に記入する。支出欄に出金額 55,000円を，相手勘定科目「給料」を相手勘定の借方勘定欄に記入し，元帳の給料勘定に転記する。

⑤ これは一部現金取引である。このような取引は，まず普通仕訳帳に記入する。普通仕訳帳の借方に「現金」30,000円と「売掛金」40,000円，貸方に「売上」70,000円を記入する。そして，「売掛金」と「売上」については元帳に転記する。一方，現金を受取っているわけであるから，現金出納帳にも記入する。取引③と同様に，収入欄に 30,000円，相手勘定の貸方勘定欄に「売上」を記入する。しかし，普通仕訳帳の借方・現金と，現金出納帳の貸方・売上は元帳に転記しない。転記すると，二重転記になってしまうからである。これを防ぐために，普通仕訳帳と現金出納帳の元丁欄には「✓」を記入する。

⑥ この取引も，取引②と同様に現金勘定が関係していない。したがって，普通仕訳帳の借方に「仕入」23,000円，貸方に「当座預金」23,000円を記入し，元帳にそれぞれ個別転記する。

５月中の帳簿記入法は以上のとおりである。また，現金出納帳の摘要欄には，取引ごとに相手先など取引の明細を記入する。

最後に，月末になると，現金出納帳を締切り，現金勘定への「合計転記」が行われる。これには２つの方法がある。

ひとつは，現金出納帳の収入合計および支出合計をそのまま現金勘定の借方および貸方に転記するという方法である。しかし，このようにすると，期末に普通仕訳帳と合計試算表の合計が一致しなくなり（⇨第４章２節），照合が不可能となる。

この欠点を排除するために，もうひとつの方法が行われる。それは現金勘定への合計転記に際して，いったん普通仕訳帳に収入合計および支出合計の仕訳を行うものである。これを**合計仕訳**という。

２番めの方法による諸帳簿の記入は次のようになる。

現金出納帳

〈2ページ〉

日	付	相手勘定 借方勘定	相手勘定 貸方勘定	摘要	元丁	収入（借方）	支出（貸方）	残高
5	1			前月繰越	✓			200,000
	10		売掛金	湘北商会	14/得1	50,000		250,000
	15	給料		5月分	10		55,000	195,000
	20		売上	湘北商会	✓	30,000		225,000
	31			合計		80,000	55,000	
	〃			前月繰越	✓	200,000		
	〃			次月繰越	✓		225,000	
						280,000	280,000	
6	1			前月繰越	✓			225,000

〈5ページ〉

日	付	摘要	元丁	借方	貸方
5	3	（売掛金）	14/得2	100,000	
		（売上）	5		100,000
		西武商会へ売上げ			
	20	（現金）	✓	30,000	
		（売掛金）	14/得1	40,000	
		（売上）	5		70,000
		湘北商会へ売上げ			
	23	（仕入）	4	23,000	
		（当座預金）	2		23,000
		高崎商会から仕入れ			
	31	（現金）	1	80,000	
		（諸口）	✓		80,000
		現金出納帳収入合計額			
	〃	（諸口）	✓	55,000	
		（現金）	1		55,000
		現金出納帳支出合計額			

注意！　得意先元帳の丁合番号：湘北商会 1，西武商会 2。⇨第８章２節

現　金　〈1〉

借方		貸方	
5. 1. 前月繰越〔4〕	200,000	5. 31. 現金出納帳〔5〕	55,000
31. 現金出納帳〔5〕	80,000		

当座預金　〈2〉

借方		貸方	
5. 1. 前月繰越〔4〕	300,000	5. 23. 仕　　入〔5〕	23,000

仕　入　〈4〉

借方		貸方	
5. 23. 当座預金〔5〕	23,000		

売　上　〈5〉

借方		貸方	
		5. 3. 売 掛 金〔5〕	100,000
		20. 諸　　口〔〃〕	70,000

給　料　〈10〉

借方		貸方	
5. 15. 現　　金〔現2〕	55,000		

売掛金　〈14〉

借方		貸方	
5. 1. 前月繰越〔4〕	100,000	5. 10. 現　　金〔現2〕	50,000
3. 売　　上〔5〕	100,000		
20. 売　　上〔〃〕	40,000		

特殊仕訳帳

特殊仕訳帳とは，特定の取引について発生順に記録し，直接関連する勘定（親勘定：総勘定元帳）に合計転記することを可能にした仕訳帳である。特殊仕訳帳は，記帳の合理化のために利用される。例えば，現金出納帳を特殊仕訳帳として利用すれば，現金収支取引について，普通仕訳帳に記入する必要がなくなり，出納課で記帳を行うといった仕訳の分業が可能となる（⇨序章２節）。さらに，親勘定（現金勘定）や記入頻度が高いために特別欄を設けた相手勘定へ合計転記をすることにより，転記回数を軽減できる。

特殊仕訳帳からの転記について，ポイントをまとめてみる。

① 特殊仕訳帳に直接関連する親勘定へは，定期的に合計額を算出して合計転記を行う。

② 特別欄を設けた相手勘定についても，合計転記を行う。

③ 特別欄が設けられていない勘定については，取引ごとに個別転記を行う（ただし，２つの特殊仕訳帳に同一取引が記帳される場合には，二重転記にならぬように配慮が必要である）。

④ 取引に関して補助元帳に記入する必要がある場合は，個別転記を行う。

さらに，合計転記を行う際に，総勘定元帳に直接転記する方法と普通仕訳帳に合計仕訳し転記する方法がある。

また，特殊仕訳帳として利用される帳簿としては，現金出納帳，現金収納（入金）帳・現金支払（出金）帳，当座預金出納帳，仕入帳，売上帳，受取手形記入帳・支払手形記入帳などが考えられる。これらはいずれも，取引の詳細が発生順に記録されている補助記入帳である。そして，２つ以上の特殊仕訳帳を設けている場合，どちらにも記入される取引（例えば，現金出納帳と仕入帳を特殊仕訳帳としている際の現金仕入取引など）を記帳する際には，二重転記を防止するため，特殊仕訳帳が設けられている勘定については，他の仕訳帳から転記を行わないといった配慮が必要となる。

（特殊仕訳帳としての売上帳の形式）

売 上 帳

〈17ページ〉

日付		勘定科目	摘　要	元丁	売掛金	諸　口
6	4	現　金	創価商事	✓		250,000
	〃	売掛金	〃	得1	750,000	
	7	売掛金	〃	〃	20,000	

〈基本〉 4 伝票制 ―仕訳帳を用いない日常記録の方法―

ここまでは，取引が生じたら，まず普通仕訳帳もしくは特殊仕訳帳に記入し，その記録を元帳に転記すると説明してきた。しかし，実務では仕訳帳の代わりに伝票が用いられることがある。「伝票」とは，取引の内容を記入した紙片である。これを複数枚コピーすることによって，関係する各係に配布して取引を伝達することができるなど，利用価値が高い。

伝票に，日付・番号・摘要・金額などの必要事項を記入することを**起票**という。

使用する伝票の種類の違いによって，伝票制には次の３つの方法がある。

① １伝票制：仕訳伝票だけを用いる方法

② ３伝票制：入金伝票・出金伝票・振替伝票を用いる方法

③ ５伝票制：入金伝票・出金伝票・仕入伝票・売上伝票・振替伝票を用いる方法

それでは，各方法について説明する。

(1) 1 伝 票 制

1伝票制では，仕訳帳の代わりに次に示したような**仕訳伝票**を用いる。1取引ごとに1枚の伝票を使い，伝票には取引の発生順に番号を記入する。この伝票を番号順にとじれば，仕訳帳として利用できる。記入する内容も，仕訳帳と同じである。この方法を例題で説明する。

仕 訳 伝 票 No.______

年 月 日

承認印		記帳印		係印	

勘 定 科 目	元丁	借 方	勘 定 科 目	元丁	貸 方
合 計			合 計		
摘 要					

【例題1】

次の取引を仕訳伝票に記入するとともに，該当する元帳へ転記しなさい。

5月10日　森山商事は，石巻商店から石けん100個（@￥200）を仕入れ，代金のうち 10,000円は現金で支払い，残額は掛とした。

5月25日　森山商事は，高崎商会に石けん50個を17,500円で販売し，代金のうち，8,500円は高崎商会振出しの約束手形で受取り，残額は現金で受取った。

1伝票制では，ひとつの取引が発生するごとに仕訳伝票を起票する。そして，その記入内容を総勘定元帳へ転記する。なお，総勘定元帳の仕丁欄には，仕訳伝票の伝票番号を記入する。したがって，次のような伝票が起票され，転記が行われる。

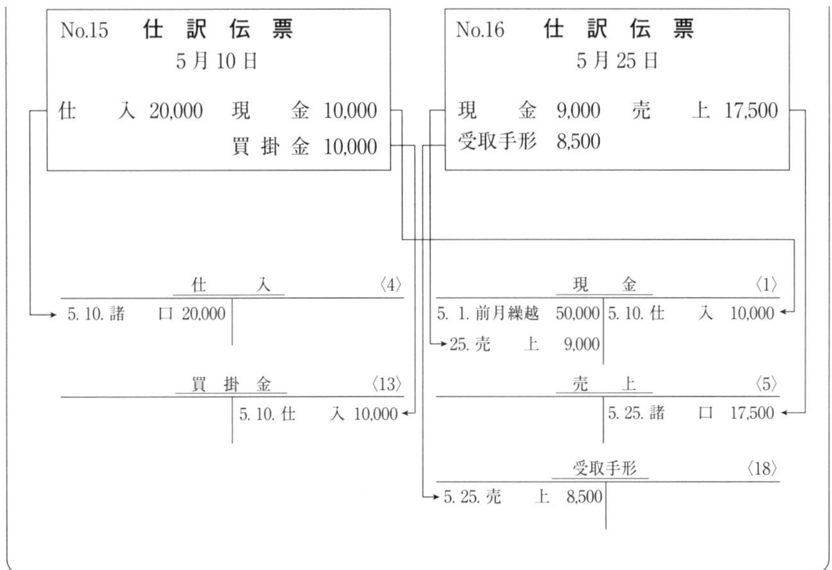

このように，元帳には仕訳伝票から個別転記される。上の**【例題1】**の図の矢印は，転記の経路を示している。

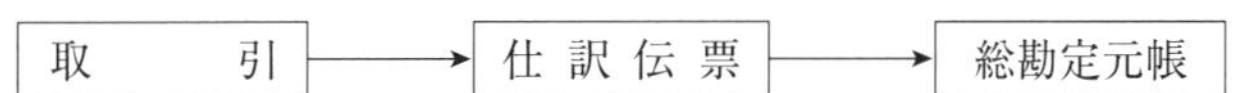

1伝票制では，日常取引をすべて仕訳伝票に記入し，それを総勘定元帳に転記する。そのシステムは仕訳帳制と同じである（⇨2節(1)）上の図はそのような記帳の流れを表している。

(2) 3 伝 票 制

会社の取引は，現金の収支を伴うもの（**現金取引**）と，伴わないもの（**振替取引**）とに大別することができる。さらに，現金取引には入金取引と出金取引がある。そこで，会社のすべての取引を，このような観点から3つに分類し，入金取引を**入金伝票**(①)に，出金取引を**出金伝票**(②)に，振替取引を**振替伝票**(③)に記入する。これが「3伝票制」である。

入 金 伝 票 No.______　　承認印 | 記帳印 | 係印

年　月　日

科　目		入金先	殿
摘　　要		金　額	
合　　計			

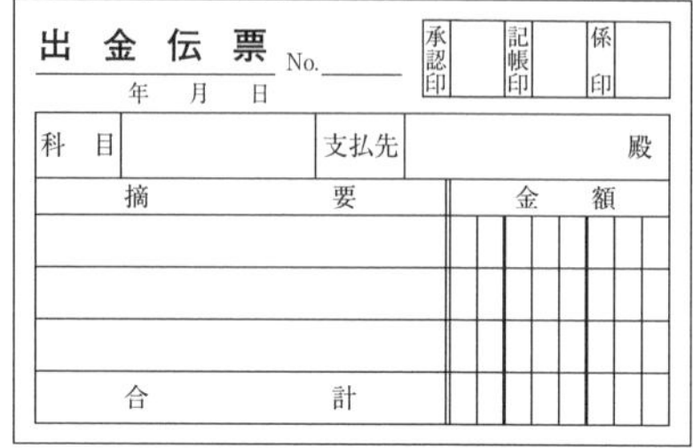

出 金 伝 票 No.______　　承認印 | 記帳印 | 係印

年　月　日

科　目		支払先	殿
摘　　要		金　額	
合　　計			

振 替 伝 票 No.______　　承認印 | 記帳印 | 係印

年　月　日

勘 定 科 目	借　方	勘 定 科 目	貸　方
合　　計		合　　計	
摘　要			

（注）通常，伝票に示された係印欄は，印鑑を押すことにより，伝票を作成した人（起票者），記帳印欄は，この取引を該当する元帳に転記した人，承認印欄は，以上の作業を再確認し，認めた人を示すために使用される。ただし，これらは企業の組織によって異なることも多い。⇨序章２節 **図表１**

① 入 金 伝 票

入金取引の借方科目が，常に「現金」となることはいうまでもない。このため，入金伝票では借方科目を省略して，相手勘定科目（貸方科目）と金額だけを記入する。例えば，次のようになる。

【例題２】

次の取引を入金伝票に記入し，それを該当する勘定に転記しなさい。

６月15日　森山商事は，西武商店から売掛金 20,000円を現金で回収した。

この場合，次の起票および転記が行われる。

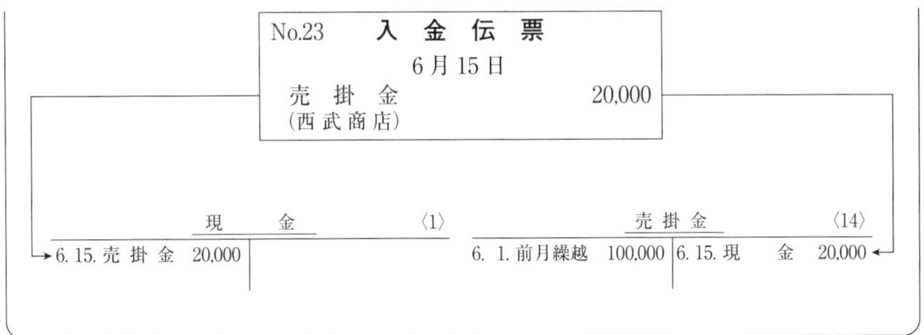

このように，入金伝票からは，表示されている金額が，相手勘定（売掛金）の貸方へ転記されるばかりではなく，現金勘定の借方へも同額が転記される。

② 出金伝票

出金取引では，入金取引とは逆に，貸方科目が常に「現金」となる。したがって，出金伝票では貸方科目を省略して，相手勘定科目（借方科目）と金額だけを記入する。例えば，次のようになる。

【例題3】

次の取引を出金伝票に記入し，それを該当する勘定に転記しなさい。

6月30日　森山商事は，聖学商事に買掛金 15,000円を現金で支払った。

この場合，次の起票および転記が行われる。

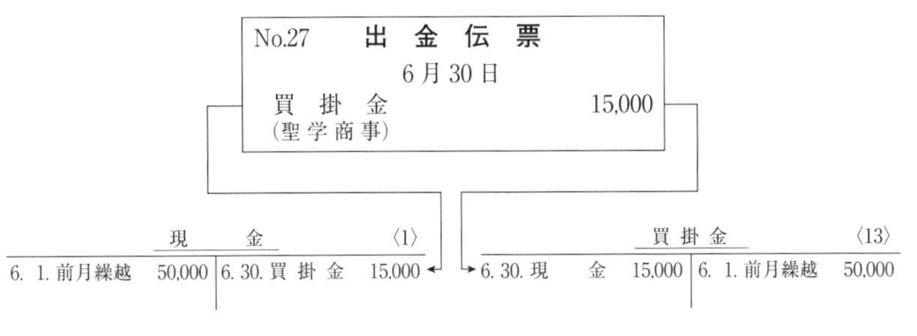

このように，出金伝票からは，表示されている金額が，相手勘定（買掛金）の借方へ転記されるばかりではなく，現金勘定の貸方へも同額が転記される。

③ 振　替　伝　票

振替伝票には，入金伝票・出金伝票とは異なり，取引に関連する勘定科目をすべて記入する。例えば，次のようになる。

【例題４】

次の取引を振替伝票に記入し，該当する勘定に転記しなさい。

７月５日　森山商事は，湘北商会にチョコレート100個(@¥120)を販売し，代金は掛とした。

この場合，次の起票および転記が行われる。

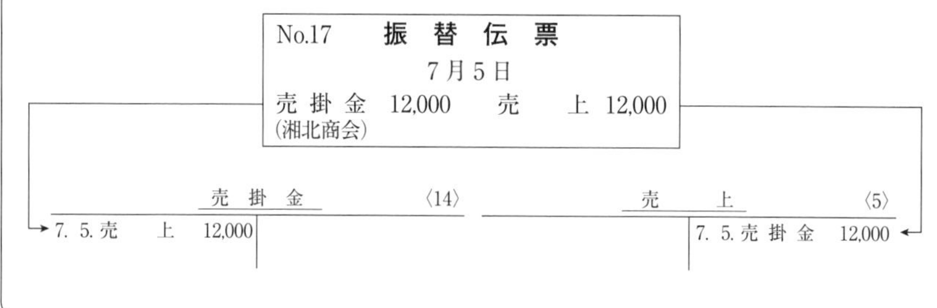

このように，振替伝票には取引に関連する借方勘定（売掛金）と貸方勘定（売上）をすべて記入する。つまり，前節の仕訳伝票と同様の記入をする。

ここまでは振替取引として，現金収支を一切伴わないものだけを考えてきた。このような取引を**全部振替取引**という。しかし，現実には，会社の取引はそれほど単純なものばかりではない。つまり，現金収支を伴う振替取引，いうなれば現金取引と振替取引の両方によって構成されている取引もある。これを**一部振替取引**という。

一部振替取引は，現金取引と振替取引とに分けて起票する必要がある。例えば，次のようにである。

【例題５】

次の取引を伝票に記入し，該当する勘定へ転記しなさい。ただし，３伝票制による。

9月10日　森山商事は創価商事に対する売掛金50,000円を，現金20,000円と創価商事振出しの約束手形30,000円で回収した。

3伝票制のもとでは，このような取引を次の仕訳のように分解する。

(現　　　　金)	20,000	(売　　掛　　金)	20,000
(受　取　手　形)	30,000	(売　　掛　　金)	30,000

つまり，現金によるものと受取手形によるものという，売掛金の回収が2回あったかのように考えるのである。したがって，伝票起票および元帳転記は次のようになる。

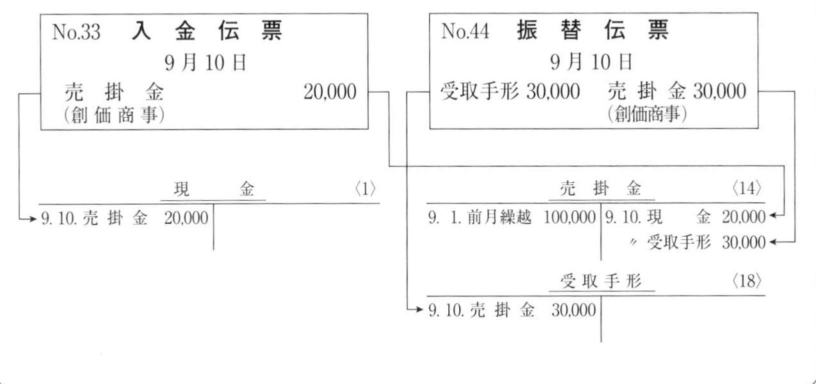

しかし，次のような場合に，一部振替取引を現金取引と振替取引とに分けるということが適切といえるだろうか。

【例題6】

次の取引を伝票に記入し，該当する勘定へ転記しなさい。ただし，3伝票制による。

11月15日　森山商事は高崎商会からシャンプー50本（@¥500）を仕入れ，代金のうち15,000円は現金で支払い，残額は掛とした。

この取引を現金取引と振替取引とに分けると，次の仕訳のようになる。

(仕　　　　入)	15,000	(現　　　　金)	15,000

（仕　　　　入）	10,000	（買　掛　金）	10,000

このように，現金仕入れと掛仕入れという２回の仕入れが行われていたかのような記録を行うことになる。しかし，この考え方には疑問が残る。なぜなら，高崎商会からの仕入れという取引は１度しか行われていないから。このような問題を回避するためには次の仕訳のように考えるとよい。

（仕　　　　入）	25,000	（買　掛　金）	25,000
（買　掛　金）	15,000	（現　　　　金）	15,000

つまり，いったんすべてを掛仕入れし，その後すぐに買掛金の一部を支払ったと考える。この場合，伝票起票および元帳転記は次のようになる。

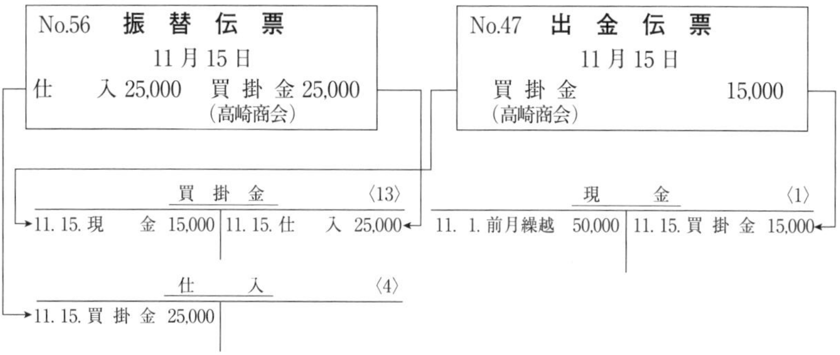

No.56　振替伝票
11月15日

仕　　入	25,000	買掛金 （高崎商会）	25,000

No.47　出金伝票
11月15日

買掛金 （高崎商会）	15,000

買掛金　〈13〉

11. 15.	現　　金	15,000	11. 15.	仕　　入	25,000

現　　金　〈1〉

11. 1.	前月繰越	50,000	11. 15.	買掛金	15,000

仕　　入　〈4〉

11. 15.	買掛金	25,000			

３伝票制の処理は，以上のようになる。ここまで示してきたように，入金伝票，出金伝票，振替伝票それぞれから元帳への転記が行われる。この転記の流れを図で示せば，次のようになる。

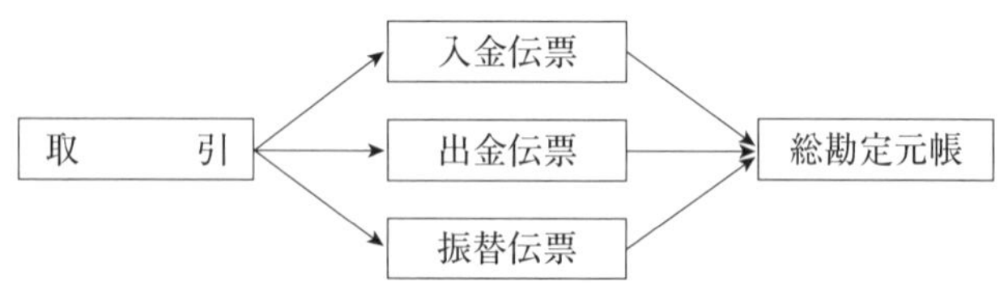

このように，３伝票制において，日常取引はすべて入金伝票，出金伝票，振替伝票のいずれかに記入し，それを総勘定元帳に転記する。

⑶ ５　伝　票　制

仕入取引と売上取引とは，会社の本業にかかわる取引である。したがって，他の取引と比べて，その重要度が高いことはいうまでもなく，なんといっても取引の発生回数が多い。そこで，３伝票制にこれら２つの取引を記録するための伝票を特に設ける方法が「５伝票制」である。したがって，５伝票制では，入金伝票(①)，出金伝票(②)，振替伝票(③)に加えて，**仕入伝票**(④)と**売上伝票**(⑤) を使用する。入金伝票，出金伝票，振替伝票の記入法は，３伝票制と同じである。ただし，仕入取引はすべて仕入伝票に，売上取引はすべて売上伝票に記入される点が３伝票制とは異なっている。そこで，仕入伝票と売上伝票の記入法について説明する。

④ 仕　入　伝　票

ここまで説明してきたものとは異なり，仕入伝票には相手科目は記入しない。代わりに，仕入先，品名，数量，単価，金額および代金の決済方法などを記入する。仕入戻しや仕入値引があった場合には，赤字で記入する。

仕入伝票に相手科目が記入されない理由は，すべての仕入を掛取引として処理するからである。したがって，仕入代金を現金で支払った場合にも，仕入伝票に記入すると同時に，買掛金を支払ったものとして出金伝票を起票する。

仕　入　伝　票

年　月　日　　No.______

________ 殿

承認印	記帳印	係印

<table>
<tr><th>品　　名</th><th>数 量</th><th>単　価</th><th>金　　額</th><th>摘　　要</th></tr>
<tr><td></td><td></td><td></td><td></td><td></td></tr>
<tr><td></td><td></td><td></td><td></td><td></td></tr>
<tr><td></td><td></td><td></td><td></td><td></td></tr>
<tr><td colspan="3">合　　計</td><td></td><td></td></tr>
</table>

⑤ 売　上　伝　票

売上伝票にも，仕入伝票と同様に，相手科目は記入しない。代わって，売上先，品名，数量，単価，金額および代金の決済方法などを記入する。売上戻りや売上値引があった場合には，赤字で記入する。

売上伝票を用いる場合も，仕入伝票の場合と同様に，すべての売上を掛取引として処理する。したがって，売上代金を現金で受取った場合にも，売上伝票に記入すると同時に，売掛金を受取ったものとして入金伝票を起票する。

売　上　伝　票

殿　　年　月　日　　No.________

承認印	記帳印	係印

品　　　名	数量	単　価	金　　額	摘　　要
合　　　計				

それでは，この５伝票制を，次の**【例題７】**を用いて説明する。

【例題７】

次の取引を伝票に記入し，該当する勘定へ転記しなさい。ただし，５伝票制による。

７月10日　森山商事は高崎商会からハム100本(@￥350)を仕入れ，代金は 20,000円の約束手形を振出し，残額は掛とした。

７月25日　森山商事は創価商事にハム70本(@￥600)を販売し，代金は，創価商事振出しの約束手形 22,000円と残額は現金で受取った。

まず，７月10日の仕入取引については，次の仕訳のように考える。

（仕　　　入）	35,000	（買　掛　金）	35,000
（買　掛　金）	20,000	（支　払　手　形）	20,000

つまり，いったん仕入代金 35,000円全額を掛にし，そのうちの 20,000円を，ただちに約束手形を振出して支払ったと考えるのである。

次に，7月25日の売上取引については，次の仕訳のように考える。

(売　掛　金)	42,000	(売　　上)	42,000
(受 取 手 形)	22,000	(売　掛　金)	22,000
(現　　金)	20,000	(売　掛　金)	20,000

つまり，いったん売上代金 42,000円全額を掛にし，それを現金 20,000円と約束手形 22,000円で，ただちに受取ったと考えるのである。

このような5伝票制における，伝票起票および元帳転記は次のようになる。

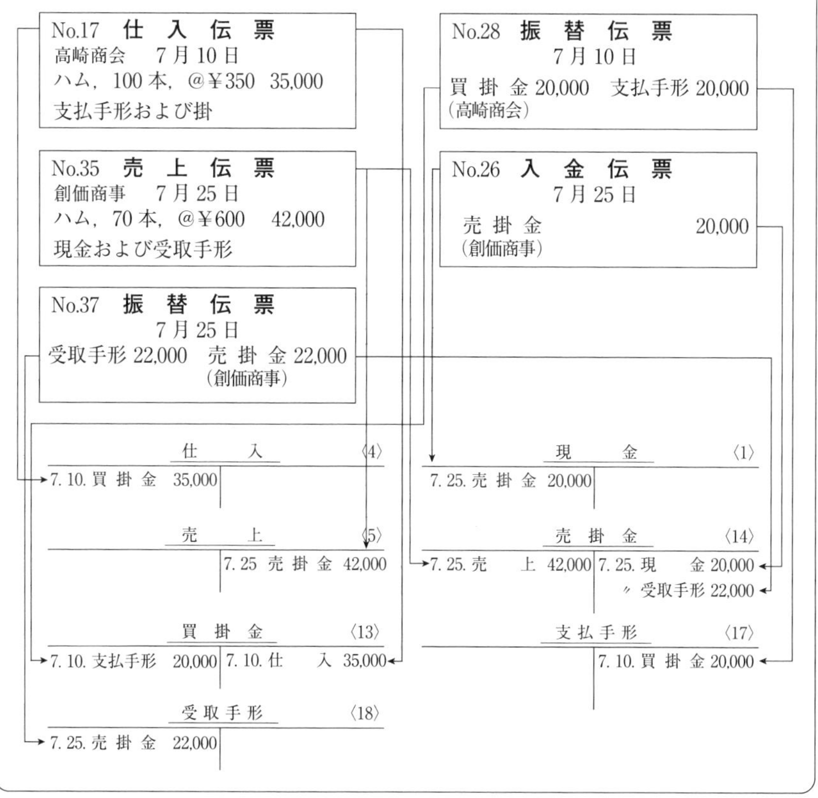

5伝票制の処理は，以上のようになる。5伝票制では，入金伝票，出金伝票，振替伝票，仕入伝票，売上伝票それぞれから元帳への転記が行われる。このような転記の流れを図で示せば，次のようになる。

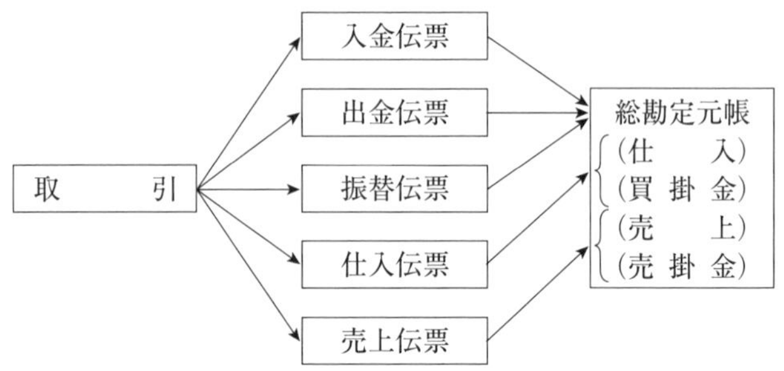

このように，５伝票制において，日常取引はすべて入金伝票，出金伝票，振替伝票，仕入伝票，売上伝票のいずれかに記入し，それを総勘定元帳に転記する。ただし，総勘定元帳への転記について，仕入伝票からは仕入勘定と買掛金勘定への，売上伝票からは売上勘定と売掛金勘定への転記しか行われない。上の図において，仕入伝票から総勘定元帳の仕入と買掛金に，売上伝票から売上と売掛金にのびた矢印は，それを示している。

将来の学習/伝票制導入の意義

伝票制を導入することによって日常取引の仕訳帳への記入を省略できることは本節の(1)ですでに述べた。しかし，帳簿記入に対する伝票制導入の利点は，この仕訳帳の省略ということだけにとどまるものではない。この点について，もっとも多くの種類の伝票を使用する５伝票制によっている**【例題７】**を用いて説明する。

【例題７】において７月10日に35,000円の仕入伝票No.17を起票したとき，これが次の仕訳を行ったことを意味することはすでに説明した。

（仕　　　　入）　35,000　　（買　掛　金）　35,000

ここで，伝票制をとらずに普通仕訳帳と総勘定元帳という２つの帳簿のみをもつ帳簿組織のもとで，この取引を処理したと考えてみよう。この場合，普通仕訳帳の借方に（仕入）35,000が，一方，貸方には（買掛金）35,000と記入される。そしてこれらがそれぞれ仕入勘定の借方と買掛金勘定の貸方に転記される(⇨第４章３節)。つまり，１．仕訳帳の借方，２．仕訳帳の貸方，３．仕入勘定の借方，４．買掛金勘定の貸方という４カ所に 35,000円という同一金額が記入される。

したがって，仕入伝票を１枚起票するということは，関係する諸帳簿の４カ所に同一金額が記入されることを意味する。それでは，例えば仕入伝票を4枚複写にしてみればどうであろうか。そして，仮に１枚目⑴，２枚目⑵，３枚目⑶，４枚目⑷をそれぞれ〔仕No.17－⑴〕，〔仕No.17－⑵〕，〔仕No.17－⑶〕，〔仕No.17－⑷〕とし，それぞれ番号ごとにとじていく。このようにすると，⑴，⑵，⑶，⑷をとじたものが，それぞれ⑴仕訳帳の借方綴り，⑵仕訳帳の貸方綴り，⑶仕入勘定の借方綴り，⑷買掛金勘定の貸方綴りとなる。

このようにすれば，仕入伝票を１回起票することにより，４カ所の記入を同時に行ったことになる。あとは，例えば〔仕No.17－⑵〕のタイトルを買掛金とするか，あるいは ⑴～⑷ までの各伝票の色を変えるなど伝票のデザインを工夫すれば，よりわかりやすいものとなる。

売上伝票，入金伝票，**【例題７】**にはでてこなかったが出金伝票も，仕入伝票と同様に１枚起票されるたびに帳簿の４カ所に同一金額が記入されることになる。したがって，これらについても，４枚複写にすることにより仕訳帳と元帳の記入を同時に行うことができる。

振替伝票については次のようにする。振替伝票を真ん中で切り離しができるようにし，さらに２枚複写にする。そして，仮に１枚目の左辺を〔振No.××－⑴〕，右辺を〔振No.××－⑵〕，２枚目の左辺を〔振No.××－⑶〕，右辺を〔振No.××－⑷〕とする。このようにしたうえで，⑴を仕訳帳の借方綴り，⑵を仕訳帳の貸方綴り，⑶を該当勘定の借方綴り，⑷を該当勘定の貸方綴りにとじる。こうすることにより，振替伝票についても，仕訳帳と元帳の記入を同時に行うことができる。

この方法を**【例題７】**にあてはめると，次のようになる。〔振No.37－⑴〕を仕訳帳の借方綴り，〔振No.37－⑵〕を仕訳帳の貸方綴り，〔振No.37－⑶〕を受取手形勘定の借方綴り，〔振No.37－⑷〕を売掛金勘定の貸方綴りに，それぞれとじる。こうすることにより，仕訳帳の借方と貸方，受取手形勘定の借方，売掛金勘定の貸方の４カ所にそれぞれ記入したことになる。

各伝票を以上の方法でとじていくと，仕訳帳の借方綴りと貸方綴りをあわせると仕訳帳が，一方，各勘定の借方綴りと貸方綴りをあわせると元帳が完成する。このように，伝票制を導入することにより，仕訳帳記入ばかりでなく元帳記入までも省略することが可能となる。したがって，帳簿記入の手数が大幅に節約されることになり，この点にこそ伝票制導入の意義がある。

仕訳集計表

伝票式会計では，伝票を総勘定元帳に個別転記するが，一定期間の伝票を，勘定科目別に貸借を集計して，合計転記することがある。その際に，一定期間の伝票を集計したものを「仕訳集計表（伝票集計表)」という。期間の長さによって，「仕訳日計表」，「仕訳週計表」，「仕訳月計表」などになる。また，集計表を綴り合せることにより，仕訳帳に代わる機能を果たすことができる。

仕訳日計表のひな型は，次のような形式である。

仕訳集計表は，次の手順で集計・転記を行う。（なお，５伝票制を前提とする。）

①入金伝票の集計額を，仕訳集計表の「現金」勘定の借方に，出金伝票の集計額を，仕訳集計表の「現金」勘定の貸方に記入する。

②仕入伝票の集計額を，仕訳集計表の「仕入」勘定の借方と「買掛金」勘定の貸方に記入し，売上伝票の集計額を，仕訳集計表の「売上」勘定の貸方と「売掛金」勘定の借方に記入する。（ただし，仕入値引・仕入戻し，売上値引・売上戻しは貸借が逆になる。）

③振替伝票の借方勘定および出金伝票の相手勘定を，勘定科目別に集計し，仕訳集計表の各勘定の借方に記入する。

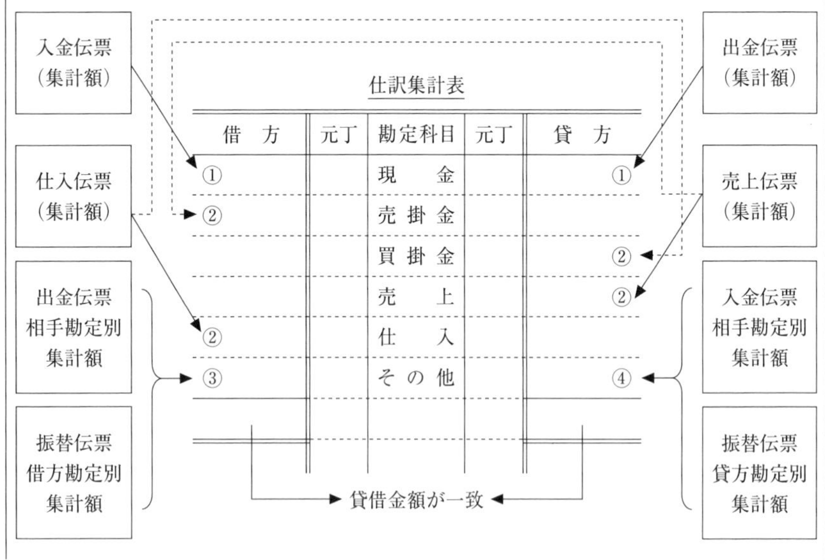

④振替伝票の貸方勘定および入金伝票の相手勘定を，勘定科目別に集計し，仕訳集計表の各勘定の貸方に記入する。
⑤仕訳集計表の貸借金額が一致していることを確認する。
⑥仕訳集計表の各勘定から，総勘定元帳の当該勘定へ，貸借ごとに金額を転記する。その際，仕訳集計表の元丁欄に勘定口座番号（またはページ数）を，総勘定元帳の元丁欄に仕訳集計表のページ数を記入する。総勘定元帳の摘要欄に「仕訳集計表」と記入する。

[練習問題]　森山商事は３伝票制を採用し，現金出納帳を特殊仕訳帳としている。次の１，２の問に答えなさい。

1　次の(ア)～(エ)の取引の伝票を作成しなさい。

(ア) ６月15日　高崎商会から商品 50,000円を仕入れ，代金は現金で支払った。
(イ) ６月18日　西武商店に商品 80,000円を販売し，代金は現金で受取った。
(ウ) ６月20日　高崎商会から商品 70,000円を仕入れ，代金のうち 20,000円は現金で支払い，残額は掛とした。
(エ) ６月22日　湘北商会に商品 100,000円を販売し，代金のうち 50,000円は現金で受取り，残額は掛とした。

2　１の(ア)～(エ)の伝票の記入にもとづき，普通仕訳帳と特殊仕訳帳への記入を答えなさい。なお，(総勘定）元帳へは個別転記をしている。仕入勘定の元丁は10，売上勘定の元丁は11，売掛金勘定の元丁は16，買掛金勘定の元丁は15である。

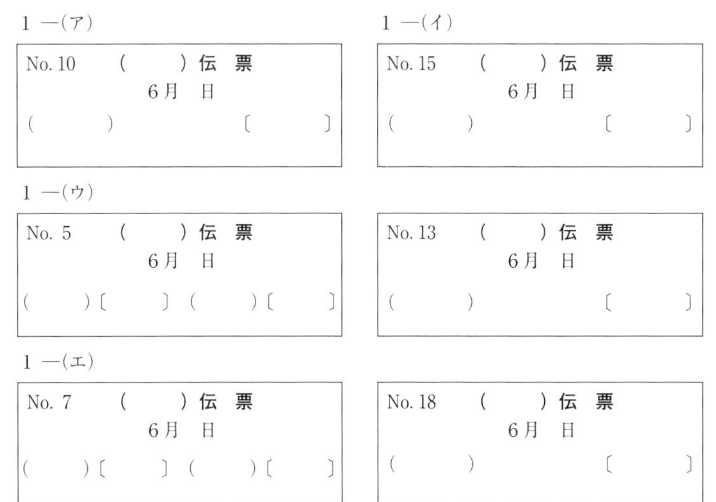
1 —(ア)

No. 10　(　　)伝　票
6月　日
(　　　)　〔　　　〕

1 —(イ)

No. 15　(　　)伝　票
6月　日
(　　　)　〔　　　〕

1 —(ウ)

No. 5　(　　)伝　票
6月　日
(　　)〔　　〕(　　)〔　　〕

No. 13　(　　)伝　票
6月　日
(　　　)　〔　　　〕

1 —(エ)

No. 7　(　　)伝　票
6月　日
(　　)〔　　〕(　　)〔　　〕

No. 18　(　　)伝　票
6月　日
(　　　)　〔　　　〕

〈解答〉

1 —(ア)

No. 10	出　金　伝　票	
	6月15日	
仕　　入		50,000

1 —(イ)

No. 15	入　金　伝　票	
	6月18日	
売　　上		80,000

1 —(ウ)

No. 5	振　替　伝　票		
	6月20日		
仕　　入	70,000	買 掛 金	70,000

No. 13	出　金　伝　票	
	6月20日	
買 掛 金		20,000

1 —(エ)

No. 7	振　替　伝　票		
	6月22日		
売 掛 金	100,000	売　　上	100,000

No. 18	入　金　伝　票	
	6月22日	
売 掛 金		50,000

2

〈2ページ〉

6	20	(仕　　入)	10	70,000	
		(買　掛　金)	15		70,000
		高崎商会から仕入れ			
	22	(売　掛　金)	16	100,000	
		(売　　上)	11		100,000
		湘北商会に売上げ			

現金出納帳

〈6ページ〉

日	付	相手勘定		摘　要	元丁	収　入 (借方)	支　出 (貸方)	残　高
		借方勘定	貸方勘定					
6	1			前月繰越	✓			150,000
	15	仕　入		湘北商会	10		50,000	100,000
	18		売　上	西武商店	11	80,000		180,000
	20	買 掛 金		湘北商会	15		20,000	160,000
	22		売 掛 金	高崎商会	16	50,000		210,000

第17章　当期純利益と当期純損失の処理と株主資本等変動計算書

1　本章で勉強すること

本章で学ぶ基本的な記録

①　当期の純利益を繰越利益剰余金勘定へ振替える。

	借方	金額	貸方	金額	
集合勘定⇦	（損　　　益）	29,000	（繰越利益剰余金）	29,000	⇨B/S・純資産

②　当期の純損失を繰越利益剰余金勘定へ振替える。

	借方	金額	貸方	金額	
B/S・純資産減少⇦	（繰越利益剰余金）	29,000	（損　　　益）	29,000	⇨集合勘定

その他，複雑な処理

・剰余金の配当と処分：

	借方	金額	貸方	金額	
B/S・純資産減少⇦	（繰越利益剰余金）	58,000	（未 払 配 当 金）	50,000	⇨B/S・負債
			（利 益 準 備 金）	5,000	⇨B/S・純資産
			（× × 積 立 金）	3,000	⇨B/S・純資産

・損失の処理：

	借方	金額	貸方	金額	
B/S・純資産減少⇦	（別 途 積 立 金）	7,000	（繰越利益剰余金）	13,000	⇨B/S・純資産増加（マイナス（損失）の減少）
B/S・純資産減少⇦	（利 益 準 備 金）	6,000			

本章のワークブック

【課題１】〈基本〉決算の結果，当期純利益18,700円が算出された。⇦**【例題1】**

（　　　　）［　　　　］（　　　　）［　　　　］

【課題２】〈基本〉次の一連の取引を仕訳しなさい。⇦**【例題2】**

1．次のように剰余金の処分を行なった。なお，繰越利益剰余金勘定の貸方残高は，4,500,000円である。
配当金　2,000,000円　利益準備金　200,000円，別途積立金　300,000円

2．後日，上の配当金が当座預金から支払われた。

1．（　　　　）［　　　　］（　　　　）［　　　　］
（　　　　）［　　　　］
（　　　　）［　　　　］

2．（　　　　）［　　　　］（　　　　）［　　　　］

【課題３】〈基本〉決算の結果，当期純損失4,800円が算出された。⇦**【例題3】**

（　　　　）［　　　　］（　　　　）［　　　　］

【課題4】〈発展〉株主総会において，次のように損失の処理を行うことを決議した。なお，繰越利益剰余金勘定の借方残高(未処理損失)は760,000円である。⇦【例題4】

別途積立金取崩額400,000円　利益準備金取崩額　360,000円

(　　　　　　)[　　　　　　](　　　　　　)[　　　　　　]
(　　　　　　)[　　　　　　]

〈基本〉

2　当期純利益と当期純損失の処理

(1) 当期純利益の処理

損益勘定において計算された当期純利益は，繰越利益剰余金勘定の貸方に振替える（⇦第15章５節，第20章３節－図表２，図表４）。

【例題1】

次の取引を仕訳し，転記しなさい。決算（３月31日）において，損益勘定で計算された当期純利益が1,200,000円となった。なお，繰越利益剰余金勘定は600,000円の貸方残である。

（損　　　益）　1,200,000　（繰越利益剰余金）　1,200,000

繰越利益剰余金　〈71〉

借方	貸方
	600,000
	3.31.（損　益）1,200,000

これにより，繰越利益剰余金勘定は1,800,000円の貸方残となる。

(2) 剰余金の配当と処分

株式会社は，原則として株主総会の決議を経て，剰余金を株主へ配当したり，その他一定の処分を行うことができる。配当により，利益は会社外部（株主）へ分配される。会社法は，繰越利益剰余金から配当するときは，資本準備金と利益準備金の合計額が資本金の４分の１（「基準資本金額」という）に達するまで，配当金の10分の１を「利益準備金」として積立てることを要求している。これは，利益の一部を強制的に準備金として会社内部へ留保させることで，会社の財政的基盤を固め，債権者の保護に役立てようとするものである。

なお，「剰余金」は「その他資本剰余金」と「その他利益剰余金」から構成される（⇦第20章３節－図表４）。そのため，その他資本剰余金を原資とした配当がなされる場合もある。その場合は，利益準備金の積立てと同様の基準で「資本準備金」が積み立てられる。

具体的には，配当金の10分の１の金額と，「基準資本金額」と準備金の合計額（資本準備金＋利益準備金）との差額とを比較し，いずれか小さいほうの金額を「利益準備金」（または「資本準備金」）として積立てる。

一方，利益から配当されない分は，会社内部へ留保される。この場合，「利益準備金」や「任意積立金」として積立てられる。任意積立金は，使用目的の有無により，特定目的積立金と一般目的積立金とに分けられる。特定目的積立金の例としては，新築積立金，事業拡張積立金，配当平均積立金などがある。一般目的積立金は，特に目的を定めず，将来の不測の事態に備えるための内部留保であり，別途積立金ともよばれる。

なお，積み立てたこれらの積立金を取り崩して，損失のてん補に充てる処分を行うことがある。

【例題２】

次の取引を仕訳しなさい。株主総会において，以下のように繰越利益剰余金の配当と処分を行うことが決議された。なお，繰越利益剰余金勘定は1,800,000円の貸方残である。

株主への配当金…500,000円　新築積立金…150,000円
別途積立金　　…100,000円　利益準備金…（各自計算）円

株主総会開催日における資本金の残高は10,000,000円，資本準備金の残高は1,250,000円，利益準備金の残高は200,000円である。利益準備金は「会社法」で規定する金額を積立てる。

（繰越利益剰余金）	800,000	（未払配当金）	500,000
		（利益準備金）	※50,000
		（新築積立金）	150,000
		（別途積立金）	100,000

※　①配当金の10分の1…500,000円×$\frac{1}{10}$=50,000円
②基準資本金額と準備金合計額との差額=10,000,000円×$\frac{1}{4}$−(1,250,000円＋200,000円)
=1,050,000円
配当に伴う利益準備金積立額…①50,000円＜②1,050,000円より，50,000円

配当金は，この時点で実際に支払われるわけではないので，未払配当金（負債）で処理しておく。実際に支払われた時点で，次の仕訳を行う。

（未払配当金）	500,000	（当座預金）	500,000

［注］なお，会社法の施行前は，株主への配当と役員賞与は，株主総会の決議による利益処分とされていた。会社法では，株主への配当を「剰余金の配当」とし，役員賞与は費用として計上する。

(3) 当期純損失の処理

損益勘定において計算された当期純損失は，繰越利益剰余金勘定の借方に振替える。

【例題3】

次の取引を仕訳し，転記しなさい。決算（3月31日）において，損益勘定で計算された当期純損失が1,500,000円となった。なお，繰越利益剰余金勘定は1,000,000円の貸方残である。

（繰越利益剰余金）	1,500,000	（損益）	1,500,000

繰越利益剰余金　〈71〉

借方	貸方
3.31.（損　益）1,500,000	1,000,000

これにより，繰越利益剰余金勘定は500,000円の借方残となる。

繰越利益剰余金が借方残の（未処理損失がある）場合，株主総会の決議を経て，資本金，利益準備金，任意積立金などを取り崩して，補てんすることがある。これを欠損てん補という。

【例題4】

次の取引を仕訳しなさい。株主総会（6月28日）において，繰越利益剰余金勘定の借方残（未処理損失）500,000円のうち，300,000円につき，別途積立金100,000円と利益準備金200,000円を取り崩し，これをてん補した。なお，残額は未処理損失として次期に繰り越す。

（別途積立金）	100,000	（繰越利益剰余金）	300,000
（利益準備金）	200,000		

これにより，繰越利益剰余金勘定は200,000円の借方残となる。

また，繰越利益剰余金が借方残（未処理損失がある状態）で，次期の決算において当期純利益が計上された場合には，繰り越した損失の金額は当期純利益と相殺される。

【例題5】

次の取引を仕訳し，転記しなさい。決算（3月31日）において，損益勘定で計算された当期純利益が1,200,000円となった。なお，繰越利益剰余金勘定は200,000円の借方残である。

（損益）	1,200,000	（繰越利益剰余金）	1,200,000

繰越利益剰余金　〈71〉

借方		貸方	
	200,000	3.31.（損　益）	1,200,000

これにより，繰越利益剰余金勘定は1,000,000円の貸方残となる。

〈発展〉

3　株主資本等変動計算書

剰余金の配当と処分などによる株主資本の当期変動額を報告するために，株主資本等変動計算書が作成される。318ページの株主資本等変動計算書は，**【例題2】**を例示したものである（当期純利益は700,000円と仮定する）。

なお，318ページの株主資本等変動計算書では株主資本のみが例示されているが，実際には純資産の部の各項目のすべての変動額（例えば，その他有価証券の時価評価差額⇦第14章8節）が報告される。

[練習問題]〈発展〉

次の一連の取引を仕訳し，繰越利益剰余金勘定の残高がいくらになり，それは「借方残」なのか「貸方残」なのかを答えなさい。

1．神田商店の×5期の決算において，当期純利益が600,000円となった。なお，繰越利益剰余金勘定は1,000,000円の貸方残である。

2．神田商店は×5期の株主総会において，以下のように繰越利益剰余金の配当と処分を行うことが決議された。株主総会開催日における資本金の残高は12,000,000円，資本準備金の残高は1,500,000円，利益準備金の残高は400,000円である。利益準備金は「会社法」で規定する金額を積立てる。

　　株主への配当金…300,000　　　事業拡張積立金…110,000

　　別途積立金　　… 50,000　　　利益準備金　　…（各自計算）

3．神田商店の×6期の決算において，当期純損失が1,200,000円となった。

4．神田商店は×6期の株主総会において，別途積立金50,000円を取り崩し，繰越利益剰余金勘定の借方残（未処理損失）をてん補した。なお，残額は未処理損失として次期に繰り越す。

5．神田商店の×7期の決算において，当期純利益が200,000円となった。

〈解答〉

1．（損　　　　　　益）　600,000　　（繰越利益剰余金）　600,000

　→　繰越利益剰余金　1,600,000円　（借方残・貸方残）

2．（繰越利益剰余金）	490,000	（未払配当金）	300,000
		（利益準備金）	30,000
		（事業拡張積立金）	110,000
		（別途積立金）	50,000

→　繰越利益剰余金　1,110,000円（借方残・［貸方残］）

3．（繰越利益剰余金）	1,200,000	（損益）	1,200,000

→　繰越利益剰余金　90,000円（［借方残］・貸方残）

4．（別途積立金）	50,000	（繰越利益剰余金）	50,000

→　繰越利益剰余金　40,000円（［借方残］・貸方残）

5．（損益）	200,000	（繰越利益剰余金）	200,000

→　繰越利益剰余金　160,000円（借方残・［貸方残］）

株主資本等変動計算書

（「財務諸表等規則」様式第７号による）

森山商事株式会社

株主資本等変動計算書

自 ×年４月１日 至 ×年３月31日

	株主資本										
	資本金	資本剰余金			利益剰余金				自己株式	株主資本合計	
		資本準備金	その他資本剰余金	資本剰余金合計	利益準備金	その他利益剰余金		利益剰余金合計			
						任意積立金	繰越利益剰余金				
当期首残高	10,000,000	1,250,000	0	11,250,000	200,000	0	1,800,000	2,000,000	0	23,250,000	
当期変動額											
剰余金の配当					50,000		△550,000	△500,000		△500,000	
当期純利益							700,000	700,000		700,000	
新築積立金への振替						150,000	△150,000	0		0	
別途積立金への振替						100,000	△100,000	0		0	
当期変動額合計	0	0		0	50,000	250,000	△100,000	200,000	0	200,000	
当期末残高	10,000,000	1,250,000	0	11,250,000	250,000	250,000	1,700,000	2,200,000	0	23,450,000	

→計算書は、左の記載に続き、純資産全体の動きを表示しているが、本書では省略する。例えば、第14章８節の「その他有価証券評価差額金」は、ここに表示される。

第18章　本支店の会計

〈発展〉

1　本章で勉強すること

本章で学ぶ基本的な記録

① 支店の開設（現金，建物，借入金の委譲）

	[本　店]				[支　店]				
	(借入金)	2,000	(建　物)	9,000	(建　物)	9,000	(借入金)	2,000	
B/S・資産⇦	(支　店)	8,000	(商　品)	1,000	(商　品)	1,000	(本　店)	8,000	⇨B/S・負債

② 本支店間の内部（商品）取引（本店から支店への売上の場合）

	[本　店]				[支　店]				
B/S・資産⇦	(支　店)	1,750	(支店売上)	1,750	(本店仕入)	1,750	(本　店)	1,750	⇨B/S・負債

③ 支店の純損益の計上

[本　店]				[支　店]			
(支　店)	160	(損　益)	160	(損　益)	160	(本　店)	160

④ 未達取引の処理（本店の売掛金を支店が回収していた場合）

	[本　店]				[支　店]
B/S・資産⇦	(支　店)	700	(売掛金)	700	—仕訳不要—

⑤ 本支店勘定の相殺（本支店合併財務諸表作成のため）

(本　店)　7,000　(支　店)　7,000

⑥ 内部（商品）取引の消去（本支店合併財務諸表作成のため）

(支店売上)　1,800　(本店仕入)　1,800

⑦ 内部利益の消去（本支店合併財務諸表作成のため）

B/S・資産控除の戻入れ⇦	(繰延未実現振替利益)	120	(繰延未実現振替利益戻入)	120	⇨P/L・収益
P/L・費用⇦	(繰延未実現振替利益控除)	150	(繰延未実現振替利益)	150	⇨B/S・資産控除

本章のワークブック

【課題1】 〈発展〉支店開設時に本店は，現金 2,500,000円，店舗（建物）5,500,000円および借入金 4,800,000円を委譲した。⇦**【例題1】**

本店：（　　　　）［　　　　］（　　　　）［　　　　］
　　　（　　　　）［　　　　］（　　　　）［　　　　］
支店：（　　　　）［　　　　］（　　　　）［　　　　］
　　　（　　　　）［　　　　］（　　　　）［　　　　］

【課題２】〈発展〉本店が，原価1,000,000円の商品を，10%の利益を加えた金額で支店に発送した。⇦【例題２】

本店：（　　　　）［　　　　］（　　　　）［　　　　］

支店：（　　　　）［　　　　］（　　　　）［　　　　］

【課題３】〈発展〉次の資料にもとづいて，必要な仕訳を行い，本支店合併財務諸表を作成しなさい。

⇦【例題３-１】【例題３-２】

［本　店］

貸借対照表

諸資産	5,878,000	諸負債	3,771,000
商品	870,000	繰延未実現振替利益	39,000
支店	1,567,000	資本金	4,000,000
		当期純利益	505,000
	8,315,000		8,315,000

損益計算書

商品期首たな卸高	779,000	売上	6,676,000
仕入	5,165,000	支店売上	1,344,000
諸費用	2,441,000	商品期末たな卸高	870,000
当期純利益	505,000		
	8,890,000		8,890,000

［支　店］

貸借対照表

諸資産	1,789,000	買掛金	244,000
商品	540,000	諸負債	645,000
		本店	1,235,000
		当期純利益	205,000
	2,329,000		2,329,000

損益計算書

商品期首たな卸高	490,000	売上	3,296,000
仕入	777,000	商品期末たな卸高	540,000
本店仕入	1,256,000		
諸費用	1,108,000		
当期純利益	205,000		
	3,836,000		3,836,000

(未達取引)

1．本店より支店に発送された商品 88,000円分が決算日において未達である。

2．支店が負っている買掛金 244,000円の支払いを本店が行っていたが、支店はこの通知を受け取っていなかった。

(参考事項)

1．本店が支店に送った商品には、すべて原価の1割分の利益を付加している。

2．支店の期首たな卸商品のうち、429,000円分は本店から仕入れたものである。

3．支店の期末たな卸商品のうち、453,200円分は本店から仕入れたものである（未達商品も含む)。

（　　　　）［　　　　］（　　　　）［　　　　］
（　　　　）［　　　　］（　　　　）［　　　　］
（　　　　）［　　　　］（　　　　）［　　　　］
（　　　　）［　　　　］（　　　　）［　　　　］
（　　　　）［　　　　］（　　　　）［　　　　］
（　　　　）［　　　　］（　　　　）［　　　　］
（　　　　）［　　　　］（　　　　）［　　　　］

本支店合併貸借対照表

諸資産	［　　］	諸負債	［　　］
商品	［　　］	繰延未実現振替利益	［　　］
		資本金	［　　］
		当期純利益	［　　］
	［　　］		［　　］

本支店合併損益計算書

商品期首たな卸高	［　　］	売上	［　　］
仕入	［　　］	商品期末たな卸高	［　　］
（　　）	［　　］	（　　）	［　　］
諸費用	［　　］		
当期純利益	［　　］		
	［　　］		［　　］

企業は，しばしば支店を出す。このとき，支店に，独自の帳簿組織を備えさせて取引を記帳し，決算をおこない，財務諸表を作成させる制度を「**支店独立会計制度**」という。しかし，本店支店は同一の企業であるため，対外的には1つにまとめた財務諸表を作成しなければならない。

〈発展〉

2　支店勘定と本店勘定

支店独立会計制度において，本支店間の取引は，「貸借関係」として処理する。まず，支店の財産（資産・負債）を本店の帳簿から支店へ委譲するが，この本支店間の貸借関係（債権・債務の増減）のすべては，本店における「**支店**」勘定（資産：支店への投資）と，支店における「**本店**」勘定（負債：本店から委託された責任と考えれば，一種の借入れ（ないし資本））に記録する。

【例題1】

本店が支店開設時に，現金 100円と店舗（建物）700円，借入金 430円を委譲した。 この取引を本店，支店それぞれの立場で仕訳しなさい。

〔本　店〕				〔支　店〕			
（借 入 金）	430	（現　金）	100	（現　金）	100	（借 入 金）	430
（支　店）	370	（建　物）	700	（建　物）	700	（本　店）	370

【例題2】

本店が商品の原価 400円に10%の利益を加えた金額で支店に発送した。この取引を本店，支店それぞれの立場で仕訳しなさい。

〔本　店〕				〔支　店〕			
（支　店）	440	（支店売上）	440	（本店仕入）	440	（本　店）	440

〈発展〉

3　本支店合併財務諸表の作成

【例題３−１】から**【例題３−２】**により，本支店合併財務諸表の作成法を説明する。

(1) 未達取引の調整

本店の「支店勘定」借方残高と，支店の「本店勘定」貸方残高とは，相互の記帳に誤りがない限り必ず一致する。しかし，決算日直前の取引の報告が本店・支店のいずれかに到着せず，一方では記帳されているが，他方では記帳されていないことがある。これを「**未達取引**」という。合併（結合）手続きにおいて，未達取引を調査・整理して，支店勘定と本店勘定の残高を一致させることが必要である。なお，未達の資産は，未達現金や未達商品として区分することもある。

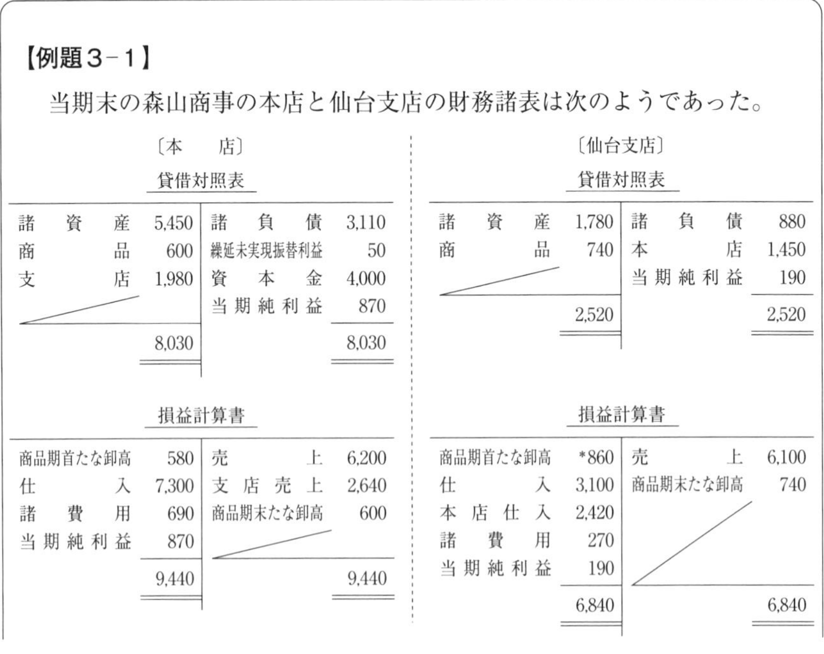

【例題３−１】

当期末の森山商事の本店と仙台支店の財務諸表は次のようであった。

〔本　　店〕

貸借対照表

借方	金額	貸方	金額
諸資産	5,450	諸負債	3,110
商品	600	繰延未実現振替利益	50
支店	1,980	資本金	4,000
		当期純利益	870
	8,030		8,030

損益計算書

借方	金額	貸方	金額
商品期首たな卸高	580	売上	6,200
仕入	7,300	支店売上	2,640
諸費用	690	商品期末たな卸高	600
当期純利益	870		
	9,440		9,440

〔仙台支店〕

貸借対照表

借方	金額	貸方	金額
諸資産	1,780	諸負債	880
商品	740	本店	1,450
		当期純利益	190
	2,520		2,520

損益計算書

借方	金額	貸方	金額
商品期首たな卸高	*860	売上	6,100
仕入	3,100	商品期末たな卸高	740
本店仕入	2,420		
諸費用	270		
当期純利益	190		
	6,840		6,840

*支店の商品期首たな卸高のうち，550が本店から仕入れたものである。

未達取引を調査した結果，①本店が支店に発送した商品 220円が決算日において運搬中であった。②支店が本店に代わって買掛金 310円を支払っていたが，本店はこの通知を受取っていなかった。

これらの未達取引について仕訳しなさい。

〔支店〕（本店は記入済）

①	（本店仕入）［P/L］	220	（本　　店）［B/S］	220
	（商　　品）［B/S］	220	（商品期末たな卸高）［P/L］	220

〔本店〕（支店は記入済）

②	（買掛金）［B/S］	310	（支　　店）［B/S］	310

<例では，買掛金を諸負債の中にまとめている>

未達取引を整理した結果，支店勘定と本店勘定の残高はそれぞれ 1,670円となり一致し，相殺消去する(ⓧ)。

（注）支店a/c：1,980－310＝1,670，本店a/c：1,450＋220＝1,670

ⓧ	（本　　店）［B/S］	1,670	（支　　店）［B/S］	1,670

未達取引の整理後，「支店売上」勘定と「本店仕入」勘定の残高は2,640円で一致しており，相殺消去する(ⓨ)。

（注）支店売上a/c：2,640，本店仕入a/c：2,420＋220＝2,640

ⓨ	（支店売上）［P/L］	2,640	（本店仕入）［P/L］	2,640

(2) 内部（商品）取引と内部利益の消去

本支店間の商品取引は，内部取引であり，企業全体の損益計算書を作成する際には相殺消去しなければならない（【例題3－1】ⓨ）

本店・支店のそれぞれの業績を明らかにするために，本支店間における商品の送付において，原価に利益を加えた**振替価格**により取引を行う場合がある。このとき，商品が決算日に企業内に残っている場合に，商品の振替価格に含まれる**内部利益**の調整が必要となる（ⓐ，ⓑ）。なぜなら，期末商品の内部利益は外部に販売されないかぎり未実現利益だからである。消去しなければ，商品が振替価格で評価され，内部利益の分だけ売上総利益と商品が過大に計上される。ゆえに，内部利益を当期純利益から控除するとともに，「繰延未実現振替利益」という評価勘定を設定し，この金額を控除して期末商品の原価を示す(ⓑ)。

【例題3−2】

ⓐ　支店の前期末の商品は当期に販売されたので，内部利益 50円（繰延未実現振替利益と表されている）を戻入れる。

ⓑ　支店の商品期末たな卸高 960円のうち 605円（未達商品を含む，①で修正済）は，本店からの仕入れであり，この内部利益 55円を控除する。

これについて仕訳しなさい。

ⓐ（繰延未実現振替利益）［B/S］　50　（繰延未実現振替利益戻入）［P/L］　50

ⓑ（未実現振替利益控除）［P/L］　55　（繰延未実現振替利益）［B/S］　55

(3) 本支店合併精算表

本支店の財務諸表の作成過程は「**本支店合併精算表**」により示される。

結果として，森山商事の本支店合併貸借対照表と本支店合併損益計算書は次のようになる。

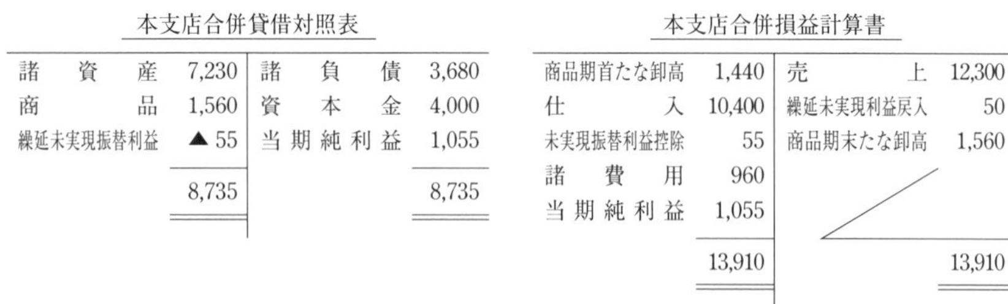

本支店合併貸借対照表

諸資産	7,230	諸負債	3,680
商品	1,560	資本金	4,000
繰延未実現振替利益	▲ 55	当期純利益	1,055
	8,735		8,735

本支店合併損益計算書

商品期首たな卸高	1,440	売上	12,300
仕入	10,400	繰延未実現利益戻入	50
未実現振替利益控除	55	商品期末たな卸高	1,560
諸費用	960		
当期純利益	1,055		
	13,910		13,910

（注）実際の貸借対照表では，繰延未実現振替利益は商品から控除され，商品は 1,505 円となる。一方，損益計算書では，売上原価は 10,285 円（(1,440 − 50) + 10,400 − (1,560 − 55)）となり，売上総利益は 2,015 円（12,300 − 10,285）となる。

本支店合併精算表

	項目	本店		仙台支店		本支店合計		内部取引の修正・消去		合併財務諸表	
貸借対照表	諸資産	5,450		1,780		7,230				7,230	
	商品	600		740		1,340		① 220		1,560	
	繰延未実現振替利益		50				50	ⓐ 50	ⓑ 55		55
	支店	1,980				1,980			② 310 ⓧ 1,670	—	
	諸負債		3,110		880		3,990	② 310			3,680
	本店				1,450		1,450	ⓧ 1,670	① 220		—
	資本金		4,000		—		4,000				4,000
	当期純利益		870		190		1,060	〈 5〉			1,055
	合計	8,030	8,030	2,520	2,520	10,550	10,550	2,255	2,255	8,790	8,790
損益計算書	売上		6,200		6,100		12,300				12,300
	支店売上		2,640				2,640	ⓨ 2,640			—
	商品期首たな卸高	580		860		1,440				1,440	
	繰延未実現振替利益戻入								ⓐ 50		50
	仕入	7,300		3,100		10,400				10,400	
	本店仕入			2,420		2,420		① 220	ⓨ 2,640	—	
	商品期末たな卸高		600		740		1,340		① 220		1,560
	未実現振替利益控除							ⓑ 55		55	
	諸費用	690		270		960				960	
	計							2,915	2,910	12,855	13,910
	当期純利益	870		190		1,060			〈 5〉	1,055	
	合計	9,440	9,440	6,840	6,840	16,280	16,280	2,965	2,965	13,910	13,910

(注) □は消去，〈　〉は当期純利益（未実現分）の修正

支店独立会計制度において，合計財務諸表を作成しない段階で，支店の決算手続きにおいて，支店は純損益を計上すると，本店にこれを報告する。本店は，この報告を受け，本店の損益勘定に記入する。

【例題４】

支店は，決算の結果，当期純利益 168円を計上し，本店はその通知を受けた。

〔本　店〕				〔支　店〕			
（支　店）	168	（損　益）	168	（損　益）	168	（本　店）	168

本店集中計算制度と支店分散計算制度

本支店会計において，支店相互間の取引を記録する方法には，「支店分散計算制度」と「本店集中計算制度」がある。支店分散計算制度では，それぞれの支店において取引相手の支店名を付した勘定を用いて記録する。一方，本店集中計算制度では，支店相互間の取引はすべて本店を経由した取引とみなして記録する。

【例題】

森山商事の熊本支店は本店の指示により，宮崎支店に現金 100,000円を送金し，宮崎支店はこれを受け取った。なお，本店集中計算制度を採用している。

【熊本支店】	（本　　店）	100,000	（現　　金）	100,000
【宮崎支店】	（現　　金）	100,000	（本　　店）	100,000
【本　　店】	（宮崎支店）	100,000	（熊本支店）	100,000

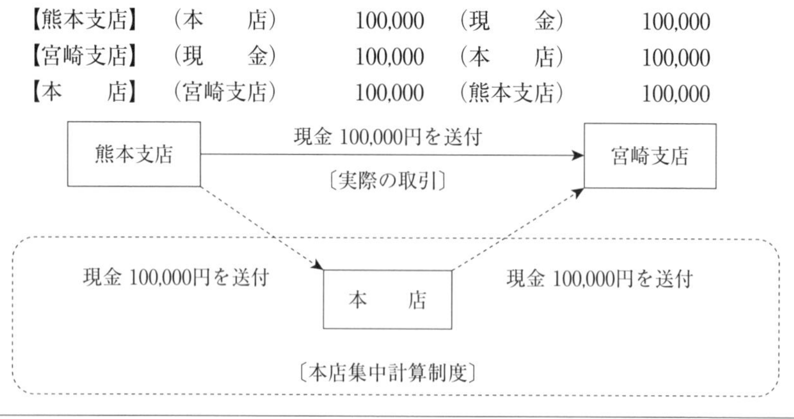

未実現利益の処理

日商検定では，本社の残高試算表（または貸借対照表）において，繰延未実現振替利益が計上されない場合がある。その場合，未実現利益は本店では実現したものとして，貸借対照表上，繰越利益剰余金もしくは当期純利益に含められている。そのため，本支店合併の損益計算書・貸借対照表を作成する際には，商品棚卸高に含まれる内部利益を直接控除する必要がある。例えば，本店からの商品発送高に原価の10％の利益が加算されており，支店の期首棚卸高のうち55,000円が，本店より仕入れた分である場合，期首棚卸高に含まれる内部利益5,000円の控除について，仕訳の形式で示すと次のようになる。

（繰越利益剰余金）［B/S］　5,000　（期首商品棚卸高）［P/L］　5,000
　もしくは（当期純利益）

また，期末棚卸高（未達分があれば含める）に含まれる内部利益は，損益計算書上の期末商品棚卸高と貸借対照表上の商品の金額から控除される。例えば，本店からの商品発送高に原価の10％の利益が加算されており，支店の期末棚卸高（未達分含む）のうち 88,000円が，本店より仕入れた分である場合，期末棚卸高に含まれる内部利益 8,000円の控除について，仕訳の形式で示すと，次のようになる。

（期末商品棚卸高）［P/L］　8,000　（商　　　　品）［B/S］　8,000

練習問題→本章のワークブックへ

第19章　海外取引—外貨取引—の記録

〈発展〉　1　本章で勉強すること

本章で学ぶ基本的な記録

小切手を振出し，1,000ドルのドル外貨預金口座の開設　為替相場：$1=￥110

B／S・資産　⇨　（外 貨 預 金）110,000（当 座 預 金）110,000　⇦資産減少

決算時の換算：

・為替相場：$1=￥105（円高）場合：費用　⇨　（為替差損益）　5,000（外 貨 預 金）　5,000　⇦資産減少

・為替相場：$1=￥113（円安）場合：資産増加⇨　（外 貨 預 金）　3,000（為替差損益）　3,000　⇦収益

本章のワークブック

【課題１】〈発展〉次の取引を仕訳しなさい。　⇦**【例題２】**

1．商品 1,000ドルを輸出した。代金は３ヵ月後に受取ることになった。為替相場：$1=￥150

2．決算をむかえ，上記外貨建売掛金を換算する。為替相場：$1=￥145

3．３ヶ月がたち，上記外貨建売掛金が決済された。代金は当座預金とする。為替相場：$1=￥148

1．（　　　　）［　　　　］（　　　　）［　　　　］

2．（　　　　）［　　　　］（　　　　）［　　　　］

3．（　　　　）［　　　　］（　　　　）［　　　　］

（　　　　）［　　　　］

【課題２】〈発展〉次の取引を仕訳しなさい。　⇦**【例題７】**

1．売買目的で海外株式 2,000ユーロを取得する。代金は当座預金から支払う。為替相場：€1=￥160

2．決算をむかえ，上記株式を評価する。株価は2,010ユーロであった。為替相場：€1=￥158

1．（　　　　）［　　　　］（　　　　）［　　　　］

2．（　　　　）［　　　　］（　　　　）［　　　　］

〈発展〉
2 外 貨 取 引

企業活動の国際化に伴い，様々な企業が輸出入取引や海外での資金調達・運用を行っている。例えば，原材料や部品・商品の輸入ならびに商製品の輸出，海外投資などである。外国企業との取引の多くは外国通貨で行われるため，そうした取引を日本円に表現し直す方法を学ぶ必要がある。この方法は『外貨建取引等会計処理基準』に規定されている。学習にあたり，この基準を参照する必要がある。ただし，ここでは原則的な処理のみを扱う。

〈発展〉
3 外国通貨と外貨建金銭債権債務の処理

外国通貨及び外貨建金銭債権債務の取引は，取引時の為替相場による円換算額をもって記録する。その後，決算において，決算時の為替相場による円換算額を用い，換算差額を「為替差損益」勘定により当期の損益として認識する。

【例題1】

次の一連の取引（外貨預金）を仕訳しなさい（⇨第10章7節）。

(1) 東京商会は，近年の円高が，いずれ円安になることを見越して，銀行に外貨預金口座を開設し，10,000ドルを預入れた。なお，預金にあたり小切手を振出した。預入れ時点での為替相場は1ドル＝90円であった。

（外　貨　預　金）	900,000	（当　座　預　金）	※900,000

※10,000ドル×90円＝900,000円

(2) 決算にあたり，上記の外貨預金を円換算する。決算時の為替相場は，円高となり，1ドル＝88円であった。

（為 替 差 損 益）	※20,000	（外　貨　預　金）	20,000

※900,000－(10,000ドル×88円)＝20,000円（為替換算差損）

(3) 予想通り，1ドル＝93円と円安になった。そのため，直ちに上記預金の全額を引出し，当座預金口座に預入れた。

（当 座 預 金） 930,000 （外 貨 預 金） 880,000
（為 替 差 損 益） ※50,000

※（10,000ドル×93円）－880,000円＝50,000円（為替換算差益）

結果として，（93円－90円）×10,000ドル＝30,000円の利益となる。

【例題２】

１．次の一連の輸出取引（外貨建売掛金）を仕訳しなさい（⇨第５章３節）。

(1) ２月１日，森山商事は，商品30,000ドルを３カ月後の決済契約で輸出した。為替相場は１ドル＝90円であった。三分法による。（収益認識は出荷基準）

（外貨建売掛金） ※2,700,000 （売 上） 2,700,000

※30,000ドル×90円＝2,700,000円

(2) ３月31日，決算にあたり，上記の外貨建売掛金を円換算する。為替相場は１ドル＝88円であった。

（為 替 差 損 益） ※60,000 （外貨建売掛金） 60,000

※30,000ドル×88円＝2,640,000円 2,700,000円－2,640,000円＝60,000円（損失）

(3) ４月30日に代金が決済され，代金が当座預金口座に振込まれた。決済時点での為替相場は１ドル＝89円であった。

（当 座 預 金） 2,670,000 （外貨建売掛金） 2,640,000
（為 替 差 損 益） ※30,000

※30,000ドル×89円－2,640,000＝30,000円（利益）

２．次の一連の輸入取引（外貨建買掛金）を仕訳しなさい（⇨第５章３節）。

(1) ２月１日，森山商事は，商品30,000ドルを３カ月後の決済契約で輸入した。為替相場は１ドル＝90円であった。三分法による。

（仕 入） 2,700,000 （外貨建買掛金） 2,700,000

(2) ３月31日，決算にあたり，上記の外貨建買掛金を円換算する。為替相場は１ドル＝88円であった。

（外貨建買掛金） 60,000 （為 替 差 損 益） 60,000

(注) 上の1．と2．の取引が同一期間内の場合，1.(2)の外貨建売掛金の換算差損とこの換算差益が相殺され，為替換算差損益勘定が0円となる。

(3) 4月30日に代金の決済について小切手を振出して支払った。決済時点の為替相場は,1ドル＝89円であった。

(外貨建買掛金)	2,640,000	(当座預金)	2,670,000
(為替差損益)	30,000		

【例題3】

次の一連の借入取引（外貨建借入金）を仕訳しなさい（⇨第13章2節）。

(1) 10月1日，森山商事は，外国銀行・アメリカ銀行より，当座の運転資金として，200,000ドルを9ヶ月後に返済する条件で借入れ，直ちに当座預金口座へ預入れた。借入時の為替相場は1ドル＝90円であった。

(当座預金)	18,000,000	(外貨建借入金)	※18,000,000

※200,000ドル×90円＝18,000,000円

(2) 3月31日，決算時にあたり，上記の外貨建借入金を円換算する。為替相場は1ドル＝85円であった。

(外貨建借入金)	1,000,000	(為替差損益)	※1,000,000

※200,000ドル×（90円－85円）＝1,000,000円（利益）

(3) 6月30日，上記の借入金の返済を行い，当座預金口座から支払った。なお，さらに円高が進み，返済時の為替相場は1ドル＝84円であった。

(外貨建借入金)	17,000,000	(当座預金)	16,800,000
		(為替差損益)	200,000

販売（輸出）取引に伴う前受金（⇨第7章2節）や仕入（輸入）取引に伴う前払金（⇨第5章6節）は，金銭では決済せず，財貨・用役の提供による。そのため，前者は将来に財貨・用役の提供を行う収益性負債であり，後者は将来に財貨・用役の提供を受ける費用性資産である。これらは金銭債権債務ではないことから，基本的に決算において換算の必要はない。

【例題４】

次の一連の取引（外貨建前受金を伴う取引）を仕訳しなさい（⇨第７章２節）。

(1) 森山商事は，商品2,000ドルの販売（輸出）契約を締結し，手付金として200ドルを現金で受取り，直ちに当座預金口座に預入れた。契約締結時の為替相場は1ドル＝90円であった。

（当座預金）	18,000	（外貨建前受金）	※18,000

※200ドル×90円＝18,000円

(2) 決算時の為替相場は1ドル＝85円であった。

換　算　不　要

(3) 契約の通り，商品を輸出し，代金の残額は月末に受取ることとした。輸出時の為替相場は1ドル＝88円であった。

（外貨建前受金）	18,000	（売　　上）	176,400
（外貨建売掛金）	※158,400		

※（2,000ドル－200ドル）×88円＝158,400円（資産）

〈発展〉

4　外貨建有価証券

外貨建有価証券については，外国通貨で行った取引の評価額を円換算し，その後は，有価証券の保有目的に従った処理に準じる。（⇨第14章４～８節）。

【例題５】

次の一連の取引（外貨建売買目的有価証券）を仕訳しなさい（⇨第14章５節）。

(1) 売買目的で，米国企業の株式を60,000ドル取得し，代金は当座預金口座から支払った。取得時の為替相場は1ドル＝88円であった。

（外貨建売買目的有価証券）	※5,280,000	（当座預金）	5,280,000

※60,000ドル×88円＝5,280,000円

(2) 決算を迎え，上記の有価証券の時価は62,000ドルであり，決算日の為替相場は1ドル＝85円であった。

(有価証券運用損益)	※10,000	(外貨建売買目的有価証券)	10,000

※5,280,000円－(62,000ドル×85円)＝10,000円（損失）

(3) 上記の有価証券の時価は59,000ドルに値下がりしたが，1ドル＝95円の円安に振れたので，有価証券を売却し，代金は当座預金とした。

(当座預金)	5,605,000	(外貨建売買目的有価証券)	5,270,000
		(有価証券運用損益)	※335,000

※5,270,000円－(59,000ドル×95円)＝335,000円（利益）

【例題６】

次の一連の取引(外貨建満期保有目的債券)を仕訳しなさい(⇨第14章６節)。

(1) 10月1日，満期保有目的で，米国国債を額面金額10,000ドル(5年満期)が割引発行され，8,500ドルで取得し，代金は当座預金口座から支払った。購入時の為替相場は1ドル＝90円であった。

(外貨建満期保有目的債券)	※765,000	(当座預金)	765,000

※ 8,500ドル×90円＝765,000円

(2) 3月31日，決算にあたり，上記国債の額面金額と取得価額との差額はすべて金利調整差額として認められ，償却原価法（定額法）を適用した。取得日から決算日の期中平均為替相場は1ドル＝91円，決算日の為替相場は1ドル＝92円であった。なお，利息は考慮しない。

(外貨建満期保有目的債券)	13,650	(有価証券利息)	※13,650

※外貨による償却原価の計算：(10,000ドル－8,500ドル)×(6ヶ月／60ヵ月)＝150ドル
※償却額（増加額）の期中平均為替相場による換算：150ドル×91円＝13,650円

(外貨建満期保有目的債券)	17,150	(為替差損益)	※17,150

※外貨建有価証券の為替差損益：
(8,500ドル＋150ドル)×92円－8,500ドル×90円＝30,800円
30,800円－13,650円＝17,150円

なお，外貨建満期保有目的債券の金額は，(8,500＋150)ドル×92円＝795,800円

【例題７】

次の一連の取引(外貨建その他有価証券)を仕訳しなさい(⇨第14章８節)。

(1) その他有価証券として，米国企業の株式総額30,000ドル取得し，代金は当座預金口座から支払った。為替相場は1ドル＝100円であった。

(外貨建その他有価証券)　3,000,000　(当　座　預　金)　3,000,000

(2) 決算日における上記株式の時価は32,000ドルであり，為替相場は1ドル＝98円であった。

(外貨建その他有価証券)　136,000　(その他有価証券評価差額金)　※136,000

上記株式の円換算額：32,000ドル×98円＝3,136,000円
※ 3,136,000円－3,000,000円＝136,000円

[練習問題]

森山商事（決算日：3月31日）の外貨建取引について，取引発生日，決算日および決済日の仕訳を示しなさい。為替換算および為替決済により生じた差額は為替差損益勘定で処理なさい。取引日等の為替相場は下表のとおりである。

取引発生日	決算日	決済日
1ドル＝90円	1ドル＝92円	1ドル＝88円

×3年2月1日　Wマート(米国)から商品5,000ドルを仕入れ，代金は掛けとした。三分法により処理する。

3月31日　決算を迎え，上記取引により生じた外貨建債務を円換算する。

4月30日　上記の外貨建債務5,000ドルを在米の取引銀行の当座預金口座から支払った。

〈解答〉

2.1.(仕　　入)　450,000　(外貨建買掛金)　※450,000

※5,000ドル×90円＝450,000円

3.31.(為替差損益)　※10,000　(外貨建買掛金)　10,000

※5,000ドル×92円＝460,000円　460,000円－450,000円＝10,000円

4.30.(外貨建買掛金)　460,000　(当　座　預　金)　440,000
　　　　　　　　　　　　　　　(為替差損益)　※20,000

※5,000ドル×88円＝440,000円　460,000円－440,000円＝20,000円

第20章　決算書の仕組みと読み方
(財務諸表分析)

1　本章で勉強すること

企業に資金を提供した株主や債権者をはじめとする利害関係者は，企業活動の結果や状態を判断するのに，財務諸表（会社法においては計算書類という）を用いる。なお，財務諸表は金融商品取引法で，計算書類は会社法で公表が義務付けられている。

① 財務諸表の入手法
- 貸借対照表や損益計算書の要旨は，新聞や官報で公告される。
- 金融商品取引法上の財務諸表は，金融庁のEDINETや企業のホームページを通じて閲覧できる。

② 貸借対照表について
- 公告される貸借対照表は勘定式が多い。
- 主として企業の安全性をみる際に利用される。
- 安全性の分析指標には，流動比率（短期の安全性）や総資産負債比率（長期の安全性）などがある。

③ 損益計算書について
- 公告される損益計算書は報告式が多い。
- 主として企業の収益性をみる際に利用される。
- 収益性の分析指標には，総資産当期純利益率（ROA）や総収益当期純利益率，総資産回転率などがある。

〈基本〉

2　決算書の公表　⇦第１章

会社法は，株式会社において，会社に資本を提供した株主や債権者の保護が主たる目的とされ，会社の財務情報を「計算書類」の形で作成することが求められる。計算書類は株主総会の招集通知などとともに，株主に送付しなければならない。また，これらを会社の本店と支店にも備え付け，債権者や株主に公表しなければならない。さらに，貸借対照表の要旨は，一般大衆に向けて，新聞や官報でも公告される。

金融商品取引法は，会社に資本を提供した株主や債権者だけでなく，将来，資本を提供する可能性のある投資家の保護も目的とされ，財務情報を「財務諸表」の形で作成することが求められている。計算書類と財務諸表の種類を**図表1**に示した。計算書類と財務諸表の大きな違いは，キャッシュ・フロー計算書（本書では扱っていない）を含むかどうかにある。

財務諸表はすべて**有価証券報告書**の「経理の状況」に掲載される。有価証券報告書は，各企業のホームページや金融庁の電子情報開示システムEDINET（エディネット）から入手することができる。

図表1　会社法と金融商品取引法の会計関係書類の比較

会社法の計算書類	金融商品取引法の個別財務諸表
1．貸借対照表	1．貸借対照表
2．損益計算書	2．損益計算書
	3．キャッシュ･フロー計算書
3．株主資本等変動計算書	4．株主資本等変動計算書
4．注記表	5．附属明細表

（注1）注記表は会計処理等についての説明表である。
（注2）附属明細表は有価証券など特定の貸借対照表項目の期中の変動表である。

〈発展〉　3　貸借対照表の例示と仕組み　⇨第1章4節(2)

(1) 貸借対照表の例示

貸借対照表は，次ページの**図表2**のようになる。

(2) 貸借対照表の区分と資産負債の配列

例示したように，貸借対照表では，資産は「流動資産」，「固定資産」，「繰延資産」の3つに区分され，固定資産はさらに「有形固定資産」，「無形固定資産」，「投資その他の資産」に区分される。一方，負債は，「流動負債」と「固定負債」に区分される。資産と負債の差である純資産は，「株主資本」，「評

図表２　貸借対照表の決算公告

森山商事株式会社　　20×1年3月31日　　（単位：百万円）

資産の部		負債及び純資産の部	
科　目	金　額	科　目	金　額
（資産の部）		**（負債の部）**	
流動資産	**263,441**	**流動負債**	**220,737**
現金及び預金	34,726	支払手形及び買掛金	120,819
受取手形及び売掛金	158,000	短期借入金	2,000
貸倒引当金	△1,719	その他	97,917
受取手形及び売掛金（純額）	156,281	**固定負債**	**20,222**
有価証券	5,310	社　債	5,000
たな卸資産	28,911	退職給付引当金	15,222
その他	38,211	**負債合計**	**240,959**
固定資産	**242,804**	**（純資産の部）**	
有形固定資産	**180,839**	**株主資本**	**264,723**
建　物	100,000	**資本金**	**26,480**
減価償却累計額	△48,260	**資本剰余金**	**20,000**
建物（純額）	51,740	資本準備金	20,000
機械装置	136,220	**利益剰余金**	**223,645**
減価償却累計額	△38,244	利益準備金	7,470
機械装置（純額）	97,976	その他利益剰余金	216,175
土　地	22,808	任意積立金	42,213
その他	8,313	繰越利益剰余金	173,962
無形固定資産	**5,433**	**自己株式**	**△5,401**
特許権	1,000	**評価・換算差額等**	**604**
その他	4,433	その他有価証券評価差額金	604
投資その他の資産	**56,532**		
投資有価証券	34,210		
その他	22,322		
繰延資産	**40**		
株式交付費	40	**純資産合計**	**265,327**
資産合計	**506,287**	**負債純資産合計**	**506,287**

分析のための付属資料：　期首総資産　494,713百万円　期首株主資本　255,277百万円

価・換算差額等」，「新株引受権」，「新株予約権」に区分され，「株主資本」はさらに「資本金」，「資本剰余金」，「利益剰余金」，「自己株式」に区分される。例のような貸借対照表を，勘定式の貸借対照表という。（⇨第４章５節）

金融商品取引法では，貸借対照表は報告式で作成しなければならない。この場合は，次ページの**図表３**のような形になる。

区分された資産負債の項目は，原則として，流動性（現金とかかわる可能性）の高い項目から配列される。この配列法を**流動性配列法**という。この方法は，

図表３　報告式の貸借対照表

森山商事株式会社　　20×1年3月31日　　（単位：百万円）

資産の部	
流動資産	：
流動資産合計	263,441
固定資産	
有形固定資産	：
有形固定資産合計	180,839
無形固定資産	：
無形固定資産合計	5,433
投資その他の資産	：
投資その他の資産合計	56,532
固定資産合計	242,804
繰延資産	：
繰延資産合計	40
資産合計	506,287
負債の部	
流動負債	：
流動負債合計	220,737
固定負債	：
固定負債合計	20,222
負債合計	240,959
純資産の部	
株主資本	：
株主資本合計	264,723
評価・換算差額等	：
評価・換算差額等合計	604
純資産合計	265,327
負債純資産合計	506,287

［注］流動資産，固定資産，繰延資産，流動負債，固定負債，株主資本および評価・換算差額等の明細「：」部分は，前ページの勘定式の貸借対照表を見よ。

短期的な支払能力を示すのに役立ち，企業の安全性を判断するのに適している。

資産負債の項目を流動・固定に区分する基準には，**営業循環基準**と**１年基準**（ワン・イヤー・ルール）がある。営業循環基準は，企業の本業とする営業サイクル内の資産負債を流動項目とする基準である。つまり，「現金→営業債務（買掛金や支払手形など）→商品→営業債権（売掛金や受取手形など）→現金」という営業サイクル内の資産負債は，すべて流動項目になる。(⇨第5，6，7，8，9章) 一方，1年基準は，決算日の翌日から起算して1年以内に現金化(費用化) または支払期日が到来する項目を流動項目とする基準である。したがって，預金，貸付金，借入金など本業の営業サイクルに関わらない資産負債は，1年基準により流動・固定に区分される。たとえば，返済期限が1年以内におとずれる借入金は流動負債に，1年を超えておとずれる借入金は固定負債にそれぞれ分類される。(⇨第10，11，13，14章)

貸借対照表項目の内容を具体的に示したのが，**図表4**である。

図表4　主な貸借対照表項目の内容

<table>
<tr><td rowspan="5">資産</td><td colspan="2">流動資産</td><td>現金及び預金，受取手形，電子記録債権，売掛金，短期貸付金，未収金，契約資産，有価証券，商品，貯蔵品，前払金，前払費用，未収収益など</td><td>⇨第4，5，6，7，8，9，10，11，13，14章</td></tr>
<tr><td rowspan="3">固定資産</td><td>有形</td><td>備品，車両運搬具，建物，土地など</td><td>⇨第12章</td></tr>
<tr><td>無形</td><td>特許権，商標権，実用新案権，のれん，ソフトウェアなど</td><td>⇨第12章</td></tr>
<tr><td>投資その他</td><td>投資有価証券，関係会社株式，長期貸付金，長期前払費用など</td><td>⇨第14章</td></tr>
<tr><td colspan="2">繰延資産</td><td>創立費，開業費，株式交付費，社債発行費，開発費</td><td>⇨第13章</td></tr>
<tr><td rowspan="2">負債</td><td colspan="2">流動負債</td><td>支払手形，電子記録債務，買掛金，短期借入金，未払金，未払費用，契約負債，前受金，預り金，前受収益，修繕引当金など</td><td>⇨第4，5，6，7，8，9，10，11，13，14章</td></tr>
<tr><td colspan="2">固定負債</td><td>社債，長期借入金，退職給付引当金など</td><td>⇨第13章</td></tr>
<tr><td rowspan="4">純資産</td><td rowspan="3">株主資本</td><td>資本金</td><td>資本金</td><td>⇨第3，13章</td></tr>
<tr><td>資本剰余金</td><td>資本準備金，その他資本剰余金</td><td>⇨第13章</td></tr>
<tr><td>利益剰余金</td><td>利益準備金，任意積立金や繰越利益剰余金など，その他利益剰余金</td><td>⇨第4，17章</td></tr>
<tr><td colspan="2">評価・換算差額等</td><td>その他有価証券評価差額金</td><td>⇨第14章</td></tr>
</table>

〈発展〉

4　損益計算書の例示と仕組み　⇨第１章４節(3)

(1) 損益計算書の例示

損益計算書は，**図表５**のようになる。

図表５　損益計算書の決算公告

森山商事株式会社
20×0年４月１日〜20×１年３月31日　　（単位：百万円）

科　目	金　額
売上高	876,452
売上原価	770,080
売上総利益	**106,372**
販売費及び一般管理費	49,286
営業利益	**57,085**
営業外収益	14,373
営業外費用	4,889
経常利益	**66,570**
特別利益	120
特別損失	11,120
税引前当期純利益	**55,570**
法人税，住民税及び事業税	23,900
法人税等調整額	△4,651
当期純利益	**36,321**

［注］決算公告では，報告式で行われることが多い。

(2) 損益計算書の区分と配列

損益計算書では，利益を段階別に表示するため，収益と費用が発生源泉別に表示される。収益は，**売上高**，**営業外収益**および**特別利益**に区分され，費用は，**売上原価**，**販売費及び一般管理費**，**営業外費用**および**特別損失**に区分される。

配列法は例示の通りであるが，売上高は，商品の販売から得られた収益であり，売上原価は，販売した商品の仕入原価である。売上高と売上原価の差額として計算される**売上総利益**は，販売活動による直接的な利益を表している（⇨第６章）。販売費及び一般管理費は，販売活動で発生した費用（販売費）と全般的な管理活動で発生した費用（一般管理費）をあわせたものである。売上総利益から販売費及び一般管理費を引くと，管理活動などを含む営業活動にかかわる利益である**営業利益**が示される。

営業外収益は主に，余裕資金の運用収益からなり，営業外費用は主に，財務活動の費用と余裕資金の運用費用（損失）からなる。営業利益から営業外収益・費用を加減すると，特例・例外的な事象によらない利益である**経常利益**が計算される。

また，特別利益と特別損失は，臨時的な損益である。経常利益から特別利益・損失を加減すると，**税引前当期純利益**となり，そこから税負担額を控除し，最終的な利益である**当期純利益**となる。

損益計算書項目の内容を具体的に示したのが，**図表6**である。

図表6　主な損益計算書項目の内容

売上高	売上高	⇨第5，7章
売上原価	売上原価※	⇨第6章
販売費及び一般管理費	販売手数料，販売促進費，発送費，広告宣伝費，貸倒引当金繰入額，従業員給与手当，退職給付引当金繰入額，法定福利費，福利厚生費，租税公課，減価償却費，旅費交通費，通信費，水道光熱費など	⇨第6，8，11，12章
営業外収益	受取利息，有価証券利息，受取配当金，仕入割引，※※有価証券運用損益（貸方残），受取家賃，社債償還益など	⇨第14章
営業外費用	支払利息，社債利息，手形売却損，※※有価証券運用損益（借方残），社債償還損，創立費償却，開業費償却，株式交付費償却，社債発行費償却など	⇨第13，14章
特別利益	固定資産売却益，投資有価証券売却益など	⇨第12，14章
特別損失	固定資産売却損，投資有価証券売却損，火災損失など	⇨第12，14章

※　売上原価＝期首商品棚卸高（繰越商品）＋当期商品仕入高（仕入）－期末商品棚卸高（繰越商品）

※※　有価証券運用損益の中味は，売買目的有価証券売却損益，売買目的有価証券評価損益などである。なお，金融商品取引法によらない場合は，有価証券売却益・評価益（営業外収益），有価証券売却損・評価損（営業外費用）と個別に開示される。

［注］「会計上の変更及び誤謬の訂正に関する会計基準」により，前期損益修正項目は，特別損益として処理されなくなった。

〈発展〉

5　決算書の分析（財務諸表分析）

財務諸表分析は，企業が効率的に経営されたか，いわば「もうかっているかどうか」の視点での分析つまり**収益性**の分析と，安全に経営されているかどうか，いわば「つぶれないかどうか」の視点の分析つまり**安全性**の分析の２つの視点で行われる。安全性の分析は，短期と長期の視点で行われる。

⑴ 収益性の分析

収益性の分析の視点で使用される主な指標は，**総資産当期純利益率**，**株主資本当期純利益率**，**売上高売上総利益率**，**売上高営業利益率**である。総資産当期純利益率は，企業活動の内容をさらに分析するために，**総収益当期純利益率**（**利益率**）と**総収益対総資産**（**回転率**）に分解される。

① 貸借対照表と損益計算書を利用した分析

総資産当期純利益率（ROAともいう）は，企業全体の総合的かつ経常的な収益性の「よしあし」を判断する指標であり，当期純利益を当期に企業が使用した総資産で割ることによって求められる。

$$\text{総資産当期純利益率（\%）}=\frac{\text{当期純利益}}{\text{(期首総資産＋期末総資産)}\div 2}\times 100$$

なお，貸借対照表上に示されている総資産の金額は期末の値なので，当期中に用いられた総資産の値に近づけるため，期首総資産と期末総資産の平均値を使用する。前掲森山商事（図表３，図表５）の総資産当期純利益率は次のようになる（小数点第２位を四捨五入；以下同じ）。

$$\frac{36{,}321\text{（百万円）}}{(494{,}713\text{(百万円)}+506{,}287\text{(百万円)})\div 2}\times 100=7.3\text{（\%）}$$

この比率は，同業他社と比較してそのよしあしが判断されるが，経済全体という視点で投資判断を行う場合には，長期金利よりも高い値であることが望まれる。そうでなければ，その企業に投資するよりも，国債などの，より安定した投資先に資金を投じる方が有利と判断されるからである。

株主資本当期純利益率（ROEともいう）は，株主の立場から収益性のよしあしを判断する指標であり，当期純利益を株主資本で割ることにより求められる。

$$株主資本当期純利益率（\%）=\frac{当期純利益}{(期首株主資本+期末株主資本)\div 2}\times 100$$

森山商事の株主資本当期純利益率は次のようになる。

$$\frac{36{,}321（百万円）}{(255{,}277(百万円)+264{,}723(百万円))\div 2}\times 100=14.0（\%）$$

この指標は，現在その企業の株式を保有している株主にとって重要であるだけでなく，将来，株式を購入しようと考えている投資家にとっても判断の材料となる。

総資産当期純利益率は，**総収益当期純利益率**（＝当期純利益÷総収益×100）（利益率）と，**総収益対総資産**（＝総収益÷((期首総資産＋期末総資産)÷２))（回転率）に分解できる。総収益は，売上高に営業外収益，特別利益を加えて計算される。

$$総資産当期純利益率=\frac{当期純利益}{(期首総資産+期末総資産)\div 2}\times 100$$

$$=\left(\frac{当期純利益}{総収益}\times 100\right)\times\frac{総収益}{(期首総資産+期末総資産)\div 2}$$

森山商事の総資産当期純利益率は次のように分解できる。

$$7.3（\%）=\left(\frac{36{,}321(百万円)}{890{,}945(百万円)}\times 100\right)\times\frac{890{,}945（百万円）}{(494{,}713(百万円)+506{,}287(百万円))\div 2}$$

$$=4.1（\%）\times 1.8（回）$$

総収益当期純利益率は，臨時的な損益を含む最終的な当期の収益力を判断する指標である。一方，総収益対総資産（**総資産回転率**ともいう）は，総収益が企業の投資総額（総資産）を何度回収したのかを表す。これにより，企業のすべての資産の利用効率を判断する。

このように，総資産当期純利益率を「**利益率**」と「**回転率**」に分解することにより，その企業が２つのうちどちらの比率を重視しているかが推測できる。

例えば，スーパーマーケットは，薄利多売型の「回転率重視」の経営を行っているし，デパートや宝石業では，「利益率重視」の経営方針を採っている。

② 損益計算書を利用した分析

報告式の損益計算書では，さまざまな段階で利益が表示されるので，収益に対してどれだけの利益を得たかを計算する際，どの段階の収益および利益を用いるかで，主に**売上高売上総利益率**，**売上高営業利益率**に分類される。これらの比率は，高ければ高いほど望ましい。

$$\text{売上高売上総利益率（\%）} = \frac{\text{売上総利益}}{\text{売上高}} \times 100$$

$$\text{売上高営業利益率（\%）} = \frac{\text{営業利益}}{\text{売上高}} \times 100$$

売上高売上総利益率は，売上高に占める売上総利益の割合を示す。これは，商品の収益力や仕入活動などのよしあしを判断する指標であり，販売活動の利益率（粗利率）も分かる。森山商事の売上高売上総利益率は次のようになる。

$$\frac{106{,}372\text{（百万円）}}{876{,}452\text{（百万円）}} \times 100 = 12.1\text{（\%）}$$

もし，この比率が前年よりも高くなっていれば，その原因として生産効率の向上により原価が削減されたこと，原材料価格が下がったこと，需要の高まりにより売価を上げたことなどが推定できる。（⇨第5，6，7章）

売上高営業利益率は，営業利益を売上高で割ったものであり，本業の収益力と販売・管理活動のよしあしを判断する指標である。売上高売上総利益率と比べて，販売・管理活動の効率性も分析できる点が特徴である。森山商事の売上高営業利益率は次のようになる。

$$\frac{57{,}085\text{（百万円）}}{876{,}452\text{（百万円）}} \times 100 = 6.5\text{（\%）}$$

この比率が売上高売上総利益率と比較して大幅に低下した場合には，従業員に賃金・給料を多く払いすぎていること，広告宣伝の効果がうまく収益に反映されていないこと（もしくは広告宣伝に過剰投資していること）などが理由として考えられる。したがって，詳しい資料により，売上高に対する賃金・給料の割合，広告宣伝費の割合なども分析する必要がある。（⇨第11，12章）

なお，これらの比率も，同業他社と比較すること，もしくは時系列で比較することで，より意味をもつ。また，これらの分析を適宜，行う際には，売上高および売上原価を把握する必要があるので，売上原価対立法で記録しなければならないことに注意を要する。（⇨第5，6章）

⑵ 安全性の分析

① 短期の安全性（流動性）

短期の安全性を分析するのに使用される最も典型的な指標は，短期に支払い請求のある流動負債に対して，返済できる流動資産がどのくらいあるかを示す**流動比率**である。

$$\text{流動比率（\%）}=\frac{\text{流動資産}}{\text{流動負債}}\times 100$$

流動比率は，営業サイクル内および1年以内に返済しなければならない負債（流動負債）に対して企業がどの程度の現金や1年以内に現金化できる資産（流動資産）を保有しているかをみる。森山商事の流動比率は次のようになる。

$$\frac{263{,}441\text{（百万円）}}{220{,}737\text{（百万円）}}\times 100=119.3\text{（\%）}$$

流動比率は200％以上となるのが理想的であるとされる。200％を目安とするのは，① 流動資産の中には取得原価で評価され，期末の価格を示さない資産が含まれる（⇨第6章4節），② 販売できない商品や回収が難しい債権（⇨第6，8，9章）などが隠されている可能性があるので，数値に余裕をもたせていることが理由として挙げられる。

森山商事の流動比率は約120％と，基準となる200％を大きく下回っている。ただ，数値は業種などによって隔たりがあり（例えば，売上債権や仕入債務を回収・決済する期間が業界によって異なる場合がある），流動比率が200％を超えなかったとしても，それだけで安全性に欠けるとはいえない。

② 長期の安全性

長期の安全性を分析するのに使用される最も典型的な指標は，企業の資産がいつかは返済しなければならない義務，つまり負債（他人資本ともいう）にどれだけさらされているかを示す**総資産負債比率**である。

$$\text{総資産負債比率（\%）} = \frac{\text{負債}}{\text{総資産}} \times 100$$

負債は将来返済しなければならない資金であり，それを最終的に返済する手段である総資産に占める割合を知ることで，企業の安全性が判断される。森山商事の総資産負債比率は次のようになる。

$$\frac{240{,}959\text{（百万円）}}{506{,}287\text{（百万円）}} \times 100 = 47.6\text{（\%）}$$

総資産負債比率は，望ましい基準は必ずしも明確ではないが，理論的には50％を上回ると，将来の負債の返済に対応できない可能性があるので安全性に問題があるとみなされる。森山商事は，50％を下回っているので，長期に見て安全と判断できる。しかし，総資産負債比率も，業種などによってかなりの隔たりがあり，業界平均や同業他社と比較することが必要である。

以上のように，財務諸表上の数値を使うことによって，企業のよしあしを分析することができる。しかし，簿記会計の知識がないと，正確な分析はできない。例えば，資産の中には棚卸資産のように，経営者の会計処理方法の選択によって会計数値が変わるものがあるからである。つまり，同じ棚卸資産を保有していても，先入先出法を選択している場合と平均法を選択している場合では，貸借対照表および損益計算書に表示される数値は異なる。（⇨第６章）したがって，具体的に会計数値がどのような形成プロセスを経ているのか，つまり，企業（経営者）の採用している会計方針（簿記の処理）を知った上で，企業が公表した財務諸表を分析しなければならない。

［注］長期の安全性を見る指標として，負債の視点ではなく（自己）資本の視点から「自己資本比率（＝自己資本÷総資本×100)」が用いられることもある。しかし，この比率は『資産－負債＝純資産』の会計構造の現在の会計構造になじまない。この指標は，貸

借対照表貸方の自己資本と他人資本を資金調達‘源泉’で同じものと考えているからである。ただし，慣行によりこの比率も扱われる。自己資本は「企業内容等の開示に関する内閣府令」により，純資産から新株予約権を控除したものとなる。

本章の更なる学習のために，次の書籍と検定試験を紹介します：

一般社団法人・資格教育推進機構，『会社決算書アナリスト試験・公式テキスト』（第５版），ネットスクール出版，2023年。

資格教育推進機構・検定試験（https://qepo.or.jp/）：「会社決算書アナリスト試験」は，決算書の分析により，企業経営能力の育成はもちろん，企業経営を見る眼や自己の将来の生活設計のための投資能力を養うことを意図しています。合格者には，決算書の分析・評価能力の保持を証明する和文・英文の「合格証書」が発行されます。

＊本書は，簿記の学習を目的としているので，本章に，練習問題を掲載していない。**練習問題**を求める読者には，上記書籍の利用を紹介しておく。

第21章　納税申告書の書き方と簿記の必要性

―税務会計―

〈基本〉

1 税金の記帳

個人（個人商店）の税金

印紙税　納付時	（租税公課）　×××　（現　金）×××	
固定資産税　納付時	（租税公課）　×××　（現　金）×××	
所得税，住民税　納付時	（引　出　金）または（資　本　金）×××　（現　金）×××	

法人（会社）の税金

法人税（地方法人税含む），法人住民税および法人事業税（特別法人事業税含む）				
中間申告　納付時	（仮払法人税等）	×××	（現　金）	×××
決　算　時	（法人税，住民税及び事業税）	×××	（仮払法人税等） （未払法人税等）	××× ×××
確定申告　納付時	（未払法人税等）	×××	（現　金）	×××

(1) 個人（個人商店）の税金（費用に計上する税金と費用に計上しない税金を区別する）

個人（個人商店も含む）の所得（税務上の利益）は，総収入金額（税務上の収益）から必要経費（税務上の費用）を控除することによって計算する。

個人は，法人と異なり，会計上の利益を税務上の所得と一致させる（所得税は，法人税のように，税務と会計の違いを調整しない）。したがって，必要経費とならない税金は，費用に計上しない。

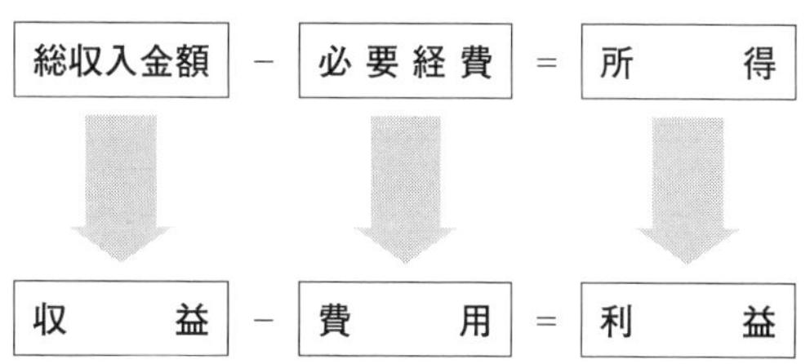

	費用に計上する税金 (必要経費となる税金)	費用に計上しない税金 (必要経費とならない税金)
国税	印紙税，登録免許税，消費税(注)	所得税
地方税	固定資産税，個人事業税	住民税
記帳方法	(租税公課)　××（現　　金）　××	(引出金)または(資本金)　××(現　　金)　××

(注) 消費税の経理方法が税込経理の場合⇨3節(7)。

【例題1】

個人企業の次の取引の仕訳を示しなさい。

(1) 収入印紙10,000円と切手（通信用）8,000円を購入し，現金で支払った（⇨第11章7節）。

(2) 7月31日　所得税の第1期予定納税額 340,000円を現金で支払った。

(3) 11月30日　所得税の第2期予定納税額 340,000円を現金で支払った。

(4) 3月15日　所得税の確定申告の税額が 1,220,000円となったため，予定納税額を差引いて現金で支払った。

	借方	金額	貸方	金額
(1)	(租 税 公 課)	10,000	(現　　金)	18,000
	(通　信　費)	8,000		
(2)	(引出金) または (資本金)	340,000	(現　　金)	340,000
(3)	(引出金) または (資本金)	340,000	(現　　金)	340,000
(4)	(引出金) または (資本金)	540,000	(現　　金)	540,000

⑵　法人の税金（法人税，法人住民税および法人事業税の記帳方法を理解する）

法人は，税金をすべて費用に計上する。詳しくは次節で説明するが，税務上，損金とならない税金は，税務調整（税務と会計の違いを調整する）を行う。

		税金は費用に計上する	
		損金となる税金	損金とならない税金
国税	国	特別法人事業税，印紙税 登録免許税，消費税(注)	法人税，地方法人税
地方税	都道府県	（法人）事業税	法人都道府県民税 ｝法人住民税
	市町村	固定資産税	法人市町村民税 ｝法人住民税

(注) 消費税の経理方法が税込経理の場合⇨３節⑺。

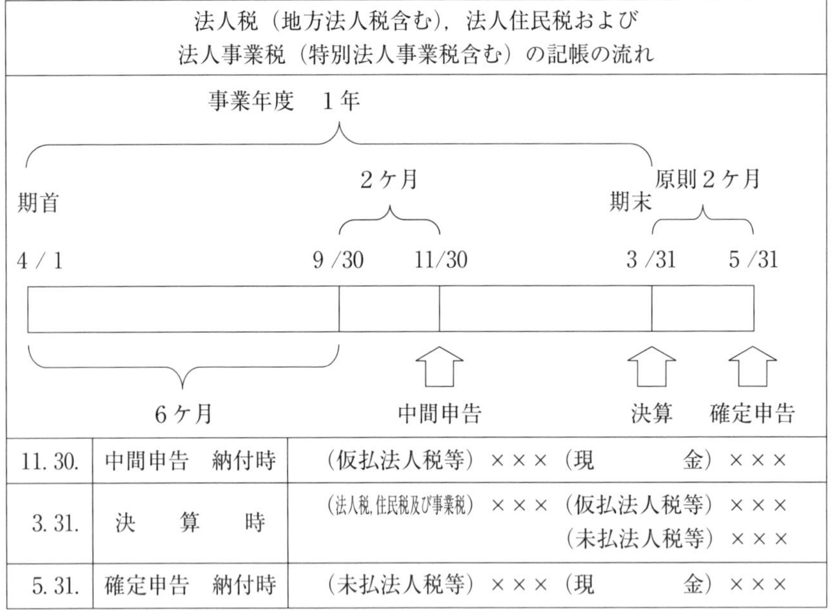

11. 30.	中間申告　納付時	（仮払法人税等）×××（現　　　金）×××
3. 31.	決　算　時	（法人税，住民税及び事業税）×××（仮払法人税等）××× （未払法人税等）×××
5. 31.	確定申告　納付時	（未払法人税等）×××（現　　　金）×××

【例題２】

法人の事業年度が４月１日から３月31日までの場合，次の一連の取引を仕訳しなさい（以下本章では法人税は地方法人税を，法人事業税は特別法人事業税を含む)。

(1) 11月30日 中間申告を行い，法人税1,180,000円，住民税240,000円，事業税340,000円について小切手を振出して支払った。

(2) 3月31日 決算を行い，法人税2,960,000円，住民税580,000円，事業税880,000円で確定した。

(3) 5月31日 確定申告を行い，上記の法人税，住民税，事業税について，中間申告で支払った税額を差引き，小切手を振出して支払った。

(1)	(仮払法人税等)	1,760,000	(当 座 預 金)	1,760,000
(2)	(法人税，住民税及び事業税)	4,420,000	(仮払法人税等)	1,760,000
			(未払法人税等)	2,660,000
(3)	(未払法人税等)	2,660,000	(当 座 預 金)	2,660,000

〈発展〉

2 法人税の計算と申告納税制度

(1) 仕 組 み

1) 簿記と納税申告書がどう結びついているのか

申告納税制度では，納税者自身が，「所得（税務上の利益）」を計算して税金を申告し，納める。税金は，次の式で計算する。

所得（税務上の利益）× **税率** = **税額**

法人の所得は，「益金（税務上の収益）」から「損金（税務上の費用）」を控除することによって計算する（以下の数字は，本節2）の図をみよ)。

益金（130）－ **損金**（75）= **所得**（55）

法人税は，所得税と異なり，これまで学んだ会計上の利益を調整して，法人の所得を計算する。会計上の利益を，損益計算書では，次のように計算していた。

収益（120）－ **費用**（90）= **利益**（30）

これに対し，法人の所得は，「納税申告書」で，次のように計算する。

利益(30) + **税務上の加算**(50) − **税務上の減算**(25) = **所得**(55)

利 益 (30)		
税務上の加算	益金 算入 (20)	収益ではないが益金となるもの
	損金不算入 (30)	費用であるが損金にならないもの
税務上の減算	益金不算入 (10)	収益であるが益金とならないもの
	損金 算入 (15)	費用でないが損金となるもの
所 得 (55)		

納税申告書では，会計上の利益から所得を計算し，税金を算出する。すなわち，株主総会で承認された決算書（貸借対照表と損益計算書）から納税申告書を作成する。株主総会で確定した決算に基づき納税申告する義務を確定決算基準という。

決 算 書 ——→ 納税申告書

真実の決算書を作成するためには，正確な簿記の記録が必要となる。ここに簿記の重要性がある。

正確な 記帳（簿記） ——→ 真実の 決 算 書

2) 帳簿を作成していると，青色申告のメリットがある

法人税では，申告納税制度の信頼性を高めるため，**青色申告制度**を設けて，一定の帳簿書類を作成している場合には，“特典”を与えている。例えば，「白色申告」（きちんとした帳簿に基づかない場合）では，災害によって生じた資産の損失に限って損失の繰越控除ができるが，「青色申告」では，原因を問わずその損失を繰越控除できる。いわゆる青色欠損金の10年間の「繰越控除制度」（赤字を10年間繰越できる）である。

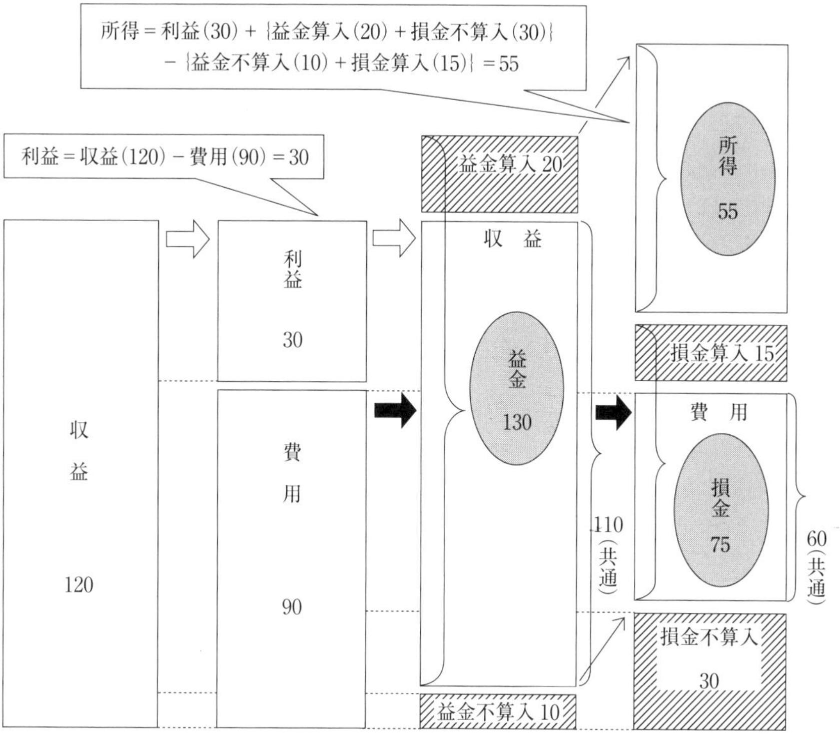

所得＝利益(30)＋{益金算入(20)＋損金不算入(30)}
－{益金不算入(10)＋損金算入(15)}＝55

利益＝収益(120)－費用(90)＝30

収益 120

利益 30

費用 90

益金算入 20

収　益

益金 130

110(共通)

益金不算入 10

所得 55

損金算入 15

費　用

損金 75

60(共通)

損金不算入 30

3) 減価償却費は帳簿で損金経理しないと損金にならない

帳簿の記載がなければ，損金とならない場合があり，損金経理要件がそのひとつである。「損金経理」とは，企業が確定した決算（帳簿の上）で，費用または損失として経理することであり，企業の内部取引である減価償却費がその例である。

決算時の誤った会計処理	納税申告書でその誤りを是正できるかどうか	納税申告書提出後，その誤りを是正できるかどうか
仕入の計上がもれた	申告書で損金算入できる	税務上の救済手段あり（更正の請求）
減価償却費の計上がもれた	申告書では損金算入できない	税務上の救済手段なし

4)　消費税は帳簿の記載がなければ支払った消費税を控除できない

消費税は，「売上」に係る消費税（自己が受け取った消費税）から「仕入」に係る消費税（相手が既に支払った消費税）を控除して計算する。

「売上」に係る消費税　－「仕入」に係る消費税　＝　納める消費税額

「仕入」に係る消費税を控除するためには，「帳簿及び請求書等」の保存を義務付けており[注]，とくに令和５年10月１日より次のインボイス（適格請求書）制度が始まっている。帳簿には，下記の事項を記載する必要があり，帳簿に記載がなければ，仕入に係る消費税を控除できない。

> ①　相手方の氏名又は名称，②　取引年月日，③　取引内容（軽減税率の対象品目である旨），④　対価の額

[注] 仕入取引にかかわらず，外部との取引の証拠となる書類（注文書，納品書，請求書，領収書など）を**証憑**という。企業はこれらの証拠書類を保管しておかなければならない。

仕入税額控除の要件

	帳簿	請求書等
令和５年９月以前	上記の①～④が記載された帳簿の保存	区分記載請求書（右記適格請求書で太字部分の記載のないもの）等の保存
令和５年10月以降	同上	適格請求書（いわゆるインボイス）等の保存

○適格請求書は，登録を受けた事業者のみが交付できる（免税事業者も登録できるが，登録すると消費税を納めるようになる⇨２割特例P381）
○登録を受けるためには，税務署に登録希望日の15日前の日までに登録申請手続が必要である
○仕入税額控除の適用を受けるためには，適格請求書等の保存が必要となる（保存不要はP381）
○一のインボイスにつき，税率ごとに１回の端数処理（「切上」「切捨て」「四捨五入」）

適格請求書

①適格請求書発行事業者の氏名又は名称及び**登録番号**
②取引年月日
③取引内容（軽減税率の対象品目である旨）
④税率ごとに区分して合計した対価の額（税抜き又は税込み）及び**適用税率**
⑤**税率ごとに区分した消費税額等**
⑥書類の交付を受ける事業者の氏名又は名称

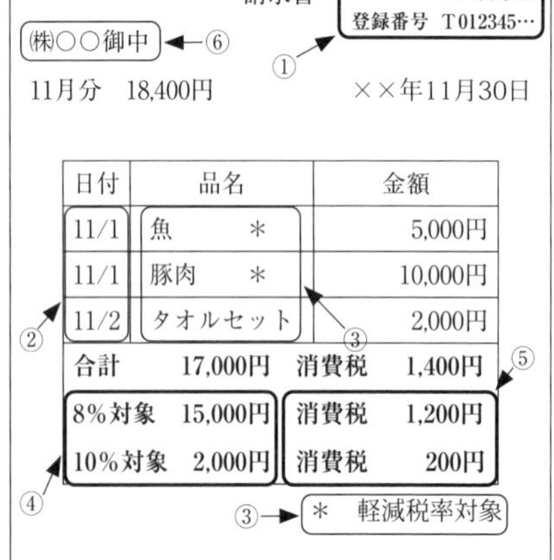

請求書

△△商事㈱
登録番号　T012345…

㈱○○御中 ←⑥

11月分　18,400円　　××年11月30日

日付	品名	金額
11/1	魚　＊	5,000円
11/1	豚肉　＊	10,000円
11/2	タオルセット	2,000円
合計	17,000円	消費税　1,400円
8%対象	15,000円	消費税　1,200円
10%対象	2,000円	消費税　200円

③→＊　軽減税率対象

(2) 必要経費の考え方

1) 税務上の損金と会計上の費用はどう違うのか

会計上の費用は，原則，税務上の損金となる。ただ，税務は，「課税の公平」，「政策目的の手段」の役割を担っており，会計とは，別の決まりを設けている。決まりがなければ，「一般に公正妥当と認められた会計処理の基準」に従う。

「販売費及び一般管理費」その他の費用は，減価償却費，引当金繰入額を除いて，その事業年度終了の日まで，債務が確定しない限り，損金の額に算入されない。つまり「債務確定」で「課税の公平」を図っている。また，減価償却費は，会計上の判断で，複数の方法が認められている。しかし，税務では，画一化した償却計算で「課税の公平」を期している。

<table>
<tr><th colspan="3">会計上の費用</th><th>税務上損金になるかどうか</th></tr>
<tr><td colspan="3">売上原価</td><td>会計と同じ費用収益対応の原則で損金算入</td></tr>
<tr><td rowspan="6">販売費及び一般管理費その他の費用</td><td rowspan="5">別の決まり（詳しくは以下で説明）</td><td>減価償却費③，
貸倒引当金繰入額⑤</td><td>「損金経理」「法定された計上方法」で損金算入</td></tr>
<tr><td>役員の給与①</td><td>一定の場合に損金算入</td></tr>
<tr><td>交際費②</td><td>一部損金不算入</td></tr>
<tr><td>上記以外の引当金繰入額（賞与引当金など）④</td><td>損金不算入</td></tr>
<tr><td>租税公課⑥</td><td>一部損金不算入</td></tr>
<tr><td colspan="2">（上記以外）</td><td>「債務確定」で損金算入</td></tr>
</table>

以下，税務で別の決まりを設けている項目（①～⑥）を簡単に説明する。

① 役員の給与（税務上は一定の要件に当てはまるものだけが損金算入となる）

次ページの表で，退職給与(A)は，不相当に高額でなければ損金となる。退職給与以外の役員給与(B)は，イ．定期同額給与　ロ．事前確定届出給与　ハ．業績連動給与に該当し，不相当に高額でなければ損金となる。それ以外の役員給与は，損金不算入となる。不正経理によるもの(C)は，いずれも損金にならない。

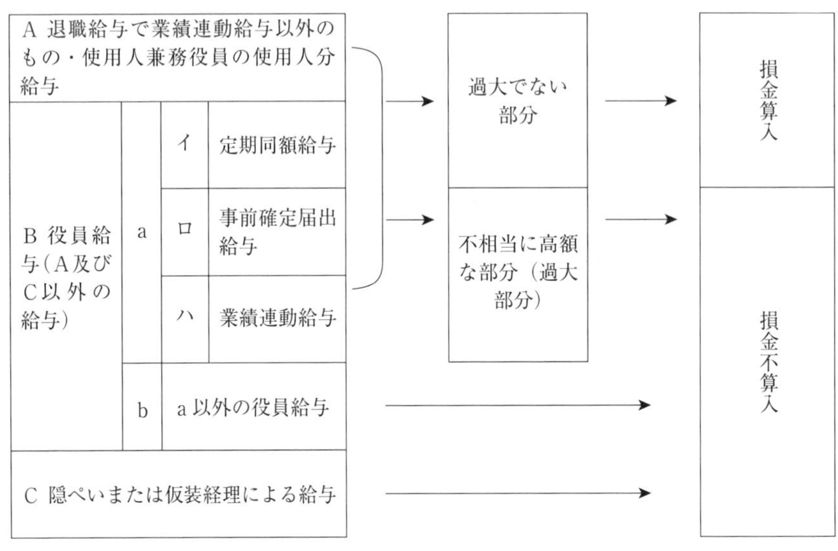

イ	定期同額給与	支給時期が1月以下の一定の期間ごとである給与でその当該事業年度の各支給時期における支給額が同額である給与その他これに準ずるもの
ロ	事前確定届出給与	その役員の職務につき所定の時期に確定した額の金銭等を支給する旨の定めに基づいて支給する給与で，一定の要件を満たすもの
ハ	業績連動給与	内国法人（同族会社にあっては，同族会社以外の法人との間にその法人による完全支配関係があるものに限る）がその業務執行役員に対して支給する業績連動指標を基礎に算定される給与で，一定の要件を満たすもの

②　交際費（一定の飲食費を除き損金不算入となる）

交際費は，事業遂行上必要な費用であるが，税務では，資本金100億円超の法人を除き，交際費のうち飲食費に限り，50％まで損金算入が認められる。ただし，資本金１億円以下の法人は，前期の飲食費との多い方の選択で，交際費のうち，年 800万円以下の部分が損金になる。なお，１人当り5,000円以下の一定の飲食費は従来通り損金となる。

交際費	損金算入額	損金不算入額
100 万円	100 万円＜800 万円　∴100 万円	0円
900 万円	900 万円＞800 万円　∴800 万円	900 万円－800 万円＝100 万円

③ 減価償却（税務の規定が会計に影響を与えている）⇨第12章４節

減価償却資産は，取得価額が10万円未満(注1)か，使用可能期間が１年未満であれば，一時の損金となる（これを「少額減価償却資産」という）。また，取得価額が 20万円未満であれば，「一括償却資産」として３年で均等償却できる。それ以外の（鉱業用以外の）減価償却資産は，次の償却方法で減価償却を行う。

建物・建物附属設備・構築物	定額法
船舶・航空機・車両運搬具・機械装置・工具・器具・備品	定額法 or 定率法
無形固定資産・生物	定額法

ただし，平成10年３月31日以前に取得した建物及び平成28年３月31日以前に取得した建物附属設備・構築物は，定額法と定率法（⇨第12章４節）が選定できる。なお，会計上の定額法と定率法は，税務では旧定額法と旧定率法と呼ばれ，現行税務の定額法と定率法と異なる。

この他，耐用年数も細かく定められている。例えば，サーバー用のパソコンは５年で，それ以外のパソコンが４年とされる。従来の残存価額及び償却可能限度額は廃止され（残存簿価１円を残して100％償却できる），定率法の償却率は定額法の償却率の２.０倍で「200％定率法」と呼ばれている。(注2)

このように税務では，減価償却について細かく規定することで画一化した償却計算を企業に求めている。企業が，税法上の耐用年数より短い経済的使用可能予測期間を見積もった耐用年数で減価償却すると，損金にならない減価償却費が計上される。これを「減価償却超過額」という。

(注1) 特定の中小企業者については，取得価額 30万円未満（適用事業年度における取得価額の合計が300万円未満に限る）とされている。

(注2) 平成19年３月31日以前に取得した減価償却資産については，残存価額が，取得価額の10％と決められ，償却可能限度額は，取得価額の５％とされていた。また平成19年４月１日から平成24年３月31日までに取得された減価償却資産の定率法の償却率は，定額法の2.5倍とされ，「250％定率法」と呼ばれている。

取得日	H19/3/31以前	H19/4/1からH24/3/31まで	H24/4/1以降
償却方法	旧定額法	定額法	
	旧定率法	定率法（250%定率法）	定率法（200%定率法）

取得日	償却方法	算式
平成19年3月31日以前	旧定額法	償却限度額＝(取得価額－残存価額)×旧定額法の償却率
	旧定率法	償却限度額＝(取得価額－既償却額)×旧定率法の償却率
平成19年4月1日以後	定額法	償却限度額＝ 取得価額×定額法の償却率
	定率法	調整前償却額が償却保証額以上である場合 償却限度額＝(取得価額－既償却額)×定率法の償却率
		調整前償却額が償却保証額に満たない場合 償却限度額＝ 改定取得価額×改定償却率

④ 引当金（税務と会計で最も違いがあるもののひとつ）⇨第11章

会計において，将来発生することが見込まれる費用で，発生の可能性が高く，金額の合理的な見積りができるものについては，引当金を計上すべきである。しかし，税務では，中小法人，銀行，保険会社等一定の法人及び特定の金銭債権について「貸倒引当金」(⇨第８章３節）が認められているにすぎない。

引当金は，その計上方法が税務において細かく決められている。また，損金経理も要求されている。これにより，「課税の公平」を期している。

⑤ 貸倒引当金（債権の回収不能見積額）⇨第８章３節

貸倒引当金は，金銭債権の貸倒見積額を計上し，金銭債権から貸倒見積高を控除する。会計上では，債権を債務者の財政状態および経営成績などに応じて次のように分類し，区分ごとに貸倒見積高を算定する。

	債　権　の　区　分	貸倒見積高の算定方法
一般債権	経営状態に重大な問題が生じていない債務者に対する債権	（債権金額）×（貸倒実績率）
貸倒懸念債権	経営破綻の状態には至っていないが，債務の弁済に重大な問題が生じているか，または生じる可能性の高い債務者に対する債権	{(債権金額）－（担保の処分見込額＋保証による回収見込額)}×50%（簡便法）
		（帳簿価額）－（キャッシュ・フローの現在価値合計）
破産更生債権等	経営破綻または実質的に経営破綻に至っている債務者に対する債権	（債権金額）－（担保の処分見込額＋保証による回収見込額）

税務では，貸倒引当金は，「個別評価金銭債権」と「一括評価金銭債権」とに区分してそれぞれの繰入限度額を計算する。これをまとめた表を下に示す。

	発生した事実	繰入限度額
個別評価金銭債権	イ 会社更生法等による更生計画認可の決定 ロ 民事再生法による再生計画認可の決定 ハ 会社法による特別精算による協定認可の決定 ニ 債権者集会の協議決定で合理的基準により債務者の負債整理を定めているもの等の事由が生じ，その弁済が猶予され，又は賦払による弁済されることとなった金銭債権	(債権金額)－(その事由が生じた事業年度終了の日の翌日から5年を経過する日までの弁済予定金額)－(取立て等の見込みがある金額)
	債務者について債務超過の状態が相当期間継続しその営む事業に好転の見通しがないこと，災害，経済事情の急変等により多額の損害が生じたことその他の事由が生じ，金銭債権の一部の金額につき取立て等の見込みがないと認められる金銭債権	(債権金額)－(取立て等の見込みがある金額)
	債務者につき，下記の事実が生じている場合 イ 会社更生法等による更生手続開始の申立て ロ 民事再生法による再生手続開始の申立て ハ 破産法による破産手続開始の申立て ニ 会社法による特別清算開始の申立て ホ 手形取引交換所による取引停止処分 ヘ 電子債権記録機関による取引停止処分	{(債権金額)－(実質的に債権とみられない部分の金額)－(取立て等の見込みがある金額)}×50%
	外国政府，中央銀行等に対する金銭債権のうち，長期にわたる債務の履行遅滞によりその経済的価値が著しく減少し，弁済を受けることが著しく困難であると認められる事由が生じている場合	{(債権金額)－(実質的に債権とみられない部分の金額)－(取立等の見込みがある金額)}×50%
一括評価金銭債権	金銭債権－個別評価金銭債権	(債権金額)×(貸倒実績率) 中小法人は法定繰入率と貸倒実績率の選択適用が認められる。

⑥ 租税公課（損金にならない税金に注意する）

税金は会計上費用である。一方，税務では，次のように，損金にならない税金がある。なお，事業税は損金になることにも留意して欲しい。

損金にならない税金	損金にならない理由
法人税，住民税	もともと所得から払うことが予定されているため
加算税，延滞税，罰金及び過料	損金にすると，その分税金が安くなって，ペナルティの効果を減らすため
法人税額から控除される所得税	損金になると，税金が安くなる，税金を控除して税金が安くなる，という二重の利益を得るため

2）永久差異と一時差異（会計と税務の違いから生まれた税効果会計）

会計の利益と税務の所得には，違いがある。その違いは，二つに分けられる。交際費の損金不算入の場合には，費用と損金の考え方が違うので，その差異は永久に解消しない。これを**永久差異**という。減価償却超過額の場合には，費用と損金の考え方は同じだが，認識するタイミングがずれているにすぎないので，その差異は解消する。これを**一時差異**という。このような一時差異が**税効果会計**の対象となる。

減価償却超過額は，一時差異が生じたときに所得に加算され，将来一時差異が解消したときに所得から減算される。このような差異を「将来減算一時差異」という。一時差異が生じたときは，加算された所得に対する税金が，一時差異が解消したときにその分だけ減少するので，税金の前払いをした（繰延税金資産の計上）と考える。一時差異の金額が 200万円，中小法人の法定実効税率を33.58％とすると，200万円×33.58％で，

（繰 延 税 金 資 産） 671,600　　（法 人 税 等 調 整 額） 671,600

一時差異が解消したときは，前払税金を充当して税金が減少したと考える。

（法 人 税 等 調 整 額） 671,600　　（繰 延 税 金 資 産） 671,600

(3) 申告書の作成―設例に基づく申告書の作成―（以下では，金額の前の丸数字①～⑪により説明する）

貸借対照表（B/S）

令和６年３月31日現在　　単位；(円)

借方科目		金額	貸方科目		金額
現預金		30,545,835	買掛金		945,000
売掛金		2,100,000	未払金		750,500
貸倒引当金	③	△108,780	未払法人税等	⑩	3,017,700
商品		8,400,000	長期借入金		1,000,000
繰延税金資産	⑥	295,799	資本金		10,000,000
車両運搬具		6,250,000	別途積立金		15,000,000
器具及び備品		6,500,000	繰越利益剰余金		18,619,654
減価償却累計額		△6,650,000			
投資有価証券		2,000,000			
		49,332,854			49,332,854

損益計算書（P/L）

自　令和５年４月１日　至　令和６年３月31日　　単位；(円)

借方科目		金額	貸方科目		金額
売上原価（注）		24,700,000	売上		58,000,000
役員報酬		6,000,000	受取利息		100,000
給与手当		9,000,000	受取配当金	⑤	50,000
交際費	①	230,000	貸倒引当金戻入	③	3,360
減価償却費	②	1,900,000			
貸倒引当金繰入	③	108,780			
租税公課	④	300,000			
その他経費		3,900,000			
支払利息		25,000			
法人税，住民税及び事業税	⑩	3,384,025			
法人税等調整額	⑥	△295,799			
当期純利益		8,901,354			
		58,153,360			58,153,360

（注）
売上原価の内訳は，

期首棚卸	8,200,000
仕　入	24,900,000
期末棚卸	△8,400,000
	24,700,000

株主資本等変動計算書

自　令和5年4月1日　至　令和6年3月31日　　単位（円）

	株主資本			
	資本金	利益剰余金		株主資本合計
		その他利益剰余金		
		別途積立金	繰越利益剰余金	
当期首残高	10,000,000	15,000,000	9,718,300	34,718,300
当期変動額				
当期純利益			8,901,354	8,901,354
当期変動額合計	–	–	8,901,354	8,901,354
当期末残高	10,000,000	15,000,000	18,619,654	43,619,654

なお，消費税の経理方法は税抜経理である。(⇨3節(7))

①　交　際　費⇨第11章2節

交際費には，1人当たり5,000円以下の飲食費が3万円含まれている。これは，税務上の交際費でないので，23万円－3万円＝20万円が交際費の損金不算入の対象となるが，800万円以下なので全額損金に算入される。税務調整はなく「別表四」に影響しない（別表十五参照）。

②　減価償却費⇨第12章7節

単位（円）

種類	車両運搬具	器具及び備品			合計
構　　造	自動車	看板	事務機器	小計	
細　　目	貨物用2台	金属造	パソコン一式		
取得時期	令和3年4月	令和4年6月	令和6年1月		
取得価額	6,250,000	4,500,000	2,000,000		
前期末帳簿価額	2,250,000	3,750,000			
耐用年数	5	10	4		
償 却 率	0.400	0.200	0.500×3/12		
償 却 費	900,000	750,000	250,000	1,000,000	1,900,000

償却方法は，（200％）定率法である。（別表 十六（二）参照）

③　貸 倒 引 当 金⇨第8章3節

売掛金 210万円には，貸倒懸念債権が21万円含まれている。それ以外の売掛金 189万円は，一般債権である。したがって，貸倒実績率を0.2%とすると，会計上の貸倒引当金は，次のように計算される。

イ）［一般債権］(210万円－21万円)×0.2%（貸倒実績率)＝3,780円

ロ）［貸倒懸念債権］21万円×50%＝105,000円（簡便法を使用）

ハ）貸倒引当金繰入額　イ）＋ロ）＝108,780円

これに対して，税務上，売掛金 210万円は，一括評価金銭債権である。資本金1億円以下の中小法人には，貸倒実績率と法定繰入率との選択適用が認められる。貸倒実績率が0.2%で，小売業の法定繰入率が1%なので，法定繰入率を使うと，税務上の貸倒引当額は，次のように計算される。

210万円×1%＝ 21,000円

したがって，108,780円－21,000円＝87,780円の貸倒引当金の繰入限度超過額が生ずる。なお，前期の貸倒引当金残高 3,360円には，繰入限度超過額はない。

(別表十一（一の二）→ 別表四→ 別表五（一）参照)

ここまでの「別表四」を作ると，

別表四	
当期純利益	8,901,354
加算　貸倒引当金繰入限度超過額	**87,780**
所　　得	8,989,134

④ 租 税 公 課

単位（円）

	前期確定申告分		当期中間申告分		当期確定申告分	
法人税	419,400	いずれもB/Sの「未払法人税等」で納付した（費用にしていない）。	[注2] 209,700	いずれもP/Lの「法人税，住民税及び事業税」で納付した（費用にしている）。	[注3] 2,078,800	いずれもP/Lの「法人税，住民税及び事業税」に計上した（費用にしている）。
法人事業税	[注1] 120,500		60,200		[注3] 793,100	
法人県民税	37,200		[注2] 18,600		[注3] 27,300	
法人市民税	104,600		[注2] 52,300		[注3] 123,500	
合計	618,700		340,800		[注3] 3,017,700	

[注1] 前期確定申告分の法人事業税 120,500 円は当期の損金に算入されるので，別表四で減算する。

[注2] いずれも当期の損金に算入されないので，別表四で加算する。法人税 209,700，法人県民税・法人市民税 18,600＋52,300＝70,900

[注3] いずれも当期の損金に算入されないので，別表四で加算する。
法人事業税 793,100 円は翌期の損金に算入される。

源泉所得税	25,000	は，P/Lの「法人税，住民税及び事業税」で納付した（費用にしている）。当期の損金に算入されないので，別表 四 で加算する。
復興特別所得税	525	

源泉所得税は，預金利息によるものが15,000円で，利益配当によるものが10,000円である。復興特別所得税は，預金利息によるものが315円で利益配当によるものが210円である。

印紙税その他 300,000円（すべて損金に算入される）は，P/Lの「租税公課」で納付した。

（別表 六（一）→ 別表 五（二）→ 別表 四 → 別表 五（一）参照）

ここまでの「別表四」を作ると，次ページのようになる。

別表四	
当期純利益	8,901,354
加算　貸倒引当金繰入限度超過額	87,780
減算　B/Sの「未払法人税等」で納付した 前期確定申告分の法人事業税	前掲（注1）参照 △120,500
加算　P/Lの「法人税，住民税及び事業税」で納付した 当期中間申告分の法人税	前掲（注2）参照 209,700
加算　P/Lの「法人税，住民税及び事業税」で納付した 当期中間申告分の法人県民税，法人市民税	前掲（注2）参照 70,900
加算　P/Lの「法人税，住民税及び事業税」で計上した 当期確定申告分の法人税，法人県民税，法人事業税，法人市民税	前掲（注3）参照 3,017,700
加算　P/Lの「法人税，住民税及び事業税」で納付した 源泉所得税及び復興特別所得税	25,525
所　　得	12,192,459

預金利息，利益の配当から控除される源泉所得税，復興特別所得税は，下記の通りである。

平成25年1月1日より平成49年12月31日まで所得税に対し2.1%の「復興特別所得税」が課されている。平成28年1月1日以降の預金利息は［法人が預金利息の支払いを受ける場合］

預金利息	源泉所得税＋復興特別所得税（国税）	差引預金利息
100,000	100,000×15%×102.1%＝15,315	84,685

（上場株式等以外の利益の配当）　［当社の受取配当金は，これに該当する。］

配当（上場株式等以外）	源泉所得税＋復興特別所得税（国税）	差引配当
50,000	50,000×20%×102.1%＝10,210	39,790

※　参考（上場株式等の利益の配当）［法人が配当の支払いを受ける場合］

配当（上場株式等）	源泉所得税＋復興特別所得税（国税）	差引配当
50,000	50,000×15%×102.1%＝7,657	42,343

⑤　受取配当金の益金不算入⇨第10章２節

法人税は所得税の前払いであるという考え方から，配当を受取った個人は，配当控除（所得税から配当のうち一定額を税額控除すること）ができる。

法人 →〈配当〉→ 法人 →〈配当〉→ 法人 →〈配当〉→ 個人

配当を支払った法人と配当を受取った個人の間に，法人が何社かあると，配当に何回も課税されるので，配当を受取った法人に課税しないように調整するのが，受取配当等の益金不算入である。

当社は，配当収入（上場株式等以外のもの）が５万円ある。受取配当等の益金不算入は，50,000×50％＝25,000円となる。（別表八→ 別表四参照）

ここまでの「別表四」を作ると：

別表四	
当期純利益	8,901,354
加算　貸倒引当金繰入限度超過額	87,780
減算　B/Sの「未払法人税等」で納付した 前期確定申告分の法人事業税	△120,500
加算　P/Lの「法人税，住民税及び事業税」で納付した 当期中間申告分の法人税	209,700
加算　P/Lの「法人税，住民税及び事業税」で納付した 当期中間申告分の法人県民税，法人市民税	70,900
加算　P/Lの「法人税，住民税及び事業税」で計上した 当期確定申告分の法人税，法人県民税，法人事業税，法人住民税	3,017,700
加算　P/Lの「法人税，住民税及び事業税」で納付した 源泉所得税及び復興特別所得税	25,525
減算　受取配当等の益金不算入額	**△25,000**
所　　得	12,167,459

⑥ 税効果会計

「別表五（一）」には，貸倒引当金の繰入超過額が 87,780円と納税充当金3,017,700円のうち当期分の確定した事業税が 793,100円，合計 880,880円ある。貸倒引当金の繰入超過額は，当期に「別表四」で加算され，翌期に戻入れされるときに，「別表四」で減算される。納税充当金のうち当期分の確定した事業税は，当期に「別表四」で加算され，翌期に支払ったとき，「別表四」で減算される。いずれも将来減算一時差異で，繰延税金資産となる。

法定実効税率を33.58％とすると，（87,780円＋793,100円）×33.58％＝295,799円となる。（別表四→別表五（一）参照）

（繰 延 税 金 資 産） 295,799　　（法人税等調整額） 295,799

「別表四」を作ると：

別表四	
当期純利益	8,901,354
加算　貸倒引当金繰入限度超過額	87,780
減算　B/Sの「未払法人税等」で納付した 前期確定申告分の法人事業税	△120,500
加算　P/Lの「法人税，住民税及び事業税」で納付した 当期中間申告分の法人税	209,700
加算　P/Lの「法人税，住民税及び事業税」で納付した 当期中間申告分の法人県民税，法人市民税	70,900
加算　P/Lの「法人税，住民税及び事業税」で計上した 当期確定申告分の法人税，法人県民税，法人事業税，法人市民税	3,017,700
加算　P/Lの「法人税，住民税及び事業税」で納付した 源泉所得税及び復興特別所得税	25,525
減算　受取配当等の益金不算入額	△25,000
減算　繰延税金資産	**△295,799**
所　　得	11,871,660

⑦　税　務　P/L（別表四）

このように会計上の利益から税務上の所得を計算するのが，「別表四」である。そのため，「別表四」は，**税務上の損益計算書**（P/L）と呼ばれている。所得は 11,871,660円である。

⑧　法人税及び地方法人税の計算（別表一（一））

「別表四」で計算された所得から法人税を計算するのが，「別表一（一）」である。④の源泉所得税 25千円及び復興特別所得税 525円が法人税額から控除されている。また，地方法人税も「別表一（一）」で計算する。

法人税	所得	税率	税額
所得のうち年800万円以下の部分	8,000,000	15%	1,200,000
所得のうちその他の部分	3,871,000	23.2%	898,072
計	11,871,000		2,098,072
源泉所得税			△25,000
復興特別所得税			△525
当期中間申告分の法人税			△200,900
当期確定申告分の法人税			1,871,600
地方法人税	法人税額	税率	税額
所得の金額に対する法人税額	2,098,000	10.3%	216,094
当期中間申告分の地方法人税			△8,800
当期確定申告分の地方法人税			207,200
法人税及び地方法人税の計			2,078,800

⑨　税　務　B/S（別表五（一））

「別表四」が税務上のP/Lと呼ばれているのに対して，「別表五（一）」は，**税務上の貸借対照表**（B/S）と呼ばれている。税務上の利益積立金（会計上の利益剰余金に対応するもの）を計算しているためである（下の計算参照）。

「別表五（一）」

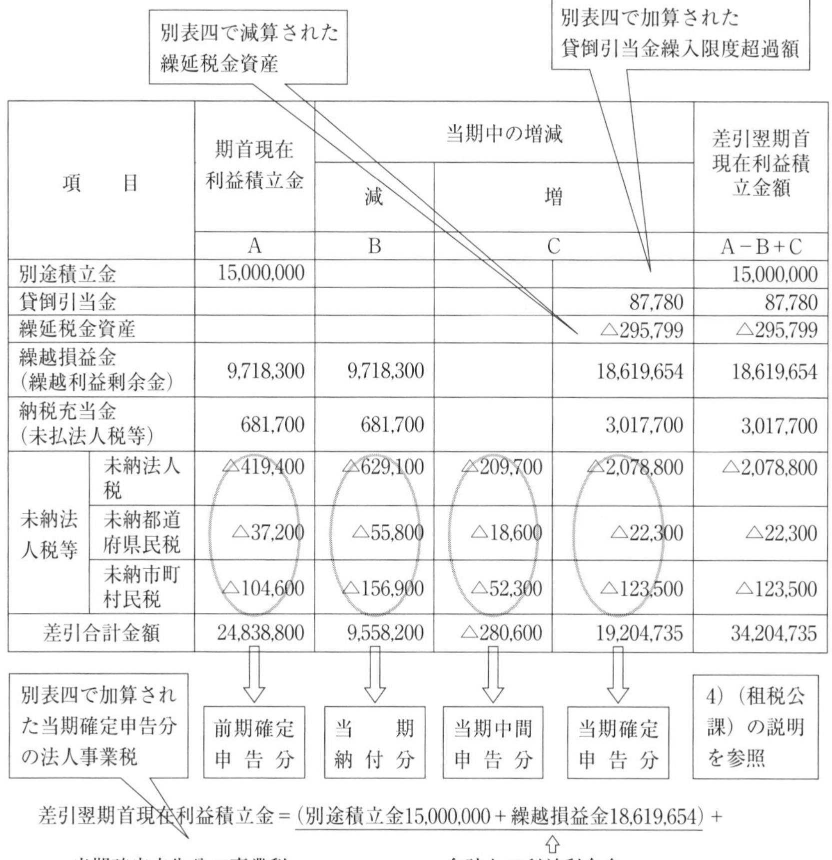

項目		期首現在利益積立金	当期中の増減			差引翌期首現在利益積立金額
			減	増		
		A	B	C		A－B＋C
別途積立金		15,000,000				15,000,000
貸倒引当金					87,780	87,780
繰延税金資産					△295,799	△295,799
繰越損益金（繰越利益剰余金）		9,718,300	9,718,300		18,619,654	18,619,654
納税充当金（未払法人税等）		681,700	681,700		3,017,700	3,017,700
未納法人税等	未納法人税	△419,400	△629,100	△209,700	△2,078,800	△2,078,800
	未納都道府県民税	△37,200	△55,800	△18,600	△22,300	△22,300
	未納市町村民税	△104,600	△156,900	△52,300	△123,500	△123,500
差引合計金額		24,838,800	9,558,200	△280,600	19,204,735	34,204,735

差引翌期首現在利益積立金＝（別途積立金15,000,000＋繰越損益金18,619,654）＋

当期確定申告分の事業税　　　　会計上の利益剰余金

納税充当金3,017,700－（未納法人税2,078,800＋未納都道府県民税22,300＋未納市町村民税123,500）＋貸倒引当金87,780－繰延税金資産295,799

＝（会計上の利益剰余金33,619,654）＋（当期確定申告分の事業税793,100＋貸倒引当金87,780－繰延税金資産295,799）＝34,204,735

⑥の税効果会計の説明を参照

⑩　税金の納付管理シート（別表五（二））

「別表五（二）」は，税金の納付状況を管理している。そのうち，法人税，住民税が，「別表五（一）」の未納法人税等の欄に反映されている。事業税は，翌期に損金になるので利益積立金を構成し，「別表五（一）」の未納法人税等に含まれない。また，損金の額に算入した納税充当金 3,017,700円は，当期確定申告分の法人税 2,078,800円，法人事業税等 793,100円，法人県民税 22,300円，法人市民税 123,500円の合計である。この当期分の確定した，法人税，住民税，事業税の合計額 3,017,700円に，④(租税公課)の当期中間申告分の法人税，住民税，事業税の合計 340,800円，さらに④(租税公課)の源泉所得税及び復興特別所得税 25,525円を加えると，損益計算書の法人税，住民税及び事業税は3,384,025円になる。

⑪　別表の仕組み

以上の説明と法人税の別表との関係を図解すると，下記の通りである。なお，○の中の番号は（丸数字），説明の番号に対応している。

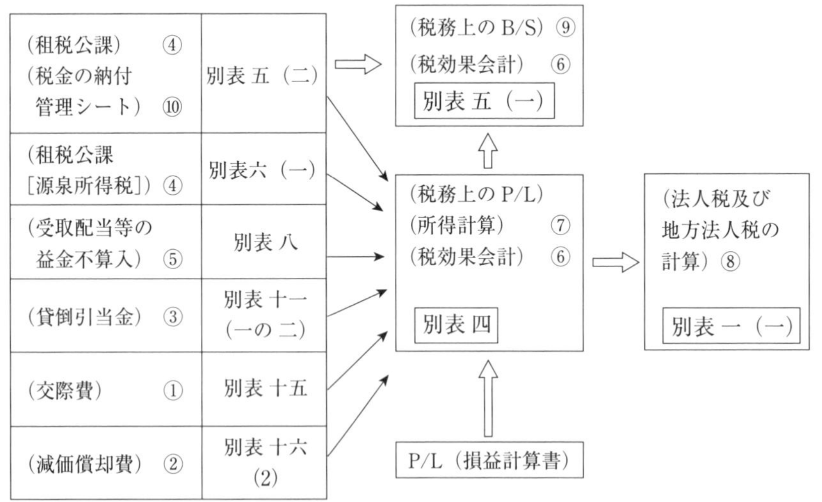

以上から納税申告書を作成すると，次ページの通りである。

FB0613

別表一　各事業年度の所得に係る申告書－内国法人の分……令五・四・一以後終了事業年度等分

税務署受付印	令和　年　月　日　藤沢　税務署長殿
納税地	神奈川県藤沢市片瀬海岸南１－１　電話（0466）12－3456
（フリガナ）	カブシキカイシャ　ショウナン
法人名	株式会社　湘南
法人番号	7123456789012
（フリガナ）	ショウナン　タロウ
代表者	湘南　太郎
代表者住所	神奈川県藤沢市鵠沼海岸東１－１
通算グループ整理番号	
通算親法人整理番号	
法人区分	普通法人（特定の医療法人を除く。）・一般社団法人等・協同組合等又は特定の医療法人・公益法人等・人格のない社団等
事業種目	運動用品の販売
期末現在の資本金の額又は出資金の額	10,000,000円　非中小法人
同非区分	特定同族会社・同族会社・非同族会社
旧納税地及び旧法人名等	
添付書類	貸借対照表、損益計算書、株主（社員）資本等変動計算書又は損益金処分表、勘定科目内訳明細書、事業概況書、組織再編成に係る契約書等の写し、組織再編成に係る移転資産等の明細書

※税務署処理欄	
青色申告	一連番号
整理番号	12345678
事業年度（至）	年　月　日
売上金額	兆　十億　百万
申告年月日	年　月　日
通信日付印	確認　庁指定　局指定　指導等　区分
申告区分	法人税：中間・期限後・修正　地方法人税：中間・期限後・修正

令和 5 年 4 月 1 日 事業年度分の法人税 確定 申告書
令和 6 年 3 月 31 日 課税事業年度分の地方法人税 確定 申告書
（中間申告の場合の計算期間　令和　年　月　日　令和　年　月　日）

適用額明細書提出の有無　有・無
税理士法第30条の書面提出有　有
税理士法第33条の2の書面提出有　有

	項目	番号	金額（円）
この申告書による法人税額の計算	所得金額又は欠損金額（別表四「52の①」）	1	11,871,660
	法人税額 (48)＋(49)＋(50)	2	2,098,072
	法人税額の特別控除額（別表六（六）「5」）	3	
	税額控除超過相当額等の加算額	4	
	土地譲渡利益金額 課税土地譲渡利益金額（別表三（二）「24」）＋（別表三（二の二）「25」）＋（別表三（三）「20」）	5	000
	同上に対する税額 (62)＋(63)＋(64)	6	
	留保金 課税留保金額（別表三（一）「4」）	7	000
	同上に対する税額（別表三（一）「8」）	8	
			00
	法人税額計 (2)－(3)＋(4)＋(6)＋(8)	9	2,098,072
	分配時調整外国税相当額及び外国関係会社等に係る控除対象所得税額等相当額の控除額（別表六（五の二）「7」）＋（別表十七（三の六）「3」）	10	
	仮装経理に基づく過大申告の更正に伴う控除法人税額	11	
	控除税額（((9)－(10)－(11))と(18)のうち少ない金額）	12	25,525
	差引所得に対する法人税額 (9)－(10)－(11)－(12)	13	2,072,500
	中間申告分の法人税額	14	2,009,00
	差引確定法人税額 (13)－(14)（中間申告の場合はその税額とし、マイナスの場合は(22)へ記入）	15	1,871,600
この申告書による地方法人税額の計算	課税標準法人税額 所得の金額に対する法人税額 (2)－(3)＋(4)＋(6)＋(9の外書)－別表六(二)付表六「7の計」	28	2,098,072
	課税留保金額に対する法人税額 (8)	29	
	課税標準法人税額 (28)＋(29)	30	2,098,000
	地方法人税額 (53)	31	216,094
	税額控除超過額相当額の加算額（別表六（二）付表六「14の計」）	32	
	課税留保金額に係る地方法人税額 (54)	33	
	所得地方法人税額 (31)＋(32)＋(33)	34	216,094
	分配時調整外国税相当額及び外国関係会社等に係る控除対象所得税額等相当額の控除額（別表六（五の二）「8」＋別表十七（三の六）「4」）と(34)のうち少ない金額	35	
	仮装経理に基づく過大申告の更正に伴う控除地方法人税額	36	
	外国税額の控除額（((34)－(35)－(36))と(65)のうち少ない金額）	37	
	差引地方法人税額 (34)－(35)－(36)－(37)	38	216,000
	中間申告分の地方法人税額	39	8,800
	差引確定地方法人税額 (38)－(39)（中間申告の場合はその税額とし、マイナスの場合は(42)へ記入）	40	207,200

	項目	番号	金額（円）
控除税額の計算	所得税の額（別表六（一）「6の③」）	16	25,525
	外国税額（別表六（二）「23」）	17	
	計 (16)＋(17)	18	25,525
	控除した金額 (12)	19	25,525
	控除しきれなかった金額 (18)－(19)	20	0
この申告による還付金額	所得税額等の還付金額 (20)	21	
	中間納付額 (14)－(13)	22	
	欠損金の繰戻しによる還付請求税額	23	外
	計 (21)＋(22)＋(23)	24	外
	この申告が修正申告である場合のこの申告により納付すべき法人税額又は減少する還付請求税額 (57)	25	外 00
	欠損金等の当期控除額（別表七（一）「4の計」）＋（別表七（三）「9」若しくは「21」又は別表七（四）「10」）	26	
	翌期へ繰り越す欠損金額（別表七（一）「5の合計」）	27	
この申告による還付金額	外国税額の還付金額 (67)	41	
	中間納付額 (39)－(38)	42	
	計 (41)＋(42)	43	外
	この申告が修正申告である場合のこの申告により納付すべき地方法人税額 (61)	44	00
	剰余金・利益の配当（剰余金の分配）の金額		

残余財産の最後の分配又は引渡しの日　令和　年　月　日
決算確定の日　令和　年　月　日

還付を受けようとする金融機関等：銀行・金庫・組合・農協・漁協　本店・支店・出張所・本所・支所　預金　郵便局名等
口座番号　ゆうちょ銀行の貯金記号番号　－
※税務署処理欄

税理士署名

所得の金額の計算に関する明細書

事業年度	令和　5．4．1 令和　6．3．31	法人名	株式会社　湘南

別表四

令五・四・一以後終了事業年度分

区分			総額 ①	処分 留保 ②	処分 社外流出 ③	
当期利益又は当期欠損の額		1	円 8,901,354	円 8,901,354	配当 その他	円
加算	損金経理をした法人税及び地方法人税（附帯税を除く。）	2	209,700	209,700		
	損金経理をした道府県民税及び市町村民税	3	70,900	70,900		
	損金経理をした納税充当金	4	3,017,700	3,017,700		
	損金経理をした附帯税（利子税を除く。）、加算金、延滞金（延納分を除く。）及び過怠税	5			その他	
	減価償却の償却超過額	6				
	役員給与の損金不算入額	7			その他	
	交際費等の損金不算入額	8			その他	
	通算法人に係る加算額（別表四付表「5」）	9			外※	
	貸倒引当金繰入限度超過額	10	87,780	87,780		
	小計	11	3,386,080	3,386,080	外※	
減算	減価償却超過額の当期認容額	12				
	納税充当金から支出した事業税等の金額	13	120,500	120,500		
	受取配当等の益金不算入額（別表八（一）「5」）	14	25,000		※	25,000
	外国子会社から受ける剰余金の配当等の益金不算入額（別表八（二）「26」）	15			※	
	受贈益の益金不算入額	16			※	
	適格現物分配に係る益金不算入額	17			※	
	法人税等の中間納付額及び過誤納に係る還付金額	18				
	所得税額等及び欠損金の繰戻しによる還付金額等	19			※	
	通算法人に係る減算額（別表四付表「10」）	20			※	
	繰延税金資産	21	295,799	295,799		
	小計	22	441,299	416,299	外※	25,000
仮計 (1)＋(11)－(22)		23	11,846,135	11,871,135	外※	△25,000
対象純支払利子等の損金不算入額（別表十七（二の二）「29」又は「34」）		24			その他	
超過利子額の損金算入額（別表十七（二の三）「10」）		25	△		※	△
仮計（(23)から(25)までの計）		26	11,846,135	11,871,135	外※	△25,000
寄附金の損金不算入額（別表十四（二）「24」又は「40」）		27			その他	
沖縄の認定法人又は国家戦略特別区域における指定法人の所得の特別控除額又は要加算調整額の益金算入額（別表十（一）「15」若しくは別表十（二）「10」又は別表十（一）「16」若しくは別表十（二）「11」）		28			※	
法人税額から控除される所得税額（別表六（一）「6の③」）		29	25,525		その他	25,525
税額控除の対象となる外国法人税の額（別表六（二の二）「7」）		30			その他	
分配時調整外国税相当額及び外国関係会社等に係る控除対象所得税額等相当額（別表六（五の二）「5の②」）＋（別表十七（三の六）「1」）		31			その他	
組合等損失額の損金不算入額又は組合等損失超過合計額の損金算入額（別表九（二）「10」）		32				
対外船舶運航事業者の日本船舶による収入金額に係る所得の金額の損金算入額又は益金算入額（別表十（四）「20」、「21」又は「23」）		33			※	
合計 (26)＋(27)＋(28)＋(29)＋(30)＋(31)＋(32)＋(33)		34	11,871,660	11,871,135	外※	△25,000 25,525
契約者配当の益金算入額（別表九（一）「13」）		35				
特定目的会社等の支払配当又は特定目的信託に係る受託法人の利益の分配等の損金算入額（別表十（八）「13」、別表十（九）「11」又は別表十（十）「16」若しくは「33」）		36	△	△		
中間申告における繰戻しによる還付に係る災害損失欠損金額の益金算入額		37			※	
非適格合併又は残余財産の全部分配等による移転資産等の譲渡利益額又は譲渡損失額		38			※	
差引計（(34)から(38)までの計）		39	11,871,660	11,871,135	外※	△25,000 25,525
更生欠損金又は民事再生等評価換えが行われる場合の再生等欠損金の損金算入額（別表七（三）「9」又は「21」）		40	△		※	△
通算対象欠損金額の損金算入額又は通算対象所得金額の益金算入額（別表七の二「5」又は「11」）		41			※	
当初配賦欠損金控除額の益金算入額（別表七（二）付表一「23の計」）		42			※	
差引計 (39)＋(40)＋(41)＋(42)		43	11,871,660	11,871,135	外※	△25,000 25,525
欠損金等の当期控除額（別表七（一）「4の計」）＋（別表七（四）「10」）		44	△		※	△
総計 (43)＋(44)		45	11,871,660	11,871,135	外※	△25,000 25,525
新鉱床探鉱費又は海外新鉱床探鉱費の特別控除額（別表十（三）「43」）		46	△		※	△
農業経営基盤強化準備金積立額の損金算入額（別表十二（十四）「10」）		47	△	△		
農用地等を取得した場合の圧縮額の損金算入額（別表十二（十四）「43の計」）		48	△	△		
関西国際空港用地整備準備金積立額、中部国際空港整備準備金積立額又は再投資等準備金積立額の損金算入額（別表十二（十一）「15」、別表十二（十二）「10」又は別表十二（十五）「12」）		49	△	△		
特定事業活動として特別新事業開拓事業者の株式の取得をした場合の特別勘定繰入額の損金算入額又は特別勘定取崩額の益金算入額（別表十（六）「21」－「11」）		50			※	
残余財産の確定の日の属する事業年度に係る事業税及び特別法人事業税の損金算入額		51	△	△		
所得金額又は欠損金額		52	11,871,660	11,871,135	外※	△25,000 25,525

別表五(一)　令五・四・一以後終了事業年度分

利益積立金額及び資本金等の額の計算に関する明細書

事業年度	令和 5. 4. 1 ～ 令和 6. 3.31	法人名	株式会社　湘南

I　利益積立金額の計算に関する明細書

区分		期首現在利益積立金額 ①	当期の増減 減 ②	当期の増減 増 ③	差引翌期首現在利益積立金額 ①－②＋③ ④
利益準備金	1	円	円	円	円
別途積立金	2	15,000,000			15,000,000
貸倒引当金	3			87,780	87,780
繰延税金資産	4			△295,799	△295,799
	5				
	6				
	7				
	8				
	9				
	10				
	11				
	12				
	13				
	14				
	15				
	16				
	17				
	18				
	19				
	20				
	21				
	22				
未収還付道府県民税額	23				
未収還付市町村民税額	24				
繰越損益金（損は△）	25	9,718,300	9,718,300	18,619,654	18,619,654
納税充当金	26	681,700	681,700	3,017,700	3,017,700
未納法人税等（退職年金等積立金に対するものを除く。） 未納法人税及び未納地方法人税（附帯税を除く。）	27	△ 419,400	△ 629,100	中間 △ 209,700 確定 △ 2,078,800	△ 2,078,800
未納法人税等 未払通算税効果額（附帯税の額に係る部分の金額を除く。）	28			中間 確定	
未納法人税等 未納道府県民税（均等割額を含む。）	29	△ 37,200	△ 55,800	中間 △ 18,600 確定 △ 40,900	△ 40,900
未納法人税等 未納市町村民税（均等割額を含む。）	30	△ 104,600	△ 156,900	中間 △ 52,300 確定 △ 175,800	△ 175,800
差引合計額	31	24,838,800	9,558,200	18,853,235	34,133,835

II　資本金等の額の計算に関する明細書

区分		期首現在資本金等の額 ①	当期の増減 減 ②	当期の増減 増 ③	差引翌期首現在資本金等の額 ①－②＋③ ④
資本金又は出資金	32	10,000,000 円	円	円	10,000,000 円
資本準備金	33				
	34				
	35				
差引合計額	36	10,000,000			10,000,000

租税公課の納付状況等に関する明細書

事業年度　令和 5．4．1／令和 6．3．31　法人名　株式会社　湘南

別表五(二)　令五・四・一以後終了事業年度分

税目及び事業年度			期首現在未納税額 ①	当期発生税額 ②	当期中の納付税額 充当金取崩しによる納付 ③	仮払経理による納付 ④	損金経理による納付 ⑤	期末現在未納税額 ①+②−③−④−⑤ ⑥
法人税及び地方法人税	・　・	1	円		円	円	円	円
	令和 4．4．1／令和 5．3．31	2	419,400		419,400			0
	当期分 中間	3		209,700 円			209,700	0
	当期分 確定	4		2,078,800				2,078,800
	計	5	419,400	2,288,500	419,400		209,700	2,078,800
道府県民税	・　・	6						
	令和 4．4．1／令和 5．3．31	7	37,200		37,200			0
	当期分 中間	8		18,600			18,600	0
	当期分 確定	9		40,900				40,900
	計	10	37,200	59,500	37,200		18,600	40,900
市町村民税	・　・	11						
	令和 4．4．1／令和 5．3．31	12	104,600		104,600			0
	当期分 中間	13		52,300			52,300	0
	当期分 確定	14		175,800				175,800
	計	15	104,600	228,100	104,600		52,300	175,800
事業税及び特別法人事業税	・　・	16						
	令和 4．4．1／令和 5．3．31	17	120,500		120,500			0
	当期中間分	18		60,200			60,200	0
	計	19	120,500	60,200	120,500		60,200	0
その他	損金算入のもの 利子税	20						
	延滞金（延納に係るもの）	21						
	印紙税その他	22		300,000			300,000	0
		23						
	損金不算入のもの 加算税及び加算金	24						
	延滞税	25						
	延滞金（延納分を除く。）	26						
	過怠税	27						
	源泉所得税	28		25,525			25,525	0
		29						

納税充当金の計算

期首納税充当金	30	681,700 円	取崩額 その他 損金算入のもの	36	円
繰入額 損金経理をした納税充当金	31	3,017,700	損金不算入のもの	37	
	32			38	
計 (31)＋(32)	33	3,017,700	仮払税金消却	39	
取崩額 法人税額等 (5の③)＋(10の③)＋(15の③)	34	561,200	計 (34)＋(35)＋(36)＋(37)＋(38)＋(39)	40	681,700
事業税及び特別法人事業税 (19の③)	35	120,500	期末納税充当金 (30)＋(33)−(40)	41	3,017,700

通算法人の通算税効果額の発生状況等の明細

事業年度		期首現在未決済額 ①	当期発生額 ②	当期中の決済額 支払額 ③	受取額 ④	期末現在未決済額 ⑤
	42	円		円	円	円
	43					
当期分	44		中間 円／確定			
計	45					

別表六(一)　令五・四・一以後終了事業年度分

所得税額の控除に関する明細書

事業年度	令和 5. 4. 1 令和 6. 3.31	法人名	株式会社 湘南

区分		収入金額 ①	①について課される所得税額 ②	②のうち控除を受ける所得税額 ③
公社債及び預貯金の利子、合同運用信託、公社債投資信託及び公社債等運用投資信託（特定公社債等運用投資信託を除く。）の収益の分配並びに特定公社債等運用投資信託の受益権及び特定目的信託の社債的受益権に係る剰余金の配当	1	100,000円	15,315円	15,315円
剰余金の配当（特定公社債等運用投資信託の受益権及び特定目的信託の社債的受益権に係るものを除く。）、利益の配当、剰余金の分配及び金銭の分配（みなし配当等を除く。）	2	50,000	10,210	10,210
集団投資信託（合同運用信託、公社債投資信託及び公社債等運用投資信託（特定公社債等運用投資信託を除く。）を除く。）の収益の分配	3	内	内	内
割引債の償還差益	4			
その他	5			
計	6	150,000	25,525	内 25,525

剰余金の配当（特定公社債等運用投資信託の受益権及び特定目的信託の社債的受益権に係るものを除く。）、利益の配当、剰余金の分配及び金銭の分配（みなし配当等を除く。）、集団投資信託（合同運用信託、公社債投資信託及び公社債等運用投資信託（特定公社債等運用投資信託を除く。）を除く。）の収益の分配又は割引債の償還差益に係る控除を受ける所得税額の計算

個別法による場合	銘柄	収入金額 7	所得税額 8	配当等の計算期間 9	(9)のうち元本所有期間 10	所有期間割合 (10)/(9)（小数点以下3位未満切上げ） 11	控除を受ける所得税額 (8)×(11) 12
	㈱武蔵	50,000円	10,210円	12	12月	1.000	10,210円

銘柄別簡便法による場合	銘柄	収入金額 13	所得税額 14	配当等の計算期末の所有元本数等 15	配当等の計算期首の所有元本数等 16	(15)−(16) / 2又は12（マイナスの場合は0） 17	所有元本割合 (16)+(17) / (15)（小数点以下3位未満切上げ）（1を超える場合は1） 18	控除を受ける所得税額 (14)×(18) 19
		円	円					円

その他に係る控除を受ける所得税額の明細

支払者の氏名又は法人名	支払者の住所又は所在地	支払を受けた年月日	収入金額 20	控除を受ける所得税額 21	参考
		・ ・	円	円	
		・ ・			
		・ ・			
		・ ・			
		・ ・			
計					

受取配当等の益金不算入に関する明細書

事業年度	令和 5．4．1 / 令和 6．3.31	法人名	株式会社 湘南

別表八(一) 令五・四・一以後終了事業年度分

完全子法人株式等に係る受取配当等の額 (9の計)	1	円	非支配目的株式等に係る受取配当等の額 (33の計)	4	円
関連法人株式等に係る受取配当等の額 (16の計)	2		受取配当等の益金不算入額 (1)+((2)−(20の計))+(3)×50%+(4)×20%	5	25,000
その他株式等に係る受取配当等の額 (26の計)	3	50,000			

受取配当等の額の明細

							計
完全子法人株式等	法人名	6					
	本店の所在地	7					
	受取配当等の額の計算期間	8					
	受取配当等の額	9	円	円	円	円	円
関連法人株式等	法人名	10					
	本店の所在地	11					
	受取配当等の額の計算期間	12					
	保有割合	13					
	受取配当等の額	14	円	円	円	円	円
	同上のうち益金の額に算入される金額	15					
	益金不算入の対象となる金額 (14)−(15)	16					
	(34)が「不適用」の場合又は別表八(一)付表「13」が「非該当」の場合 (16)×0.04	17					
	同上以外の場合 (16)/(16の計)	18					
	同上以外の場合 支払利子等の10%相当額 (((38)×0.1) 又は (別表八(一)付表「14」))×(18)	19	円	円	円	円	円
	受取配当等の額から控除する支払利子等の額 (17) 又は (19)	20					
その他株式等	法人名	21	㈱武蔵				
	本店の所在地	22	東京都八王子市八王子町1−2−3				
	保有割合	23	5.00 %				
	受取配当等の額	24	円 50,000	円	円	円	円 50,000
	同上のうち益金の額に算入される金額	25					
	益金不算入の対象となる金額 (24)−(25)	26	50,000				50,000
非支配目的株式等	法人名又は銘柄	27					
	本店の所在地	28					
	基準日等	29					
	保有割合	30					
	受取配当等の額	31	円	円	円	円	円
	同上のうち益金の額に算入される金額	32					
	益金不算入の対象となる金額 (31)−(32)	33					

支払利子等の額の明細

令第19条第2項の規定による支払利子控除額の計算	34	適用・不適用			
当期に支払う利子等の額	35	円	超過利子額の損金算入額 (別表十七(二の三)「10」)	37	円
国外支配株主等に係る負債の利子等の損金不算入額、対象純支払利子等の損金不算入額又は恒久的施設に帰せられるべき資本に対応する負債の利子の損金不算入額 (別表十七(一)「35」と別表十七(二の二)「29」のうち多い金額) 又は (別表十七(二の二)「34」と別表十七の二(二)「17」のうち多い金額)	36		支払利子等の額の合計額 (35)−(36)+(37)	38	

別表十一(一の二)　令五・四・一以後終了事業年度分

一括評価金銭債権に係る貸倒引当金の損金算入に関する明細書

事業年度	令和 5. 4. 1 ～ 令和 6. 3.31	法人名	株式会社　湘南

項目	番号	金額	項目	番号	金額
当期繰入額	1	108,000 円	貸倒実績率の計算：前3年内事業年度（設立事業年度である場合には当該事業年度）の(2)の合計額	9	円
繰入限度額の計算：期末一括評価金銭債権の帳簿価額の合計額 (23の計)	2	2,100,000	(9) / 前3年内事業年度における事業年度の数	10	
貸倒実績率 (16)	3		前3年内事業年度（設立事業年度である場合には当該事業年度）：売掛債権等の貸倒れによる損失の額の合計額	11	
実質的に債権とみられないものの額を控除した期末一括評価金銭債権の帳簿価額の合計額 (25の計)	4	2,100,000 円	別表十一(一)「19の計」の合計額	12	
法定の繰入率	5	10.0 / 1,000	別表十一(一)「24の計」の合計額	13	
繰入限度額 ((2)×(3))又は((4)×(5))	6	21,000 円	貸倒れによる損失の額等の合計額 (11)＋(12)－(13)	14	
公益法人等・協同組合等の繰入限度額 (6)×—/100	7		(14)× 12 / 前3年内事業年度における事業年度の月数の合計	15	
繰入限度超過額 (1)－((6)又は(7))	8	87,000	貸倒実績率 (15)/(10) (小数点以下4位未満切上げ)	16	

一括評価金銭債権の明細

勘定科目	期末残高	売掛債権等とみなされる額及び貸倒否認額	(17)のうち税務上貸倒れがあったものとみなされる額及び売掛債権等に該当しないものの額	個別評価の対象となった売掛債権等の額及び非適格合併等により合併法人等に移転する売掛債権等の額	法第52条第1項第3号に該当する法人の令第96条第9項各号の金銭債権以外の金銭債権の額	完全支配関係がある他の法人に対する売掛債権等の額	期末一括評価金銭債権の額 (17)＋(18)－(19)－(20)－(21)－(22)	実質的に債権とみられないものの額	差引期末一括評価金銭債権の額 (23)－(24)
	17	18	19	20	21	22	23	24	25
売掛金	円 2,100,000	円	円	円	円	円	円 2,100,000	円	円 2,100,000
計	2,100,000						2,100,000		2,100,000

基準年度の実績により実質的に債権とみられないものの額を計算する場合の明細

項目	番号	金額	項目	番号	金額
平成27年4月1日から平成29年3月31日までの間に開始した各事業年度末の一括評価金銭債権の額の合計額	26	円	債権からの控除割合 (27)/(26) (小数点以下3位未満切捨て)	28	
同上の各事業年度末の実質的に債権とみられないものの額の合計額	27		実質的に債権とみられないものの額 (23の計)×(28)	29	円

交際費等の損金算入に関する明細書

事業年度	令和 5. 4. 1 / 令和 6. 3.31	法人名	株式会社　湘南

別表十五　令五・四・一以後終了事業年度分

支出交際費等の額（8の計）	1	200,000円	損金算入限度額 (2)又は(3)	4	200,000円
支出接待飲食費損金算入基準額（9の計）$\times\frac{50}{100}$	2				
中小法人等の定額控除限度額（(1)と（(800万円$\times\frac{12}{12}$) 又は（別表十五付表「5」））のうち少ない金額）	3	200,000	損金不算入額 (1)−(4)	5	0

支出交際費等の額の明細

科目	支出額	交際費等の額から控除される費用の額	差引交際費等の額	(8)のうち接待飲食費の額
	6	7	8	9
交際費	230,000円	30,000円	200,000円	円
計	230,000	30,000	200,000	

別表十六(二)

令五・四・一以後終了事業年度分

旧定率法又は定率法による減価償却資産の償却額の計算に関する明細書

事業年度	令和 5. 4. 1 令和 6. 3.31	法人名	株式会社 湘南

区分	項目		車両運搬具	工具器具備品			合計
資産区分	種類	1	車両運搬具	工具器具備品			合計
	構造	2					
	細目	3					
	取得年月日	4					
	事業の用に供した年月	5					
	耐用年数	6	年	年	年	年	年
取得価額	取得価額又は製作価額	7	外 円 6,250,000	外 円 6,500,000	外 円	外 円	外 円 12,750,000
	(7)のうち積立金方式による圧縮記帳の場合の償却額計算の対象となる取得価額に算入しない金額	8					
	差引取得価額 (7)－(8)	9	6,250,000	6,500,000			12,750,000
償却額計算の基礎となる額	償却額計算の対象となる期末現在の帳簿記載金額	10	1,350,000	4,750,000			6,100,000
	期末現在の積立金の額	11					
	積立金の期中取崩額	12					
	差引帳簿記載金額 (10)－(11)－(12)	13	外△ 1,350,000	外△ 4,750,000	外△	外△	外△ 6,100,000
	損金に計上した当期償却額	14	900,000	1,000,000			1,900,000
	前期から繰り越した償却超過額	15	外	外	外	外	外
	合計 (13)＋(14)＋(15)	16	2,250,000	5,750,000			8,000,000
	前期から繰り越した特別償却不足額又は合併等特別償却不足額	17					
	償却額計算の基礎となる金額 (16)－(17)	18	2,250,000	5,750,000			8,000,000
当期分の普通償却限度額等 (平成19年3月31日以前取得分)	差引取得価額×5% (9)×5/100	19					
	(16)＞(19)の場合 旧定率法の償却率	20					
	(16)＞(19)の場合 算出償却額 (18)×(20)	21	円	円	円	円	円
	(16)＞(19)の場合 増加償却額 (21)×割増率	22	(　)	(　)	(　)	(　)	(　)
	(16)＞(19)の場合 計 ((21)＋(22))又は((18)－(19))	23					
	(16)≦(19)の場合 算出償却額 ((19)－1円)×12/60	24					
(平成19年4月1日以後取得分)	定率法の償却率	25					
	調整前償却額 (18)×(25)	26	円 900,000	円 1,000,000	円	円	円 1,900,000
	保証率	27					
	償却保証額 (9)×(27)	28	675,000円	544,820円	円	円	1,219,820円
	(26)＜(28)の場合 改定取得価額	29					
	(26)＜(28)の場合 改定償却率	30					
	(26)＜(28)の場合 改定償却額 (29)×(30)	31	円	円	円	円	円
	増加償却額 ((26)又は(31))×割増率	32	(　)	(　)	(　)	(　)	(　)
	計 ((26)又は(31))＋(32)	33	900,000	1,000,000			1,900,000
当期分の償却限度額	当期分の普通償却限度額等 (23)、(24)又は(33)	34	900,000	1,000,000			1,900,000
	特別償却又は割増償却による特別償却限度額 租税特別措置法適用条項	35	条 項 (　)	条 項 (　)	条 項 (　)	条 項 (　)	条 項 (　)
	特別償却限度額	36	外 円	外 円	外 円	外 円	外 円
	前期から繰り越した特別償却不足額又は合併等特別償却不足額	37					
	合計 (34)＋(36)＋(37)	38	900,000	1,000,000			1,900,000
当期償却額		39	900,000	1,000,000			1,900,000
差引	償却不足額 (38)－(39)	40					
	償却超過額 (39)－(38)	41					
償却超過額	前期からの繰越額	42	外	外	外	外	外
	当期損金認容額 償却不足によるもの	43					
	当期損金認容額 積立金取崩しによるもの	44					
	差引合計翌期への繰越額 (41)＋(42)－(43)－(44)	45					
特別償却不足額	翌期に繰り越すべき特別償却不足額 (((40)－(43))と((36)＋(37))のうち少ない金額)	46					
	当期において切り捨てる特別償却不足額又は合併等特別償却不足額	47					
	差引翌期への繰越額 (46)－(47)	48					
	翌期への繰越額の内訳 ・ ・	49					
	翌期への繰越額の内訳 当期分不足額	50					
適格組織再編成により引き継ぐべき合併等特別償却不足額 ((40)－(43))と(36)のうち少ない金額)		51					

備考

〈発展〉

3　消費税の計算　⇨第5章8節

(1)　仕組み（受取った消費税－支払った消費税＝納める消費税）

以下の説明は，設例（⇨2節(3)申告書の作成）に基づいている。税率は10％（「酒類・外食を除く飲食料品」と「新聞」はいわゆる軽減税率で８％）である(注)。

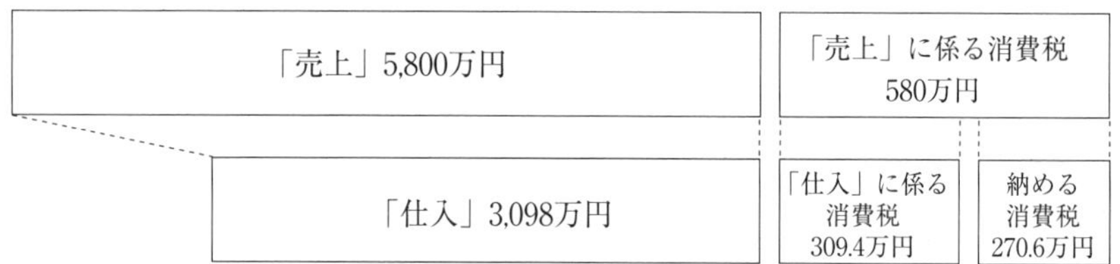

《８％軽減税率の仕入20万円，それ以外すべて10％税率として計算》

「売上」に係る消費税＝5,800万円（P/Lの売上）×10％＝580万円

「仕入」に係る消費税＝（3,098－20）万円（下記の表参照）×10％＋20万円×８％＝307.8万円＋1.6万円＝309.4万円

科　　目	金　額	課　税	非課税	課税対象外	参　考
仕　入	24,900,000	24,900,000			棚卸は考慮しない点に注意
役員報酬	6,000,000			6,000,000	
給与手当	9,000,000			9,000,000	
交際費	230,000	180,000		50,000	50,000は慶弔費
減価償却費	1,900,000			1,900,000	
貸倒引当金繰入額	108,780			108,780	
租税公課	300,000			300,000	
その他経費	3,900,000	3,900,000			
支払利息	25,000		25,000		
器具及び備品	2,000,000	2,000,000			当期取得分のみ
計	48,363,780	30,980,000	25,000	17,358,780	

納める消費税　　　　＝「売上」に係る消費税－「仕入」に係る消費税

＝580万円－309.4万円＝270.6万円

ここでの「売上」とは，消費税の課税（下記(4)参照）となる収益で，課税売上といい，消費税のかかる収入である。固定資産売却益（⇨第12章6節）は，売却収入と帳簿価額との差額だが，消費税では，固定資産売却収入を課税売上とする。固定資産売却損が生じても，同様に，固定資産売却収入を課税売上とする。

ここでの「仕入」とは，消費税の課税となる費用及び資産の取得で，課税仕入といい，（第6章の仕入を含んだ）消費税のかかる支出である。

買い手が帳簿のみの保存で仕入税額控除が認められる場合（1）（2）を除く（※）
A　インボイスを交付することが困難な場合（売り手のインボイスの交付義務が免除）
（1）卸売市場に委託して行う生鮮食料品等の譲渡（※）（2）農協・漁協等への一定の農林水産物の譲渡（※）（3）3万円未満の公共交通機関による旅客の運送　（4）3万円未満の自動販売機による販売　（5）郵便切手を対価とする郵便サービス （※）卸売市場・農協等の交付書類で仕入税額控除可
B　インボイスの交付を受けることが困難な場合
（6）インボイスとなる入場券等で使用時に回収されるもの　（7）古物商，質屋，宅建業者がインボイス発行事業者でない者から仕入れる，古物，質物，建物　（8）インボイス発行事業者でない者から仕入れる，再生資源　（9）従業員に支給する出張旅費，宿泊費，日当及び通勤手当
C　税込1万円未満の取引
基準期間の課税売上高が1億円以下の事業者が行う，令和5年10月1日から令和11年9月30日までの課税仕入で税込1万円未満のもの

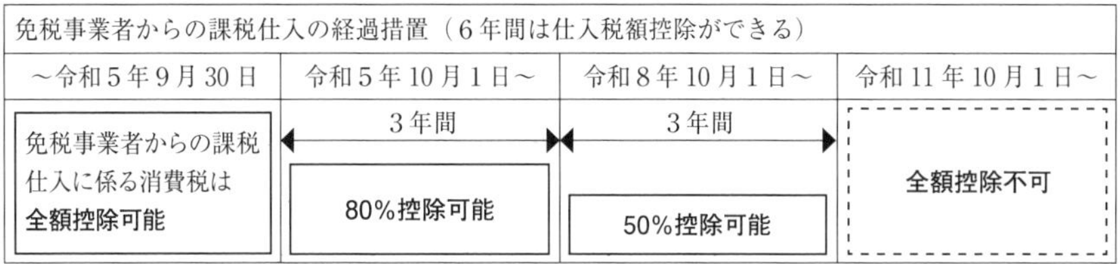

2割特例（簡易課税2種で計算 p.387）	令和5年10月1日～令和8年9月30日の属する課税期間が対象
売上の消費税の2割を納付　免税事業者でインボイス登録して課税業者になった者が対象	

⑵　**納税義務者（消費税を納めなければならない事業者）**

基準期間（下記⑶参照）の課税売上高が1,000万円を超える事業者に，消費税の納税義務が生じる。基準期間がないので，設立後２年間は，消費税の納税義務がない。ただし，資本金が1,000万円以上の新たに設立された法人は，基準期間がない課税期間（設立１期，２期）でも納税義務が生じる。また，課税売上高５億円超の事業者等により設立された法人については，基準期間がない課税期間でも納税義務が生じる。さらに特定期間（前年又は前事業年度上半期）の課税売上高（給与支払額）が1,000万円超の事業者についても，納税義務が生じる。

⑶　**基準期間（２期前の課税売上で，当期が納税義務者になるかを判定する）**

基準期間は，事業年度が１年の場合，前々期をいう。基準期間から，１年の間をあけて，課税期間となる。

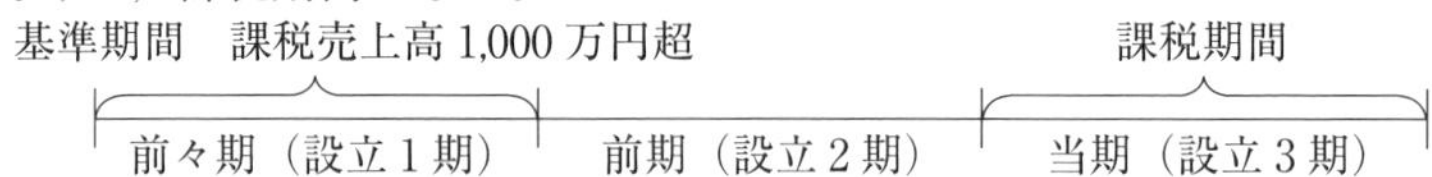

⑷　**課税対象取引と対象外取引の区分（消費税のかかる取引とかからない取引）**

課税対象取引	課税	7.8％課税（注）	**国内において事業者が事業として対価を得て行う資産の譲渡，資産の貸付，役務の提供**
		0％課税	輸出免税　輸出取引等（貨物の輸出，国際輸送通信等）
	非課税	土地の譲渡・貸付　株式・公社債・投資信託の譲渡　預貯金・貸付金・公社債の利子　保険料　手形売却損　保証料　商品券・ビール券の譲渡　行政手数料　外国為替　社会保険医療　介護保険サービス助産　一定の学校の授業料・入学金　居住用住宅の貸付	
課税対象外取引		国外取引　株式配当金　保険金　給料　寄付金　慶弔費（金銭によるお祝，見舞金，香典）同業者団体の会費（いわゆる通常会費）減価償却費　租税公課　損害賠償金　補助金　債務免除益　固定資産除却損	

（注）消費税10％の内訳は国税7.8％地方税2.2％，軽減税率8％の内訳は国税6.24％地方税1.76％

⑸　**課税売上割合（課税仕入に係る消費税がいくら控除できるのか判定基準）**

課税仕入に係る消費税は，課税売上割合が95％以上のときは全額控除できる[注]が，課税売上割合が95％未満のときは，課税売上に対応する課税仕入を計算しなければならない。（このため前記⑷の区別が重要となる）

$$課税売上割合=\frac{課税売上+輸出免税売上}{課税売上+輸出免税売上+非課税売上}$$

[注] 課税売上高が５億円を超える場合は全額控除できない。

(6) 勘定科目による消費税の課否の判定(本来取引毎に課否判定することに留意する)

勘定科目	摘　　　　要	課税	輸出免税	非課税	課税対象外
売　上	ゴルフ会員権の譲渡を含む	○			
	輸出取引		○		
	土地の譲渡,ビール券,商品券の販売,保険診療報酬,助産収入			○	
受取利息				○	
受取配当金	協同組合からの事業分量配当金は課税仕入に係る対価の返還				○
受取地代	土地の賃貸（貸付期間が1ヶ月未満は課税）			○	
	駐車場その他施設の貸与(ただし,地面の整備,フェンス,区画をしていないときは,土地の貸付に該当し非課税)	○			
受取家賃	店舗，事務所，工場等の貸付	○			
	居住用住宅(貸家,アパート,マンション,社宅)の貸付			○	
受取保険金	生命保険金，損害保険金				○
損害賠償金,補助金					○
仕　入	ゴルフ会員権の譲渡，輸入取引を含む	○			
	土地の仕入，ビール券，商品券の仕入			○	
役員報酬等	役員報酬，役員賞与，役員退職金				○
給与手当等	給与,賞与,退職金(給与でないが人材派遣料は課税)				○
法定福利費	社会保険料，労働保険料			○	
福利厚生費		○			
	通勤手当のうち通常必要であると認められる部分（※）	○			
	現金支出慶弔費（お祝金，見舞金，香典）				○
旅費交通費		○			
	出張旅費，交通費，宿泊費，日当のうち通常必要であると認められる部分(※認められない部分は給与)	○			
	海外出張の旅費等(国内・国外間の航空運賃は輸出免税)		○		○
通信費	郵便切手，ハガキ，テレカを含む	○			
	国際電話，国際郵便（海外から海外へ課税対象外）		○		
交際費		○			
	贈答用の商品券，ビール券の購入費用			○	
	現金支出慶弔費，ゴルフ場利用税，入湯税				○
減価償却費					○
賃借料	機械車両備品のリース料,店舗,事務所,工場等の賃借料	○			
	土地の賃借料,居住用住宅の賃借料(原状回復費は課税)			○	
保険料	損害保険料，生命保険料			○	
修繕費	資本的支出となるものも課税となる(受取保険金での修理費用含む)	○			
水道光熱費		○			
消耗品費	軽油取引税は課税対象外　登録国外事業者からインターネットでの海外ソフトウェア購入は課税	○			
租税公課	金銭ショップからの印紙の購入は課税				○

勘定科目	摘　　　　要	課税	輸出免税	非課税	課税対象外
運　賃		○			
	国際運賃		○		
広告宣伝費	国外のメディアへの広告掲載は課税対象外	○			
諸会費	同業者団体のいわゆる通常会費（研修受講料は課税）				○
貸倒損失	課税資産の譲渡に伴う売掛金・未収金の貸倒損失　貸倒の生じた課税期間の課税売上に係る消費税額から控除（税額控除）	別途税額控除			
雑　費	初穂料，玉串料，建物退去に伴う立退料は課税対象外	○			
	保証料，行政手数料，加盟店手数料，外国送金為替手数料			○	
支払利息	手形売却損・ファクタリング手数料を含む			○	
有価証券売却損益	売却収入の５％を課税売上割合の分母に算入			○	
固定資産売却損益	建物，機械，車両，備品の譲渡益，譲渡損	○			
	土地の譲渡益，譲渡損			○	
固定資産除却損					○
建物，機械，車両，備品の取得	工業所有権，（水道）施設利用権，居住用以外の建物を賃借するために支出する権利金も課税	○			

(7)　税込経理と税抜経理（経理方法の違いが損益に与える影響を理解する）

消費税の会計処理には，税込経理（税込方式）と税抜経理（税抜方式）がある。消費税を収益，費用，資産の取得価額（取引価格）に含めて処理することを「税込経理」，消費税を収益，費用，資産の取得価額に含めないで処理することを「税抜経理」という。

【例題１】　〈税込経理も税抜経理も納める消費税は同じである〉

	税込経理		税抜経理	
「売上」に係る消費税	（現　金）110,000	（売　上）110,000	（現　金）110,000	（売　上）100,000 （仮受消費税）10,000
「仕入」に係る消費税	（仕　入）44,000	（現　金）44,000	（仕　入）40,000 （仮払消費税）4,000	（現　金）44,000
	（経　費）11,000	（現　金）11,000	（経　費）10,000 （仮払消費税）1,000	（現　金）11,000
	（資　産）22,000	（現　金）22,000	（資　産）20,000 （仮払消費税）2,000	（現　金）22,000
納める消費税	（租税公課）3,000	（未払消費税）3,000	（仮受消費税）10,000	（仮払消費税）7,000 （未払消費税）3,000

「売上」に係る消費税－「仕入」に係る消費税（仮受消費税－仮払消費税）
＝110,000×10/110－（44,000+11,000+22,000）×10/110（税込経理）
＝10,000－（4,000+1,000+2,000）（税抜経理）
＝3,000（納める消費税）（未払消費税）

【例題２】〈税込経理も税抜経理も還付される消費税は同じである〉

【例題１】で資産を22,000円でなく，220,000円で購入していたとすると，

	税込経理		税抜経理	
「仕入」に係る消費税	（資　産）220,000	（現　金）220,000	（資　産）200,000 （仮払消費税）20,000	（現　金）220,000
還付される消費税	（未収消費税）15,000	（雑収入）15,000	（仮受消費税）10,000 （未収消費税）15,000	（仮払消費税）25,000

「売上」に係る消費税－「仕入」に係る消費税（仮受消費税－仮払消費税）
＝110,000×10/110－(44,000＋11,000＋220,000)×10/110（税込経理）
＝10,000－(4,000＋1,000＋20,000)（税抜経理）
＝△15,000（還付される消費税）（未収消費税）

このように，多額の設備投資をすると，消費税が還付されることがある(注)。

【例題３】〈固定資産の取得等があると，税込経理が税抜経理よりも利益や所得が多くなる〉

【例題１】で減価償却を行う。定率法で償却率が 0.2と仮定して

	税込経理		税抜経理	
	（減価償却費）4,400	（減価償却累計額）4,400	（減価償却費）4,000	（減価償却累計額）4,000
収益－費用＝損益	＝110,000－（44,000＋11,000＋4,400＋3,000） ＝47,600 ＝46,000＋（2,000－（4,400－4,000））		＝100,000－（40,000+10,000＋4,000） ＝46,000	

固定資産に係る消費税	「仕入」に係る消費税のうち資産の取得に係る部分2,000が，減価償却費として400費用化され，そのため残り1,600が利益となる。つまり，資産の取得に係る消費税のうち減価償却費として費用化されていない部分の金額が（固定資産として計上され）利益となる。	「仕入」に係る消費税が損益に影響しない

棚卸資産があると，税込経理では，「仕入」に係る消費税のうち，仕入に係る部分で売上原価として費用化されていない部分の金額が（棚卸資産として計上され）利益となる（下の図）。また少額減価償却資産（取得価額10万円未満，または中小法人では取得価額30万円未満），一括償却資産（取得価額20万円未満）の「取得価額」については，税込経理では税込金額で，税抜経理では税抜金額で，判定される。中小法人の交際費の限度額 800万円も同様である。

(注) 消費税の納税義務のない免税業者が，消費税の還付を受けるには，課税事業者を選択する必要がある。この場合，消費税の課税事業者を選択しようとする事業年度の前事業年度の末日まで「消費税課税事業者選択届出書」を提出しなければならない。ただし，この選択をすると，２年間は取りやめできない。

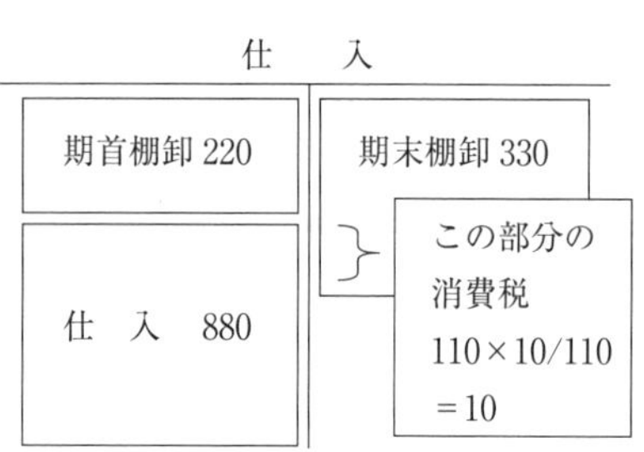

(8)　消費税の申告・納付

①　国内取引		
確定申告	法人は課税期間の末日の翌日から２か月以内，個人事業者は翌年の３月末日までに申告・納付	
中間申告	直前の課税期間の年税額	中間申告・納付回数
	48万円以下	任意の中間申告（年１回）が可能
	48万円超400万円以下	年１回（前課税期間の年税額×１/２）
	400万円超4,800万円以下	年３回（前課税期間の年税額×１/４）
	4,800万円超	年11回（前課税期間の年税額×１/12）
②　輸入取引		保税地域からの引取りの際に申告・納付

(9)　簡易課税制度（課税売上から納める消費税を計算する）

基準期間の課税売上高が，5,000万円以下であれば，「簡易課税制度」が選択できる(注1)。その場合の納付税額は，次のように計算する。

課税売上高×｛1－(みなし仕入率)｝×10%

2節(3)申告書の作成の設例を簡易課税で計算すると，小売業は，第2種事業なので，納付税額は，次の通りとなる。

5,800万円×（1－80%）×10% =116万円

原則計算では納付税額が270.6万円なので，簡易課税が有利となる。(⇨3節(1)) ただし，簡易課税では，課税売上から消費税を計算するので，多額の設備投資があっても，消費税の還付は受けられない。(⇨3節(7)【例題2】)

事業区分(注2)	みなし仕入率	事業の具体例
第1種事業	90%	卸売業（相手が事業者）
第2種事業	80%	小売業（農林水産業のうち消費税の軽減税率が適用される食用の農林水産物を生産する事業を含む）
第3種事業	70%	農業，林業，漁業，鉱業，建設業，製造業，電気業，ガス業，熱供給業及び水道業
第4種事業	60%	第1種，第2種，第3種，及び第5種事業以外の事業（たとえば，飲食店業など）
第5種事業	50%	運輸通信業，サービス業（飲食店業を除く），金融・保険業
第6種事業	40%	不動産業

(注1) 簡易課税を選択する事業年度の前事業年度の末日までに「消費税簡易課税選択届出書」を提出する必要がある。簡易課税を一度選択すると，2年間は取りやめできない。

(注2) 事業の区分は，原則として取引ごとに判定し，いずれかに区分する。このため，2種類以上の事業を営む事業者は，課税売上を事業の種類ごとに区分する必要がある。

例えば，自動車整備業で，新車を事業者に販売すれば第1種事業，中古車を点検して事業を営まない個人に販売すれば第2種事業，中古車を板金，塗装，部品の取替えをして（相手は問わない）販売すれば第3種事業，損害保険の代理店手数料は第5種事業，タイヤ・オイル交換で部品と工賃を区分すれば部品代は相手が事業者かどうかで第1種事業または第2種事業，工賃は第5種事業，自動車の修理は部品代を区分してもその部品代を含めて第5種事業となる。

錬 成 問 題：〈入門〉〈基礎〉〈発展〉

学習の定着と自己評価のために，３段階（レベル）の問題を掲げておく。**〈入門〉**は，簿記および会計の原理を理解し基礎力の習得度を測るものである。**〈基礎〉**は，商業を営む上で必ず習得しておくべき知識を問うたものであり，簿記検定でいうと，３級相当の問題である。大学の講義では，〈入門〉が第１ゼメスターでの習熟目標，〈基礎〉が第２ゼメスターの目標になろう。これらは，テキストの章立ての〈基本〉と標記した内容に相応する。**〈発展〉**は，２級相当であり，商業を営む大規模株式会社を意識し，かつ，特殊な取引形態も扱っている。

簿記の問題では，精算表が重要であり，最初に出題している。

解答では「解答の指針」も示し，復習のために，当該問題が関わるテキストの該当場所を示している。

〈入門〉

問題１　画廊を営む森山商事株式会社の下の勘定残高（単位：千円）により，(6桁) 精算表を完成しなさい。分記法による。

（28点）⇒［　　　　］点

現　金	2,500	売 掛 金	3,000	商　品	4,000	貸 付 金	3,500
土　地	8,000	買 掛 金	5,000	借 入 金	5,500	資 本 金	10,000
商品売買益	8,500	受取利息	100	給　料	4,000	支払家賃	3,900
支払利息	200						

精　算　表

〈単位：千円〉

勘定科目	残高試算表		損益勘定（損益計算書）		残高勘定（貸借対照表）	
	借方	貸方	借方	貸方	借方	貸方
現　金						
売 掛 金						
商　品						
貸 付 金						
土　地						
買 掛 金						
借 入 金						
資 本 金						
商品売買益						
受取利息						
給　料						
支払家賃						
支払利息						(繰越利益剰余金)
						(　　　　)
当期純利益						

（注）簿記検定では，当期純利益も残高勘定（貸借対照表）に計上される。

問題2 次の貸借対照表と損益計算書の関係式（会計関係式）の空欄を埋めなさい。なお，期中に，収益・費用以外，純資産（資本）の金額に影響を与える取引はなかった。 （16点）⇒［　　　　］点

1．期首貸借対照表：　〈借方〉←｜→〈貸方〉

資　産	負　債	純資産（資本）
670,000	（　　　）	450,000

損益計算書：　〈借方〉←｜→〈貸方〉

費　用	当期純利益	収　益
110,000	（　　　）	150,000

期末貸借対照表：　〈借方〉←｜→〈貸方〉

資　産	負　債	純資産（資本）
（　　　）	230,000	（　　　）

2．期首貸借対照表：

資　産	負　債	純資産（資本）
（　　　）	210,000	110,000

損益計算書：

費　用	当期純利益	収　益
（　　　）	4,000	20,000

期末貸借対照表：

資　産	負　債	純資産（資本）
321,000	（　　　）	（　　　）

問題3 アパート経営を営む企業の次の仕訳帳の仕訳を勘定口座に転記しなさい。摘要欄の（　　）には相手勘定科目を記入すること。 （16点）⇒［　　　　］点

仕　訳　帳　〈8ページ〉

日付		摘　要	元丁	借　方	貸　方
6	20	前ページ繰越	✓	1,234,000	1,234,000
	〃	（水道光熱費）	15	8,000	
		（現　金）	1		8,000
		東京電力			
	25	（現　金）	1	65,000	
		（家 賃 収 入）	7		65,000
		1号室			
	〃	（現　金）	1	65,000	
		（家 賃 収 入）	7		65,000
		2号室			

〈1ページ〉　現　金

日付		摘　要	仕丁	借　方	日付		摘　要	仕丁	貸　方
6	19	前ページ繰越	✓	390,000	6	20	(　　　)	8	[　　　]
	25	(　　　)	8	[　　　]					
	〃	(　　　)	〃	[　　　]					

[注] 以下の元帳は，Tフォームによっている。〈 〉は，仕丁欄を示す。

〈7ページ〉　家賃収入

	6.25. (　　　)〈8〉[　　　]
	〃 (　　　)〈〃〉[　　　]

〈15ページ〉　水道光熱費

6.20. (　　　)〈8〉[　　　]	

問題4　今月から月極めの駐車場を営むことになった森山興産の当月の次の勘定記録（Tフォーム）をもとに，合計試算表を完成しなさい。なお，下記以外の勘定科目は既に記入してある。土地勘定と費用の勘定には，貸方金額はなく，収益の勘定には，借方金額はない。〈 〉は，仕丁欄を示す。　（8点）⇒［　　　　］点

〈1ページ〉　現　金

4. 1.	〈1〉	1,000,000	4. 3.	〈1〉	1,200,000
2.	〈〃〉	300,000	4.	〈〃〉	100,000
25.	〈〃〉	160,000	25.	〈〃〉	140,000
30.	〈〃〉	50,000	30.	〈〃〉	500
〃	〈〃〉	50,000			
〃	〈〃〉	50,000			

〈3ページ〉　借　入　金

4. 4.	〈1〉	100,000	4. 2.	〈1〉	300,000
			25.	〈〃〉	160,000

合 計 試 算 表
×年4月30日

借 方	元丁	勘定科目	貸 方
	1		
1,200,000	4	土 地	0
	3		
	2	資 本 金	
0	6	駐車料金収入	150,000
140,000	7	給 料	0
500	5	支 払 利 息	0

問題5 次の取引を仕訳しなさい。勘定科目は下の中から最も適切なものを選ぶこと。なお，商品売買取引は分記法により記帳する。 (32点) ⇒ [ ] 点

現 金	普通預金	定期預金	売 掛 金	買 掛 金
資 本 金	貸 付 金	借 入 金	商 品	備 品
消 耗 品	商品売買益	受取家賃	支払家賃	雑 費

1．現金 700,000円を出資し，会社を作り，宝石業を始める。
2．森山商事より，商品（ダイヤの指輪1個）450,000円を購入し，代金は掛けとする。
3．東京商会へ，上の商品（ダイヤの指輪，原価 450,000円）を 480,000円で販売し，代金は掛けとする。
4．森山商事への掛け代金 450,000円を普通預金より口座振込みで支払った。
5．東京商会から掛け代金 480,000円が普通預金口座に振込まれてきた。
6．事務用の机 300,000円を購入し，代金は現金で支払った。
7．店舗の家賃 60,000円を現金で支払った。
8．東海銀行より当座の資金として 200,000円を借入れ，その資金が普通預金口座に入金された。

	勘定科目	借 方	勘定科目	借 方
1．				
2．				
3．				
4．				
5．				
6．				
7．				
8．				

【解答と指針】

問題１ 【28点】

精　算　表

〈単位　千円〉

勘定科目	残高試算表		損益計算書（損益勘定）		貸借対照表（残高勘定）	
	借方	貸方	借方	貸方	借方	貸方
現　　金	2,500				2,500	
売 掛 金	3,000				3,000	
商　　品	4,000				4,000	
貸 付 金	3,500				3,500	
土　　地	8,000				8,000	
買 掛 金		5,000				5,000
借 入 金		5,500				5,500
資 本 金		10,000				10,000
商品売買益		8,500		8,500		
受取利息		100		100		
給　　料	4,000		4,000			
支払家賃	3,900		3,900			
支払利息	200		200			（繰越利益剰余金）
	29,100	29,100	b　8,100	a　8,600		（c　500）
当期純利益			500		21,000	21,000
			8,600	8,600		

7 個× 4 点　＝28点

解答の指針：　テキスト，第４章を復習　⇒本章のワークブック　a 収益 − b 費用 = c利益

問題２ 【16点】

1．期首貸借対照表：　〈借方〉←｜→〈貸方〉

資　産	負　債	純資産（資本）
670,000	（220,000）	450,000

損益計算書：　〈借方〉←｜→〈貸方〉

費　用	当期純利益	収　益
110,000	（40,000）	150,000

期末貸借対照表：　〈借方〉←｜→〈貸方〉

資　産	負　債	純資産（資本）
（720,000）	230,000	（490,000）

2．期首貸借対照表：

資　産	負　債	純資産（資本）
（320,000）	210,000	110,000

損益計算書：

費　用	当期純利益	収　益
(16,000)	4,000	20,000

期末貸借対照表：

資　産	負　債	純資産（資本）
321,000	(207,000)	(114,000)

8個×2点＝16点

解答の指針：　テキスト，第1章を復習　⇒［練習問題］

問題3　【16点】

〈1〉　現　金

日付		摘　要	仕丁	借　方	日付		摘　要	仕丁	貸　方
6	19	前ページ繰越	✓	390,000	6	20	（水道光熱費）	8	[8,000]
	25	（家賃収入）	8	[65,000]					
	〃	（家賃収入）	〃	[65,000]					

〈7〉　家賃収入

借方	貸方
	6. 25.（現　金）〈8〉[65,000]
	〃（現　金）〈〃〉[65,000]

〈15〉　水道光熱費

借方	貸方
6. 20.（現　金）〈8〉[8,000]	

4個×4個＝16点

解答の指針：　テキスト，第4章を復習　⇒4節，ないし，簿記会計の基本

問題4　【8点】

合　計　試　算　表

×年4月30日

借　方	元丁	勘　定　科　目	貸　方
1,610,000	1	現　　金	1,440,500
1,200,000	4	土　　地	0
100,000	3	借　入　金	460,000
0	2	資　本　金	1,000,000
0	6	駐車料金収入	150,000
140,000	7	給　　料	0
500	5	支　払　利　息	0
3,050,500			3,050,500

4個×2点＝8点　空欄の勘定の記入は丁合番号による。

解答の指針：　テキスト，第4章を復習　⇒2節

問題5　【32点】

	勘定科目	借　方	勘定科目	貸　方
1．	現　　　金	700,000	資　本　金	700,000
2．	商　　　品	450,000	買　掛　金	450,000
3．	売　掛　金	480,000	商　　　品 商品売買益	450,000 30,000
4．	買　掛　金	450,000	普通預金	450,000
5．	普通預金	480,000	売　掛　金	480,000
6．	備　　　品	300,000	現　　　金	300,000
7．	支払家賃	60,000	現　　　金	60,000
8．	普通預金	200,000	借　入　金	200,000

8個×4点＝32点

解答の指針：　テキスト，1．⇒第3章3，4節，2．3．⇒第6章：分記法（なお，商品売買の処理においては，三分法が一般的であるが，初級簿記では，商業利益が原価と売価の差額であることを理解させるために，分記法を最初に学習させるのが検定簿記の姿である。），4．5．⇒売掛金・買掛金は，第5章，普通預金は，第4章，第10章7節（当座預金の口座を開設できるのは銀行の審査を通った一定規模の企業であり，小規模企業では普通預金で資金の管理をせざるをえない。）6．⇒備品は，第12章3節，7．⇒支払家賃は，第4章，第11章2節，8．⇒借入金は，第4章，第13章2節

〈基礎〉

問題 1 次の期末修正事項および決算整理事項に基づいて，精算表を作成しなさい。なお，会計期間は令和×1年４月１日から令和×２年３月31日までの１年間とする。 (28点) ⇒ [ ] 点

[期末修正事項]

1．現金過不足のうち 2,000円は旅費交通費の記帳漏れであることが判明したが，残額については不明のため，雑損または雑益として処理する。

2．仮払金の内訳は，買掛金の支払額 3,000円と商品購入の手付金 1,000円であることが判明した。

[決算整理事項]

1．期末商品棚卸高は 15,000円である。なお，売上原価は「仕入」の行で計算すること。

2．売上債権（売掛金と受取手形）の期末残高に対して差額補充法により貸倒引当金を設定する。なお，貸倒実績率は２％と見積もられている。

3．収入印紙の未使用分が 3,000円ある。

4．建物および備品について定額法により減価償却を行う。

建物　耐用年数：30年　残存価額：取得原価の10％（　　円）

備品　耐用年数：５年　残存価額：ゼロ（０円）

5．借入金はすべて令和×１年７月１日に借入期間１年，利率年３％で借入れたものであり，利息は借入時に一括して支払った。なお，利息の計算は月割り計算による。

6．貸付金はすべて令和×１年10月１日に貸付期間１年，利率年４％で貸付けたものであり，利息は貸付時に一括して受取っている。なお，利息の計算は月割り計算による。※4,000× $\frac{6}{12}$ ＝2,000

なお，貸付金についての貸倒引当金は考えないものとする。

7．水道光熱費の未払い分が 3,000円ある。

精　算　表

勘定科目	残高試算表		修正記入		損益計算書		貸借対照表	
	借方	貸方	借方	貸方	借方	貸方	借方	貸方
現金	52,650							
現金過不足	2,250							
当座預金	60,000							
受取手形	32,000							
売掛金	38,000							
繰越商品	12,000							
貸付金	100,000							
仮払金	4,000							
建物	500,000							
備品	150,000							
土地	900,000							
支払手形		45,000						
買掛金		40,000						
借入金		500,000						
貸倒引当金		1,000						
建物減価償却累計額		150,000						
備品減価償却累計額		60,000						
資本金		1,000,000						
売上		580,000						
受取利息		4,000						
仕入	348,000							
給料	91,000							
水道光熱費	35,000							
旅費交通費	13,000							
租税公課	23,000							
消耗品費	4,100							
支払利息	15,000							
	2,380,000	2,380,000						
(　　)								
前払(　)								
貸倒引当金(　)								
(　　)								
(　　)								
(　)利息								
(　)利息								
(　)水道光熱費								
当期純(　)								(　)

問題２　個人で事業を営む企業（個人企業）の次の期首・期末の貸借対照表，損益計算書および元帳の記録により，期首純資産，当期純利益，資本金（次期繰越）および期末負債の金額を求めなさい。（　　　　）の中に入る語句と金額は各自で考えること。

（12点）⇒［　　　　］点

期首貸借対照表

資　　産	800,000	負　　債	350,000
		純 資 産	（　　）
	800,000		（　　）

期末貸借対照表

資　　産	850,000	負　　債	（　　）
		純 資 産	（　　）
	850,000		（　　）

損益計算書

費　　用	600,000	収　　益	650,000
当期純利益	（　　）		
	650,000		650,000

資　本　金

（　　　）	（　　）	前期繰越	（　　）
次期繰越	（　　）	（　　　）	（　　）
	（　　）		（　　）

引　出　金

期中総額	30,000	（　　　）	30,000

期首純資産		当期純利益		資本金（次期繰越）		期末負債	

問題３　４月10日中の次の取引により入金伝票，出金伝票および振替伝票の記入を行いなさい。なお，伝票番号（仕訳帳では丁数にあたる）も忘れずに記入する。

（15点）⇒［　　　　］点

４月10日　森山商店にＡ商品 540,000円（商品価額 500,000円，消費税額 40,000円）を販売し，その代金は現金で受取った。（伝票No.５）

〃　東京商店からＢ商品 324,000円（商品価額 300,000円，消費税額 24,000円）を購入し，その代金は現金で支払った。（伝票No.11）

〃　神奈川商店に対する売掛金 432,000円の回収について，同店振出しの約束手形を受け取った。（伝票No.20）

入金伝票　No._____　×１年４月10日

承認印	主帳印	会計印	係印
			㊄

コード	（省　　略）	入金先	殿

勘定科目	摘　　要	金　　額
仮受消費税等		40000
合　　計		

出 金 伝 票　No.______

×1年 4 月 10日

承認印		主帳印		会計印		係印	㊃

コード	（省　　略）	支払先	殿

勘 定 科 目	摘　　要	金　　額
仮払消費税等		24000
合　　計		

振　替　伝　票　No. _______

×1年 4 月 10日

承認印		主帳印		係印	㊃

金　　額	借方科目	摘　　要	貸方科目	金　　額
	合　　計			

［注］伝票は市販の形式によっている。テキストの形式（一般に，簿記検定で示される形式）と異なっている。

問題４　次の４月中の仕入帳と売上帳にもとづいて,「先入先出法」によって商品有高帳に記入し，月末に締め切りなさい。なお，返品された商品については,「数量と価額を管理する方法（払出欄に記入する方法)」によって処理する。また，４月中の取引に係る売上総利益（粗利）の金額も求めなさい。太字は朱記を示す。

(18点) ⇒ [　　　　] 点

仕　入　帳

×1年		摘　　要	金 額
4	5	栃木商店　掛 ボールペン　80ダース　@¥250	20,000
	19	千葉商店　掛 ボールペン　50ダース　@¥260	13,000
	20	**千葉商店　値引** **ボールペン　50ダース　@¥ 20**	**1,000**

売　上　帳

×1年		摘　　要	金 額
4	9	群馬商店　掛 ボールペン　60ダース　@¥400	24,000
	10	**群馬商店　返品** **ボールペン　10ダース　@¥400**	**4,000**
	27	茨城商店　掛 ボールペン　70ダース　@¥450	31,500

商　品　有　高　帳

ボールペン　　(単位：ダース)

×1年		摘　要	受入 数量	受入 単価	受入 金額	払出 数量	払出 単価	払出 金額	残高 数量	残高 単価	残高 金額
4	1	前 月 繰 越	20	220	4,400				20		
									100 { 20	220	
									80	250	[　　]

売上総利益（粗利）＿＿＿＿＿＿円

㊟収益認識は出荷基準による。

問題5　次の取引を仕訳しなさい。勘定科目は下の中から最も適切なものを選ぶこと。なお，消費税は考えない。

（30点）⇒［　　　　］点

現金	普通預金	当座預金	受取手形	売掛金
繰越商品	貸付金	手形貸付金	前払金	仮払金
前払利息	建物	備品	土地	支払手形
買掛金	借入金	手形借入金	未払金	前受金
所得税預り金	前受利息	未払利息	資本金	売上
受取利息	仕入	給料	発送費	支払利息

1．現金 2,000,000円と建物 15,000,000円と土地 20,000,000円を元入れし会社を設立して，食品販売業の営業を開始した。

2．高知商店から商品 300,000円を仕入れ，代金のうち 130,000円は現金で支払い，残額は掛けとした。

3．徳島銀行から 2,500,000円を借入れ，利息 50,000円を差引かれた手取金は当座預金に預け入れた。

4．高知商店よりさきに仕入れていた商品の一部 36,000円を，品違いのため返品し，代金は買掛金から差引くことにした。

5．愛媛商店に商品 450,000円を売渡し，代金のうち 250,000円は同商店振出しの小切手で受取り，残額は掛けとした。

6．当月分の給料を，支給総額 172,000円から所得税の源泉徴収分 34,000円を差引き，普通預金からの口座振替で支払った。

7．大分商店へ 1,200,000円を貸付けることになり，同額の約束手形を受取った。なお，貸付金は利息を差引き，残額を小切手を振出し，手渡した。利息は年3%で，貸付期間は4ヵ月間である。

8．鹿児島商店より注文を受けた商品 225,000円を発送し，代金のうち 75,000円は注文時に受取った内金と相殺し，残額は月末の受取りとした。なお，商品の発送費 3,000円は小切手を振出し支払った。

9．店舗の陳列棚（1個当たり40,000円）を4個購入し，代金は月末に支払うこととした。なお，引取運賃 10,000円は現金で支払った。

10．期首に，前期末に見越計上した未払利息 42,000円を再振替した。

	勘定科目	借　方	勘定科目	貸　方
1.				
2.				
3.				
4.				
5.				
6.				
7.				
8.				
9.				
10.				

【解答と指針】

問題１ 【28点】

精　算　表

勘定科目	残高試算表		修正記入		損益計算書		貸借対照表	
	借方	貸方	借方	貸方	借方	貸方	借方	貸方
現金	52,650						52,650	
現金過不足	2,250			2,250				
当座預金	60,000						60,000	
受取手形	32,000						32,000	
売掛金	38,000						38,000	
繰越商品	12,000		15,000	12,000			15,000	
貸付金	100,000						100,000	
仮払金	4,000			4,000				
建物	500,000						500,000	
備品	150,000						150,000	
土地	900,000						900,000	
支払手形		45,000						45,000
買掛金		40,000	3,000					37,000
借入金		500,000						500,000
(注)貸倒引当金		1,000		400				1,400
(注)建物減価償却累計額		150,000		15,000				165,000
(注)備品減価償却累計額		60,000		30,000				90,000
資本金		1,000,000						1,000,000
売上		580,000				580,000		
受取利息		4,000	2,000			2,000		
仕入	348,000		12,000	15,000	345,000			
給料	91,000				91,000			
水道光熱費	35,000		3,000		38,000			
旅費交通費	13,000		2,000		15,000			
租税公課	23,000			3,000	20,000			
消耗品費	4,100				4,100			
支払利息	15,000			3,750	11,250			
	2,380,000	2,380,000						
(**雑　損**)			250		250			
前払（**金**）			1,000				1,000	
貸倒引当金（**繰入**）			400		400			
(**貯蔵品**)			3,000				3,000	
(**減価償却費**)			45,000		45,000			
(**前　払**) 利息			3,750				3,750	
(**前　受**) 利息				2,000				2,000
(**未　払**) 水道光熱費				3,000				3,000
当期純（**利益**）					**12,000**			(注)(**12,000**)
			90,400	90,400	582,000	582,000	1,855,400	1,855,400

14個×２点＝28点　新たに設けられる勘定は修正事項，整理事項順になっているが，順不同でも正解。

解答の指針：　テキスト，第15章を復習。なお，精算表の修正記入欄の仕訳は以下の通り。

［期末修正事項］

1.	（借）旅費交通費	2,000	（貸）現金過不足	2,250	→	第10章
	雑　　損	250				
2.	（借）買　掛　金	3,000	（貸）仮　払　金	4,000	→	第11章
	前　払　金	1,000				

［決算整理事項］

1.	（借）仕　　　入	12,000	（貸）繰越商品	12,000	→	第6章
	（借）繰越商品	15,000	（貸）仕　　　入	15,000		
2.	（借）貸倒引当金繰入	400	（貸）貸倒引当金	400	→	第8章
3.	（借）貯　蔵　品	3,000	（貸）租税公課	3,000	→	第11章
4.	（借）減価償却費	45,000	（貸）建物減価償却累計額	15,000	→	第12章
			備品減価償却累計額	30,000		
5.	（借）前払利息	3,750	（貸）支払利息	3,750	→	第11章
6.	（借）受取利息	2,000	（貸）前受利息	2,000	→	第14章
7.	（借）水道光熱費	3,000	（貸）未払水道光熱費	3,000	→	第11章

（注）　貸倒引当金は評価勘定であるから，ほんらい受取手形，売掛金と勘定ごとに設定し，受取手形貸倒引当金，売掛金貸倒引当金として，それぞれの勘定の下に計上すべきである。しかし，簿記検定ではしばしばまとめて計上する出題が行われるので，ここでは，それに従った。同じように，建物減価償却累計額，備品減価償却累計額の配列についても，評価勘定として，建物，備品勘定の下に配置すべきであるが，これも簿記検定の慣行に従った。

簿記検定の慣行といえば，貸借対照表への当期純利益の計上も同じである。そもそも簿記上，当期純利益勘定はない。この扱いは，株式会社においては，**〈入門〉問題１**にあるように，繰越利益剰余金勘定に，個人企業の場合には，資本金勘定に振替えるのが簿記論として正しい処理である（テキスト，第３章３節）。

問題２　【12点】

期首貸借対照表

資　　産	800,000	負　　債	350,000
		純　資　産	（450,000）
	800,000		（800,000）

期末貸借対照表

資　　産	850,000	負　　債	（380,000）
		純　資　産	（470,000）
	850,000		（850,000）

損益計算書

費　　用	600,000	収　　益	650,000
当期純利益	（ 50,000）		
	650,000		650,000

資　本　金

（引　出　金）	（ 30,000）	前期繰越	（450,000）
次期繰越	（470,000）	（当期純利益）	（ 50,000）
	（500,000）		（500,000）

引　出　金

期中総額	30,000	（資　本　金）	30,000

期首純資産	450,000	当期純利益	50,000	資本金 （次期繰越）	470,000	期末負債	380,000

４個×３点＝12点

解答の指針：テキスト，第３章３節，なお，株式会社については，第15章５節参照。

問題３ 【12点】

入金伝票 No. 5 ×1年 4月 10日			承認印	主帳印	会計印	係印 ㊞西
コード	(省　略)	入金先	森山商店　殿			
勘定科目	摘要	金額				
売　上	A商品	500000				
仮受消費税等		40000				
合計		¥540000				

出金伝票 No. 11 ×1年 4月 10日			承認印	主帳印	会計印	係印 ㊞西
コード	(省　略)	支払先	東京商店　殿			
勘定科目	摘要	金額				
仕　入	B商品	300000				
仮払消費税等		24000				
合計		¥324000				

振替伝票 No. 20 ×1年 4月 10日 承認印 主帳印 係印 ㊞西

金額	借方科目	摘要	貸方科目	金額
432000	受取手形	神奈川商店	売掛金	432000
¥432000	合計			¥432000

6個×２点＝12点

解答の指針：テキスト，第16章４節を確認。係印欄の印鑑は，起票係の西氏が起票したことを示す。

問題4 【18点】

商品有高帳

ボールペン　　　　　　　　　　　　　　　　　　　（単位：ダース）

令和×1年		摘要	受入 数量	受入 単価	受入 金額	払出 数量	払出 単価	払出 金額	残高 数量	残高 単価	残高 金額
4	1	前月繰越	20	220	4,400				20	220	4,400
	5	仕入	80	250	20,000				100 { 20	220	
									80	250	24,400
	9	売上				60 { 20	220				
						40	250	14,400	40	250	10,000
	10	**売上戻り**				**10**	**250**	**2,500**	50	250	12,500
	19	仕入	50	260	13,000				100 { 50	250	
									50	260	25,500
	20	**仕入値引**			**1,000**				100 { 50	250	
									50	240	24,500
	27	売上				70 { 50	250				
						20	240	17,300	30	240	7,200
	30	払出原価合計				120		29,200			
	〃	次月繰越				30	240	7,200			
			150		36,400	150		36,400			
5	1	前月繰越	30	240	7,200				30	240	7,200

売上総利益（粗利）　22,300 円

7個（商品有高帳）×２点＋４点（売上総利益）＝18点

解答の指針：　テキスト⇒第６章２節。仕入帳と売上帳の記入について⇒第５章７節を確認。なお，この商品有高帳の記入により，払出の都度，売上原価がわかる必要のある「売上原価対立法」や「分記法」による仕訳が可能となる。⇒第６章

売上総利益⇒売上帳より売上高：24,000－4,000＋31,500＝51,500，商品有高帳より売上原価：14,400－2,500＋17,300＝29,200

㊟収益認識基準が検収基準（販売基準）になると，払出原価（払出基準）と検収基準による売上原価とは一致しない。

問題５ 【30点】

	勘定科目	借　方	勘定科目	貸　方
1.	現　金 建　物 土　地	2,000,000 15,000,000 20,000,000	資本金	37,000,000
2.	仕　入	300,000	現　金 買掛金	130,000 170,000
3.	当座預金 支払利息	2,450,000 50,000	借入金	2,500,000
4.	買掛金	36,000	仕　入	36,000
5.	現　金 売掛金	250,000 200,000	売　上	450,000
6.	給　料	172,000	普通預金 所得税預り金	138,000 34,000
7.	手形貸付金	1,200,000	当座預金 受取利息	1,188,000 12,000
8.	前受金 売掛金 発送費	75,000 150,000 3,000	売　上 当座預金	225,000 3,000
9.	備　品	170,000	未払金 現　金	160,000 10,000
10.	未払利息	42,000	支払利息	42,000

10個×３点＝30点

解答の指針：　テキスト，１．⇒第３章３節，２．⇒第５章３節，３．⇒第13章２節，４．⇒第５章５節，５．⇒第５章３節，６．⇒第11章３節，７．⇒第14章２節，８．⇒第５章４節および第７章２節，９．⇒第12章３節，10．⇒第11章６節

〈発展〉

問題1　次に示した森山商事（株）（決算日：毎年3月31日）の【決算整理事項等】に基づき，8桁精算表を完成しなさい。ただし，会計期間は×8年4月1日から×9年3月31日である。なお，経過勘定項目（未収・前受収益，未払・前払費用）はすべて期首に再振替を行っている。　（34点）⇒［　　　］点

【決算整理事項等】

1．決算に際し，商品売買にかかる消費税の納付額を計算し，これを確定した。なお，本年度の消費税は，税抜方式ですべて期中に計上されている。

2．売上債権（売掛金および受取手形）の期末残高に対して，過去の貸倒実績率に基づき，2％の貸倒引当金を差額補充法により設定する。

3．商品の期末棚卸高は次の通りである。これに基づき，売上原価および期末繰越商品価額を算定する。なお，売上原価の算定は「仕入」の行で行い，棚卸減耗損および商品評価損は，精算表上，独立の科目として処理する。

　　帳簿棚卸　　数量：230個　取得原価：@1,200円

　　実地棚卸　　数量：220個　正味売却価額：@1,100円

4．有形固定資産の減価償却を次の通り行う。

　　建物：耐用年数は30年，残存価額は 800,000円，定額法により減価償却を行う。

　　備品：定率法（償却率は年30％）により減価償却を行う。

5．売買目的有価証券は，東京商事（株）の株式1,000株（帳簿価額1株当り1,500円）であるが，期末の時価が1株当り1,520円となっているので評価替えを行う。

6．満期保有目的債券は，×5年12月1日に京都商事（株）の社債（額面：4,000,000円，表面金利：年3％，償還日：×10年11月30日，利払日：毎年5月と11月の末日）を額面100円につき94円で購入したものである。取得価額と額面金額との差額はすべて金利の調整と認められるので，この社債について，償却原価法（定額法）を適用する（月単位で計算）。また，あわせて，利息の未収額も適切に処理する。

7．その他有価証券は，（株）北海道物産の株式2,000株（帳簿価額1株当り1,150円）であるが，期末の時価が1株当り1,120円となっているので評価替えを行う。なお，評価差額の処理は，全部純資産直入法による。

8．退職給付引当金の当期繰入額は 362,000円である。

9．支払利息は，借入金 3,600,000円（借入日：×8年1月1日，金利・利払い：年2％・毎年6月と12月の末日に半年分を後払い）に関するものである。未払いの利息を月割計算により計上する。

10．店舗賃借による家賃は，毎年12月1日に向こう1年分を前払いしている。なお，家賃の月額は前年と同額である。

11．株式交付費は，×7年1月1日に増資を行ったときに発生したものであり，償却期間は3年である。当期分を償却する。なお，月単位で償却額を計算してきている。

12．決算の結果，法人税 212,000円，住民税 46,000円，事業税 38,000円と確定した。

精　算　表

勘定科目	残高試算表		修正記入		損益計算書		貸借対照表	
	借方	貸方	借方	貸方	借方	貸方	借方	貸方
現金	696,000							
当座預金	1,700,000							
受取手形	3,000,000							
売掛金	2,000,000							
売買目的有価証券	1,500,000							
繰越商品	200,000							

建物	8,000,000							
備品	1,200,000							
満期保有目的債券	3,872,000							
その他有価証券	2,300,000							
仮払法人税等	150,000							
株式交付費	105,000							
仮払消費税	1,640,000							
支払手形		1,500,000						
買掛金		700,000						
借入金		3,600,000						
退職給付引当金		3,208,000						
仮受消費税		2,256,000						
貸倒引当金		13,000						
建物減価償却累計額		1,680,000						
備品減価償却累計額		360,000						
資本金		10,000,000						
資本準備金		1,000,000						
利益準備金		600,000						
繰越利益剰余金		120,000						
売上		28,200,000						
有価証券利息		80,000						
仕入	20,500,000							
給料	5,200,000							
支払家賃	1,200,000							
支払利息	54,000							
貸倒引当金繰入								
棚卸減耗損								
商品評価損								
減価償却費								
有価証券運用(　)								
未収有価証券利息								
(　　　)								
(　　　)繰入								
未払利息								
前払家賃								
(　　　)償却								
(　　)消費税								
(　　　)								
未払法人税等								
当期純(　　)								

問題２　次の取引を仕訳しなさい。また，５月と翌期首補給後までの小口現金出納帳を作成しなさい。

（18点）⇒［　　　　］点

①５月１日　定額資金前渡制度導入により，小口の支払いに充てるため，用度係に小切手 30,000円を振出し，支給した。

②５月31日　会計係は用度係から５月の支払いについて報告を受けた。

③６月１日　会計係は報告に基づき，同額の小切手を振出し，用度係に支給した。

＊５月中に，用度係は，以下の支払いを行っており，小口現金出納帳を作成している。

伝票と帳簿代（１日）：5,000円，茶菓子（５日）：2,700円，バス回数券（10日）：6,400円，

切手代（18日）：8,200円，ガス料金（27日）：4,300円

	勘定科目	借方金額	勘定科目	貸方金額
①				
②				
③				

小口現金出納帳

受入	日付		摘要	支払	内訳					残高
					通信費	交通費	消耗品費	光熱費	雑費	
30,000	5	1	本日支給							30,000
		31	合計							
		〃	次月繰越							
	6	1	前月繰越							3,400
		〃	本日支給							30,000

［注］テキストの様式を応用すること。

問題３ 東北商店の決算日（12月31日）時点の当座預金出納帳の残高は 339,000円であった。決算にあたって関東銀行から当座預金残高証明書（決算日現在）を発行してもらったところ，銀行残高は 411,000円であった。不一致の原因を調査したところ，以下の事実が判明した。

(1) 仕入先の北海道商店に買掛金の支払いとして振出した小切手 50,000円がまだ取立てられていなかった（取付未済）。

(2) 得意先山形商店から売掛金 71,000円が当座預金口座に振込まれていたが，決算日までに当店へ通知が届いていなかった。

(3) 得意先福島商店振出しの小切手 35,000円を決算日に預入れたが，銀行ではそれを翌日付で預入記入した（入金処理した）。

(4) 水道料金 5,000円が口座から落ちていたが，記入していなかった。

(5) 販売手数料 34,000円の入金を 43,000円と誤って記帳していた。

以上の資料に基づいて，「両者区分調整法」により，銀行残高調整表を作成しなさい。

（12点）⇒［　　　　］点

銀行残高調整表

×年12月31日　　　　（単位 円）

		当座預金出納帳	銀行残高
12月31日現在の残高		339,000	411,000
（加算）	（　　　）	（　　　）	（　　　）
	（　　　）	（　　　）	（　　　）
	（　　　）	（　　　）	（　　　）
（減算）	（　　　）	（　　　）	（　　　）
	（　　　）	（　　　）	（　　　）
	（　　　）	（　　　）	（　　　）

問題４ 次の資料に基づいて，×9年３月期（×8年４月１日～×9年３月31日）の株主資本等変動計算書を完成しなさい。なお，減少する場合には，金額に「△」をつけること。　（18点）⇒［　　　　］点

〔資　料〕

1．×8年３月期の決算における貸借対照表によると，純資産の部には次の諸項目が計上されていた。なお，この時点における当社の発行済株式総数は20,000株である。

資本金	80,000千円	資本準備金	10,000千円
その他資本剰余金	8,000千円	利益準備金	2,000千円
別途積立金	1,500千円	繰越利益剰余金	8,200千円

2．×8年６月24日の株主総会において，剰余金の処分が次の通り承認された。

① 繰越利益剰余金を財源として，株主に対して１株につき250円の配当を実施する。

② 会社法で規定する額の利益準備金を計上する。

③ 別途積立金 1,000千円を計上する。

3．×8年12月12日に増資を行い，10,000株を１株につき 4,000円で発行した。資本金は，会社法で規定する最低額を計上することとした。

4．×9年３月31日，決算を行った結果，7,500千円の当期純利益を計上した。

株主資本等変動計算書

自×8年４月１日　至×9年３月31日

（単位：千円）

	株主資本									純資産合計
	資本金	資本剰余金			利益剰余金				株主資本合計	
		資本準備金	その他資本剰余金	資本剰余金合計	利益準備金	その他利益剰余金		利益剰余金合計		
						別途積立金	繰越利益剰余金			
当期首残高										
当期変動額										
新株の発行										
剰余金の配当										
当期純利益										
当期変動額合計										42,500
当期末残高										152,200

問題5 次の取引を仕訳しなさい。勘定科目は下の中から最も適切なものを選ぶこと。なお，当社の会計期間は毎年4月1日から3月31日である。消費税は考えない。 (18点) ⇒ [　　　] 点

現金	当座預金	受取手形	売掛金	売買目的有価証券
未収入金	前払金	仮払金	仮払法人税等	前払利息
未収利息	建物	車両	備品	建設仮勘定
満期保有目的債券	支払手形	買掛金	未払法人税等	仮受金
未払利息	前受利息	営業外支払手形	社債	貸倒引当金
商品保証引当金	売上割戻引当金	売上	仕入割引	有価証券利息
受取利息	固定資産売却益	保険差益	仕入	減価償却費
貸倒損失	商品保証引当金繰入	支払利息	売上割引	社債利息
固定資産売却損	火災損失	建物減価償却累計額	車両減価償却累計額	火災未決算

1．商品陳列用の棚（現金購入価額：2,500,000円）を分割払いで購入した。代金は毎月月末に支払期日が到来する額面263,000円の約束手形10枚を振出して支払った。なお，利息相当額については，費用勘定で処理することとした。

2．かねて商品 500,000円を売渡し，代金は掛としていたが，10日以内に代金を支払えば，その1％を割引くという条件を付けていた。本日（販売の5日後），代金を得意先振出しの小切手で受取り，ただちに当座預金に預入れるとともに，条件通りに割引を行った。なお，割引額は，帳簿上，評価勘定で処理するものとする。

3．8月1日に，建設中であった営業用の倉庫が完成し，引渡しを受けた。請負代金のうち未払であった1,500,000円については小切手を振出して支払い，すでに支払っていた4,500,000円を含めて建物勘定に振替えた。

4．かねて火災によって倉庫（取得原価：5,000,000円，火災直前の減価償却累計額：1,500,000円，減価償却は間接法）および商品（取得原価 150,000円）が焼失した際に，火災未決算勘定で処理し，かけていた4,000,000円の火災保険について，損害保険会社に保険金支払の請求をしていた。本日，保険会社より，保険金 3,500,000円を支払う旨の通知を受けた。

5．9月30日に，前年度の法人税，住民税及び事業税 580,000円の半額を，小切手を振出して中間納付した。

6．10月1日に，使用していた営業用の車両（取得原価：3,000,000円，減価償却：定額法，残存価額：0円，耐用年数：5年，前期末における減価償却累計額：2,400,000円）を下取りに出し，新車 3,500,000円を購入した。ただし，下取価額 350,000円を差引いた残額は月末に支払うこととした。なお，売却した車両に関する当期分の減価償却費も月割で計上する。

7．得意先の倒産に伴い，売掛金 200,000円が回収不能となった。このうち 80,000円は前期に発生したものであり，残額は当期に発生したものである。なお，売掛金に対して設定した貸倒引当金勘定の残高は 100,000円である。

8．2月3日に，(株) 東京商事の社債（額面：4,000,000円，利率：年3.65%，利払日：3月および9月の末日）を売買目的で購入した。価格は額面100円につき96.5円で，代金は，端数利息も含めて小切手を振出して支払った。なお，端数利息は，1年を365日として日割で計算する。

9．決算にあたり，当期の売上高 9,300,000円に対して，その1%相当額を商品保証引当金として設定する。

	勘定科目	借　　方	勘定科目	貸　　方
1.				
2.				
3.				
4.				
5.				
6.				
7.				
8.				
9.				

【解答と指針】

問題１ 【34点】

【解答】

精　算　表

勘定科目	残高試算表		修正記入		損益計算書		貸借対照表	
	借方	貸方	借方	貸方	借方	貸方	借方	貸方
現金	696,000						696,000	
当座預金	1,700,000						1,700,000	
受取手形	3,000,000						3,000,000	
売掛金	2,000,000						2,000,000	
売買目的有価証券	1,500,000		20,000				1,520,000	
繰越商品	200,000		276,000	200,000			242,000	
				34,000				
建物	8,000,000						8,000,000	
備品	1,200,000						1,200,000	
満期保有目的債券	3,872,000		48,000				3,920,000	
その他有価証券	2,300,000			60,000			2,240,000	
仮払法人税等	150,000			150,000				
株式交付費	105,000			60,000			45,000	
仮払消費税	1,640,000			1,640,000				
支払手形		1,500,000						1,500,000
買掛金		700,000						700,000
借入金		3,600,000						3,600,000
退職給付引当金		3,208,000		362,000				3,570,000
仮受消費税		2,256,000	2,256,000					
貸倒引当金		13,000		87,000				100,000
建物減価償却累計額		1,680,000		240,000				1,920,000
備品減価償却累計額		360,000		252,000				612,000
資本金		10,000,000						10,000,000
資本準備金		1,000,000						1,000,000
利益準備金		600,000						600,000
繰越利益剰余金		120,000						120,000
売上		28,200,000				28,200,000		
有価証券利息		80,000		88,000		168,000		
仕入	20,500,000		200,000	276,000	20,424,000			
給料	5,200,000				5,200,000			
支払家賃	1,200,000			480,000	720,000			
支払利息	54,000		18,000		72,000			
	53,317,000	53,317,000						
貸倒引当金繰入			87,000		87,000			
棚卸減耗損			12,000		12,000			
商品評価損			22,000		22,000			
減価償却費			492,000		492,000			

有価証券運用(**損益**)				20,000		20,000		
未収有価証券利息			40,000				40,000	
(**その他有価証券評価差額金**)			60,000				60,000	
(**退職給付引当金**)繰入			362,000		362,000			
未　払　利　息				18,000				18,000
前　払　家　賃			480,000				480,000	
(**株式交付費**)償却			60,000		60,000			
(**未　払**)消　費　税				616,000				616,000
(**法人税,住民税及び事業税**)			296,000		296,000			
未払法人税等				146,000				146,000
当　期　純(**利　益**)					641,000			641,000
			4,729,000	4,729,000	28,388,000	28,388,000	25,143,000	25,143,000

17個×２点＝34点　枠内を得点

解答の指針：　テキスト，第15章３・４節。なお，決算整理事項等のそれぞれは以下を参照。

１．消費税の清算　⇒第21章３節

（仮受消費税）　2,256,000　（仮払消費税）　1,640,000

（未払消費税）　616,000

２．売上債権に対する貸倒れの見積り　⇒第８章４節

（貸倒引当金繰入）　87,000　（貸倒引当金）　87,000

３．商品の期末評価（棚卸減耗・簿価切下を含む）　⇒第６章４節

（仕入）　200,000　（繰越商品）　200,000

（繰越商品）　276,000　（仕入）　276,000

（棚卸減耗損）　12,000　（繰越商品）　34,000

（商品評価損）　22,000

４．有形固定資産の減価償却　⇒第12章４節

（減価償却費）　492,000　（建物減価償却累計額）　240,000

（備品減価償却累計額）　252,000

５．売買目的有価証券の再評価　⇒第14章５節

（売買目的有価証券）　20,000　（有価証券運用損益）　20,000

６．満期保有目的債券の償却原価法の適用　⇒第14章６節

（満期保有目的債券）　48,000　（有価証券利息）　88,000

（未収有価証券利息）　40,000

７．その他有価証券の再評価（全部純資産直入法）　⇒第14章８節

（その他有価証券評価差額金）　60,000　（その他有価証券）　60,000

８．退職給付引当金の繰入れ　⇒第11章　引当金

（退職給付引当金繰入）　362,000　（退職給付引当金）　362,000

９・10．費用の見越しと繰延べ　⇒第11章６節

（支払利息）　18,000　（未払利息）　18,000

（前払家賃）　480,000　（支払家賃）　480,000

11．株式交付費（繰延資産）の償却　⇒第13章６節

（株式交付費償却）　60,000　（株式交付費）　60,000

12．法人税の計上　⇒第21章１節

（法人税，住民税及び事業税）　296,000　（仮払法人税等）　150,000

（未払法人税等）　146,000

6. について，毎月の増価額：(4,000,000－3,760,000)÷５年÷12ヶ月＝4,000円/月
これまでの増価額：4,000×28ヶ月＝112,000円
帳簿価額：3,760,000＋112,000＝3,872,000円
9. について，支払家賃勘定 1,200,000円の意味：再振替８ヶ月分＋当期支払12ヶ月分＝20ヶ月分
月の家賃：1,200,000÷20ヶ月＝60,000円/月
11. について，当初の株式交付費をxとすると，$x-\left(x\times\frac{15ヶ月}{3年\times 12ヶ月}\right)=105,000$　x＝180,000円
180,000÷３年＝60,000円/年
または，105,000円（未償却額）を36ヶ月（全配分日）のうち21ヶ月分と考える。

問題２　【18点】

	勘定科目	借方金額	勘定科目	貸方金額
①	小口現金	30,000	当座預金	30,000
②	通信費	8,200	小口現金	26,600
	交通費	6,400		
	消耗品費	5,000		
	光熱費	4,300		
	雑費	2,700		
③	小口現金	26,600	当座預金	26,600

小口現金出納帳

受入	日付		摘要	支払	内訳					残高
					通信費	交通費	消耗品費	光熱費	雑費	
30,000	5	1	本日支給							30,000
		〃	伝票と帳簿代	5,000			5,000			25,000
		5	茶菓子代	2,700					2,700	22,300
		10	バス回数券	6,400		6,400				15,900
		18	切手代	8,200	8,200					7,700
		27	ガス料金	4,300				4,300		3,400
		31	合計	26,600	8,200	6,400	5,000	4,300	2,700	
		〃	次月繰越	3,400						
30,000				30,000						
3,400	6	1	前月繰越							3,400
26,600		〃	本日支給							30,000

仕訳３個×２点＋小口現金出納帳４個×３点＝18点

解答の指針：　テキスト，第10章８節を復習　⇒章末問題４

問題３ 【12点】

銀行残高調整表

×年12月31日　　　　（単位 円）

		当座預金出納帳	銀行残高
12月31日現在の残高		339,000	411,000
（加算）	（ 売掛金回収の未通知 ）	（ 71,000 ）	（ ）
	（ 翌日付の預入れ ）	（ ）	（ 35,000 ）
	（ ）	（ ）	（ ）
（減算）	（ 買掛金の未取立て ）	（ ）	（ 50,000 ）
	（ 水道料金の引落 ）	（ 5,000 ）	（ ）
	（ 誤記入 ）	（ 9,000 ）	（ ）
		396,000	396,000

4個×３点＝12点

解答の指針：　テキスト，第10章６節を復習

※なお，(2)・(4)・(5) については，以下の修正仕訳が必要になる。

(2)	（当 座 預 金）	71,000	（売　掛　金）	71,000
(4)	（水道光熱費）	5,000	（当 座 預 金）	5,000
(5)	（受取手数料）	9,000	（当 座 預 金）	9,000

問題４　【18点】

株主資本等変動計算書
自×8年４月１日　至×9年３月31日
（単位：千円）

	株主資本									純資産合計
	資本金	資本剰余金			利益剰余金				株主資本合計	
		資本準備金	その他資本剰余金	資本剰余金合計	利益準備金	その他利益剰余金		利益剰余金合計		
						別途積立金	繰越利益剰余金			
当期首残高	80,000	10,000	8,000	18,000	2,000	1,500	8,200	11,700	109,700	109,700
当期変動額										
新株の発行	20,000	20,000		20,000					40,000	40,000
剰余金の配当					500	1,000	△6,500	△5,000	△5,000	△5,000
当期純利益							7,500	7,500	7,500	7,500
当期変動額合計	20,000	20,000	―	20,000	500	1,000	1,000	2,500	42,500	42,500
当期末残高	100,000	30,000	8,000	38,000	2,500	2,500	9,200	14,200	152,200	152,200

9個×２点＝18点　　□のみを得点とする。

解答の指針：　テキスト⇒第17章３節。なお，剰余金の配当等と当期純利益の計上⇒第17章２節，新株の発行⇒第13章６節を確認。

問題５ 【18点】

	勘定科目	借　方	勘定科目	貸　方
1.	備品 支払利息	2,500,000 130,000	営業外支払手形	2,630,000
2.	当座預金 売上割引	495,000 5,000	売掛金	500,000
3.	建物	6,000,000	当座預金 建設仮勘定	1,500,000 4,500,000
4.	未収入金 火災損失	3,500,000 150,000	火災未決算	3,650,000
5.	仮払法人税等	290,000	当座預金	290,000
6.	車両運搬具減価償却累計額 減価償却費 車両運搬具	2,400,000 300,000 3,500,000	車両運搬具 未払金 固定資産売却益	3,000,000 3,150,000 50,000
7.	貸倒引当金 貸倒損失	80,000 120,000	売掛金	200,000
8.	売買目的有価証券 有価証券利息	3,860,000 50,400	当座預金	3,910,400
9.	商品保証引当金繰入	93,000	商品保証引当金	93,000

9個×２点＝18点

解答の指針：　テキスト，１．⇒第12章３節，割賦購入，２．⇒第８章２節，３．⇒第12章８節，４．⇒第12章 固定資産の滅失と未決算，５．⇒第21章１節，６．⇒第12章 固定資産の買換え，７．⇒第８章３節，８．⇒第14章5-2節 端数利息：$4,000,000 \times 0.0365 \times \frac{126}{365}$，９．⇒第７章３節

6. については

（減価償却費）	300,000	（車両運搬具減価償却累計額）	300,000
（車両運搬具減価償却累計額）	2,700,000	（車両運搬具）	3,000,000
（車両運搬具）	3,500,000	（未払金）	3,150,000
		（固定資産売却益）	50,000

でも良い。

索引 ⇨ 第２章

著 者 略 歴

新田忠誓（にった・ただちか）：序章，第３章，第４章，第６章，第９章１～３，５～８節および編集

1987年　商学博士（一橋大学）　　2008年　一橋大学名誉教授

公認会計士試験委員・税理士試験委員，財務会計研究学会・日本簿記学会会長など歴任，一般社団法人　資格教育推進機構　代表理事　現在に至る。

〔主要著書・論文〕

『決算書分析の方法と論理』（第５版），ネットスクール出版，2023年

吉田智也（よしだ・ともや）：各章第１節，第13章補章，第18章および編集

2007年　一橋大学大学院商学研究科博士後期課程修了

博士（商学）一橋大学

福島大学経済経営学類准教授，埼玉大学経済学部准教授等を経て

2023年　中央大学商学部教授

不動産鑑定士試験委員，財務会計研究学会理事，現在に至る。

〔主要著書・論文〕

『勘定科目・仕訳事典　第3版』（共編著）中央経済社，2024年。

「商品有高帳と会計基準」『會計』第204巻第1号，2023年。

エッセンス簿記会計　第20版

2004年４月10日	初版第１刷発行	2015年４月10日	第11版第１刷発行
2005年４月15日	第２版第１刷発行	2016年４月５日	第12版第１刷発行
2006年４月20日	第３版第１刷発行	2017年４月11日	第13版第１刷発行
2007年４月10日	第４版第１刷発行	2018年４月10日	第14版第１刷発行
2008年３月31日	第５版第１刷発行	2019年４月３日	第15版第１刷発行
2009年４月10日	第６版第１刷発行	2020年４月７日	第16版第１刷発行
2010年４月12日	第７版第１刷発行	2021年４月９日	第17版第１刷発行
2012年３月24日	第８版第１刷発行	2022年４月９日	第18版第１刷発行
2013年４月２日	第９版第１刷発行	2023年４月12日	第19版第１刷発行
2014年４月８日	第10版第１刷発行	2024年４月11日	第20版第１刷発行

著者代表　©　新　田　忠　誓

発 行 者　　菅　田　直　文

発行所　有限会社　森山書店　東京都千代田区神田司町 2-17　上田司町ビル（〒 101-0048）

TEL 03-3293-7061 FAX 03-3293-7063　振替口座00180-9-32919

落丁・乱丁本はお取りかえ致します　　　印刷／製本・シナノ書籍印刷

ISBN 978-4-8394-2203-5